엑셀
2016 활용

이 책의 구성

학습 포인트
이번 장에서 학습할 핵심 내용을 소개합니다.

준비파일 / 완성파일
본문에서 실습하는 파일명입니다. 시대인 게시판에서 다운로드받아 사용하세요.

미리보기
학습 결과물을 미리 살펴봅니다.

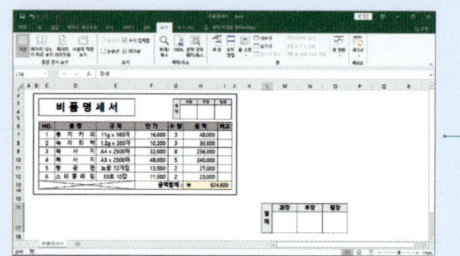

예제 따라 하기
실생활에서 활용할 수 있는 예제를 순서대로 따라 할 수 있도록 구성하여 누구나 쉽게 이해하고 기능을 습득할 수 있습니다.

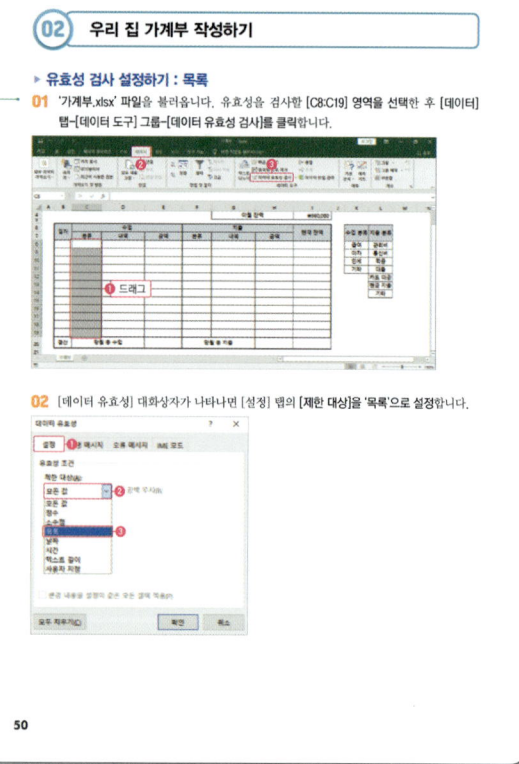

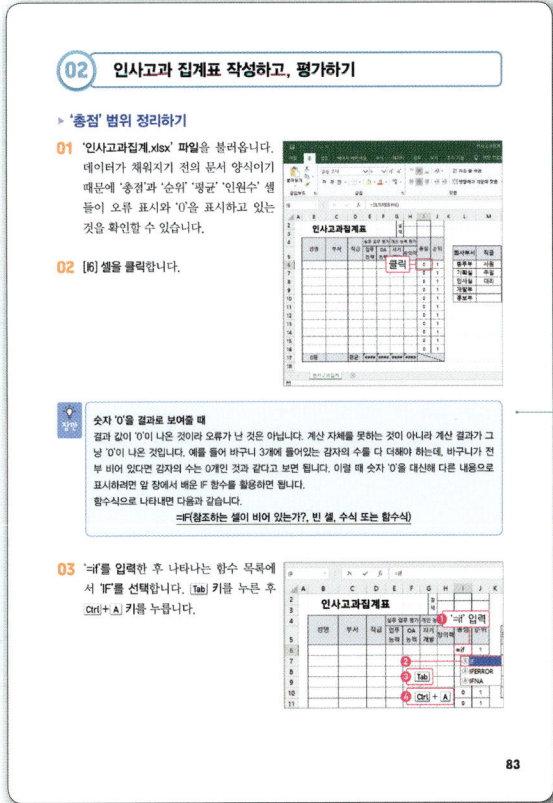

잠깐
본문에서 다루지 못한 내용이나 알아두면 유용한 내용을 설명합니다.

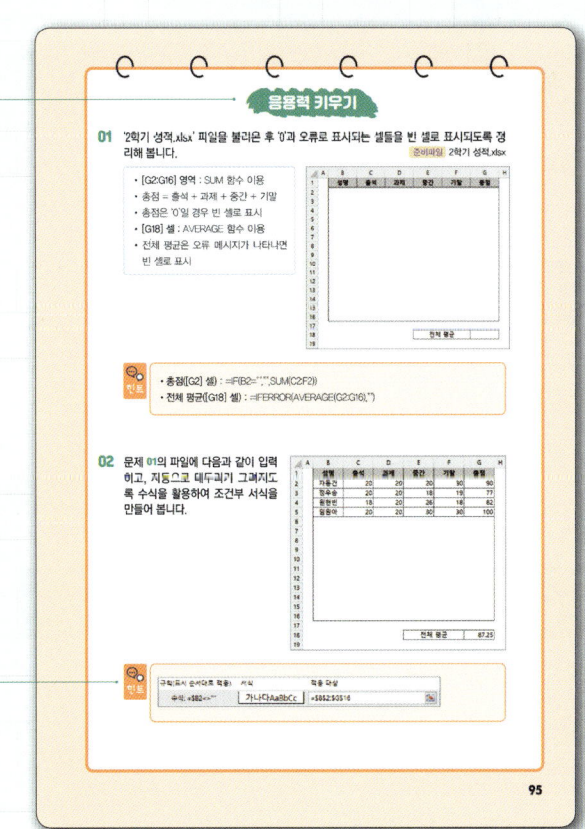

응용력 키우기
응용문제를 통해 본문에서 학습한 내용을 정리하고 복습합니다.

힌트
응용문제를 푸는데 필요한 정보 또는 방법을 안내합니다.

이 책의 목차

01 | 고수들의 준비 운동 — 9

1. 다양한 붙여넣기와 이동 옵션 — 10
2. 성적표 점수 분리 및 계산하기 — 12
3. 비품 명세서 결재란 만들기 — 18
4. 출결 일수 한 번에 입력하기 — 25
5. 응용력 키우기 — 28

02 | 견적서 만들기 — 29

1. 이름 정의 및 셀 서식 — 30
2. 견적서의 수식과 서식 작성하기 — 32
3. 응용력 키우기 — 44

03 | 가계부 만들기 — 45

1. 데이터 유효성 검사와 사용자 지정 표시 형식 — 46
2. 우리 집 가계부 작성하기 — 50
3. 응용력 키우기 — 62

04 | 급여 명세서 만들기 — 64

1. 다양한 IF 관련 함수 — 65
2. 직급별 급여 명세서 작성하기 — 67
3. 응용력 키우기 — 79

05 | 인사고과 집계표 만들기 — 80

1. 조건부 서식 — 81
2. 인사고과 집계표 작성하고, 평가하기 — 83
3. 응용력 키우기 — 95

06 | 재직 증명서 만들기 — 96

1. 찾기/참조와 날짜, 그리고 텍스트 함수 — 97
2. 재직 증명서 작성하고, 인쇄하기 — 100
3. 응용력 키우기 — 113

07 | 자료 비교/분석 차트 만들기 — 114

1. 차트 — 115
2. 미니 차트로 성적 분석하기 — 117
3. 대칭 차트로 현황 비교하기 — 121
4. 응용력 키우기 — 130

08 | 영업 실적표 만들기 — 131

1. 외부 데이터와 데이터 통합 관리 — 132
2. 지점별 영업 실적 한 곳으로 집계하기 — 134
3. 응용력 키우기 — 150

09 | 고객 주문 현황표 만들기 — 151

1. 텍스트 함수와 고급 필터 — 152
2. 고객 정보 보안 문서 작성하기 — 153
3. 필요 정보만 추출하여 주문 현황 정리하기 — 160
4. 응용력 키우기 — 164

10 | 돈 관리 계획 세우기 — 165

1. 목표값 찾기와 시나리오 관리자 — 166
2. 내게 맞는 돈 관리 계획 세우기 — 167
3. 응용력 키우기 — 181

예제파일 다운로드

1 시대인 홈페이지(www.sdedu.co.kr/book)에 접속한 후 로그인합니다.
※ '시대' 회원이 아닌 경우 [회원가입]을 클릭하여 가입한 후 로그인을 합니다.

2 홈페이지 위쪽의 메뉴에서 [프로그램]을 선택합니다.

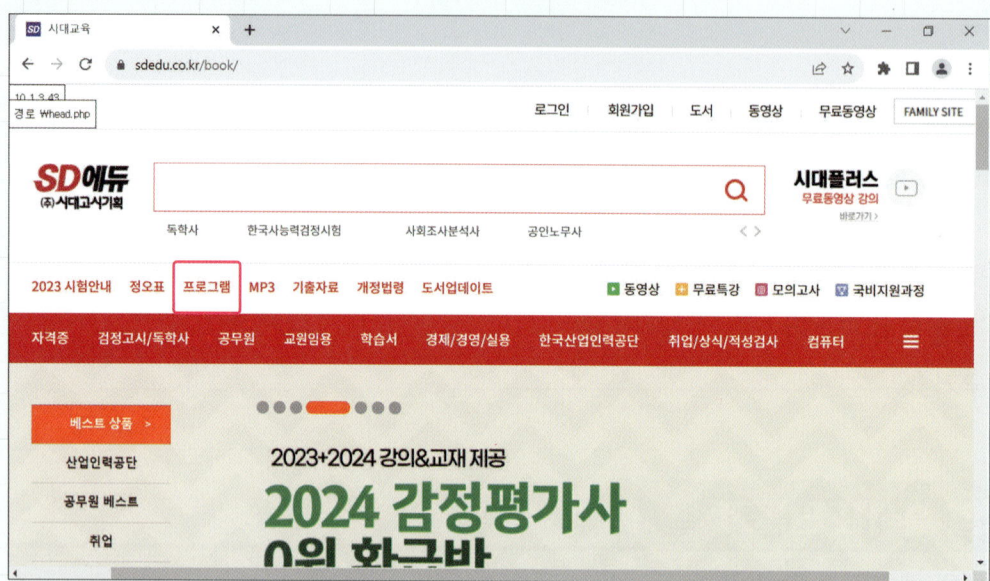

※ 홈페이지의 리뉴얼에 따라 위치나 텍스트 표현이 변경될 수도 있습니다.

3 프로그램 자료실 화면이 나타나면 책 제목을 검색합니다. 검색된 결과 목록에서 해당 도서의 제목을 클릭합니다.

해당 페이지가 열리면 [다운로드] 버튼을 클릭합니다. 파일이 다운로드 되면 파일을 저장한 폴더로 이동합니다.

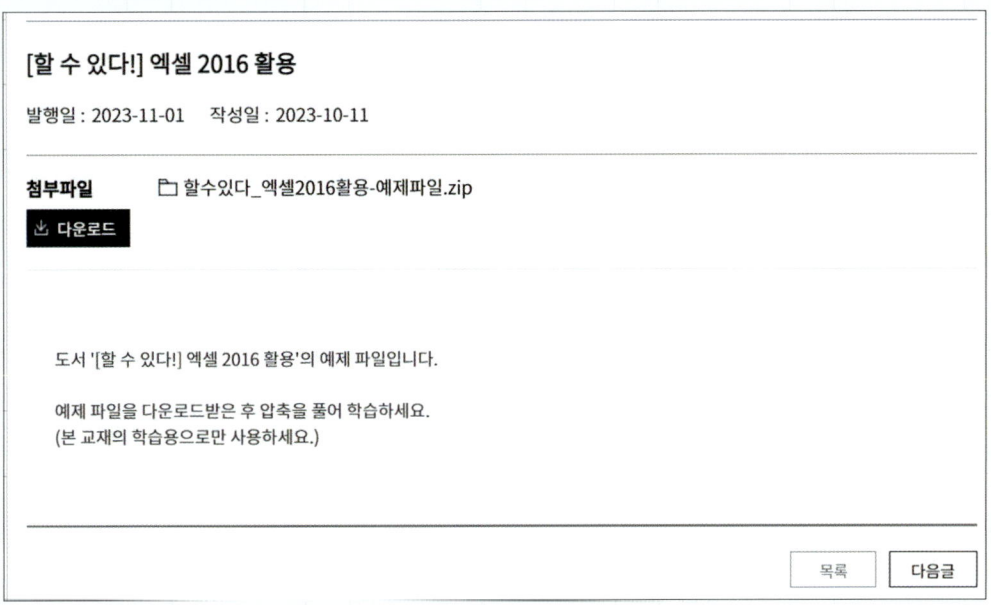

압축 해제 프로그램으로 '할수있다_엑셀2016활용-예제파일.zip' 파일을 해제하면 교재의 준비파일과 완성파일이 폴더별로 제공됩니다.

시작 전에 살펴보기

엑셀 2016의 화면 구성

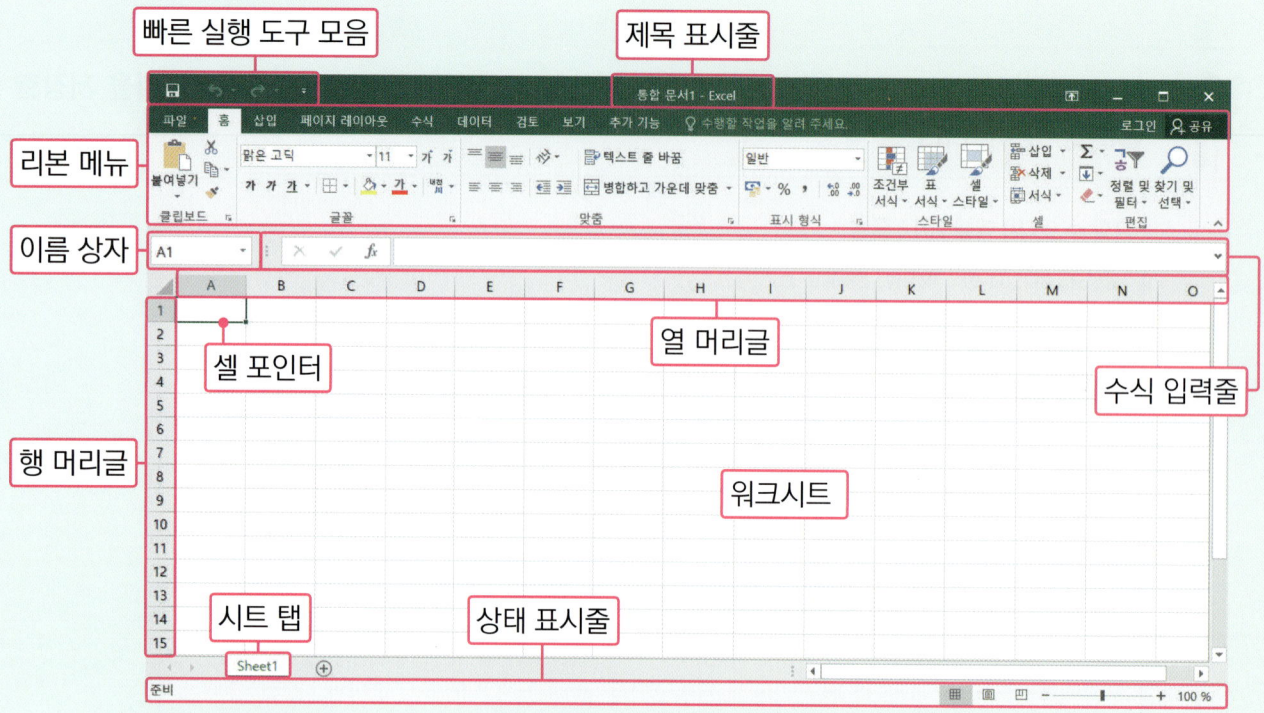

리본 메뉴의 구성

- 탭과 그룹, 명령(기능) 아이콘으로 구성됩니다.

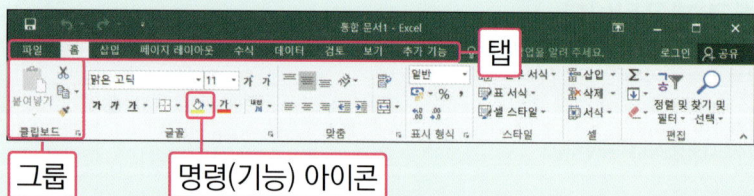

- 창의 크기에 따라 그룹을 구성하는 아이콘들의 표시가 달라질 수 있습니다.

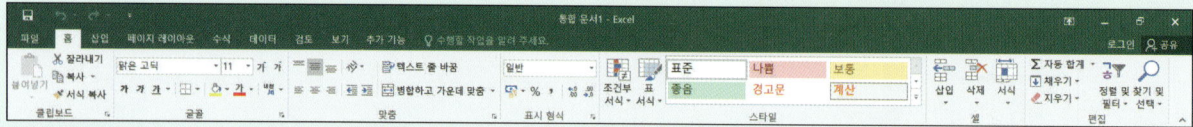

- 기본적으로는 표시되지 않지만, 상황(차트, 그림, 도형, 표 삽입 등)에 따라 나타나는 상황 탭도 있습니다.

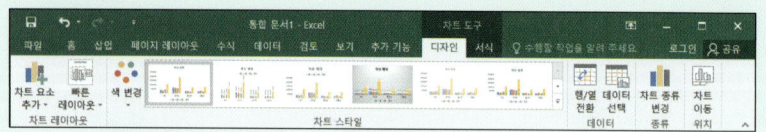

01 고수들의 준비 운동

- 붙여넣기 옵션 : 값
- 선택하여 붙여넣기 : 연산
- 그림으로 복사
- 이동 옵션 : 빈 셀

미/리/보/기

준비파일 : 성적등수.xlsx, 비품명세서.xlsx, 출결일수.xlsx
완성파일 : 성적등수_완성.xlsx, 비품명세서_완성.xlsx, 출결일수_완성.xlsx

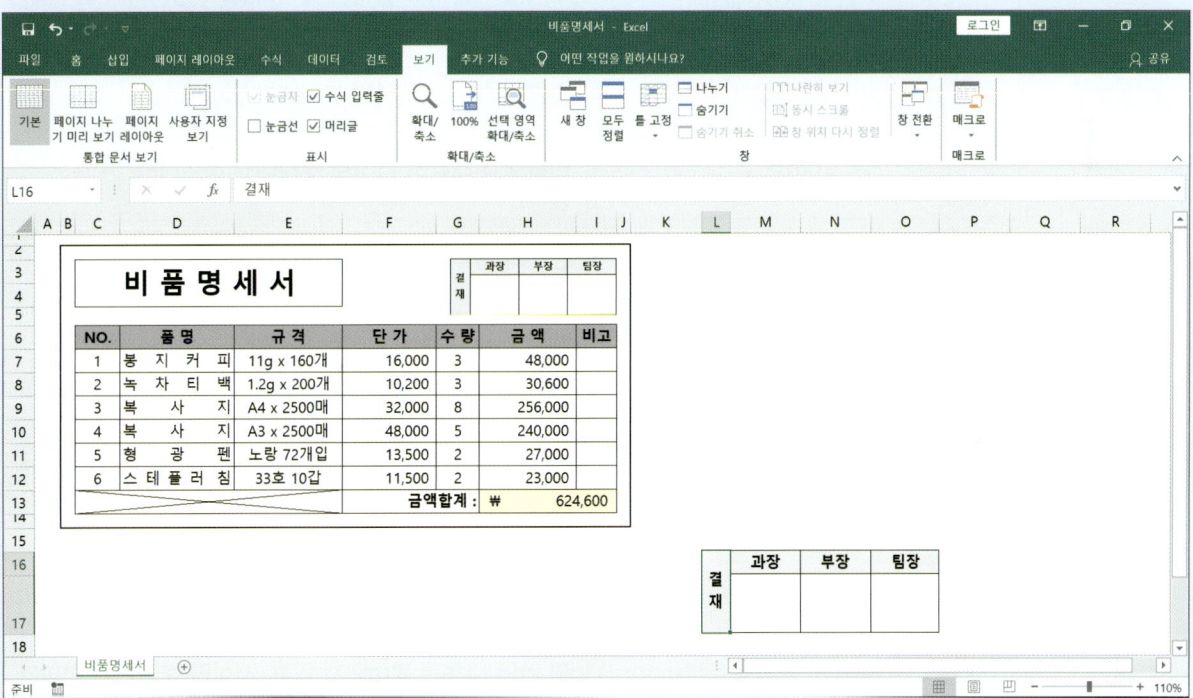

엑셀을 사용하다 보면 셀의 내용들을 이리저리 옮기거나 복사를 해야 하는 일이 자주 발생합니다. 데이터의 양이 많은 상황이라면 많은 시간과 노력이 필요할 수도 있습니다. 이번 장에서는 이런 시간과 노력을 아껴줄 수 있는 복사와 이동의 다양한 옵션에 대해 알아보겠습니다.

다양한 붙여넣기와 이동 옵션

▶ 붙여넣기 옵션

엑셀은 셀을 복사할 때 기본적으로 서식은 물론이고 수식과 함수, 표시 형식까지 셀에 포함되어 있는 모든 것을 복사합니다. 그래서 붙여넣기를 하고 나면 작은 옵션 상자(🗎(Ctrl)▼)가 나타나는데, 이 상자를 이용해 복사된 내용들을 여러 옵션을 사용해 붙여 넣을 수 있습니다.

		붙여넣기 옵션	결과
붙여넣기		붙여넣기	원본을 그대로 복사하지만, 테마 서식은 붙여넣지 않습니다.
		수식	셀의 서식만 제외하고 원본 그대로 붙여넣기 합니다.
		수식 및 숫자 서식	수식 붙여넣기와 같지만 숫자의 표시 형식까지 붙여넣기 합니다.
		원본 서식 유지	원본의 테마 서식까지 붙여넣기 합니다.
		테두리 없음	원본에서 테두리 모양을 붙여넣지 않습니다.
		원본 열 너비 유지	원본의 열 너비를 유지합니다.
		바꾸기	행과 열을 바꿔 붙여넣기 합니다.
값 붙여넣기		값	수식이나 함수의 결과 값만 붙여넣기 합니다.
		값 및 숫자 서식	수식이나 함수의 결과 값과 함께 숫자의 표시 형식까지 붙여넣기 합니다.
		값 및 원본 서식	수식, 함수의 결과 값과 모든 서식을 붙여넣기 합니다.
기타 붙여넣기 옵션		서식	셀 안의 내용은 붙여넣지 않고, 서식만 붙여넣기 합니다.
		연결하여 붙여넣기	원본의 값이 바뀌면 복사본의 값도 함께 바뀝니다.
		그림	원본이 그림 형태로 바뀌어 붙여넣기 됩니다. 원본의 값이 바뀌어도 바뀌지 않습니다.
		연결된 그림	원본의 값이 바뀌면 복사본 그림의 내용과 모양도 바뀝니다.

▶ 선택하여 붙여넣기

복사한 원본을 붙여넣기 전에 마우스 오른쪽 버튼을 클릭하면 나오는 바로 가기 메뉴에서 [선택하여 붙여넣기]를 선택하면 붙여넣기 옵션을 확장할 수 있습니다. '붙여넣기 옵션'에서는 안 보였던 '연산'이란 항목이 보입니다. 복사와 붙여넣기 대상이 숫자라면 원본을 붙여넣기 할 위치에 계산을 한 결과 값을 붙여넣기 할 수 있습니다.

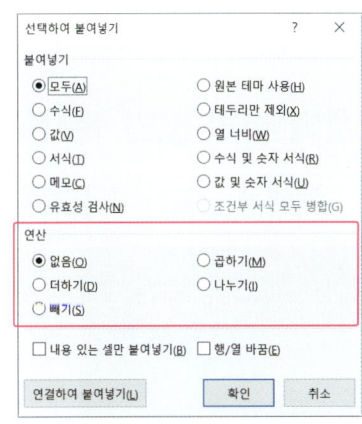

▶ 그림으로 붙여넣기

엑셀로 문서 양식을 만들기 위해 셀을 병합하고 늘리고 줄이고를 하다 보면 모양이 딱 떨어지지 않을 때가 있습니다. 또는 다 만들었는데 요소를 추가해야 할 경우 셀들을 다시 뜯어고치려면 난감할 수밖에 없습니다. 경우에 따라 [홈] 탭-[클립보드] 그룹-[붙여넣기(붙여넣기)]에서 [그림으로 붙여넣기]를 이용하면 손쉽게 해결할 수도 있습니다.

❶ 컴퓨터 모니터에 보이는 그대로를 캡처해 이미지로 만듭니다. [형식]의 항목이 활성화됩니다.
❷ 출력 시 보여지는 이미지로 만듭니다. [형식]의 항목이 비활성화됩니다.
❸ 배경이 투명한 형태로 이미지를 만듭니다.
❹ 배경의 색까지 캡처해 투명하지 않은 이미지로 만듭니다.

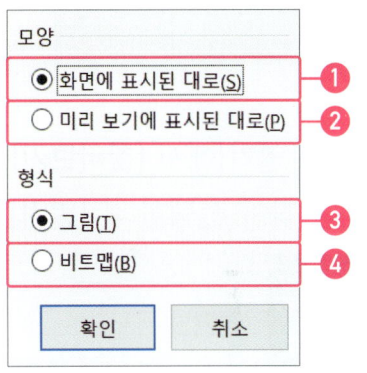

▶ 이동 옵션

떨어져 있는 셀과 셀 범위들을 선택할 때 한 번만 실수해도 처음부터 다시 해야 합니다. 그러나 [홈] 탭-[편집] 그룹-[찾기 및 선택]에서 [이동 옵션]을 이용하면 손쉽게 선택하고 내용을 입력할 수 있습니다. [이동 옵션] 대화상자에서 선택한 항목들이 있는 셀들만 선택됩니다.

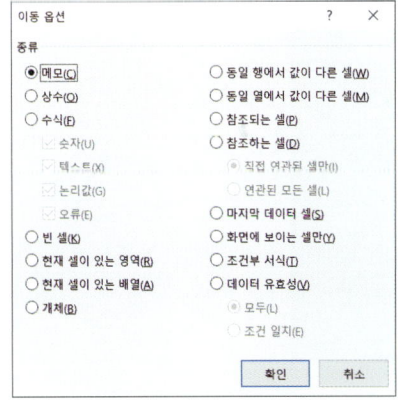

 ## 성적표 점수 분리 및 계산하기

▶ 셀의 결과 값만 복사하기

01 엑셀을 실행한 후 [다른 통합 문서 열기]를 선택합니다.

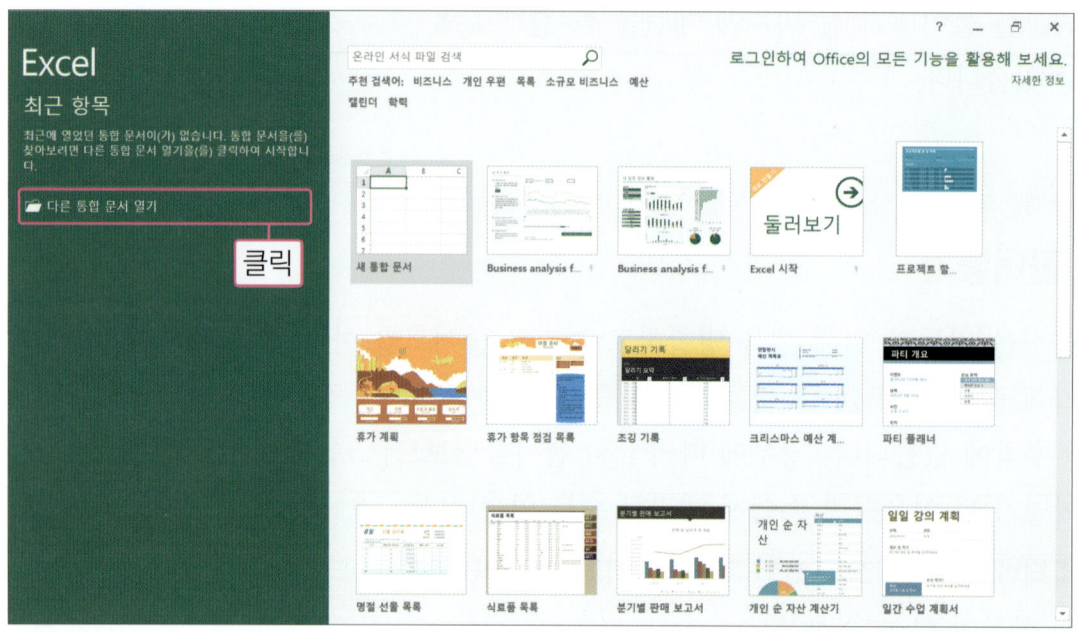

02 [열기]에서 [찾아보기]를 클릭합니다. [열기] 대화상자가 나타나면 '성적등수.xlsx' 파일을 찾아 선택한 후 [열기] 버튼을 클릭합니다.

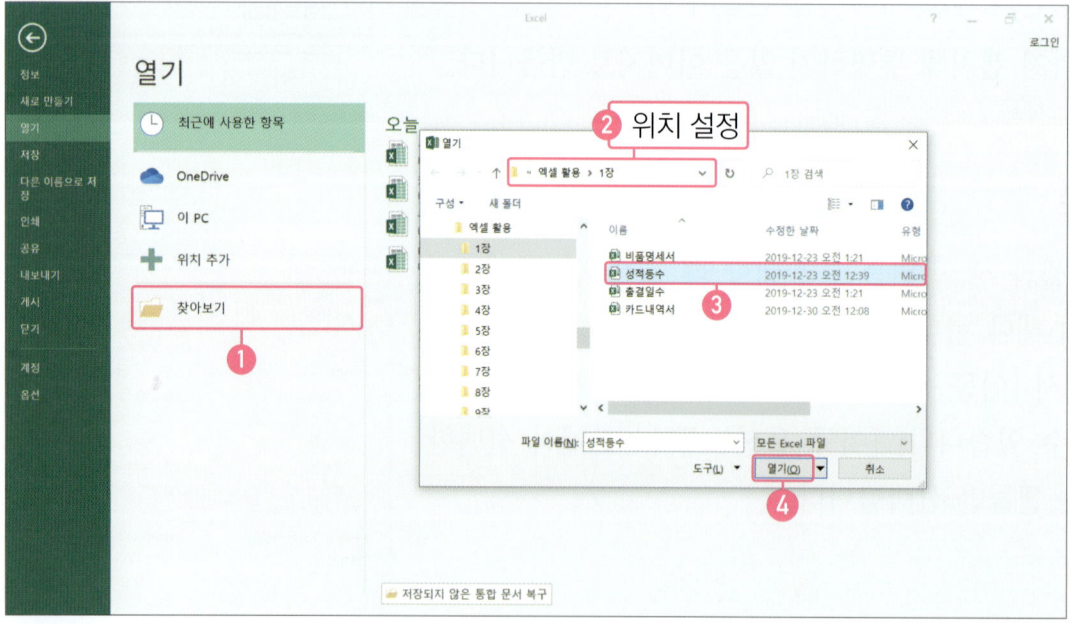

 제공된 준비파일 중 '성적등수.xlsx' 파일을 직접 더블 클릭해도 됩니다.

03 [E2] 셀부터 [E8] 셀까지 드래그하여 [E2:E8] 영역을 선택한 후 Ctrl+C 키를 눌러 복사합니다. [I2] 셀을 클릭하여 선택한 후 Ctrl+V 키를 눌러 붙여넣기 합니다.

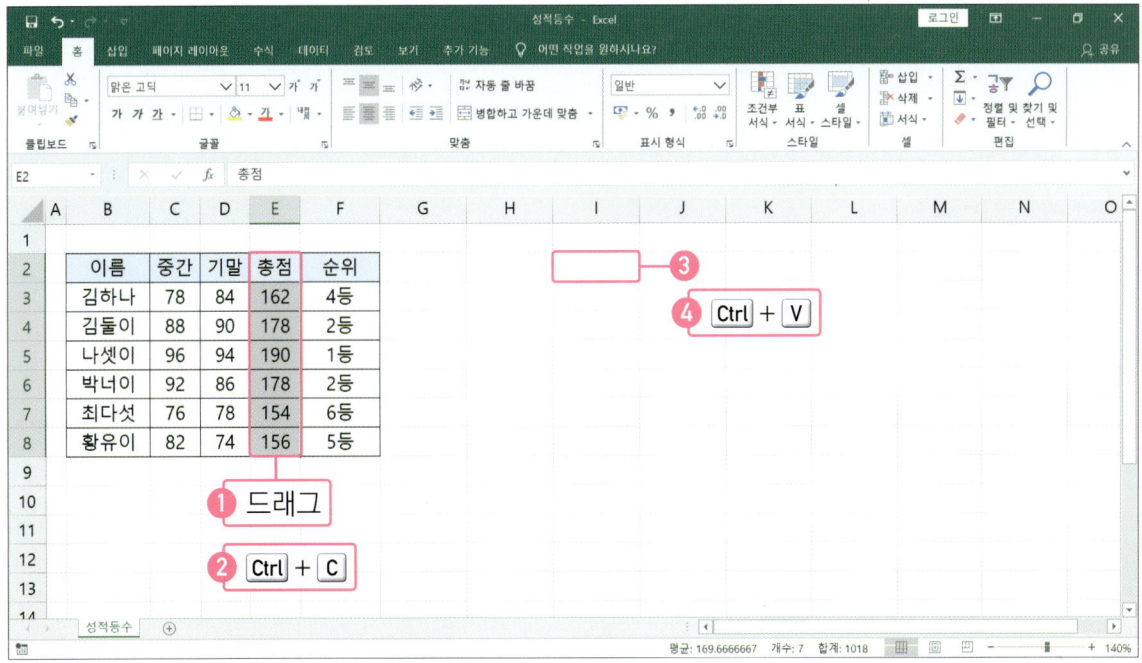

04 총점의 내용이 달라지는 것을 확인할 수 있습니다. E열과 I열의 각 총점 내용에서 [수식] 탭-[수식 분석] 그룹-[참조되는 셀 추적]을 클릭해 확인합니다. '총점'을 계산하는 수식에서 참조되는 셀이 상대 참조이기 때문에 참조되는 셀들이 같이 이동되어 발생한 현상입니다.

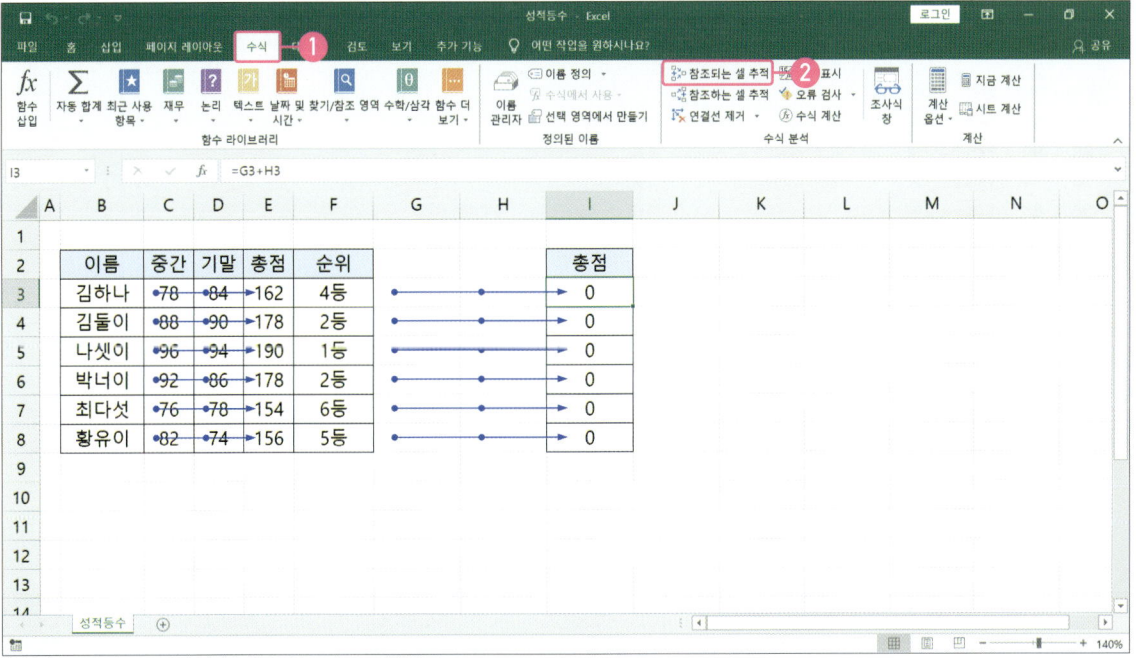

05 (Ctrl)(붙여넣기 옵션)을 클릭하여 확장한 후 (값)을 선택합니다.

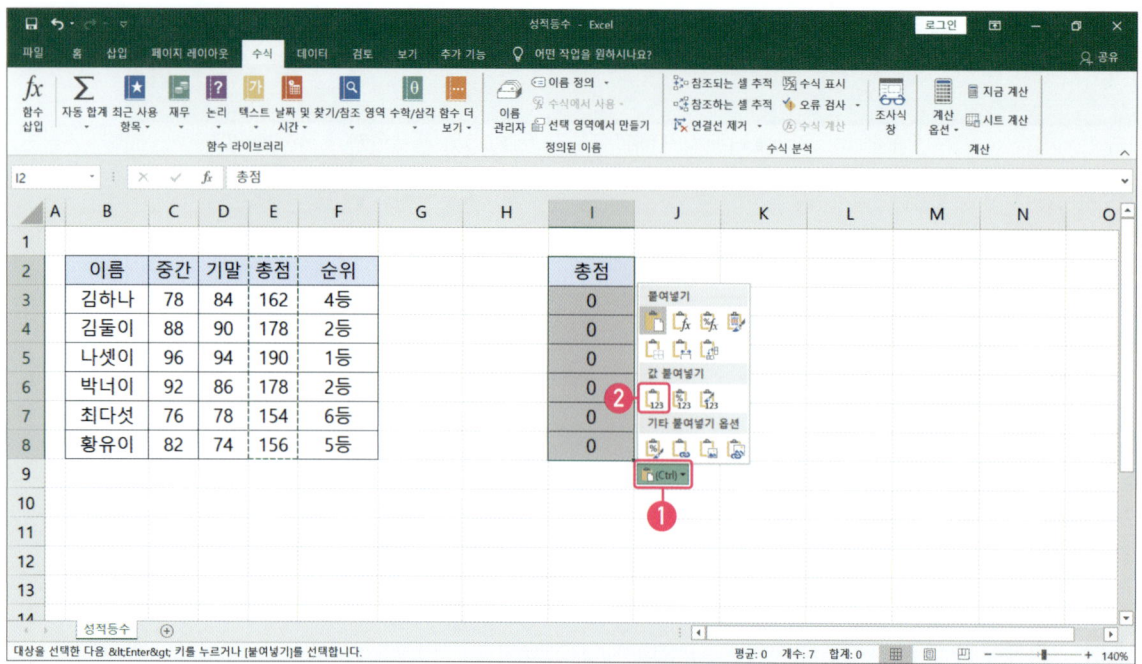

06 셀의 서식과 수식 내용은 다 사라지고 결과 값만 붙여넣기 된 것을 확인할 수 있습니다.

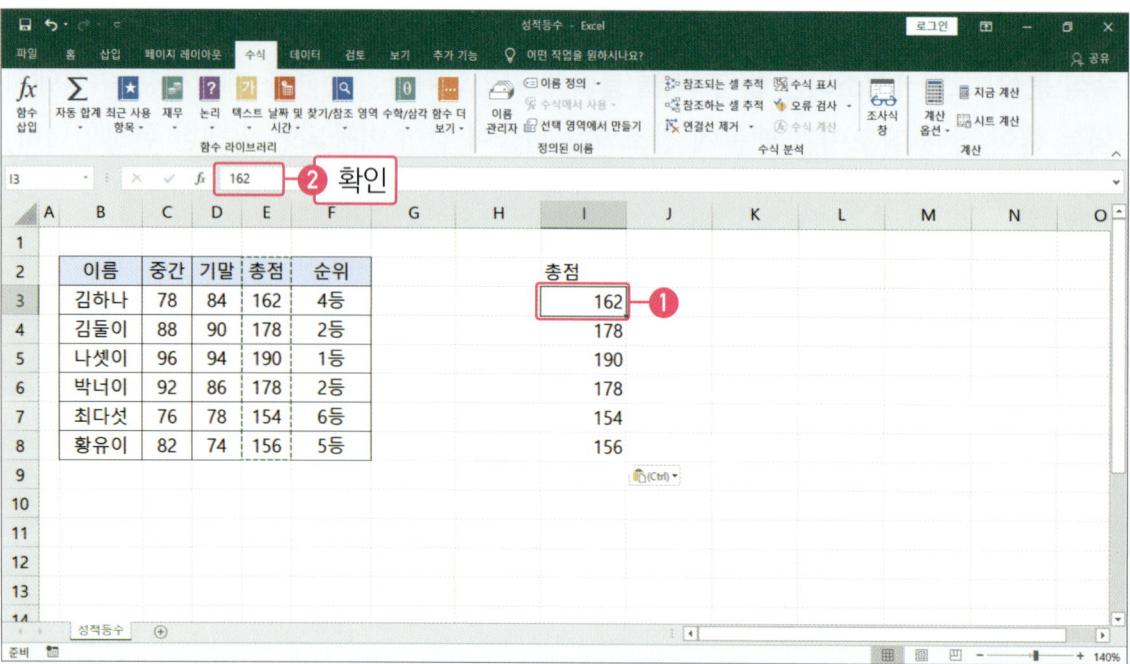

07 [B2:B8] 영역을 드래그하여 선택합니다. Ctrl 키를 누른 채 [E2:E8] 영역을 드래그하여 함께 선택한 후 Ctrl + C 키를 눌러 복사합니다. [K2] 셀을 클릭하여 선택하고 Ctrl + V 키를 눌러 붙여넣기 합니다.

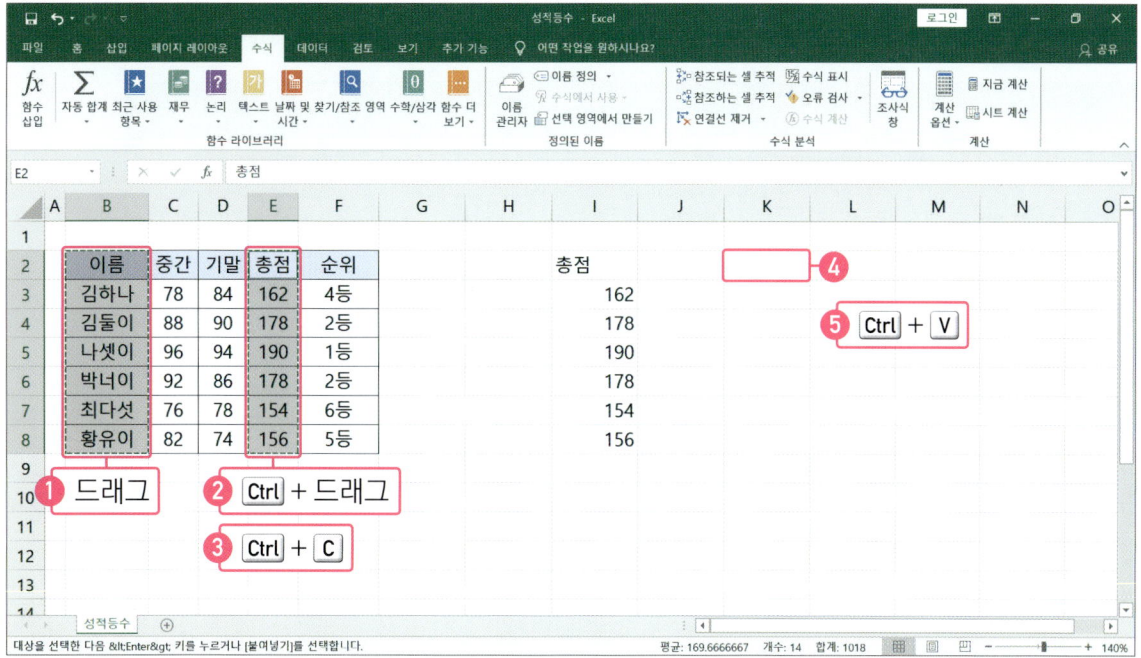

08 '이름' 열과 '총점' 열이 붙고 서식과 값만 자동으로 붙여넣기 된 것을 확인할 수 있습니다.

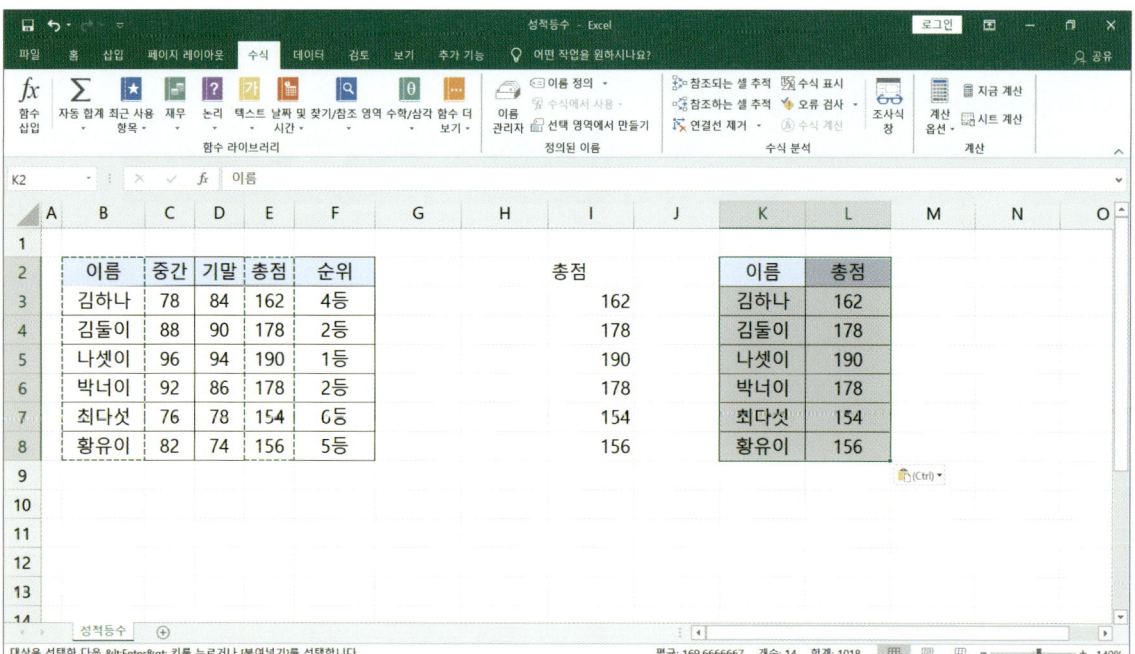

▶ 연산 기능을 이용해 복사하기

01 이번에는 붙여넣기를 이용해 평균을 계산해 보겠습니다. 빈 셀 중 **아무 곳**(여기서는 [N3] 셀)이나 클릭하여 선택한 후 '**2**'를 입력하고 Enter 키를 누릅니다. '2'를 입력한 셀 (여기서는 [N3] 셀)을 클릭하여 다시 선택한 후 Ctrl + C 키를 눌러 셀을 복사합니다.

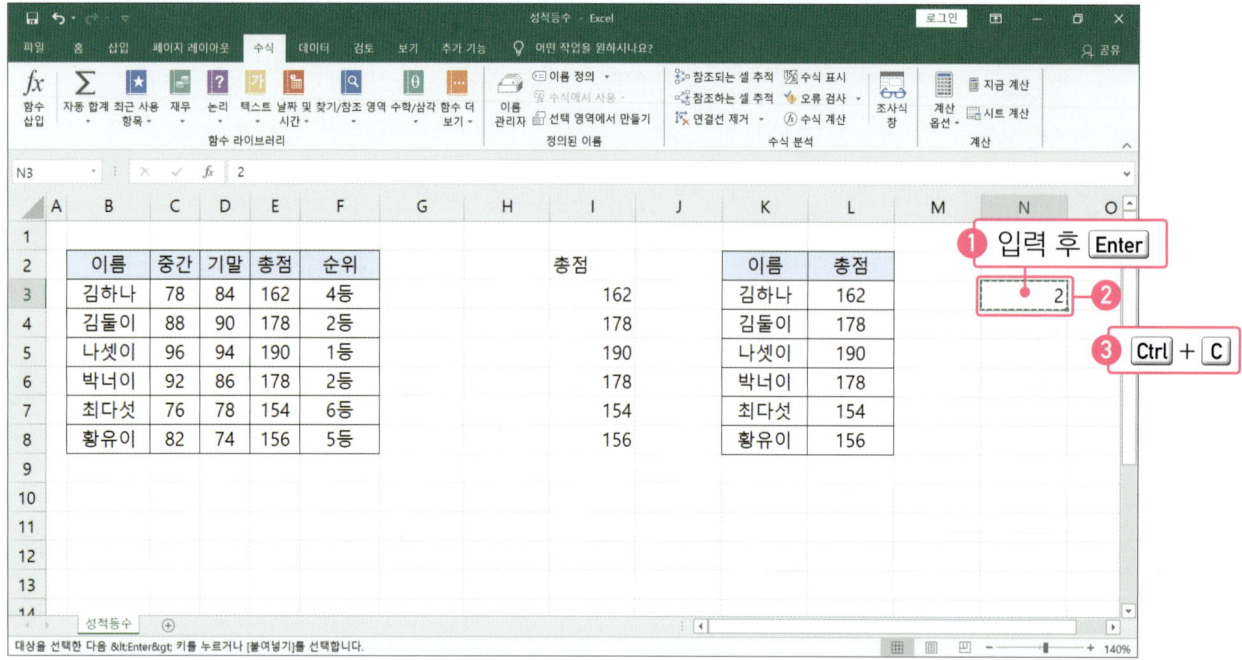

02 [L3:L8] 영역을 드래그하여 선택하고 **마우스 오른쪽 버튼을 클릭**합니다. 바로 가기 메뉴가 나타나면 [**선택하여 붙여넣기**]를 선택합니다.

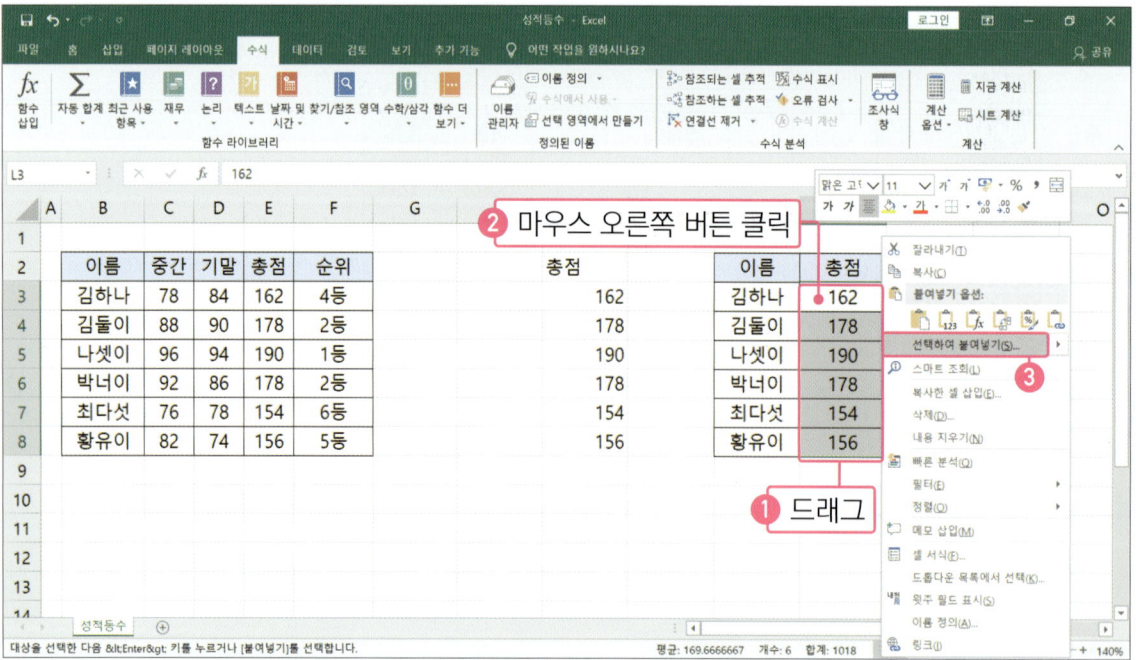

03 [선택하여 붙여넣기] 대화상자가 나타납니다. [붙여넣기] 부분에서 **'값'을 선택**하고, [연산] 부분에서는 **'나누기'를 선택**한 후 [확인] 버튼을 클릭합니다.

 [붙여넣기] 항목에서 '값' 이외의 것을 선택하면 '2'가 있는 셀의 서식까지 복사되어 붙여넣기가 되므로, [L3:L8] 영역의 서식이 모두 사라집니다.

04 '총점'의 값들이 '2'로 나누어진 값들로 채워진 것을 확인할 수 있습니다. '2'를 입력한 셀(여기서는 [N3] 셀)을 클릭한 후 Delete 키를 눌러 삭제합니다.

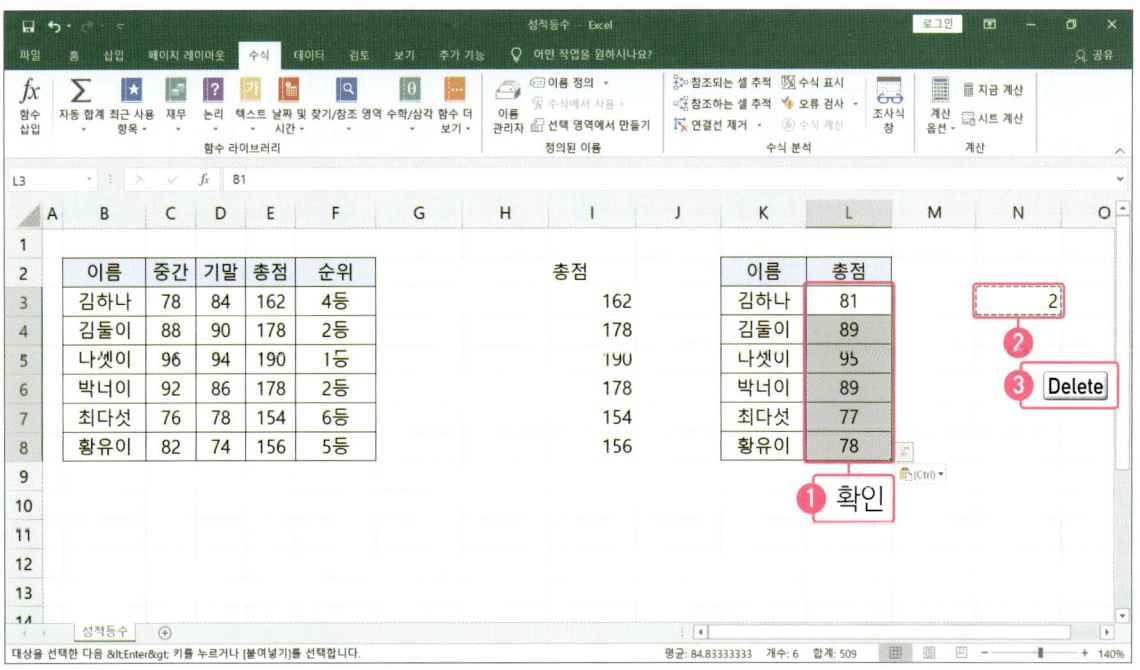

 셀을 복사하면 셀 주변에 점선이 나타나 움직입니다. 이것을 보이지 않게 하려면 Esc 키를 누릅니다.

05 빠른 실행 도구 모음의 🖫(저장)을 클릭하여 저장합니다.

비품 명세서 결재란 만들기

▶ 그림으로 복사해 붙여넣기

01 [파일] 탭-[열기]에서 [찾아보기]를 클릭합니다. [열기] 대화상자가 나타나면 '비품명세서.xlsx' 파일을 찾아 선택한 후 [열기] 버튼을 클릭합니다.

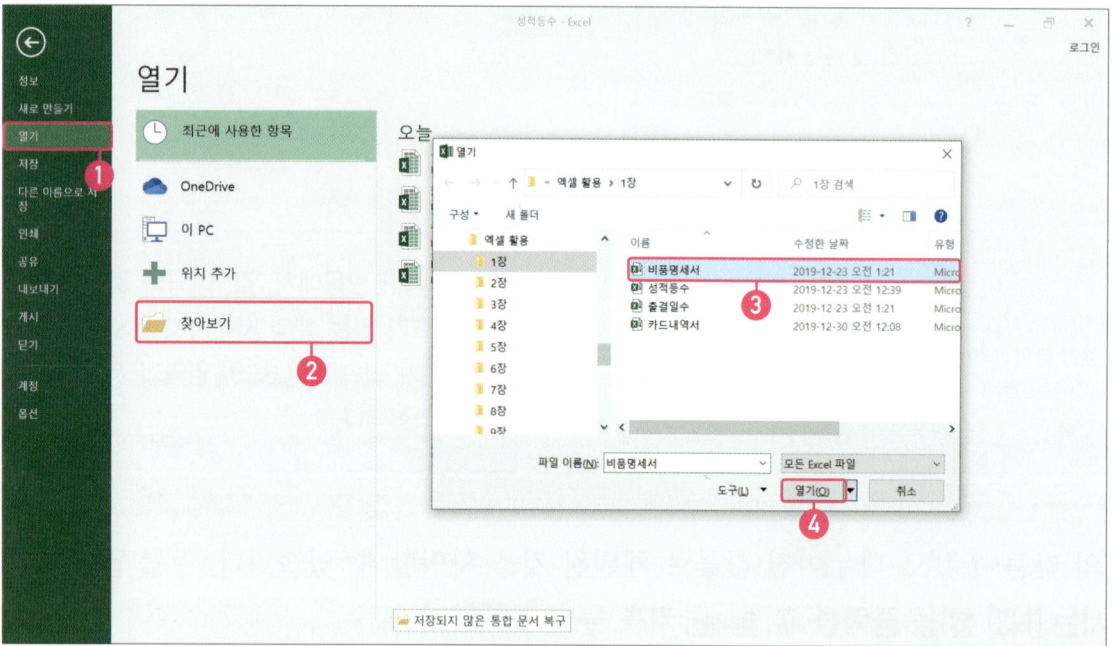

02 명세서 양식에 영향을 주지 않는 비어 있는 [L16:O16] 영역에 다음과 같이 각각 '결재', '과장', '부장', '팀장'을 입력한 후 드래그하여 선택하고 [홈] 탭-[맞춤] 그룹-[가운데 정렬(≡)]을 클릭합니다. [L16:L17] 영역을 드래그하여 선택한 후 [병합하고 가운데 맞춤]을 클릭합니다.

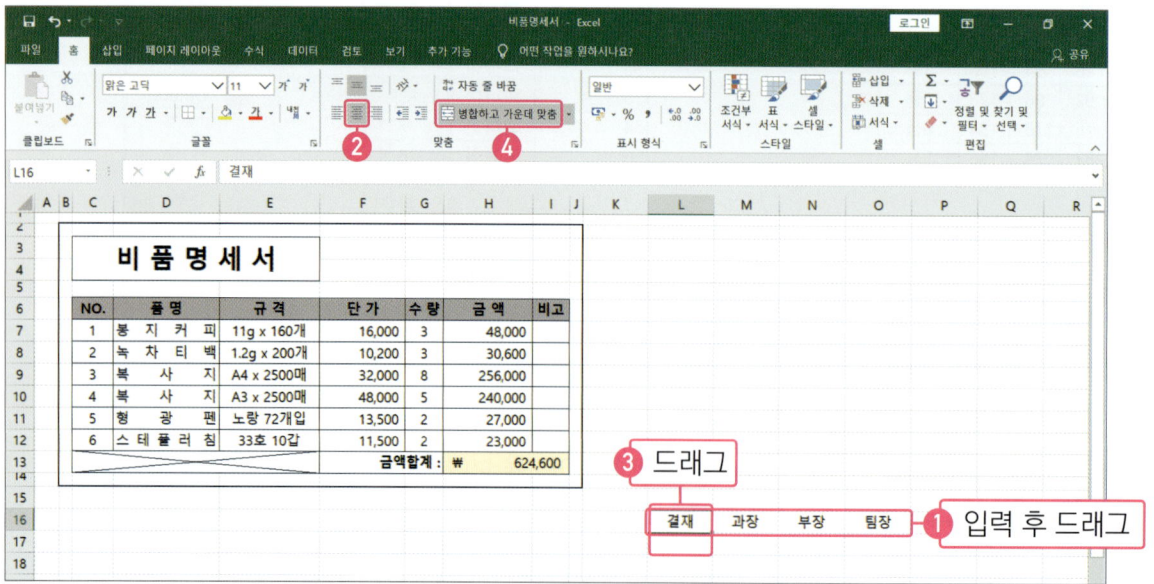

03 17행의 아래쪽 경계선을 아래로 드래그하여 적당히(행 높이 '42' 정도) 넓혀 주고, L열의 오른쪽 경계선을 왼쪽으로 드래그하여 적당히(열 너비 '3' 정도) 줄여 줍니다.

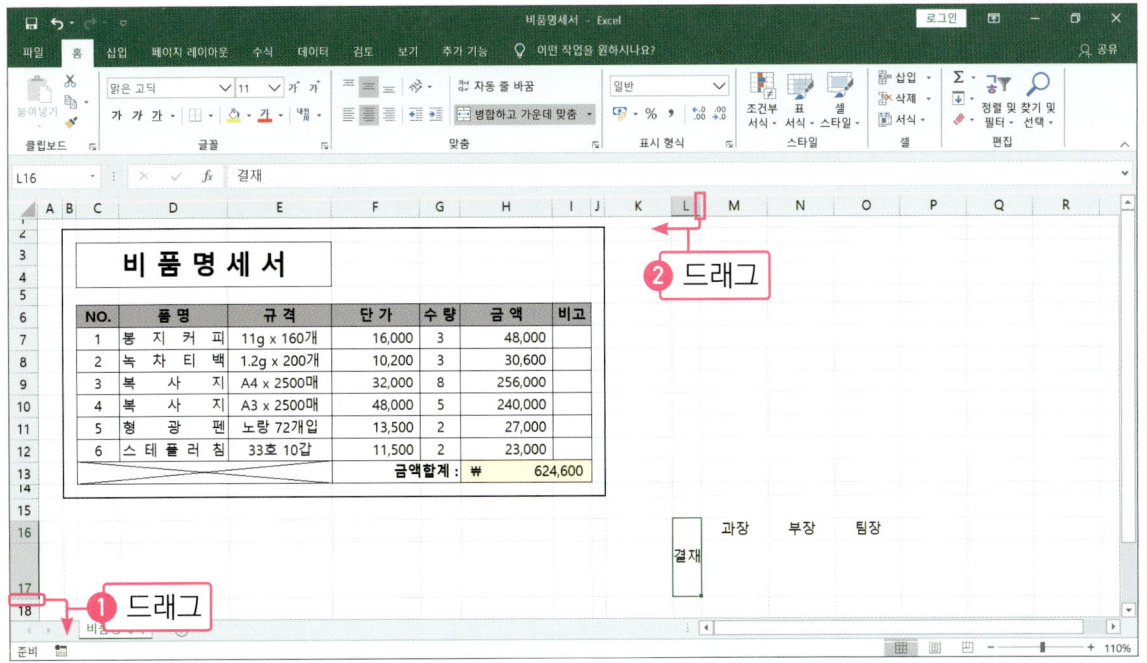

04 [L16] 셀이 선택되어 있는 상태에서 [홈] 탭-[맞춤] 그룹-[방향( )]에서 [세로 쓰기]를 선택합니다.

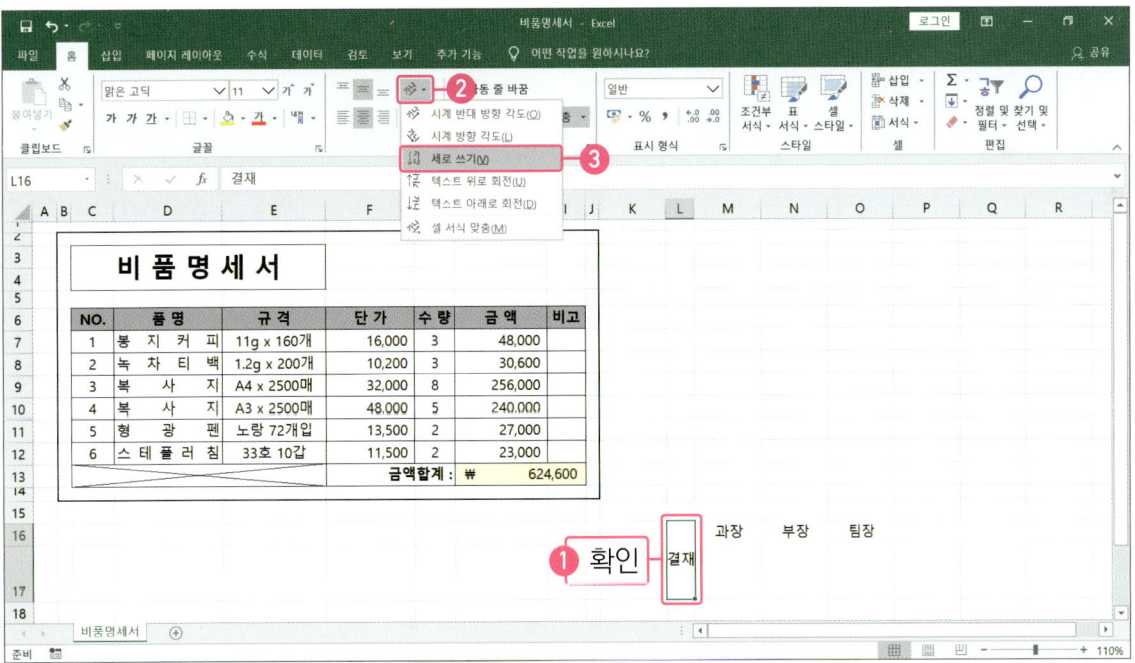

05 [L16:O17] 영역을 드래그하여 선택한 후 [홈] 탭-[글꼴] 그룹-[테두리(⊞▾)]의 ▾를 클릭해 [모든 테두리]를 선택합니다.

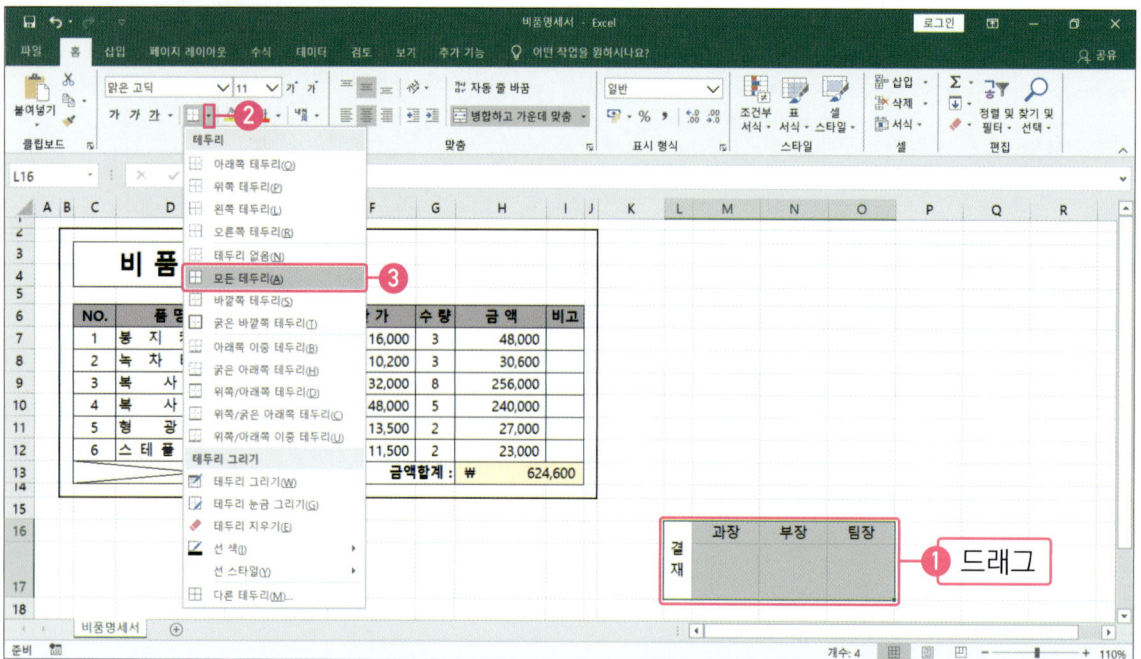

06 [L16:O17] 영역이 선택된 상태에서 [홈] 탭-[클립보드] 그룹-[복사(🗐▾)]의 ▾를 클릭한 후 [그림으로 복사]를 선택합니다.

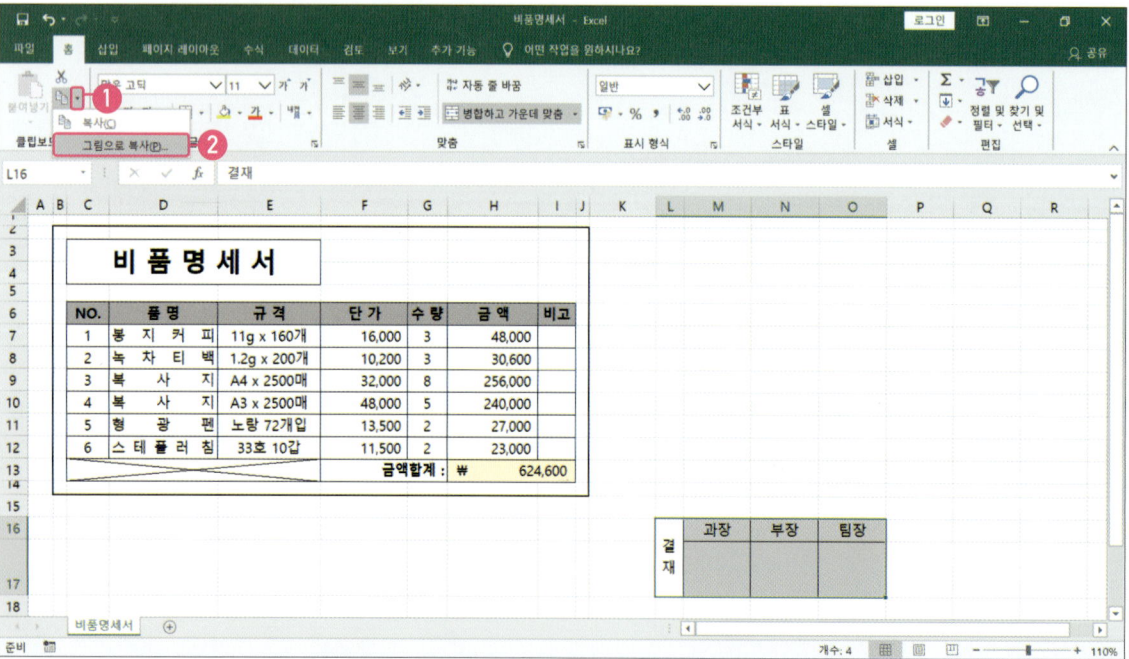

07 [그림 복사] 대화상자가 나타나면 [모양]은 '화면에 표시된 대로', [형식]은 '그림'으로 선택하고 [확인] 버튼을 클릭합니다.

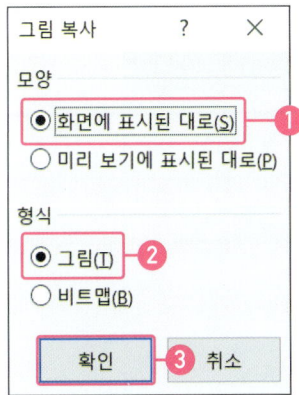

08 [F3] 셀을 클릭하여 선택한 후 Ctrl+V 키를 눌러 붙여넣기 합니다.

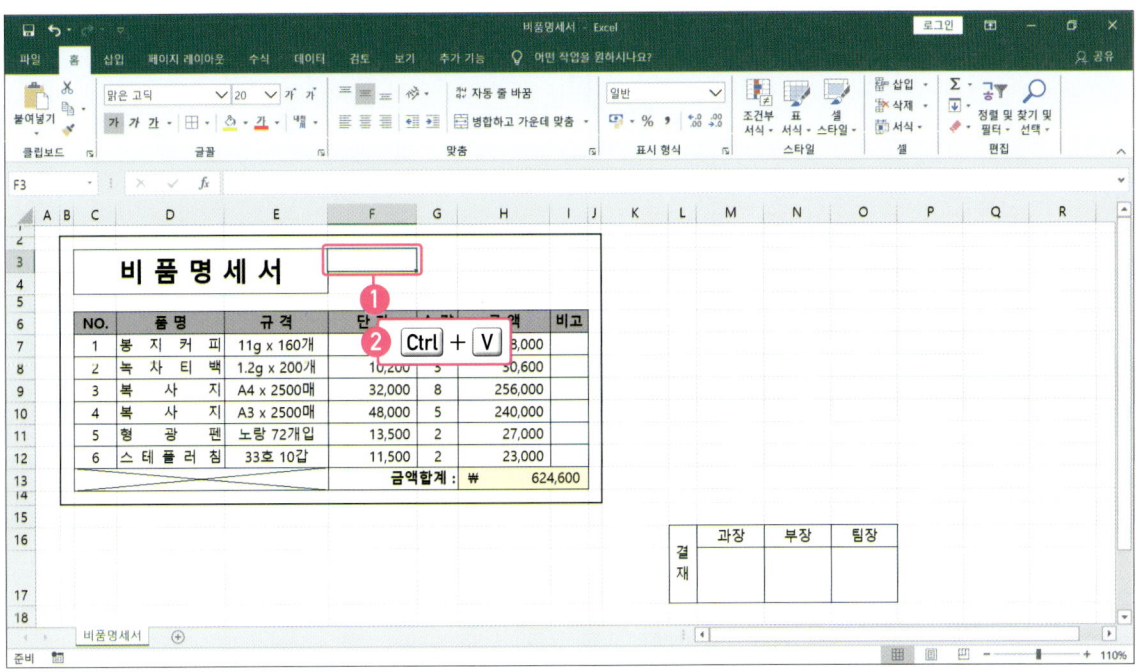

09 그림의 속성을 갖는 이미지가 붙여넣기 되었습니다. [G3:I5] 영역 안에 이미지가 배치되도록 삽입된 **이미지를 드래그**하여 이미지의 오른쪽 끝을 [I3] 셀에 맞도록 **위치를 조정**하고, **이미지의 모서리를 드래그**하여 크기를 줄입니다.

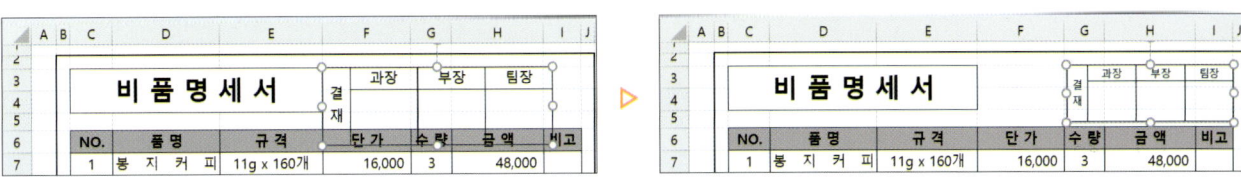

 그림의 비율을 유지하면서 크기를 조절하려면 Shift 키를 누른 채 드래그합니다.

21

▶ 연결된 그림으로 붙여넣기

01 다른 방법으로 붙여넣기 위해 **삽입된 이미지**는 Delete 키를 눌러 삭제합니다.

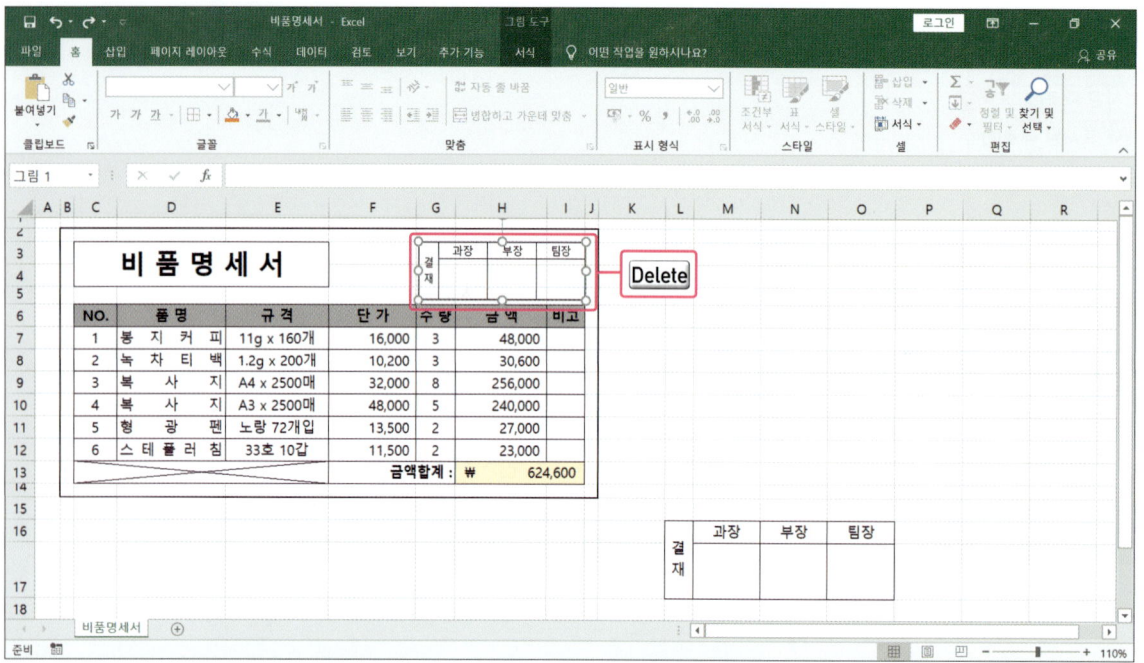

02 [L16:O17] 영역을 드래그하여 선택한 후 Ctrl+C 키를 눌러 복사합니다. [F3] 셀을 클릭하여 선택한 후 Ctrl+V 키를 눌러 붙여넣기 합니다.

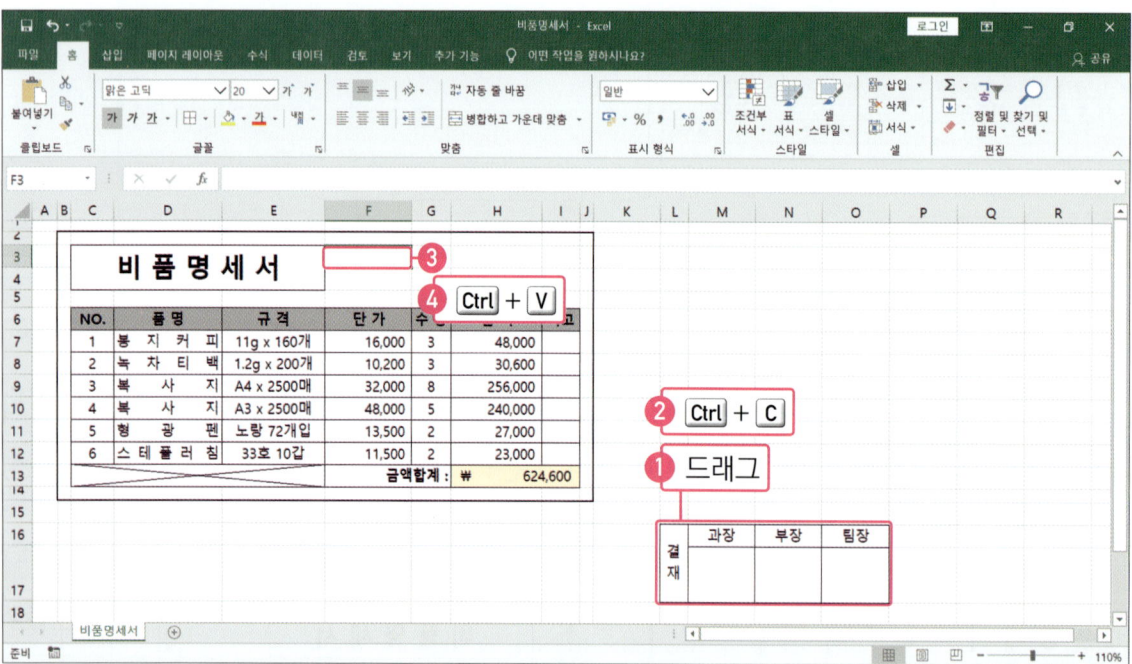

03 (Ctrl)▼(붙여넣기 옵션)을 클릭한 후 (연결된 그림)을 선택합니다.

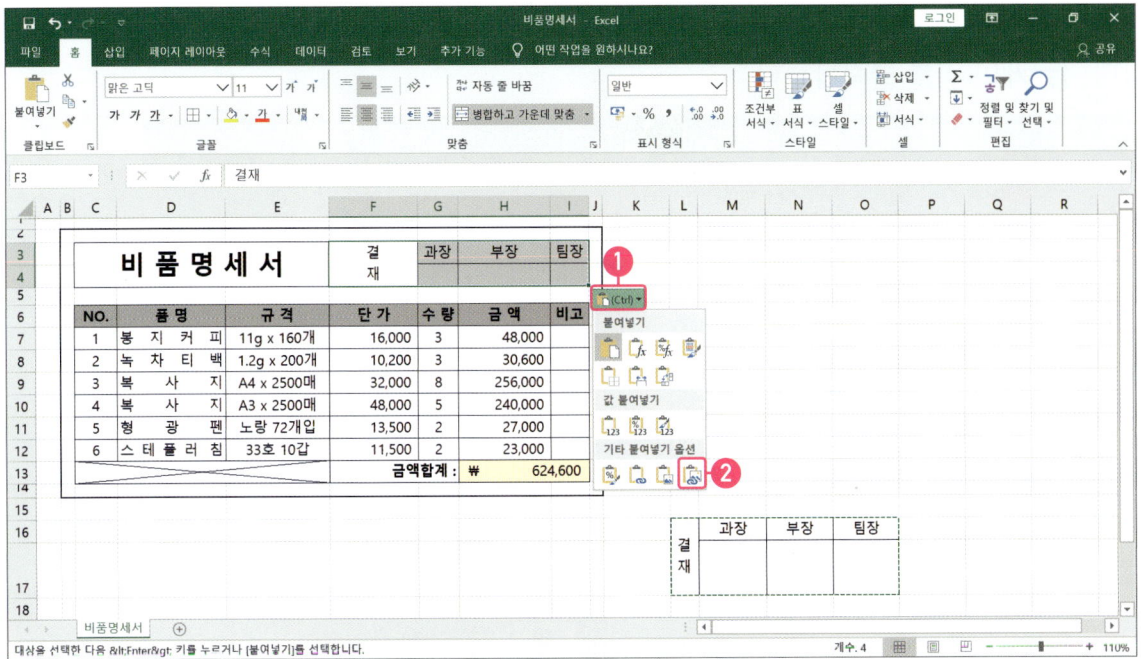

04 그림으로 바뀐 것을 확인한 후 [G3:I5] 영역 안에 배치되도록 크기와 위치를 조절합니다. 임의의 셀(여기서는 [F17] 셀)을 클릭하여 선택을 해제합니다.

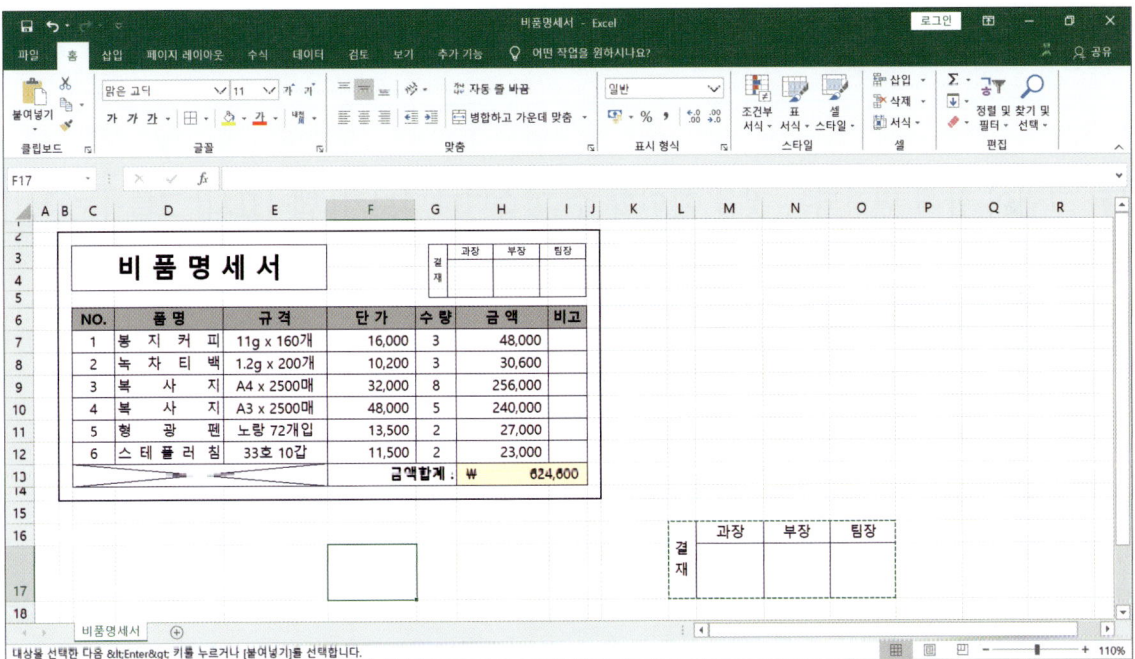

05 [L16] 셀을 클릭하여 선택한 후 Ctrl 키를 누른 채 [M16:O16] 영역을 드래그하여 함께 선택합니다. [홈] 탭-[글꼴] 그룹-[채우기 색( )]의 를 클릭한 후 [밝은 회색, 배경 2]를 선택합니다. [굵게( )]를 클릭합니다.

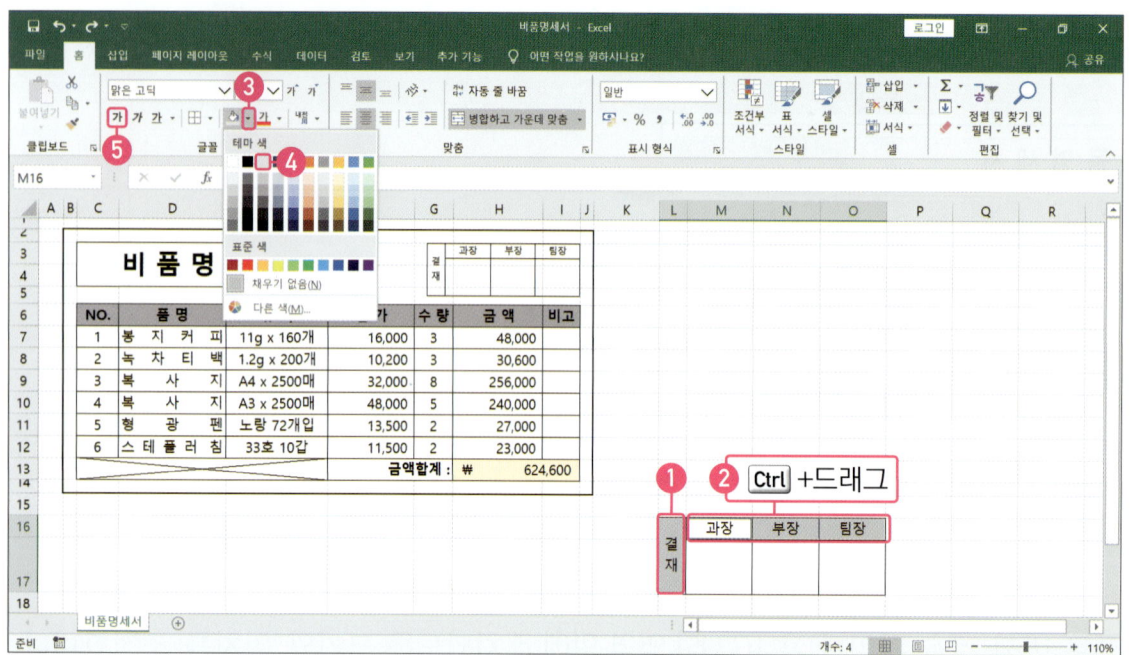

사용자 컴퓨터에 설치된 엑셀의 업데이트 유무에 따라 명칭이 다를 수도 있습니다. 예를 들어 '밝은 회색, 배경 2'가 '회색-25%, 배경 2'로 표현될 수도 있습니다.

06 복사된 그림이 함께 변경되는 것을 확인할 수 있습니다. [보기] 탭-[표시] 그룹-[눈금선]을 클릭해 체크를 해제합니다.

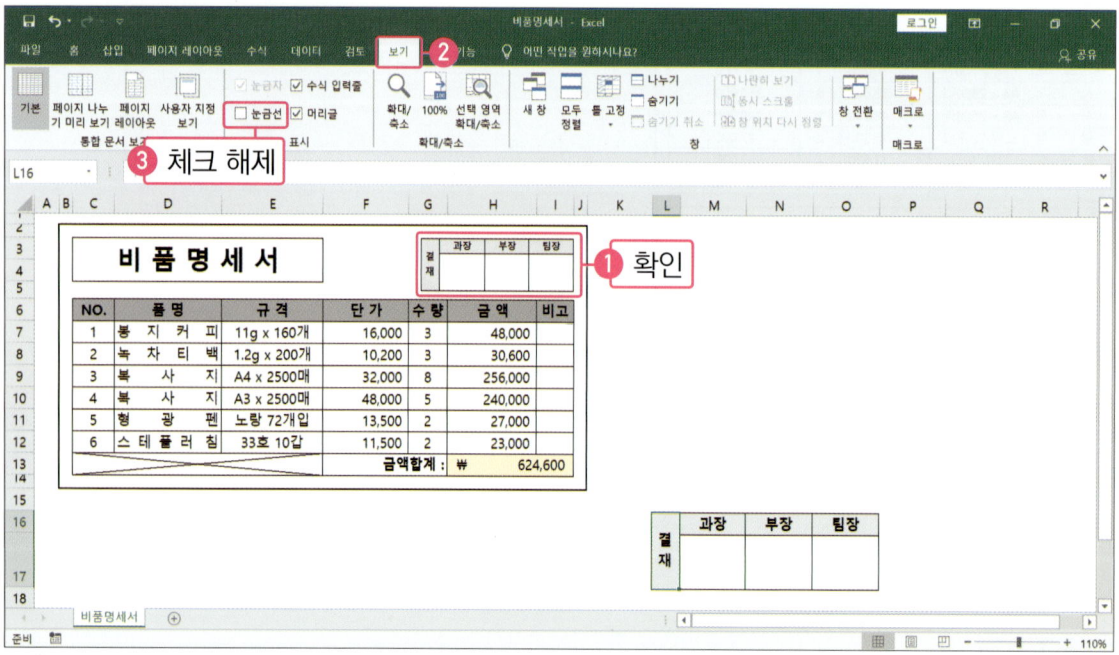

07 빠른 실행 도구 모음의 (저장)을 클릭하여 저장합니다.

 ## 출결 일수 한 번에 입력하기

01 [파일] 탭-[열기]에서 [찾아보기]를 클릭합니다. [열기] 대화상자가 나타나면 '출결일수.xlsx' 파일을 찾아 선택한 후 [열기] 버튼을 클릭합니다.

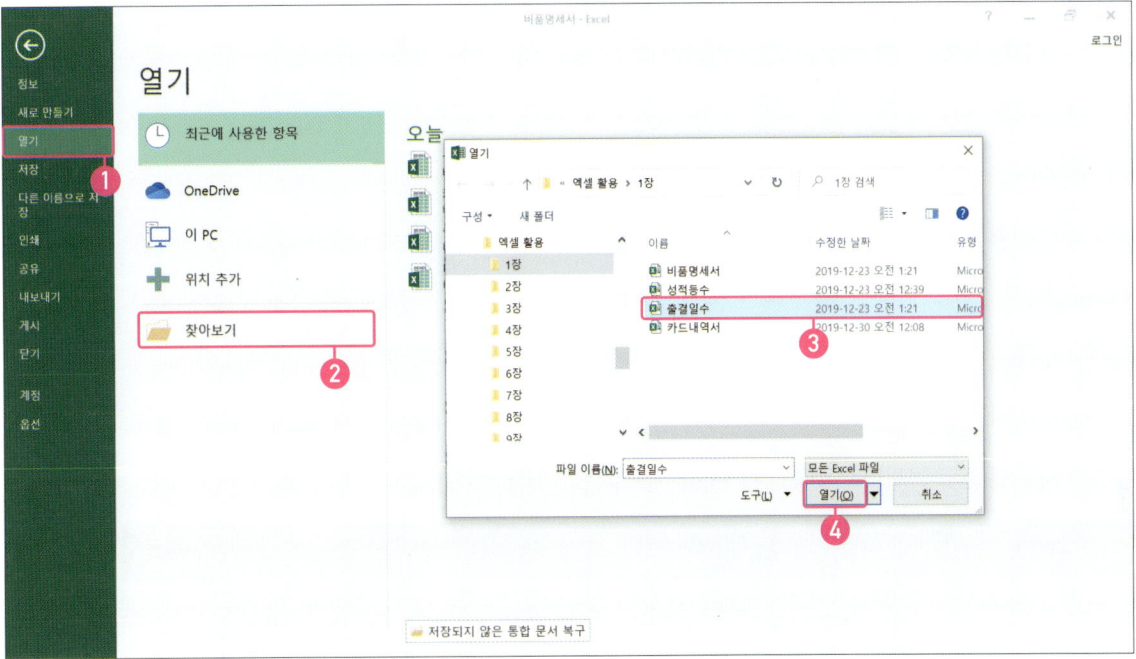

02 빈 셀에 결석 일수로 '0'을 입력하기 위해 [D3:D14] 영역을 드래그하여 선택합니다. [홈] 탭-[편집] 그룹-[찾기 및 선택]에서 [이동 옵션]을 선택합니다.

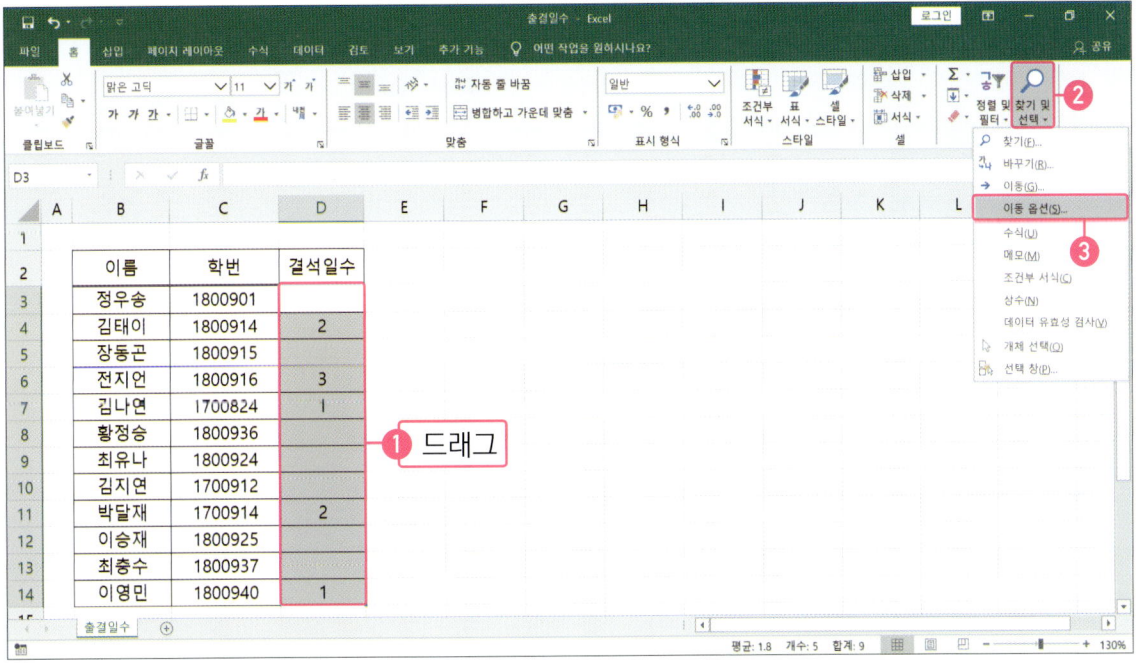

03 [이동 옵션] 대화상자가 나타나면 [종류]에서 '빈 셀'을 선택하고 [확인] 버튼을 클릭합니다.

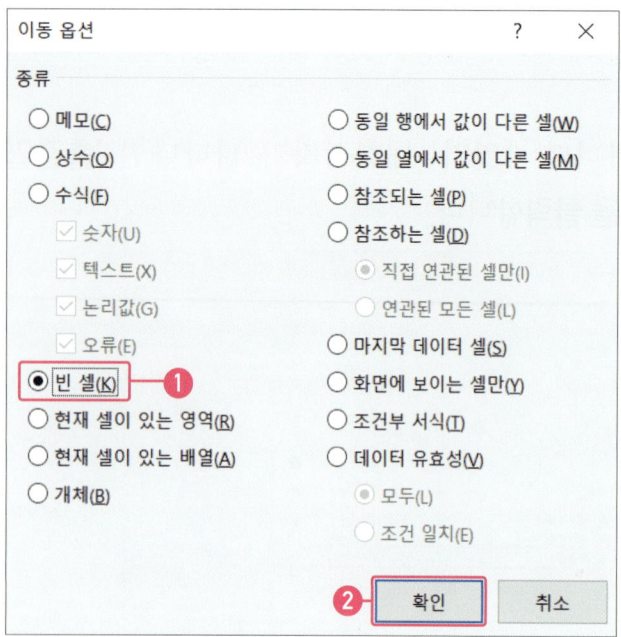

04 빈 셀만 자동으로 선택된 것을 확인할 수 있습니다.

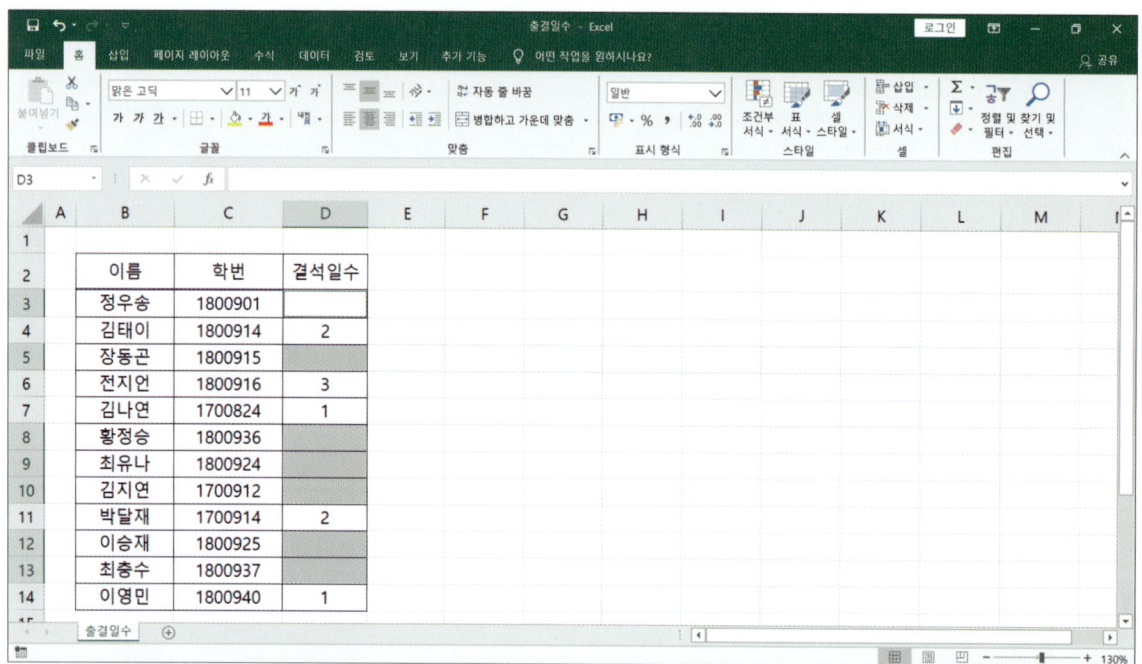

05 숫자 '0'을 입력하고 Ctrl + Enter 키를 누릅니다.

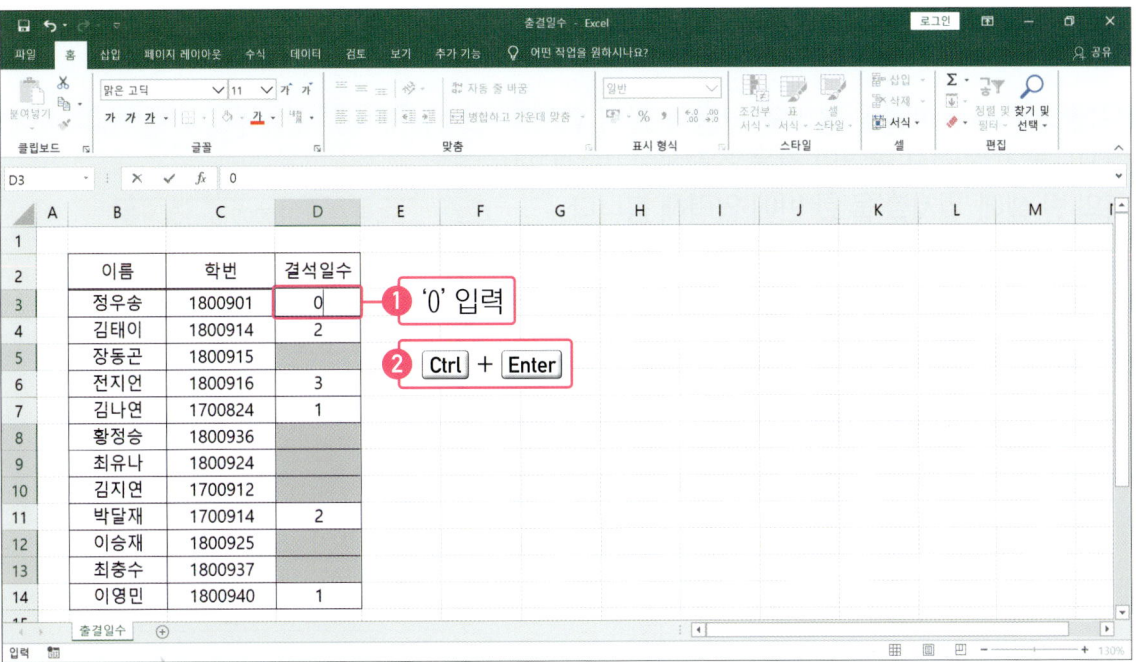

06 빈 셀에 내용이 자동으로 입력된 것을 확인할 수 있습니다.

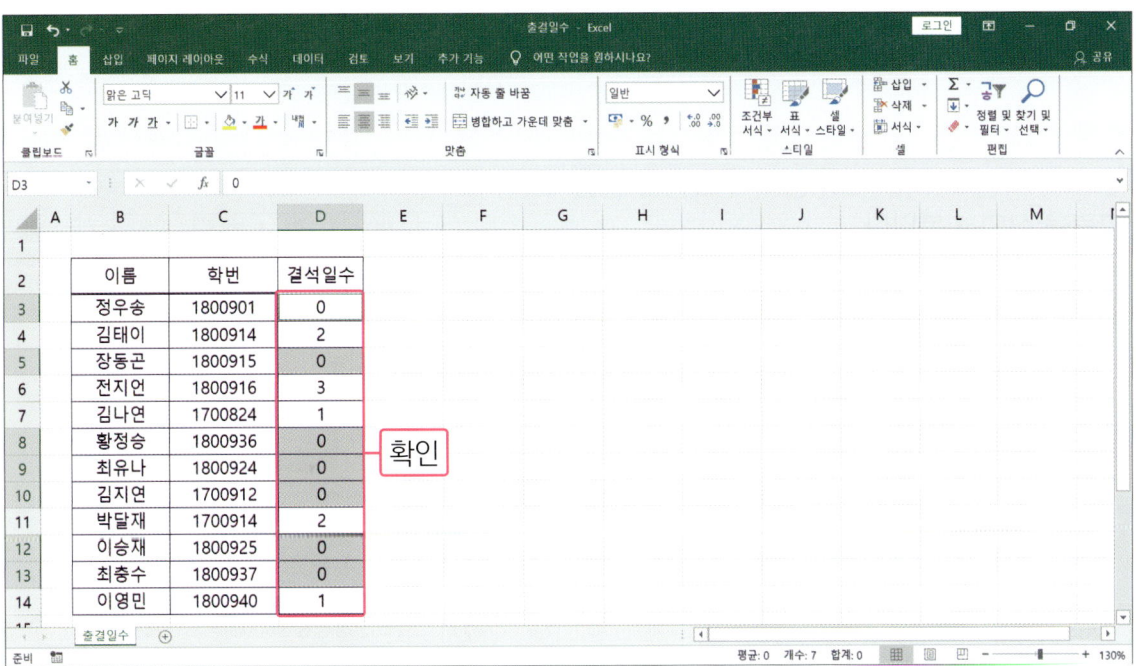

07 빠른 실행 도구 모음의 🖫(저장)을 클릭하여 저장합니다.

응용력 키우기

01 '카드내역서.xlsx' 파일을 불러와 다음과 같이 합계가 구해지도록 [C3:C14] 영역의 값을 조정하고, [D3:D14] 영역의 빈 셀에 '일시불'을 한 번에 입력해 봅니다.

준비파일 카드내역서.xlsx

- [C3:C14] 영역 : ₩ 제거, '선택하여 붙여넣기' 옵션 이용
- [D3:D14] 영역 : 비어 있는 셀 채우기('일시불' 입력), '이동 옵션' 이용

	A	B	C	D	E
2		결제 내용	결제 금액	할부	
3		SC 주유소	70000	일시불	
4		A마트	75400	3개월	
5		교통비	15550	일시불	
6		걸리버 문고	51150	일시불	
7		봉주르 호프	43540	일시불	
8		통신비	86050	2개월	
9		GSS 주유소	60000	일시불	
10		알라도서	93000	3개월	
11		C마트	52890	일시불	
12		직소 남성정장	96000	3개월	
13		해물 피자	27000	일시불	
14		음영 DVD	45500	일시불	
15		합계	716080		

 텍스트 형식으로 저장된 숫자 변환하기 : [G2] 셀 클릭 → '0' 입력 후 Enter → [G2] 셀 클릭 → Ctrl + C → [C3:C14] 영역 선택 → 마우스 오른쪽 버튼 클릭 → [선택하여 붙여넣기] 선택 → [선택하여 붙여넣기] 대화상자에서 '값', '더하기' 선택

02 문제 **01**의 파일에서 [B1:D1] 영역에 다음과 같은 모습의 그림을 삽입해 봅니다.

- 데이터 이동 : [B2:D15] 영역 선택 → 아래로 한 행 드래그
- 행 높이 조정 : 2행 위쪽 경계선 아래로 드래그('26.5' 정도) → 2행 아래쪽 경계선 위로 드래그('7.5' 정도)
- 그림 작성 및 삽입 : 비어 있는 셀에 그림과 같은 내용을 입력하고, 서식 설정 → 복사 : Ctrl + C → [B1] 셀 클릭 → 붙여넣기 : Ctrl + V → 붙여넣기 옵션 변경 : (그림) → 크기 조정

02 견적서 만들기

- 이름 정의 : 셀
- 이름 정의 : 선택 영역
- 정의된 이름으로 수식 작성
- 셀 서식 : 테두리
- 셀 서식 : 균등 분할
- 셀 서식 : 셀에 맞춤

미/리/보/기

■ 준비파일 : 견적서.xlsx
■ 완성파일 : 견적서_완성.xlsx

견 적 서

날 짜 : 2024년 12월 11일
수 신 : 시대인 귀중
아래와 같이 견적합니다.

	공급자	
등 록 번 호	123-45-12345	
상 호	알찬북스	
주 소 지	서울특별시 중구 세종대로	
전 화 번 호	02-123-4567	

금액 (부가세 포함)	금 이백칠십만팔천이백 원정	₩2,708,200

부가세: 10%

NO.	품목	규격	수량	단가	공급가액	비고
1	코어i5 9600KFC	CO	2	200,000	400,000	
2	B365MM	CO	2	91,000	182,000	
3	WDC 8TB	HDD	3	300,000	900,000	
4	라이첸 3 3200G	AM4	1	110,000	110,000	
5	860 volt 512	SSD	2	90,000	180,000	
6	DDR4 16G	RAM	4	60,000	240,000	
7	델포스 1050	VGA	2	145,000	290,000	
8	RX 570	VGA	1	160,000	160,000	
	공급가액 합계				2,462,000	

엑셀을 다루다 보면 한눈에 보이지 않는 많은 양의 셀과 셀 범위를 참조해야 할 경우가 생깁니다. 이번 장에서는 이런 문제를 해결하기 위한 좀 더 쉽게 데이터를 참조할 수 있는 이름 지정 방법과 문서를 보다 깔끔하게 만들 수 있는 셀 서식 지정 방법을 알아보겠습니다.

01 이름 정의 및 셀 서식

▶ 이름 정의

- 엑셀의 모든 셀들은 고유의 주소를 가지고 있습니다. 이런 셀에 주소 대신 이름을 정해 주면 참조하는 셀들이 멀리 떨어져 있어도 간편하게 입력할 수 있으며, 여러 개의 셀을 드래그하지 않아도 한번에 선택할 수 있습니다.

- 이름 정의는 통합 문서 하나에 같은 이름을 부여할 수 없으며, 띄어쓰기를 할 수 없습니다.

예)

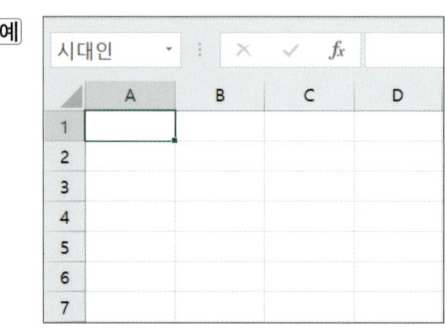 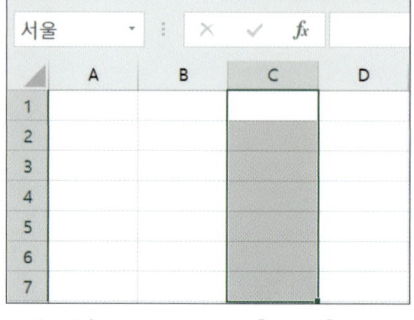

▲ '시대인'으로 이름 정의된 [A1] 셀 　　▲ '서울'로 이름 정의된 [C1:C7] 영역

- 잘못 입력된 이름을 수정하거나 필요 없는 이름을 삭제하고 싶은 경우에는 [수식] 탭-[정의된 이름] 그룹-[이름 관리자]를 클릭하면 [이름 관리자] 대화상자에서 할 수 있습니다.

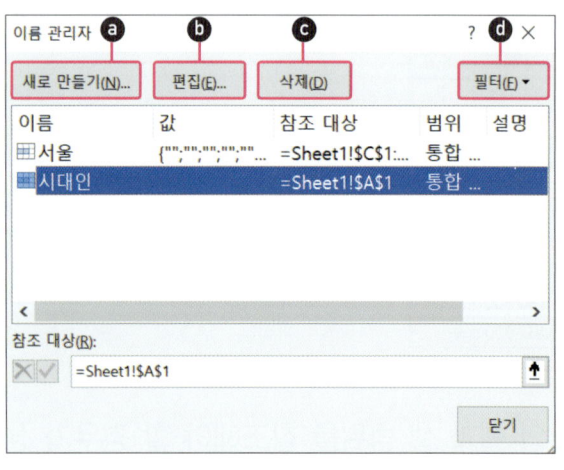

ⓐ 셀 또는 셀 범위를 새로 이름 정의할 수 있습니다.

ⓑ 정의된 이름이나 지정 셀(범위)을 수정할 수 있습니다.

ⓒ 정의된 이름들을 삭제할 수 있습니다.

ⓓ 정의된 이름들을 필터링 해서 필요한 것만 골라 볼 수 있습니다.

▶ [셀 서식] 대화상자

[셀 서식] 대화상자에서는 리본 메뉴나 바로 가기 메뉴보다 좀 더 많은 기능을 사용할 수 있습니다. 적용할 셀을 선택하고 마우스 오른쪽 버튼을 클릭합니다. 바로 가기 메뉴가 나타나면 [셀 서식]을 선택하여 사용할 수 있습니다.

❶ [테두리] 탭 활용하기

[셀 서식] 대화상자의 [테두리] 탭을 이용하면 셀 범위의 테두리를 한 번에 작성하고 빈 셀에 대각선을 만들 수 있습니다.

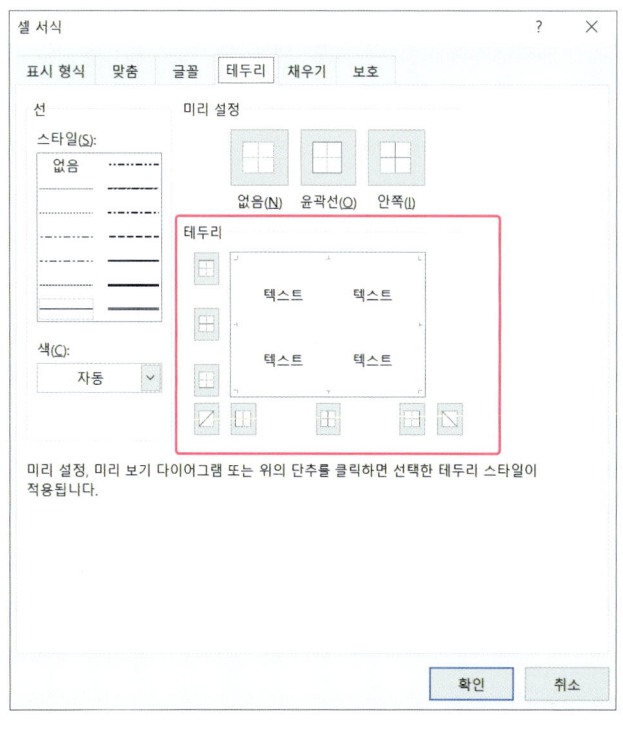

❷ [맞춤] 탭 활용하기

문서 양식을 만들어 놓고 글을 정렬하기 위해 한 칸씩 띄어 써도 잘 안 맞을 때가 있습니다. 셀 범위가 좁아 글의 크기를 일일이 조정해야 할 때도 있습니다. [셀 서식] 대화상자의 [맞춤] 탭을 이용하면 이런 일들을 편하게 할 수 있습니다.

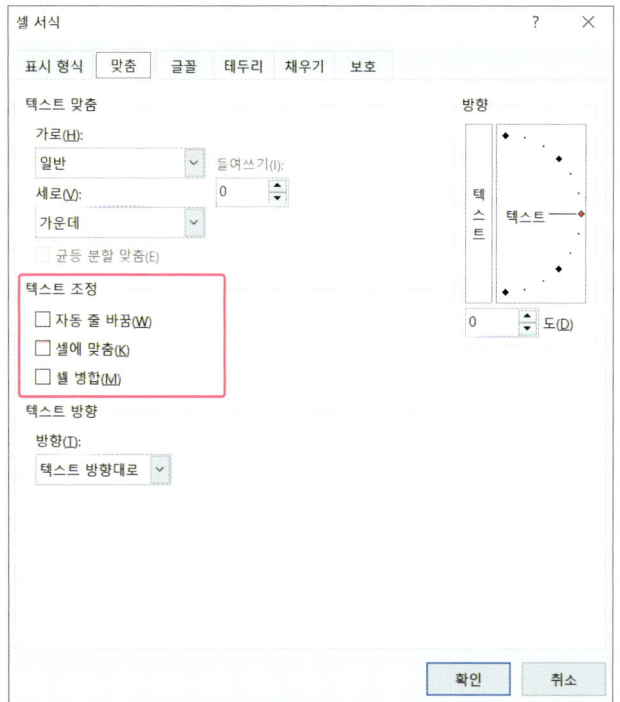

 견적서의 수식과 서식 작성하기

▶ 이름 정의하기

01 '견적서.xlsx' 파일을 불러온 후 [I10] 셀을 클릭합니다. 셀의 이름을 정의하기 위해 이름 상자를 클릭해 입력 모드가 되면 '부가세'를 입력하고 Enter 키를 누릅니다.

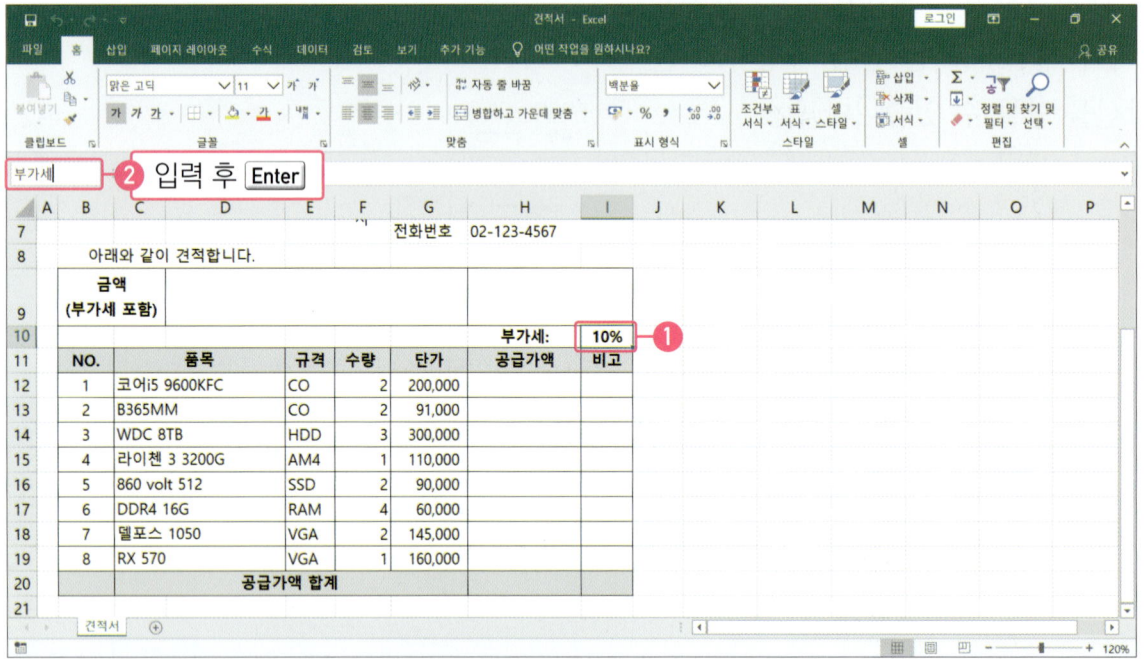

02 같은 방법으로 [H20] 셀도 '합계'로 이름 정의합니다.

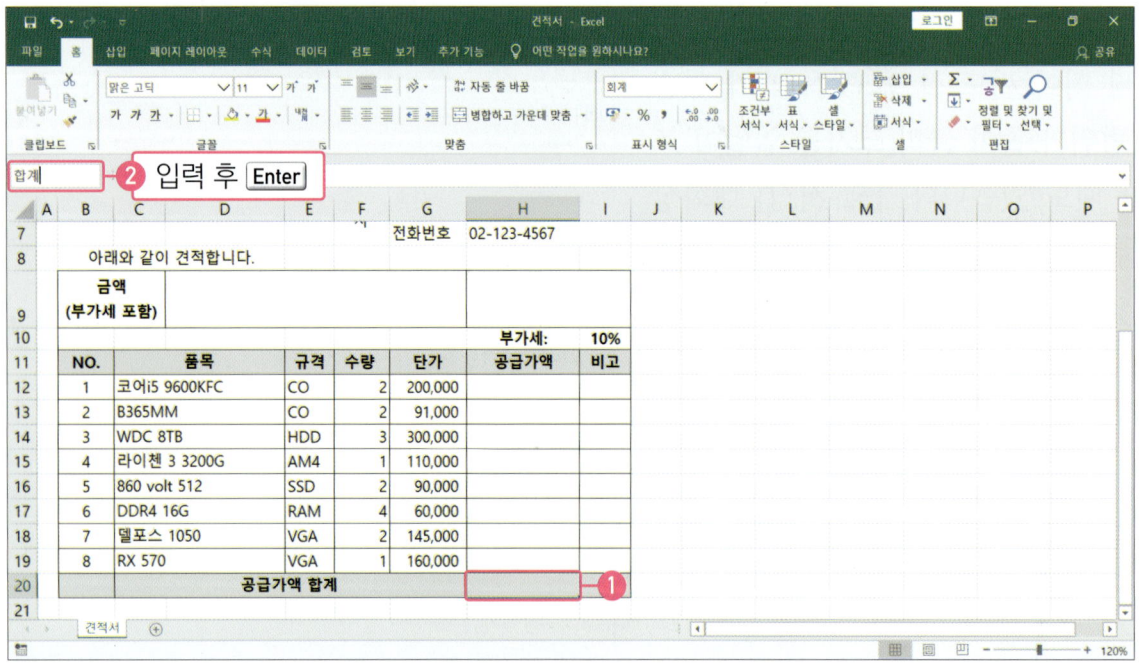

03 이름 상자(여기서는 합계)의 ▼를 클릭합니다. 만들어진 이름들의 항목들이 보이면 그 중 [부가세]를 선택합니다.

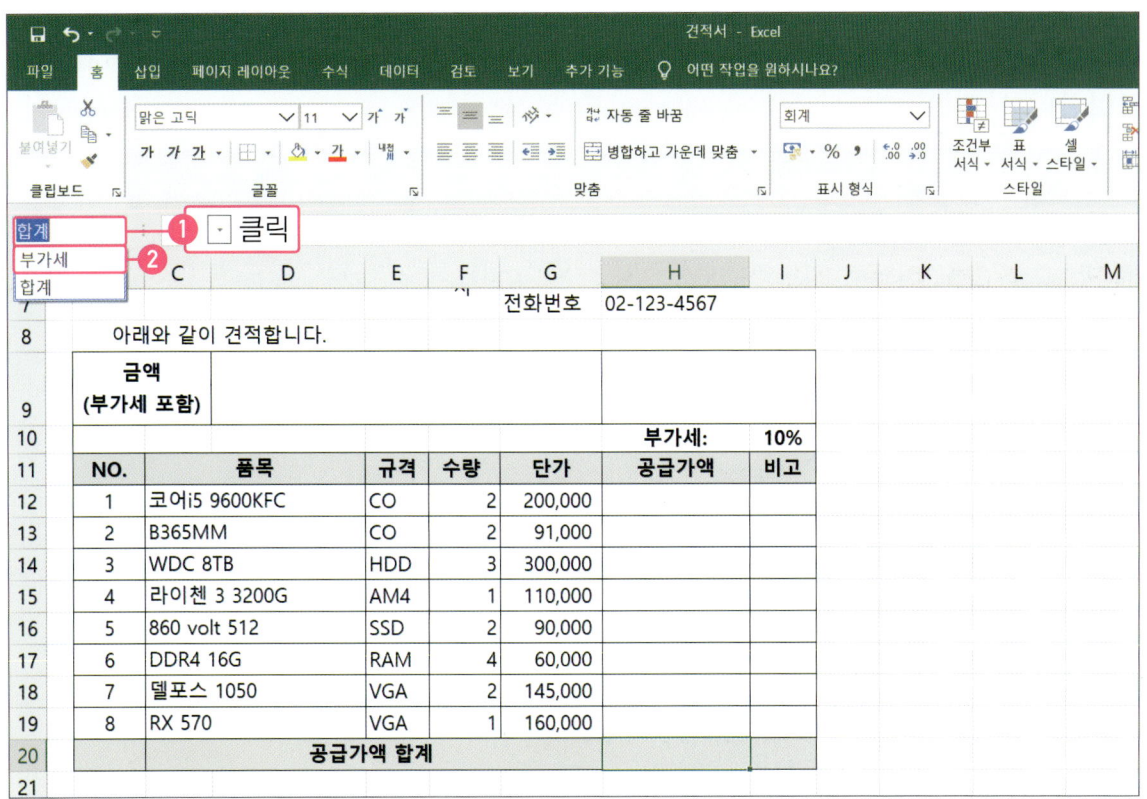

04 셀 포인터가 [I10] 셀로 이동한 것을 확인할 수 있습니다.

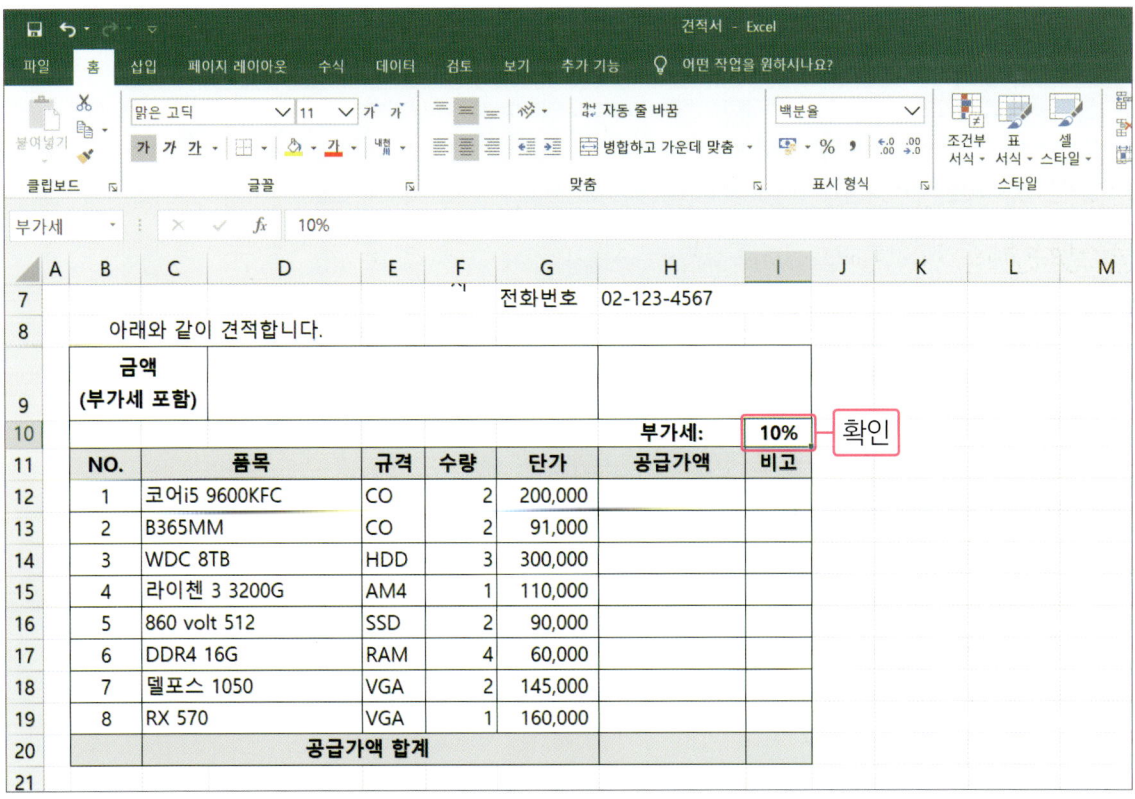

▶ 한 번에 이름 정의하기

01 [F11:H19] 영역을 선택한 후 [수식] 탭-[정의된 이름] 그룹-[선택영역에서 만들기]를 클릭합니다. [선택 영역에서 이름 만들기] 대화상자가 나타나면 '**첫 행**'을 체크하고 [확인] 버튼을 클릭합니다.

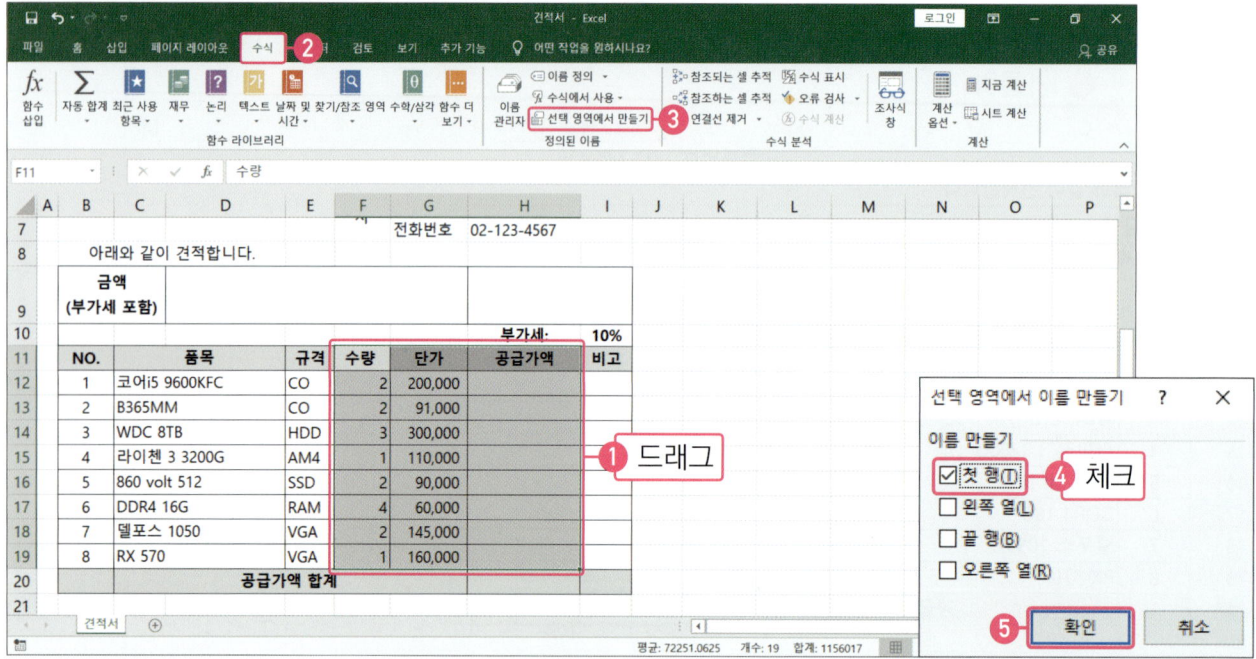

02 이름 상자(여기서는 F11)의 ▼를 클릭한 후 [단가]를 선택합니다.

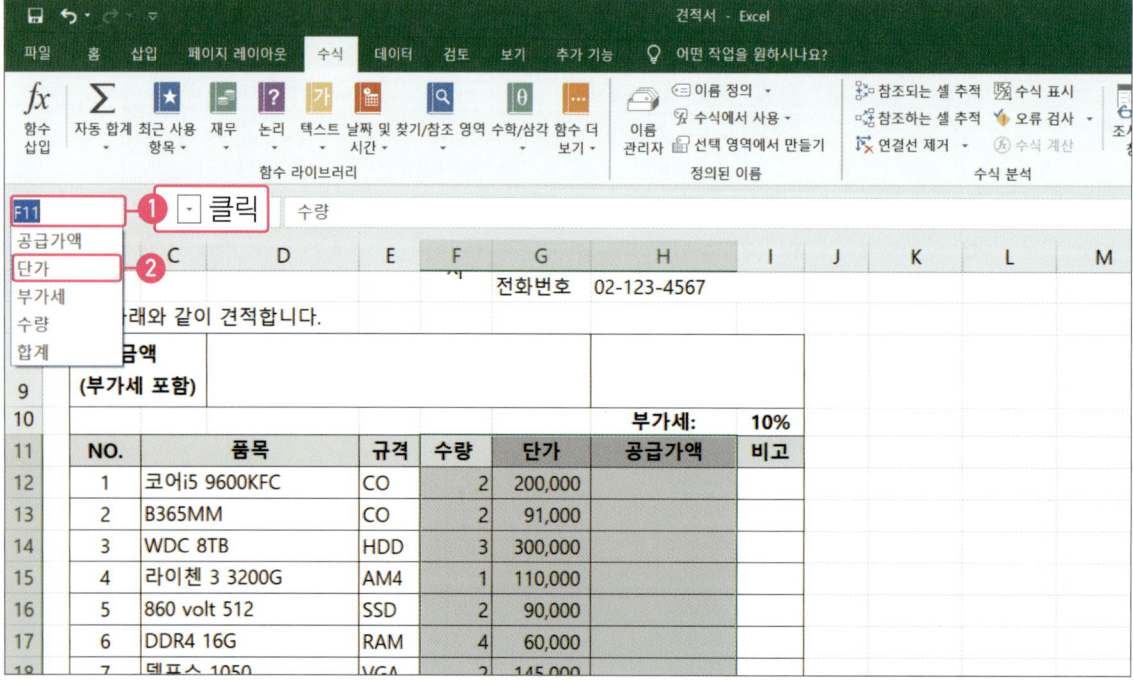

03 '단가' 항목들이 전부 선택되는 것을 확인할 수 있습니다. [수식] 탭-[정의된 이름] 그룹-[이름 관리자]를 클릭합니다.

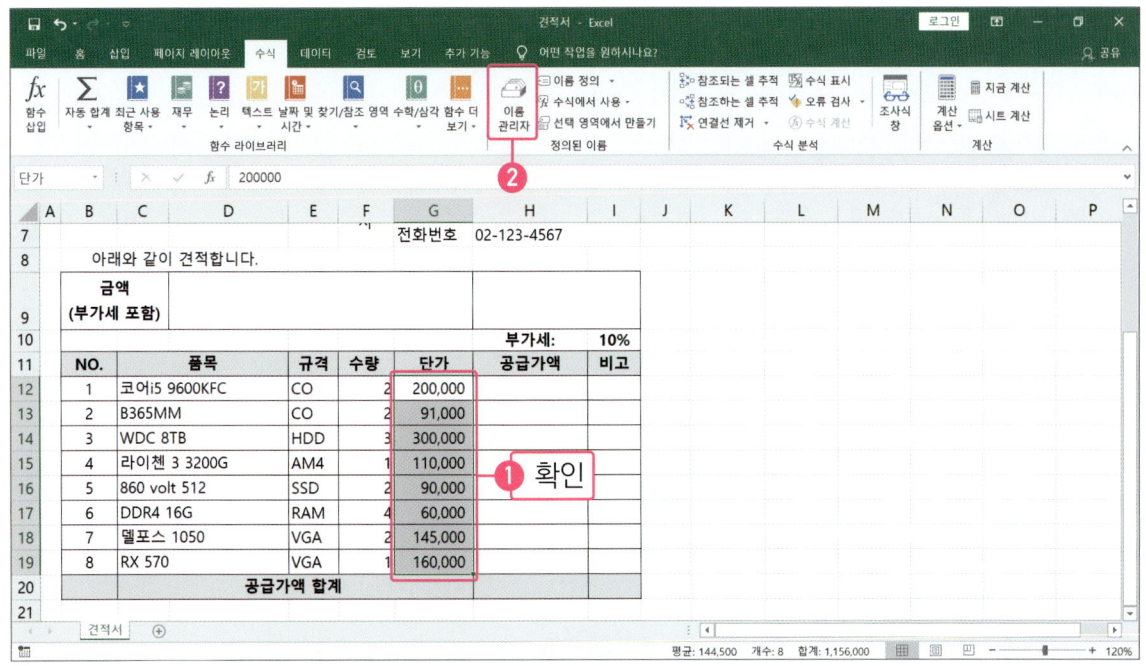

04 [이름 관리자] 대화상자가 나타나면 **'공급가액'**을 선택하고 [편집] 버튼을 클릭합니다. [이름 편집] 대화상자가 나타나면 [이름]을 **'공급가'**로 수정하고, [확인] 버튼을 클릭합니다.

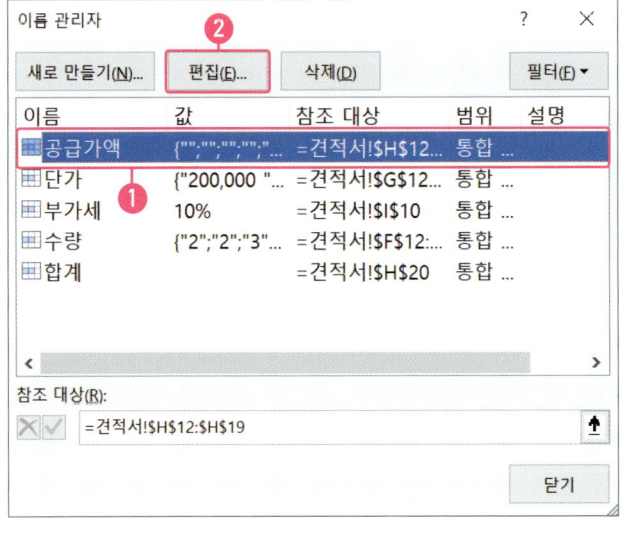 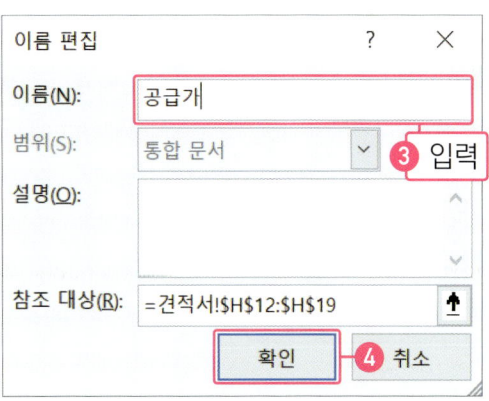

35

05 다시 [이름 관리자] 대화상자가 나타나면 이름이 변경된 것을 확인한 후 [닫기] 버튼을 클릭합니다.

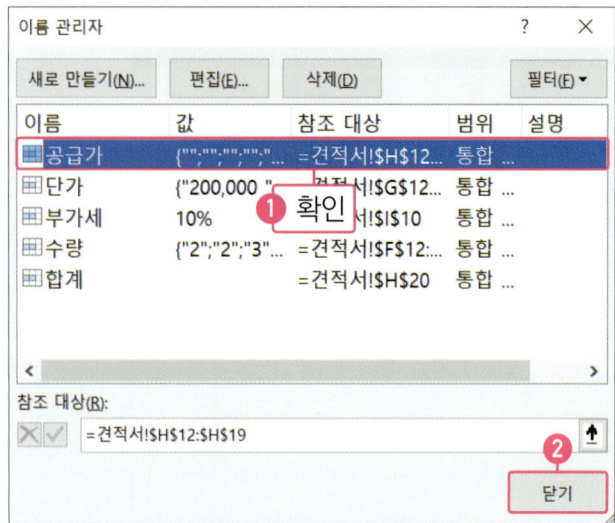

▶ 정의된 이름으로 계산하기

01 [H12] 셀을 클릭합니다. '=수량*단가'라고 입력한 후 Enter 키를 누릅니다.

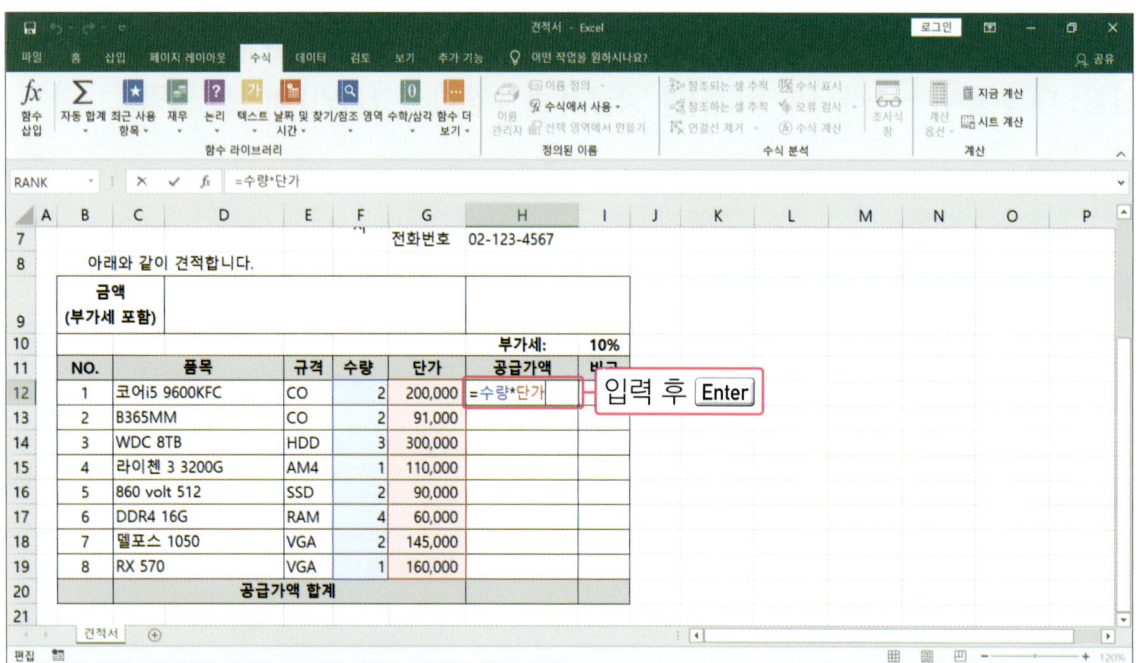

02 공급가액이 구해진 것을 확인할 수 있습니다. [H12] 셀을 클릭한 후 [H12] 셀의 ■(채우기 핸들)을 [H19] 셀까지 드래그하여 자동 채우기로 채워 넣습니다.

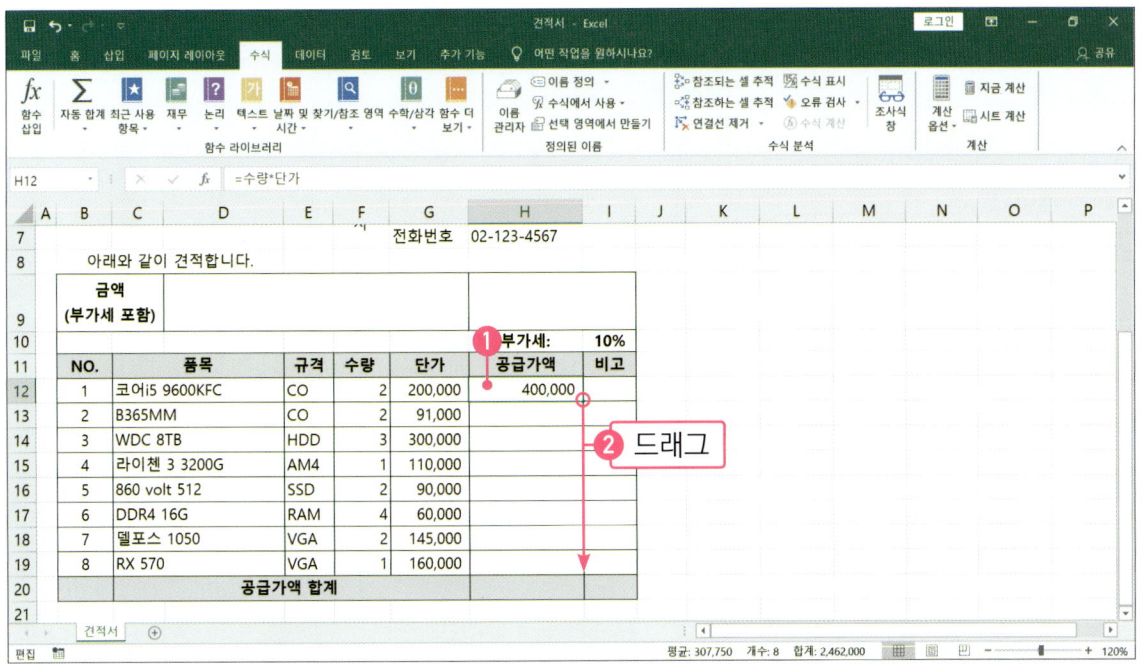

03 [H20] 셀을 클릭합니다. '=sum(공급가)'라고 입력한 후 Enter 키를 누릅니다.

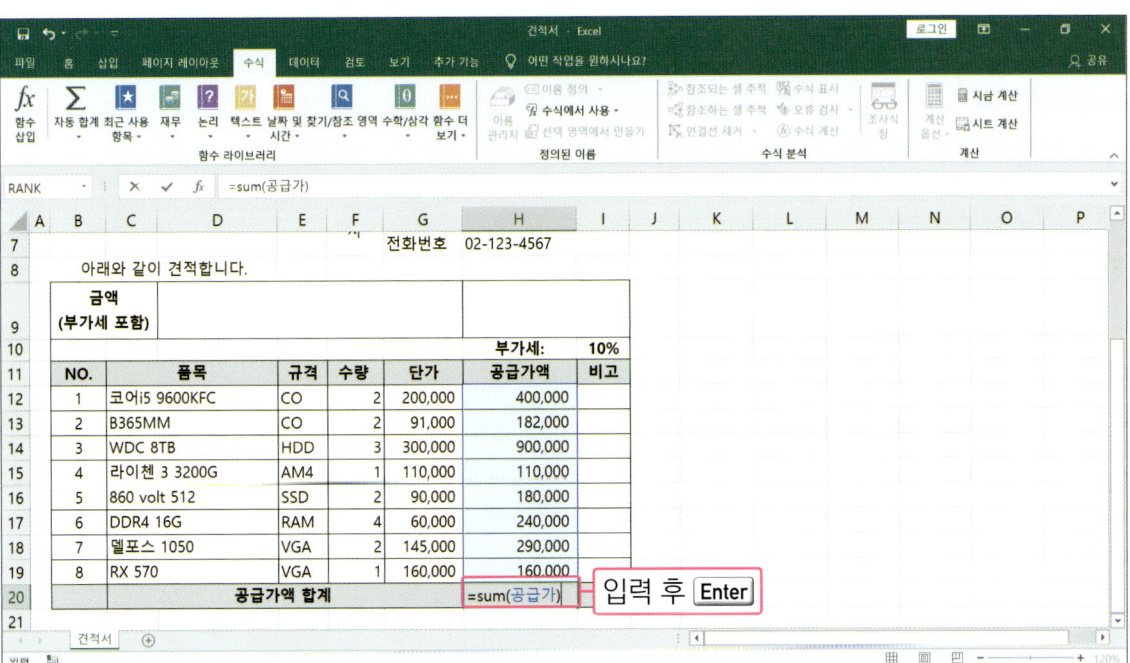

04 [D9] 셀을 클릭합니다. '=합계+(합계*부가세)'라고 입력한 후 Enter 키를 누릅니다.

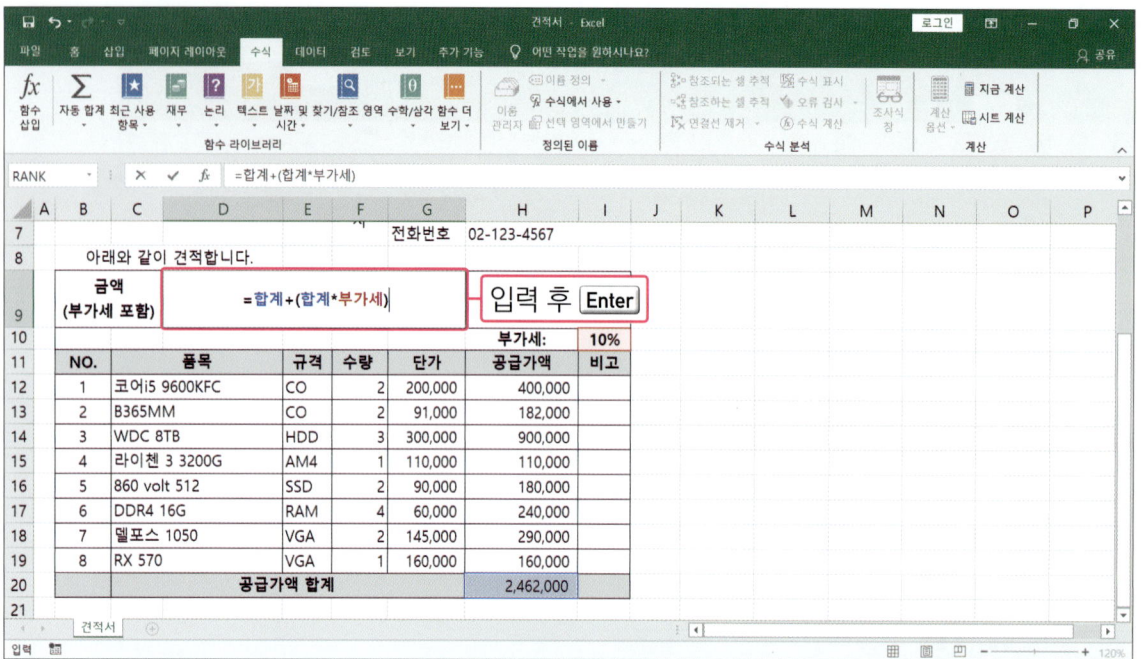

05 [H9] 셀을 클릭합니다. '='를 입력한 후 [D9] 셀을 클릭하고 Enter 키를 누릅니다.

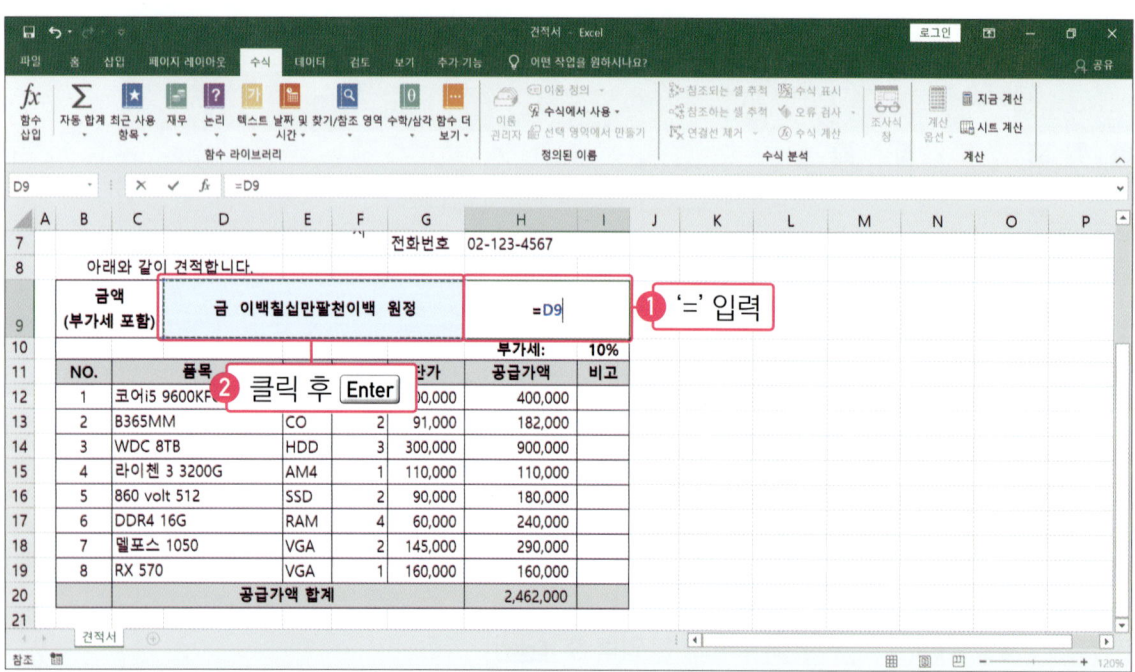

> **잠깐** [D9] 셀과 [H9] 셀의 표시 형식은 준비파일에 미리 설정해 두었습니다.

06 견적서의 모든 수식이 완성된 것을 확인할 수 있습니다.

▶ 테두리 설정하기

01 [F4:I7] 영역을 선택한 후 Ctrl+1 키를 누릅니다.

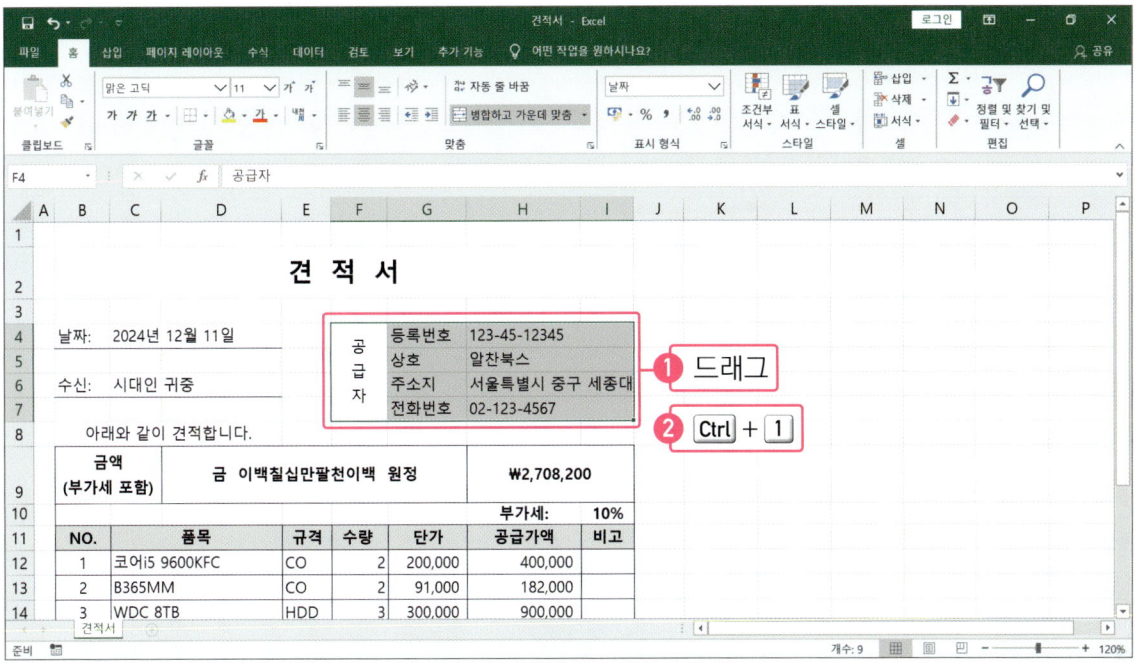

02 [셀 서식] 대화상자가 나타나면 [테두리] 탭을 클릭합니다. [선]의 [스타일]을 '실선'으로 선택한 후 [미리 설정]에서 ⊞(안쪽)을 클릭합니다. [테두리]에서 ▔(위쪽)과 ▁(아래쪽)을 각각 클릭하고 [확인] 버튼을 클릭합니다. 빈 셀을 클릭해 테두리가 그려진 것을 확인합니다.

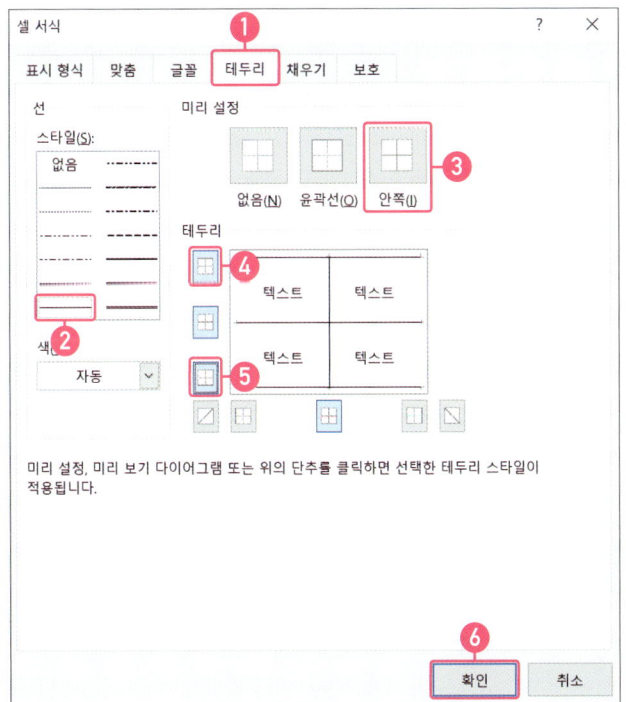

03 [B20] 셀을 클릭한 후 Ctrl+1 키를 누릅니다.

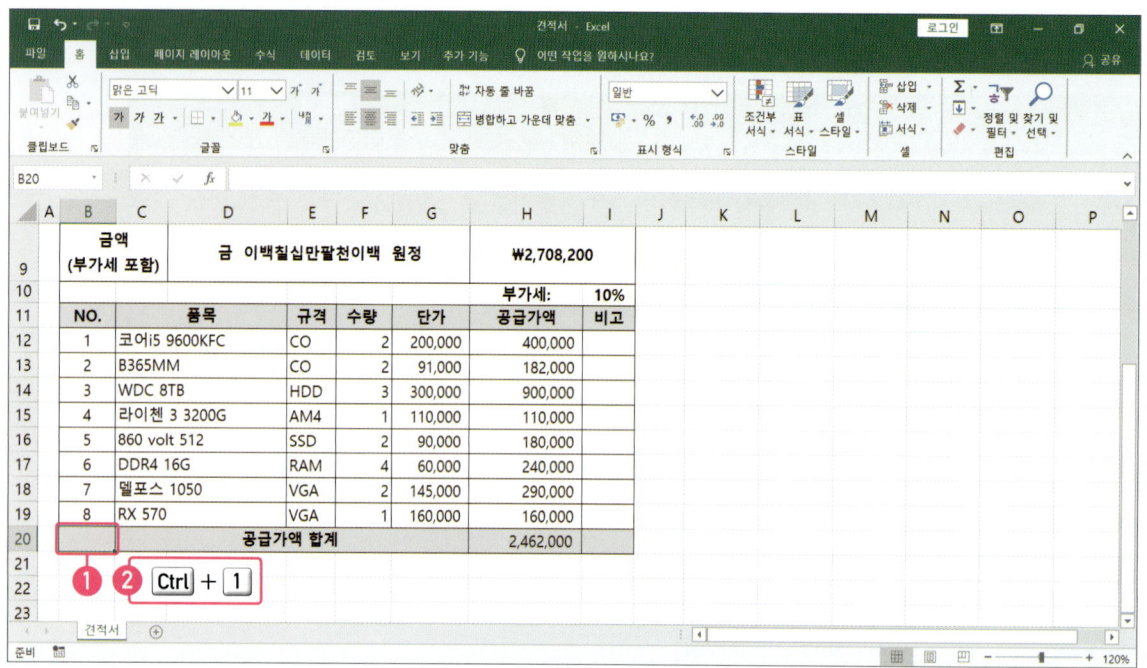

04 [셀 서식] 대화상자가 나타나면 [테두리] 탭을 클릭합니다. [선]의 [스타일]을 '실선'으로 선택한 후 [테두리]에서 ◰(대각선)과 ◲(대각선)을 각각 클릭하고 [확인] 버튼을 클릭합니다. 대각선이 채워진 것을 확인합니다.

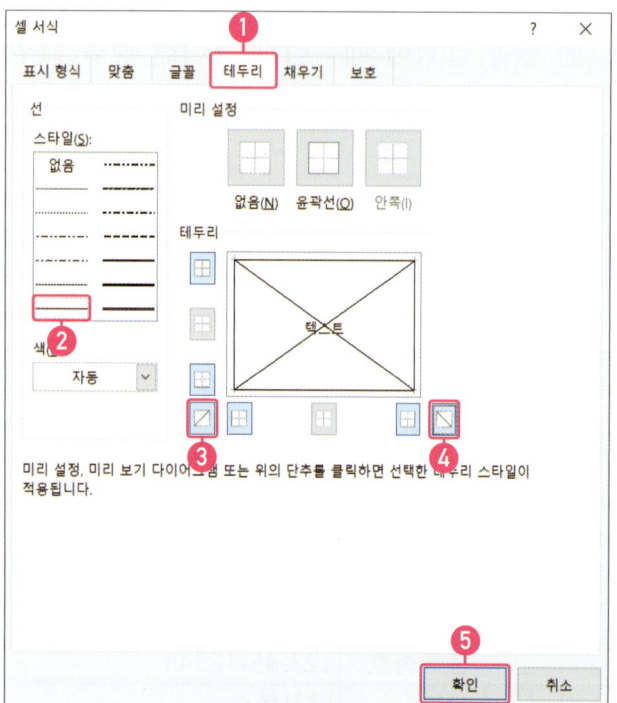

▶ 자동으로 맞추기

01 [B4] 셀을 클릭합니다. Ctrl 키를 누른 채 [B6] 셀을 클릭하고, [G4:G7] 영역을 드래그하여 선택합니다. Ctrl + 1 키를 누릅니다.

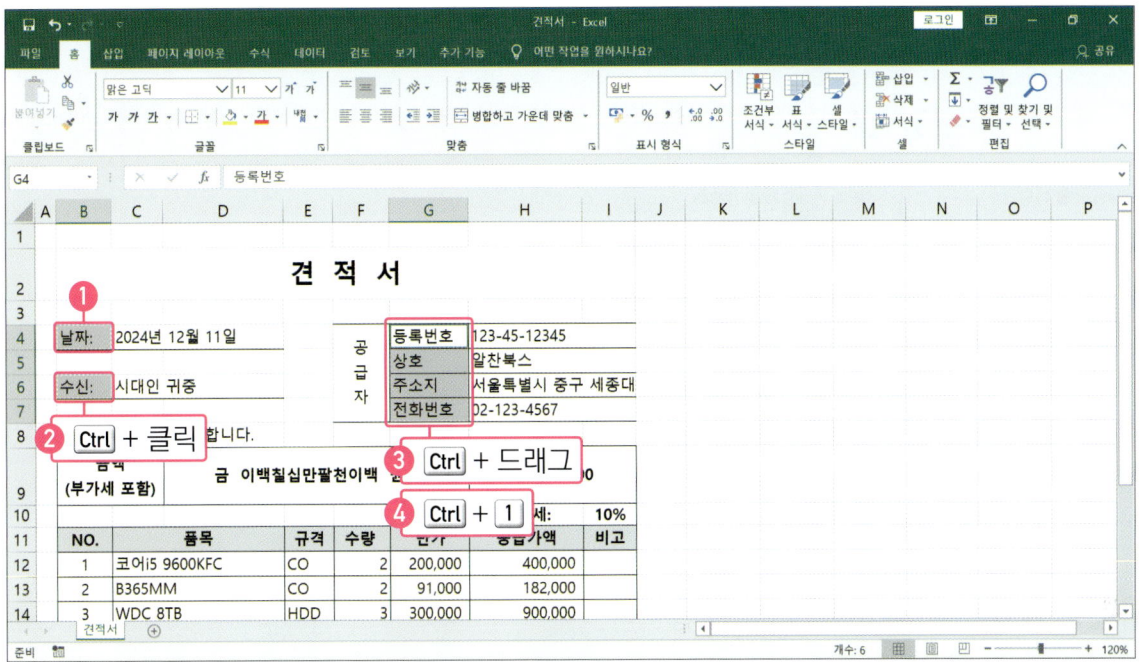

02 [셀 서식] 대화상자가 나타나면 [맞춤] 탭을 클릭합니다. [텍스트 맞춤]의 [가로]에서 ⌄를 클릭하여 '균등분할(들여쓰기)'를 선택한 후 [확인] 버튼을 클릭합니다.

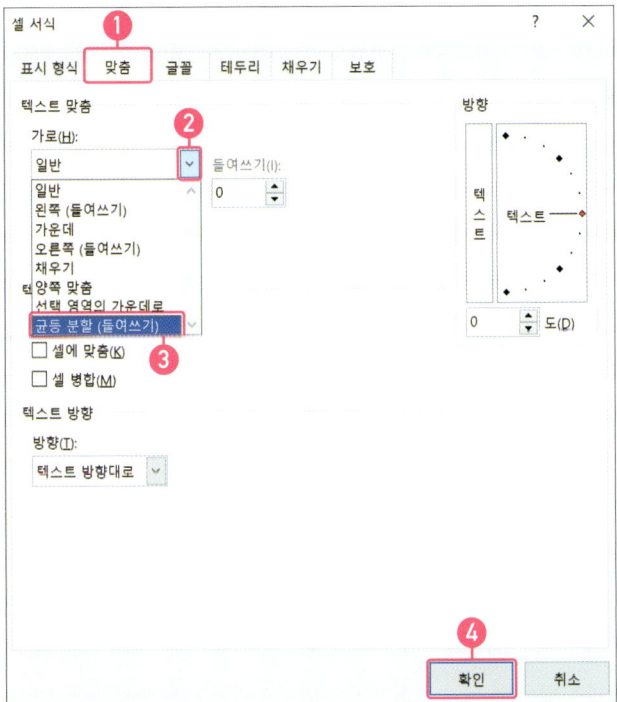

03 내용이 셀의 너비에 맞춰 정리된 것을 확인할 수 있습니다.

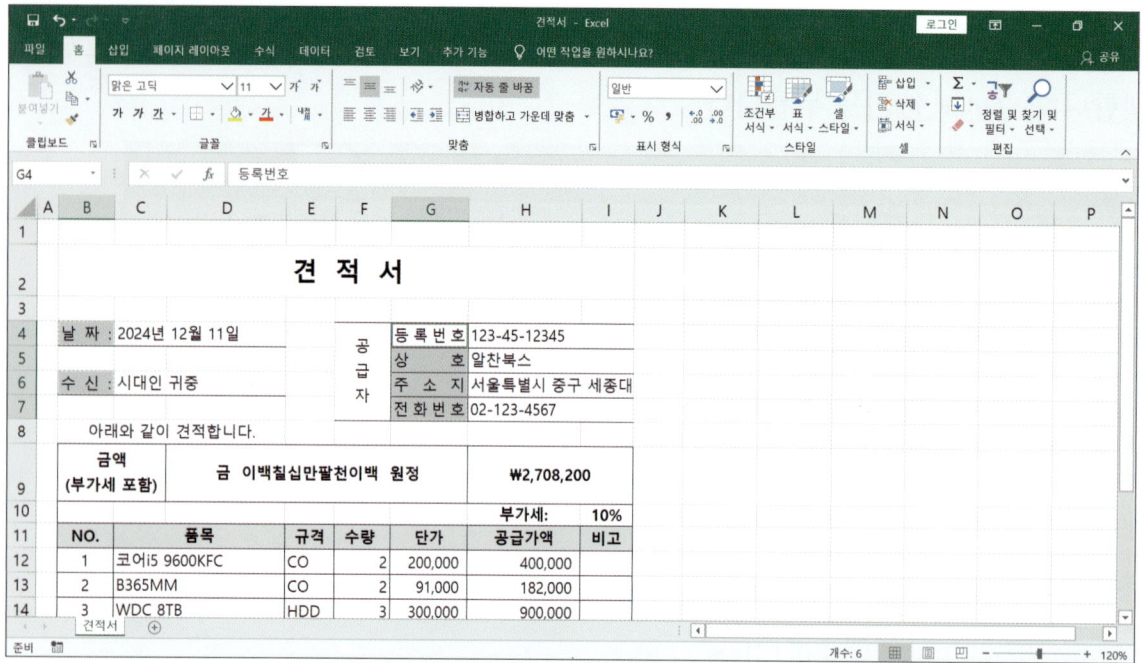

04 [H6] 셀을 클릭한 후 Ctrl + 1 키를 누릅니다.

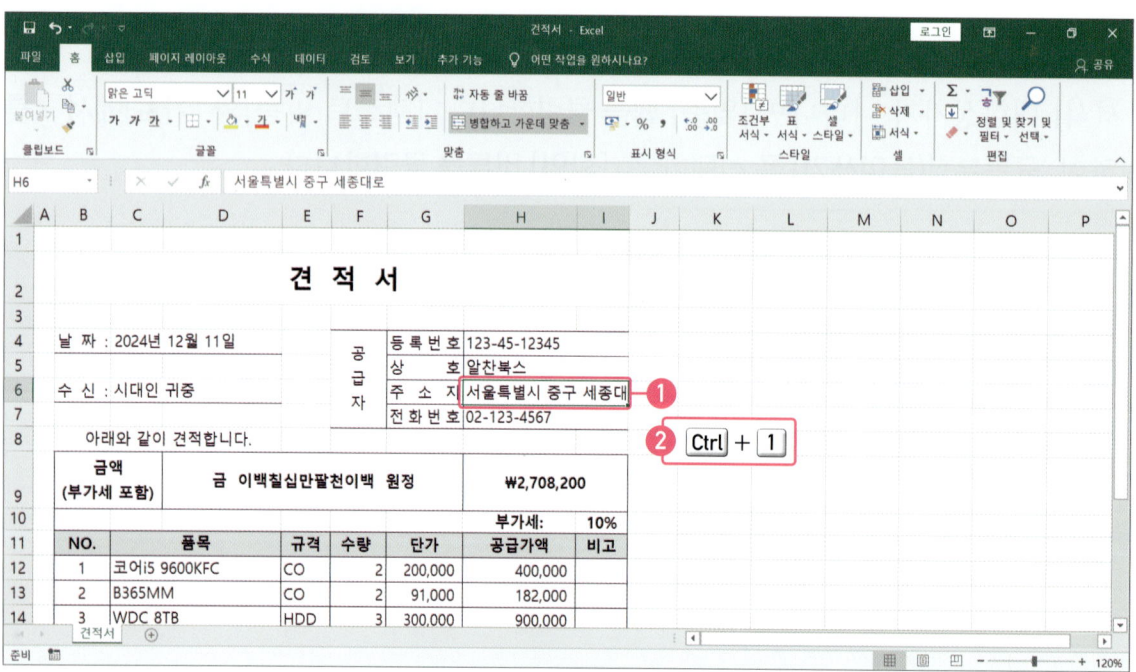

05 [셀 서식] 대화상자가 나타나면 [맞춤] 탭을 클릭합니다. [텍스트 조정]의 '셀에 맞춤'을 체크하고 [확인] 버튼을 클릭합니다.

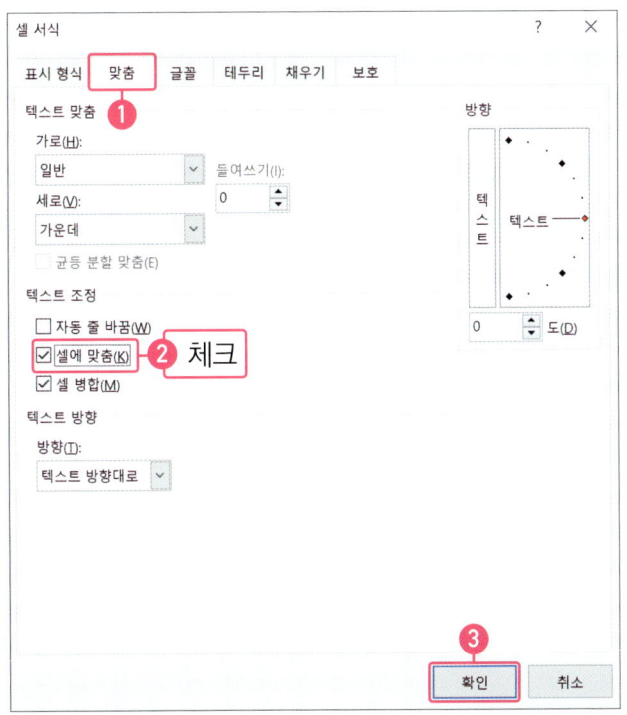

06 [H6] 셀에 입력된 주소가 셀의 너비에 맞춰 자동으로 줄어들어 모두 표시된 것을 확인할 수 있습니다.

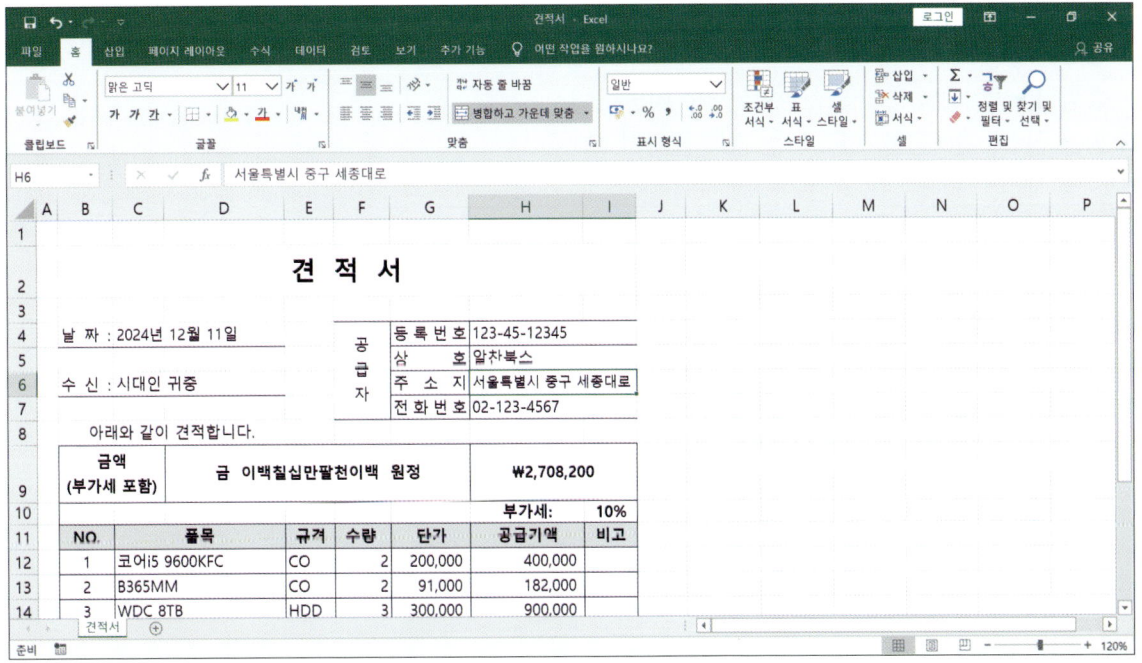

07 빠른 실행 도구 모음의 ▣(저장)을 클릭하여 저장합니다.

응용력 키우기

01 '성적표.xlsx' 파일을 열고 다음과 같이 작성해 봅니다.   준비파일 성적표.xlsx

- [B4:B10] 영역 : '셀에 맞춤' 설정
- [I4] 셀 : 이름 정의(신청학점)
- [I7] 셀 : 이름 정의(총학점)
- [D3:G10] 영역 : '선택 영역에서 만들기'를 이용해 이름 정의

	A	B	C	D	E	F	G	H	I	J
1		홍길동 1학기 성적 내역서								
2										
3		교과목명	구분	학점	성적	평점	평점계		신청 학점	
4		영어	교필	2	A0	4				
5		컴퓨터 정보공학의 이해	전필	3	A+	4.5				
6		컴퓨터 그래픽 실습	전필	3	A0	4			총학점	
7		정보사회와 컴퓨터	전선	2	A+	4.5				
8		컴퓨터 언어1	전필	3	A0	4				
9		보도 사진론	교선	2	B+	3.5			평균 점수	
10		컴퓨터 통신과 인터넷	전필	3	A+	4.5				
11										

02 문제 01의 파일에서 정의된 이름을 이용해 다음과 같은 수식을 작성해 봅니다.

- 평점계 : 학점과 평점을 곱한 값
- 신청 학점 : 학점의 총합계
- 총학점 : 평점계의 총합을 신청학점으로 나눈 값
- 평균 점수 : 총학점을 4.5로 나눈 값에 곱하기 100

	A	B	C	D	E	F	G	H	I	J
1		홍길동 1학기 성적 내역서								
2										
3		교과목명	구분	학점	성적	평점	평점계		신청 학점	
4		영어	교필	2	A0	4	8		18	
5		컴퓨터 정보공학의 이해	전필	3	A+	4.5	13.5			
6		컴퓨터 그래픽 실습	전필	3	A0	4	12		총학점	
7		정보사회와 컴퓨터	전선	2	A+	4.5	9		4.17	
8		컴퓨터 언어1	전필	3	A0	4	12			
9		보도 사진론	교선	2	B+	3.5	7		평균 점수	
10		컴퓨터 통신과 인터넷	전필	3	A+	4.5	13.5		92.6	
11										

> **힌트**
> - 평점계 : =학점*평점
> - 신청 학점 : =SUM(학점)
> - 총학점 : =SUM(평점계)/신청학점
> - 평균 점수 : =총학점/4.5*100

03 가계부 만들기

- 데이터 유효성 검사
- 데이터 유효성 검사 : 목록
- 데이터 유효성 검사 : 정수
- 사용자 지정 형식
- 양수;음수;0;문자
- [조건]형식;형식
- 표시 형식 '*'

미/리/보/기

■ 준비파일 : 가계부.xlsx
■ 완성파일 : 가계부_완성.xlsx

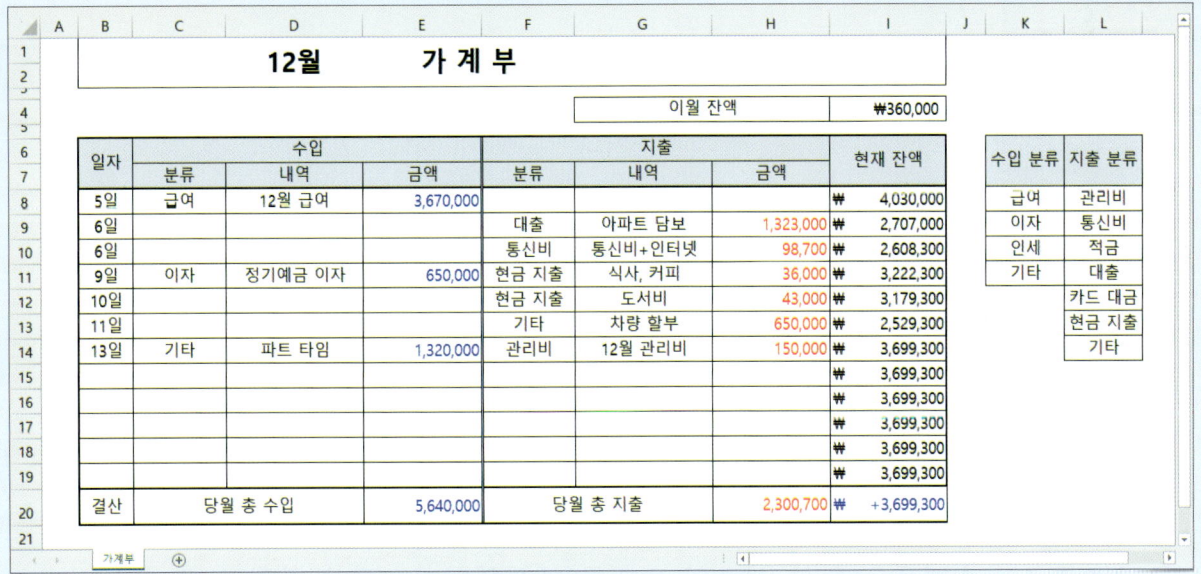

엑셀은 셀에 데이터를 입력할 때 정확한 데이터를 입력할 수 있도록 가이드 역할을 제공합니다. 이번 장에서는 가이드에 맞춰 입력만 하면 되는 데이터 유효성 검사 기능과 입력된 내용을 좀 더 사용자화 할 수 있는 사용자 지정 표시 형식을 알아보겠습니다.

 # 데이터 유효성 검사와 사용자 지정 표시 형식

▶ 데이터 유효성 검사

- 엑셀로 문서 작업을 하다 데이터를 입력할 때 자칫 내용을 잘못 입력하게 되면 그 차이가 미미하더라도 모든 결과가 달라질 수 있습니다. '유효성 검사' 기능은 셀에 내용을 입력할 때 목록이나 범위 같은 제한을 설정해 정확한 데이터를 입력할 수 있도록 도와줍니다. 오타 또는 범위에서 벗어난 내용의 입력을 방지할 수 있습니다.

- 데이터 유효성 검사는 [데이터] 탭-[데이터 도구] 그룹-[데이터 유효성 검사]를 클릭하면 [데이터 유효성] 대화상자를 통해 설정할 수 있습니다.

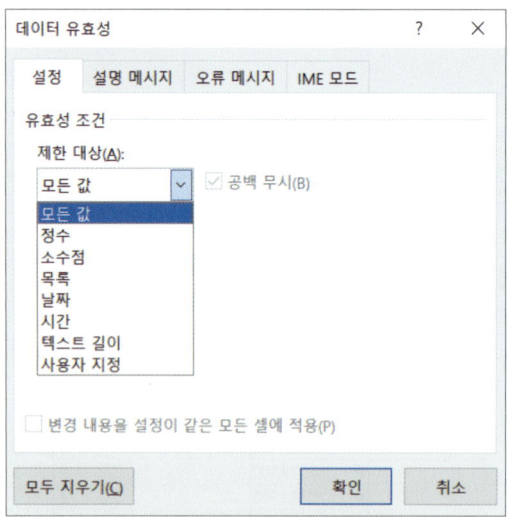

① 데이터 유효성 검사로 제한할 수 있는 대상

ⓐ **정수** : 정수의 범위를 제한합니다. 특정 범위와 제외할 범위, 최소값을 기준으로 범위를 정할 수 있습니다.

ⓑ **소수점** : 소수점을 포함한 실수의 범위를 제한합니다. 특정 범위와 제외할 범위, 최소값을 기준으로 범위를 정할 수 있습니다.

ⓒ **목록** : 사용자가 정한 항목들만 입력할 수 있게 합니다.

ⓓ **날짜** : 날짜의 범위를 제한합니다. 특정 범위와 제외할 범위, 최소값을 기준으로 범위를 정할 수 있습니다.

ⓔ **시간** : 시간의 범위를 제한합니다. 특정 범위와 제외할 범위, 최소값을 기준으로 범위를 정할 수 있습니다.

ⓕ **텍스트 길이** : 텍스트의 길이를 제한합니다. 특정 범위와 제외할 범위, 최소값을 기준으로 범위를 정할 수 있습니다.

ⓖ **사용자 지정** : 수식을 통해 내용을 제한할 수 있습니다.

❷ 오류 메시지

[데이터 유효성] 대화상자의 [오류 메시지] 탭에서 제한된 범위를 벗어난 내용을 입력할 경우 사용자에게 보여 줄 오류 메시지를 설정할 수 있습니다.

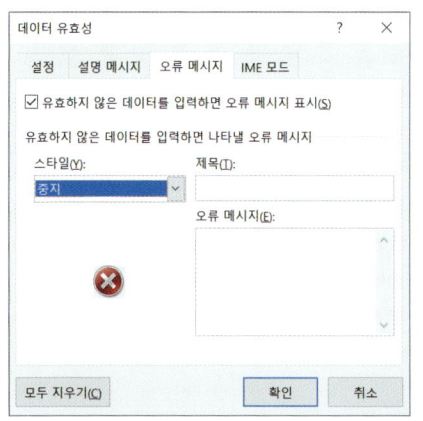 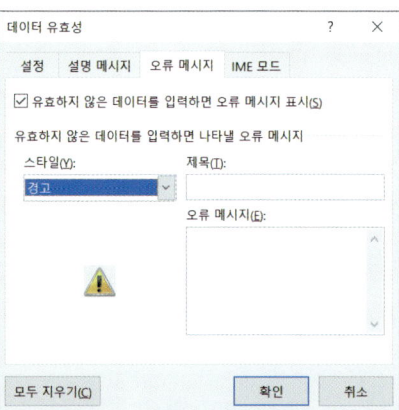 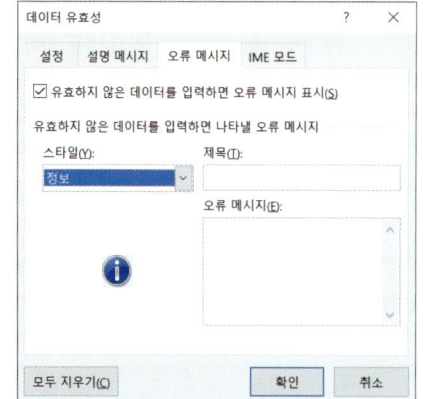

- ⓐ ❌(중지) : 제한된 범위를 넘어서는 내용을 입력할 때 경고가 나타나며, 입력을 못하게 합니다.
- ⓑ ⚠(경고) : 제한된 범위를 넘어서는 내용을 입력할 때 경고가 나타나며, 입력을 계속할 것인지를 사용자에게 묻습니다.
- ⓒ ℹ(정보) : 제한된 범위를 넘어서는 내용을 입력할 때 경고만 나타나며, 입력은 진행됩니다.

▶ 사용자 지정 형식

- 숫자에 대한 표시 형식은 통화, 회계, 백분율 등 미리 설정된 것들을 활용해도 충분하지만, '사용자 지정'을 통해 직접 만들면 상황에 맞는 좀 더 다양한 표현을 할 수 있습니다.
- 사용자 지정은 [홈] 탭-[셀] 그룹-[서식]에서 [셀 서식]을 선택하거나 Ctrl + 1 키를 누르면 나타나는 [셀 서식] 대화상자에서 설정할 수 있습니다.

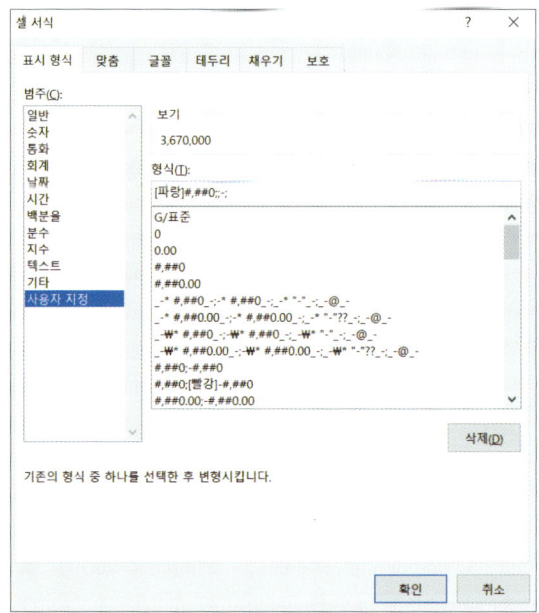

1 사용자 지정 형식 : 양수;음수;0;문자

세미콜론 ';'을 기준으로 맨 앞은 양수 형식을 지정하고 차례로 음수, 숫자 '0', 문자의 형식을 지정합니다. '[ ]' 안은 글자색 또는 조건을 입력할 수 있습니다.

예) [파랑]#,##0;[빨강]#,##0;-;@ 귀하

예시의 형식은 사용자가 양수를 입력했을 경우에는 파란색으로, 음수를 입력했을 경우에는 빨간색으로 표현합니다. '0'을 입력했을 경우에는 기본 값인 검은색으로 표현하고 '0' 대신에 '-'으로 표시합니다. 글자를 입력했을 경우에는 기본 값인 검은색으로 표현하고 입력한 글자 뒤에 '귀하'라는 글자를 추가로 표시합니다.

사용자 입력 \ 사용자 지정 형식	[파랑]#,##0;[빨강]#,##0;-;@ 귀하	#,##0.0;[빨강]"적자"(#,##0.0);;[파랑]@
(양수) 2500	2,500	2,500.0
(음수) -2500	2,500	적자(2,500.0)
(숫자 0) 0	-	
(문자) 시대인	시대인 귀하	시대인

 글자색으로 '녹청', '녹색', '자홍', '흰색', '노랑'을 사용할 수도 있습니다.

 세미콜론 사이를 비워 두면 즉, 표시 형식을 ';;;'로 설정하면 어떤 내용을 입력해도 표시하지 않지만, 셀 안의 값이 삭제된 것은 아닙니다. 셀 안의 값이 없는 것이 아니라 가려진 상태입니다.

2 사용자 지정 형식 : [조건1]형식;[조건2]형식;형식

대괄호 '[ ]' 안에 조건을 입력하게 되면 그냥 양수나 음수와 상관없이 조건의 순서대로 표시합니다. 마지막 형식은 조건에 해당하지 않는 나머지를 표시합니다.

예) [빨강][>=100]0.00;0.00

예시의 형식은 100 이상인 수를 입력했을 경우 빨간색으로 소수점 두 자리까지 표시하고, 나머지는 기본 색(검은색)으로 소수점 두 자리까지 표시하는 형식입니다.

사용자 입력 \ 사용자 지정 형식	[빨강][>=100]0.00;0.00	[파랑][>=100]#,##0;[빨강][>=50]#,##0;#,##0
150	150.00	150
50	50.00	50
0	0.00	0

3 표시 형식 '*'

표시 형식 중 '*'는 '*' 바로 다음에 나오는 문자 형식을 그 다음에 나오는 형식 앞까지 셀 너비의 빈 공간만큼 채운다는 뜻입니다.

예   "$"*▶0.00

예시의 형식은 '$'와 '0.00'의 사이를 '▶'로 꽉 채운다는 뜻입니다.

사용자 지정 형식 사용자 입력	"$"*▶0.00	"흑자"* #,##0"만원"
1500	$▶▶▶▶ 1500.00	흑자 1,500만원
50	$▶▶▶▶▶ 50.00	흑자 50만원

 '*' 뒤에 띄어쓰기를 하면 공란으로 채운다는 뜻이 됩니다.

 왜 '#,###'이나 '0,000'은 잘 사용하지 않을까요?

쉼표(,)는 숫자를 읽기 쉽게 1,000 단위를 구분하는 역할을 합니다. 1,000 이상의 숫자에서는 두 형식 다 문제가 없지만, 1,000 미만의 숫자를 쓰게 되면 문제가 나타납니다.

사용자 지정 형식 사용자 입력	#,###	0,000	#,##0
10000	10,000	10,000	10,000
1000	1,000	1,000	1,000
100	100	0,100	100
10	10	0,010	10
0		0,000	0

 ## 우리 집 가계부 작성하기

▶ 유효성 검사 설정하기 : 목록

01 '가계부.xlsx' 파일을 불러옵니다. 유효성을 검사할 [C8:C19] 영역을 선택한 후 [데이터] 탭-[데이터 도구] 그룹-[데이터 유효성 검사]를 클릭합니다.

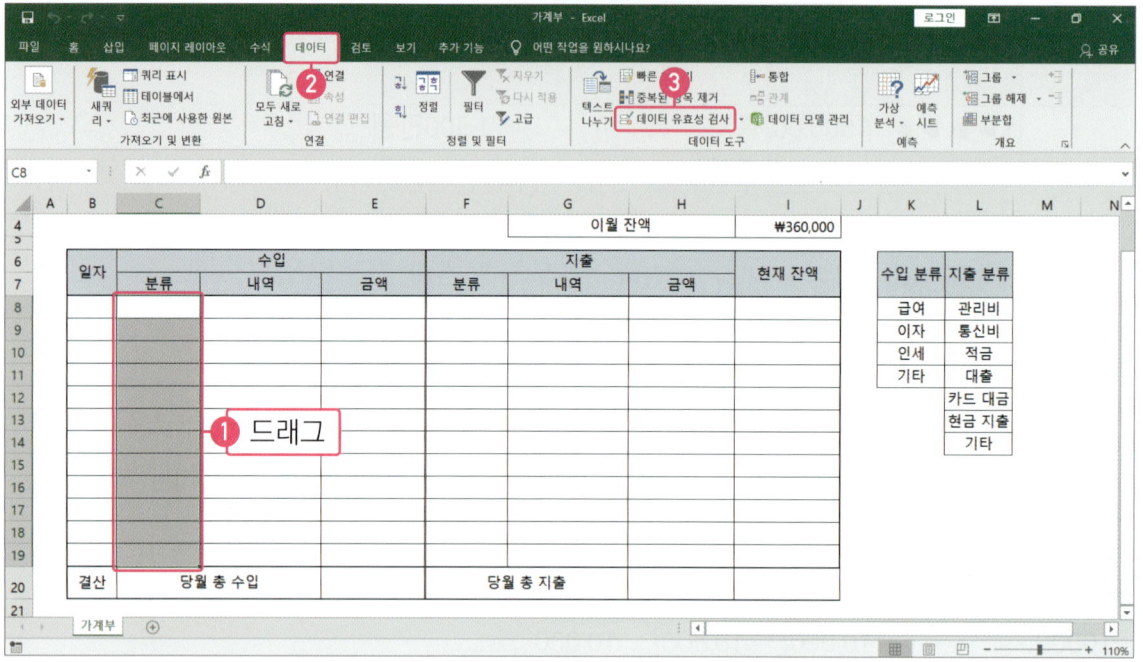

02 [데이터 유효성] 대화상자가 나타나면 [설정] 탭의 [제한 대상]을 '목록'으로 설정합니다.

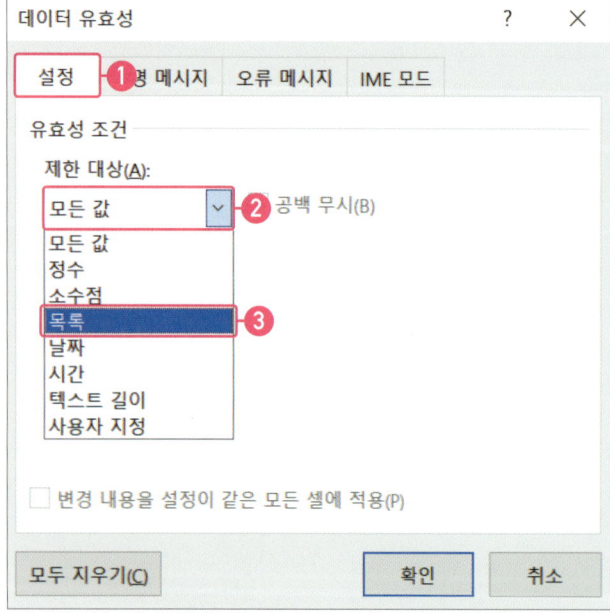

03 [원본]의 입력란을 클릭한 후 워크시트의 [K8:K11] 영역을 드래그하여 입력하고 [확인] 버튼을 클릭합니다.

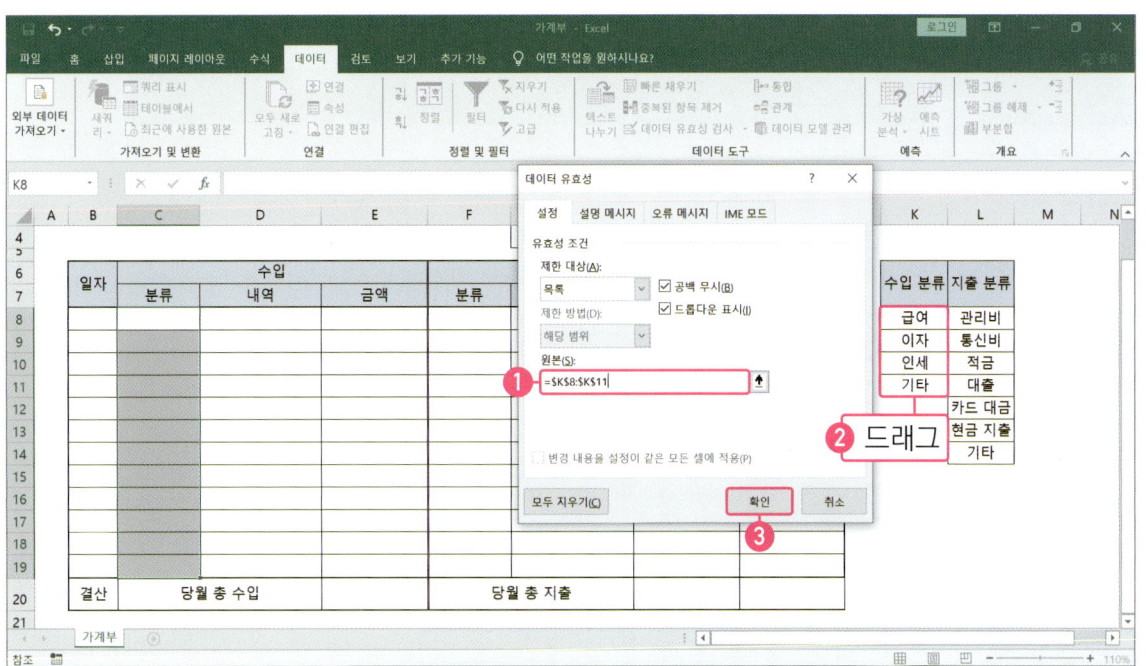

> **잠깐** [데이터 유효성] 대화상자의 [원본] 입력란에 내용을 직접 입력해도 됩니다. 각 항목은 쉼표(,)로 구분합니다.

04 [C8] 셀의 ▼를 클릭합니다. 목록이 나타나면 '급여'를 선택합니다.

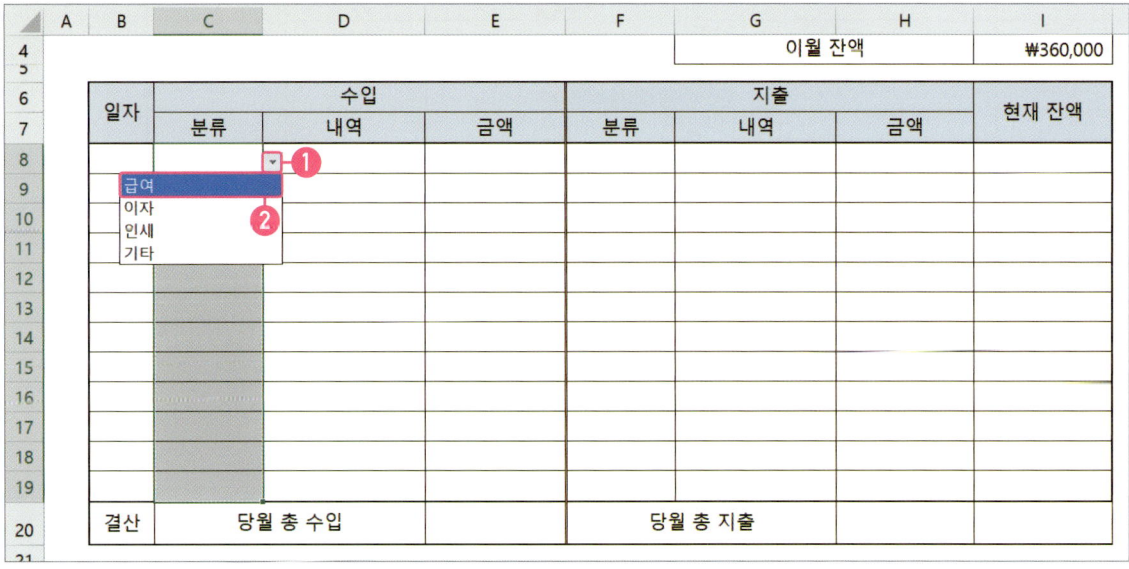

05 지출 부분의 [F8:F19] 영역을 선택한 후 [데이터] 탭-[데이터 도구] 그룹-[데이터 유효성 검사]를 클릭합니다. [데이터 유효성] 대화상자가 나타나면 [제한 대상]은 '목록'으로 설정한 후 [원본]은 [L8:L14] 영역을 드래그하여 입력하고 [확인] 버튼을 클릭합니다.

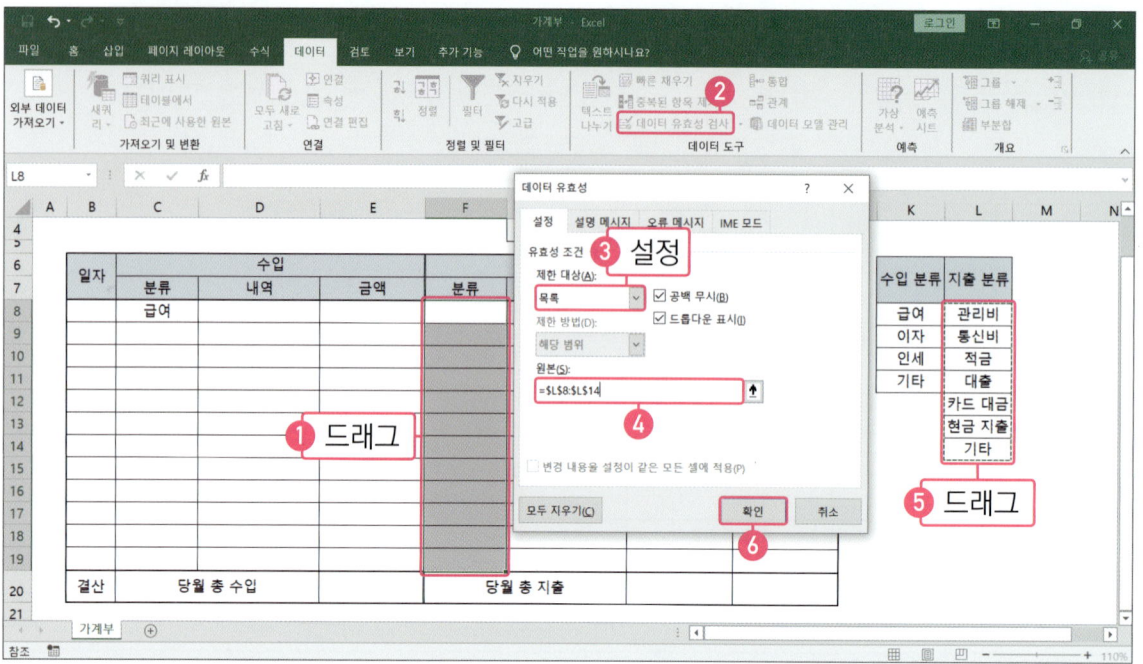

06 [F9] 셀의 ▼를 클릭합니다. 목록이 나타나면 '대출'을 선택합니다.

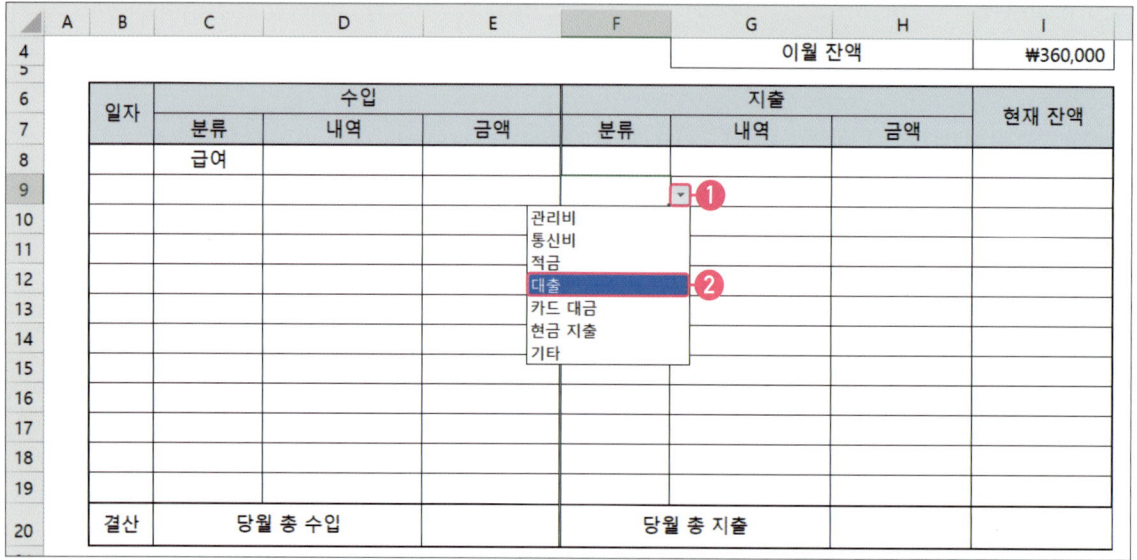

▶ 유효성 검사 설정하기 : 정수

01 [E8:E19] 영역을 드래그하여 선택한 후 Ctrl 키를 누른 채 [H8:H19] 영역을 드래그하여 함께 선택합니다. [데이터] 탭-[데이터 도구] 그룹-[데이터 유효성 검사]를 클릭합니다.

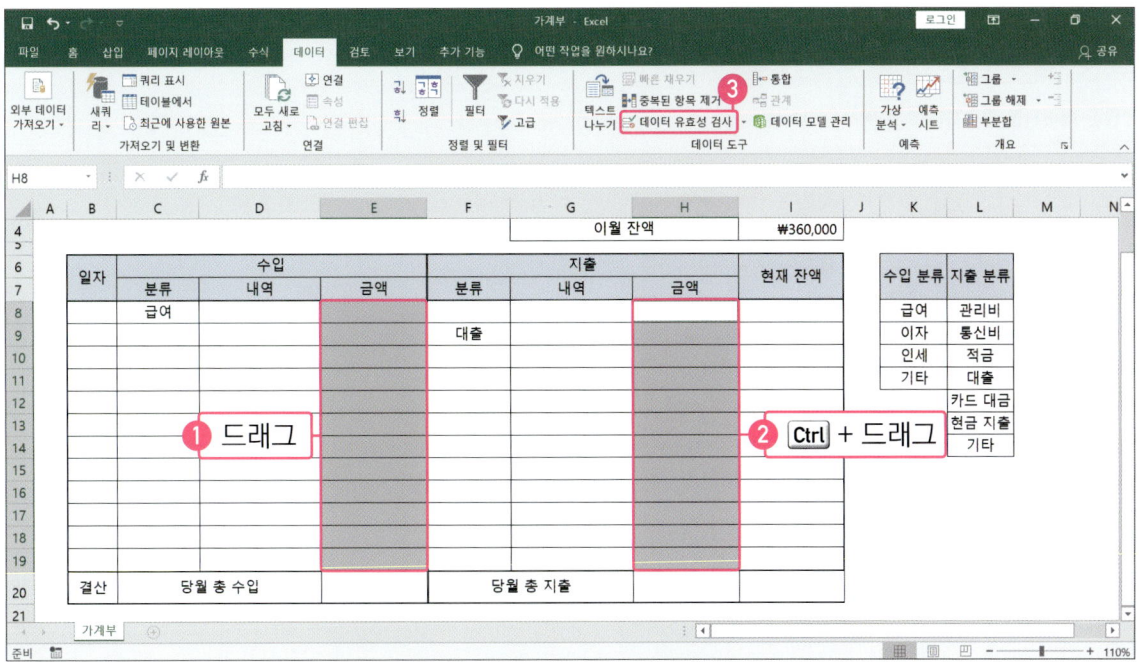

02 [데이터 유효성] 대화상자가 나타나면 돈의 액수를 입력할 것이기 때문에 [설정] 탭에서 [제한 대상]은 '정수', [제한 방법]은 '>='으로 설정한 후 [최소값]에 '0'을 입력합니다.

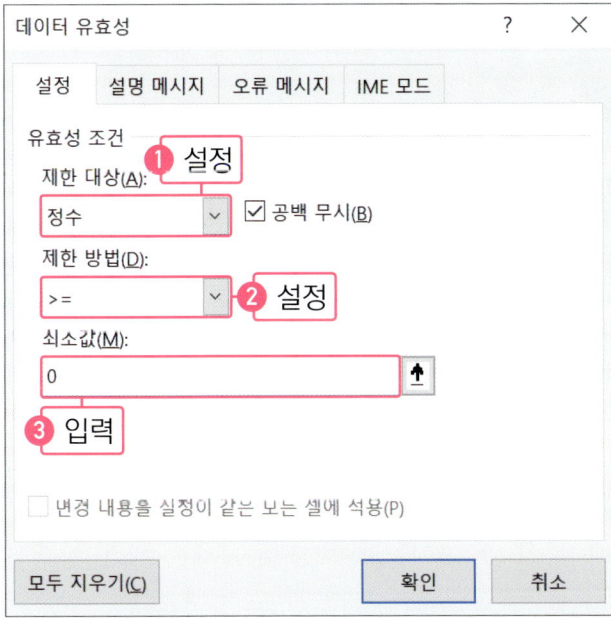

53

03 [오류 메시지] 탭을 클릭한 후 [스타일]을 '중지'로 설정합니다. [제목]의 입력란에는 '금액 오류'를, [오류 메시지]의 입력란에는 '0이상의 금액을 입력하세요.'라고 입력하고 [확인] 버튼을 클릭합니다.

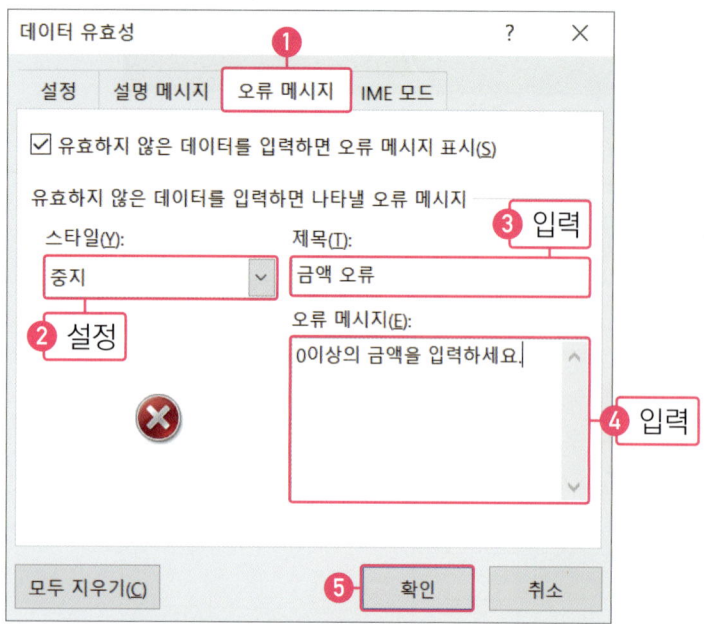

04 수입과 지출의 금액 부분 중 아무 셀(여기서는 [E15] 셀)이나 클릭한 후 '-3'을 입력하고 Enter 키를 누릅니다. 음수는 입력할 수 없다는 경고 메시지를 확인할 수 있습니다. [취소] 버튼을 클릭합니다.

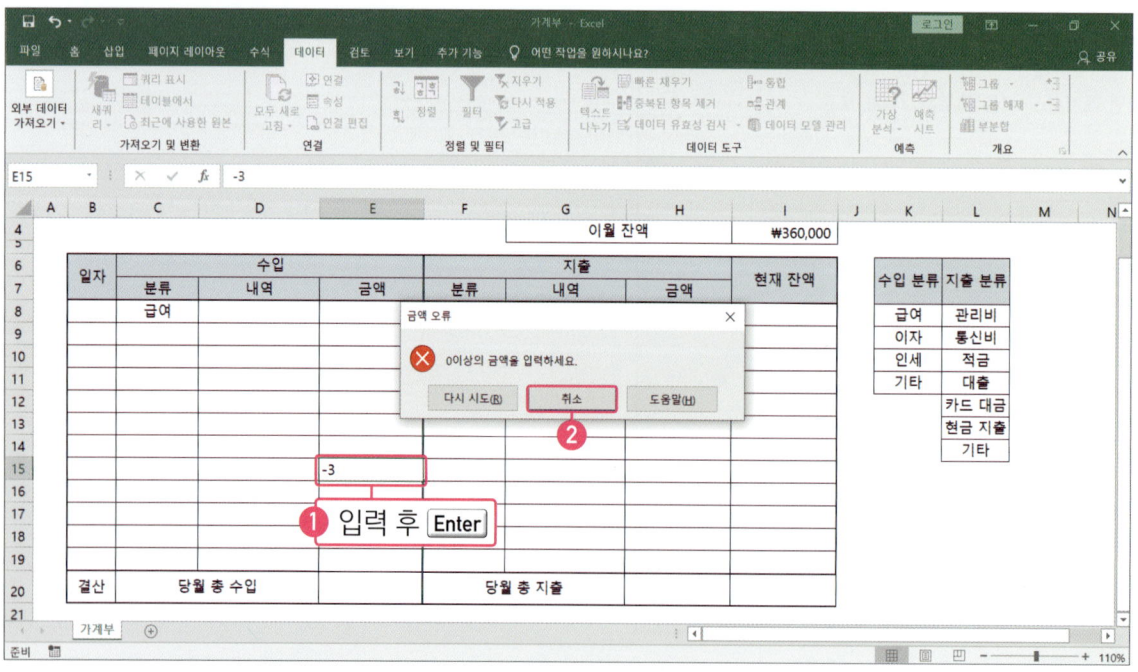

05 수입과 지출의 분류, 내역, 금액의 세부 내역을 다음과 같이 **입력**합니다.

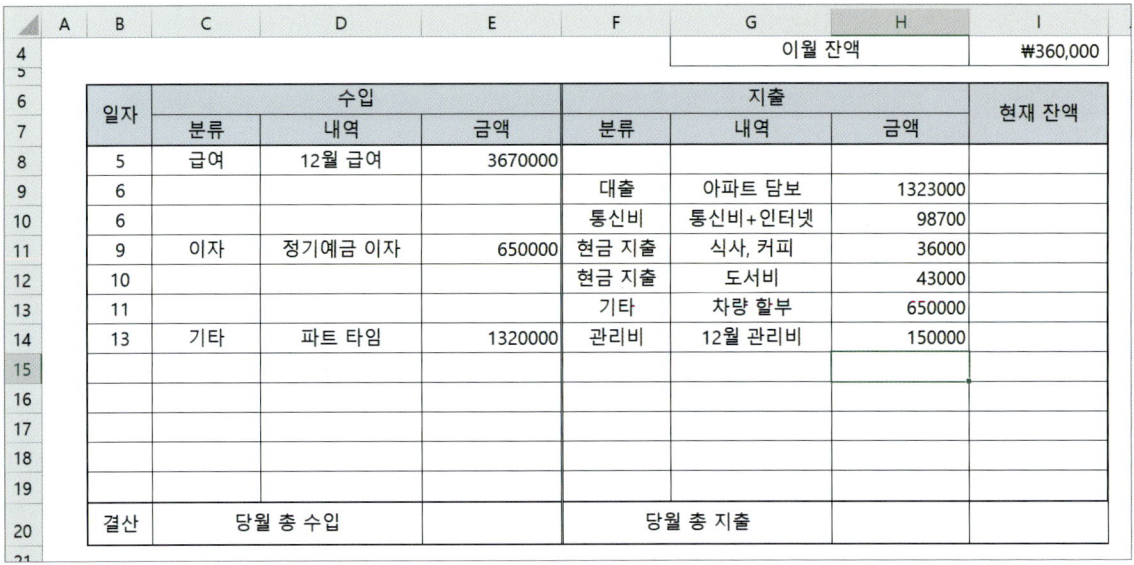

06 현재 잔액을 표시하는 [I8] 셀을 클릭한 후 '=I4+E8-H8'이라는 수식을 작성합니다.

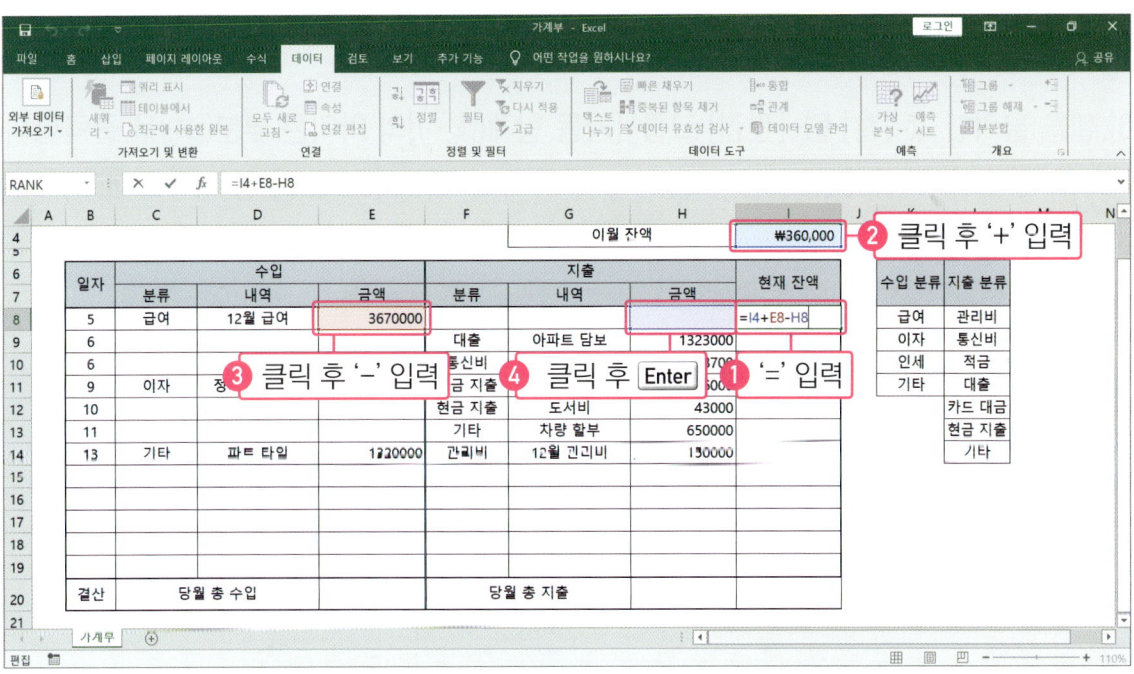

07 [I9] 셀에는 '=I8+E9-H9'라는 수식을 작성한 후 [I9] 셀의 ■(채우기 핸들)을 [I19] 셀까지 드래그하여 자동 채우기 합니다.

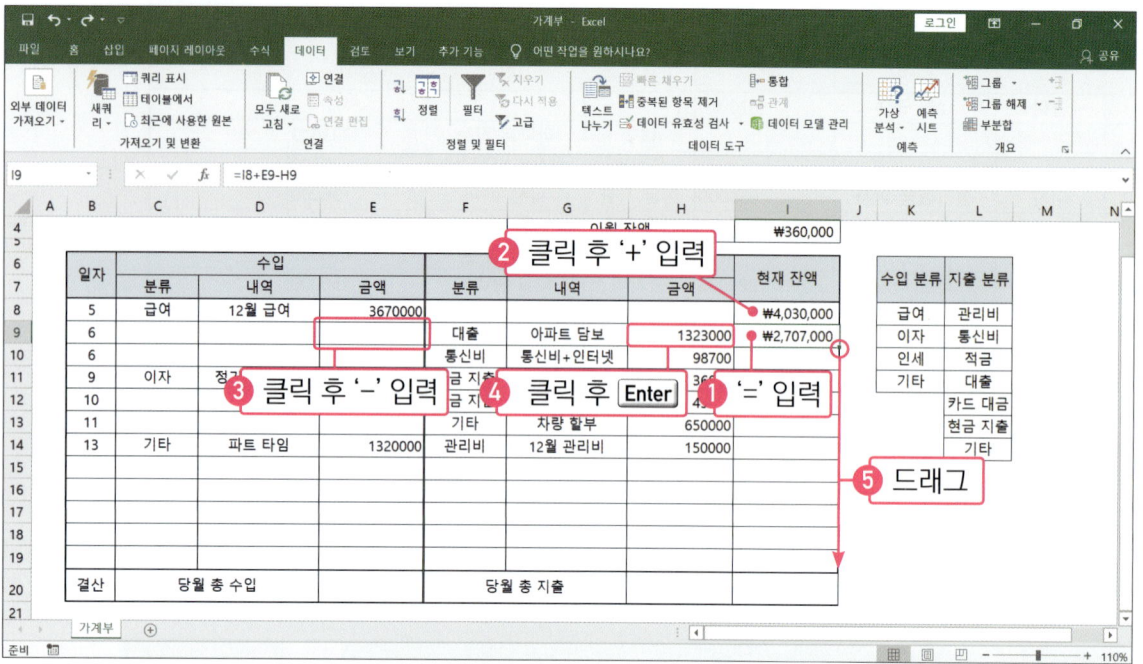

08 [E20] 셀을 클릭한 후 [홈] 탭-[편집] 그룹-[자동 합계(Σ·)]의 아이콘 부분(Σ)을 클릭합니다. SUM 함수가 표시되면 수입의 금액이 입력되어 있는 [E8:E19] 영역을 드래그한 후 Enter 키를 누릅니다.

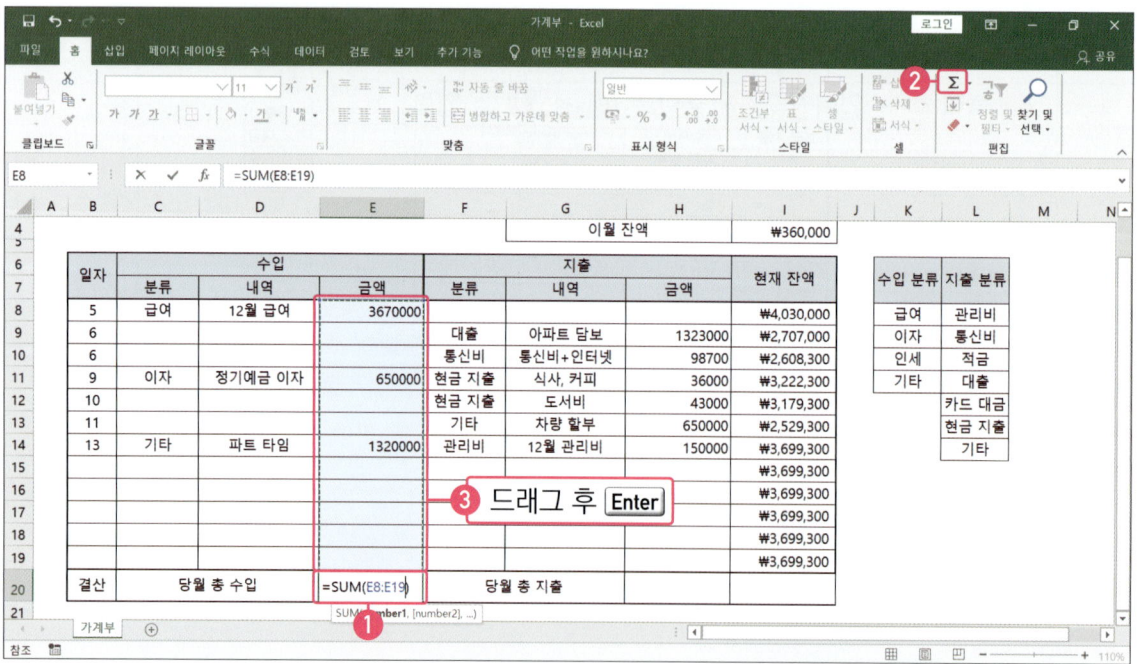

09 같은 방법으로 [H20] 셀도 [H8:H19] 영역을 자동 합계 기능을 이용해 계산합니다.

10 [I20] 셀은 바로 위의 셀 값과 같도록 '='를 입력하고 [I19] 셀을 클릭합니다.

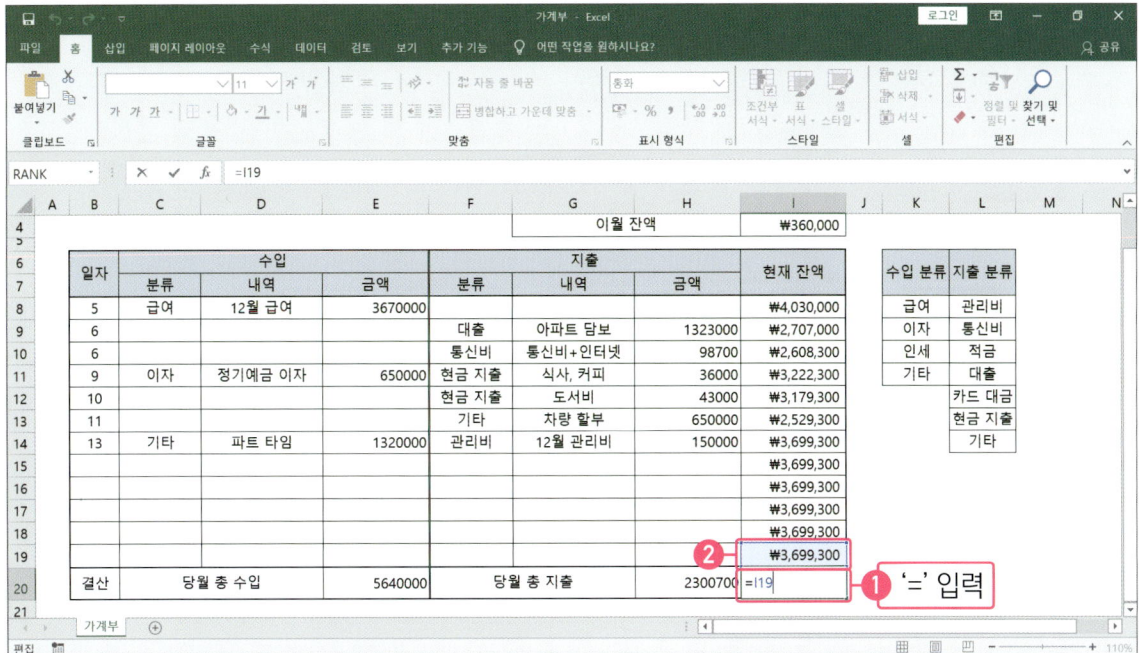

▶ 사용자 지정 형식 설정하기

01 [B8:B19] 영역을 선택한 후 Ctrl + 1 키를 누릅니다. [셀 서식] 대화상자가 나타나면 [표시 형식] 탭의 [범주]에서 '사용자 지정'을 선택한 후 [형식] 입력란에 '# "일"'를 입력합니다. [확인] 버튼을 클릭합니다.

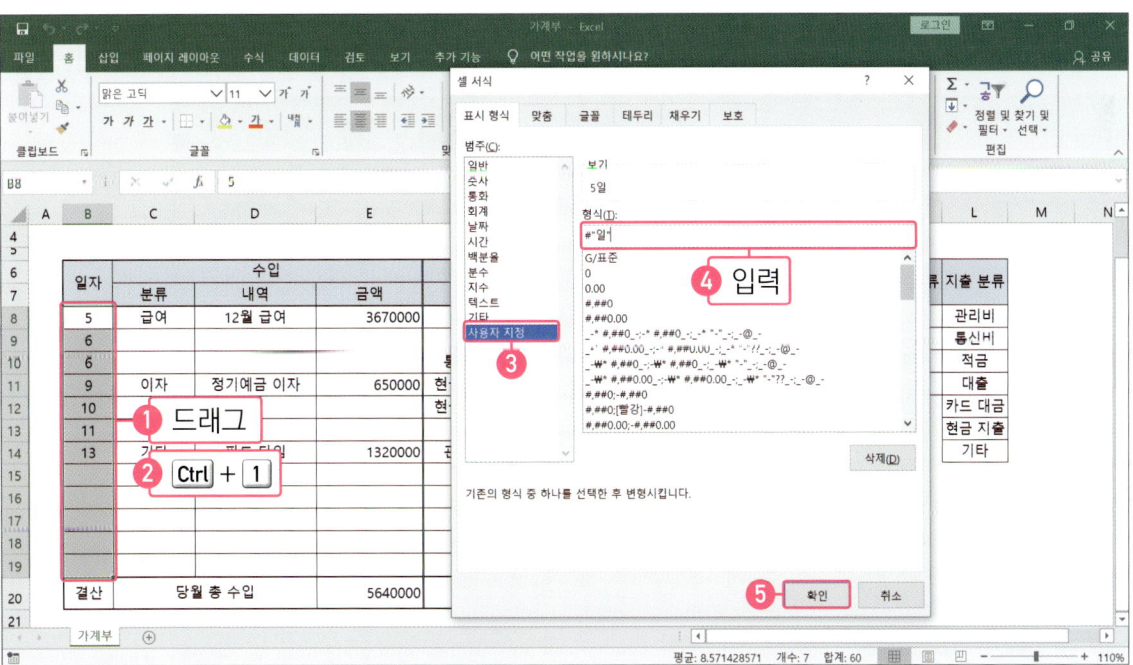

02 같은 방법으로 [D1] 셀을 클릭한 후 표시 형식을 '# "월" '로 설정하고, '12'를 입력합니다.

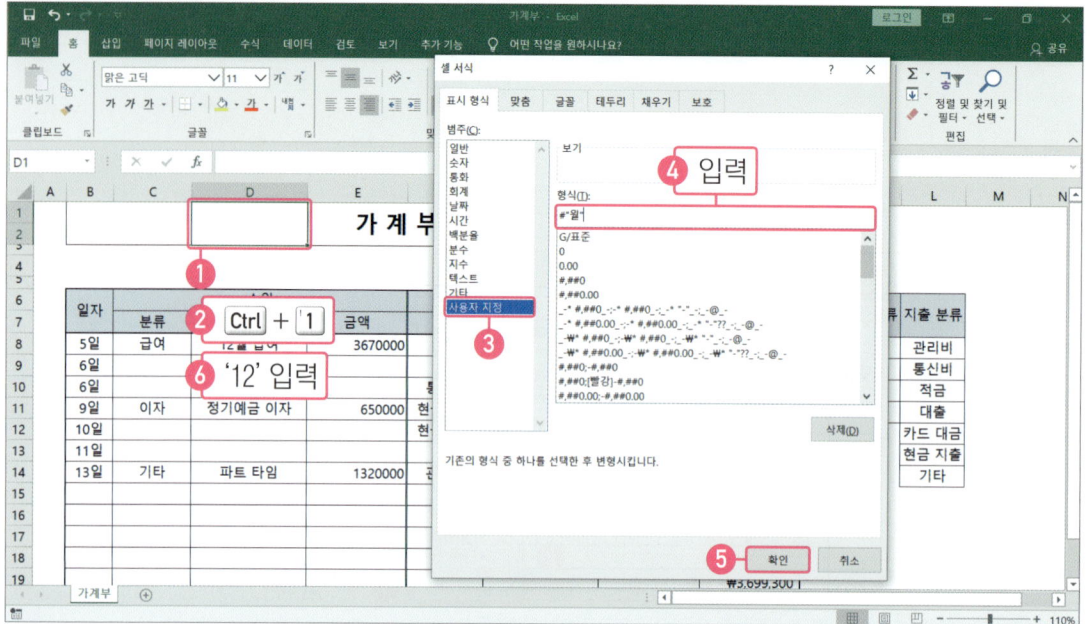

 '#'은 값이 없는 '0'은 표시하지 않습니다. 날짜에는 '0월', '0일' 같은 날짜를 입력하거나 표시할 일이 없기 때문에 '#'으로 설정한 것입니다. 01과 02에서 작성한 셀 범위에 '0'을 입력하면 '월' 또는 '일'만 표시됩니다.

03 [E8:E20] 영역을 선택한 후 Ctrl + 1 키를 누릅니다. [셀 서식] 대화상자가 나타나면 '**사용자 지정**' 범주의 [형식] 입력란에 '[파랑]#,##0;;-;'이라고 입력한 후 [확인] 버튼을 클릭합니다.

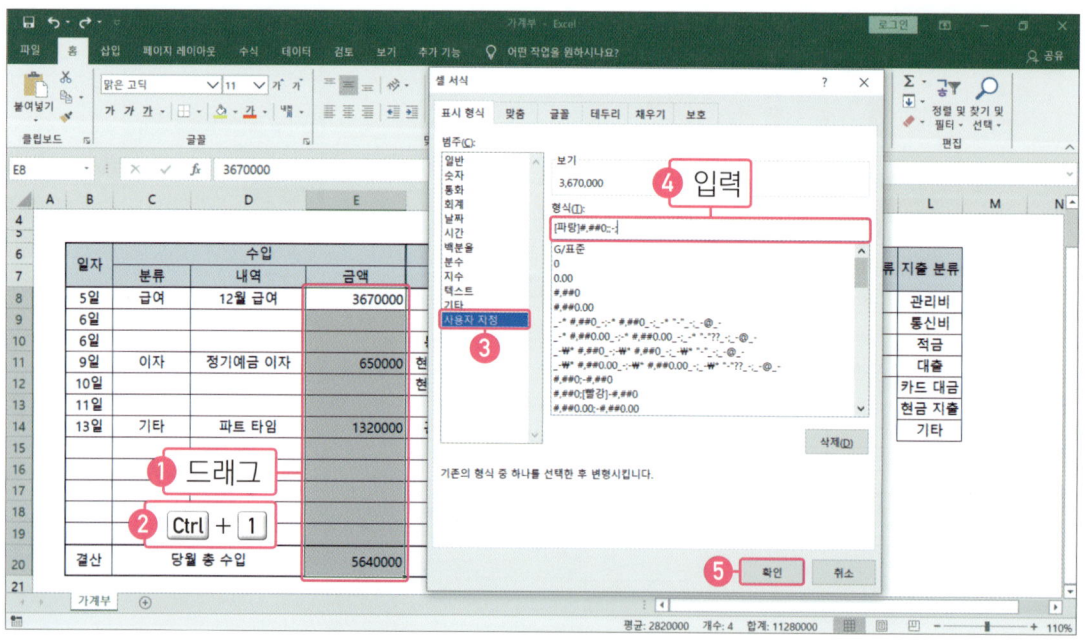

 가계부 금액란에 마이너스 금액이나 문자를 사용하지 않을 것이기에 음수 부분인 두 번째와 문자 부분인 마지막은 비워 둔 것입니다.

04 [H8:H20] 영역을 선택한 후 Ctrl + 1 키를 누릅니다. [셀 서식] 대화상자가 나타나면 '사용자 지정' 범주의 [형식] 입력란에 '[빨강]#,##0;;-;'이라고 입력한 후 [확인] 버튼을 클릭합니다.

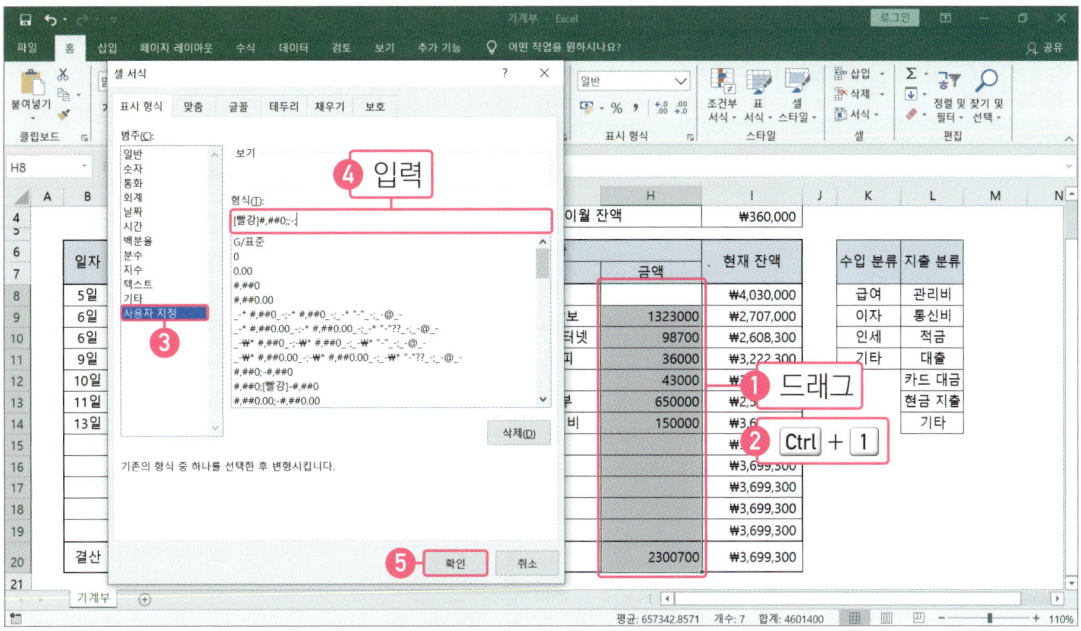

▶ 사용자 지정 형식 설정하기 : 조건, '*'

01 [I8:I20] 영역을 선택한 후 Ctrl + 1 키를 누릅니다. [셀 서식] 대화상자가 나타나면 '사용자 지정' 범주의 [형식] 입력란에 '"₩* #,##0;₩* "-"#,##0;-;'이라고 입력한 후 [확인] 버튼을 클릭합니다.

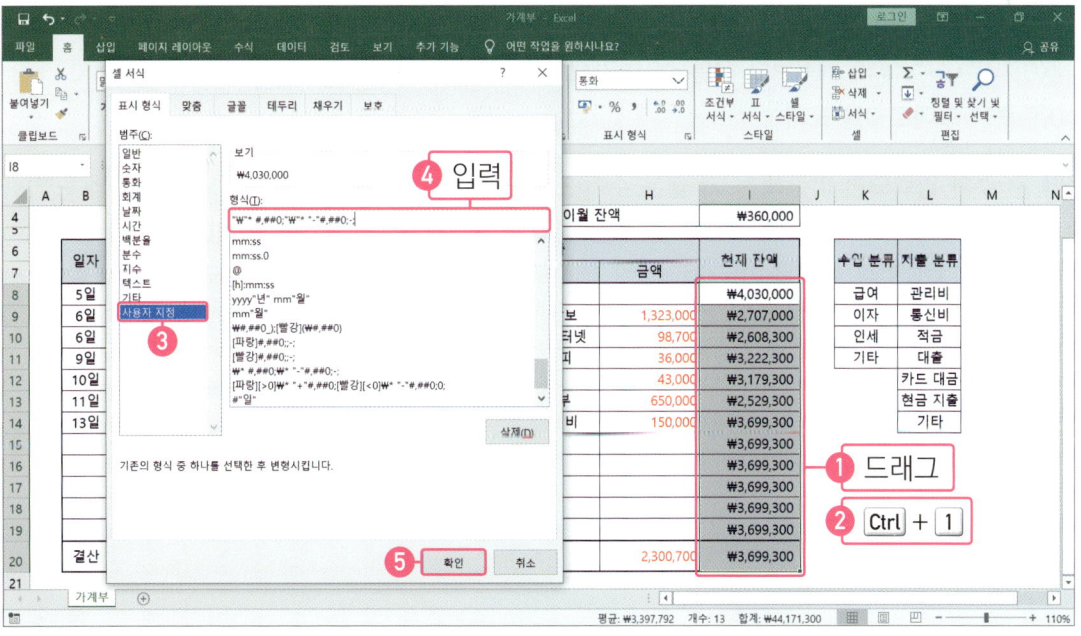

잠깐 '*' 다음에는 한 칸을 띄어쓰기 하고 입력합니다.

02 원화 표시(₩)와 금액 사이에 빈 공간이 채워진 것을 확인할 수 있습니다.

03 [I20] 셀을 클릭하여 선택한 후 Ctrl + 1 키를 누릅니다. [셀 서식] 대화상자가 나타나면 '사용자 지정' 범주의 [형식] 입력란에 [파랑][>0]₩* "+"#,##0;[빨강][<0]₩* "-"#,##0;0이라고 입력한 후 [확인] 버튼을 클릭합니다.

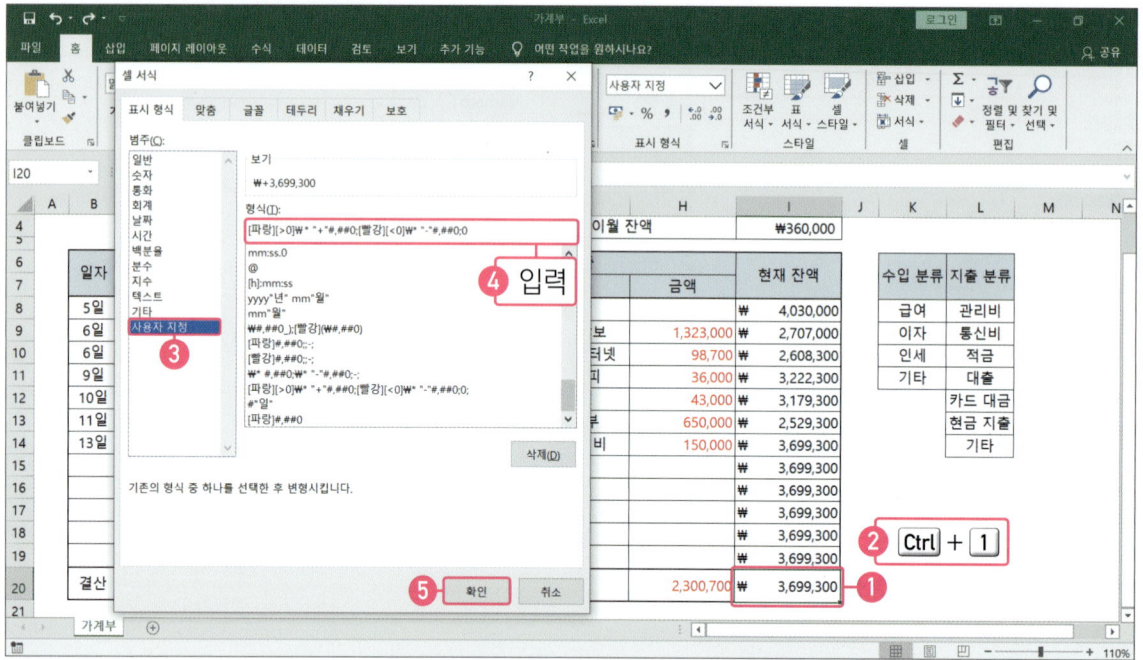

 형식이 길어 너무 어려워 보일 수 있지만, 하나씩 살펴보면 같은 형식이 내용만 바뀐 것을 알 수 있습니다. 위의 예시는 3마디로 되어 있습니다.

- [파랑][>0]₩* "+"#,##0 → 0보다 큰 수, 파란색으로, 원화(₩) 표시, 빈 공간, + 숫자 형식
- [빨강][<0]"₩"* "-"#,##0 → 0보다 작은 수, 빨간색으로, 원화(₩) 표시, 빈 공간, - 숫자 형식
- 0 → 0은 숫자 그대로 0을 표시

즉, 0보다 큰 수가 입력되면 파란색 '+'가 붙은 수가 표시되고, 0보다 작은 수가 입력되면 빨간색 '-'가 붙은 수가 표시됩니다. 0보다 크고 0보다 작은 수를 제외한 나머지 수는 0밖에 없기 때문에 0이 입력되면 검은색 '0'만 표시되도록 형식을 만든 것입니다.

04 현재 총 잔액이 조건에 맞춰 표시됩니다.

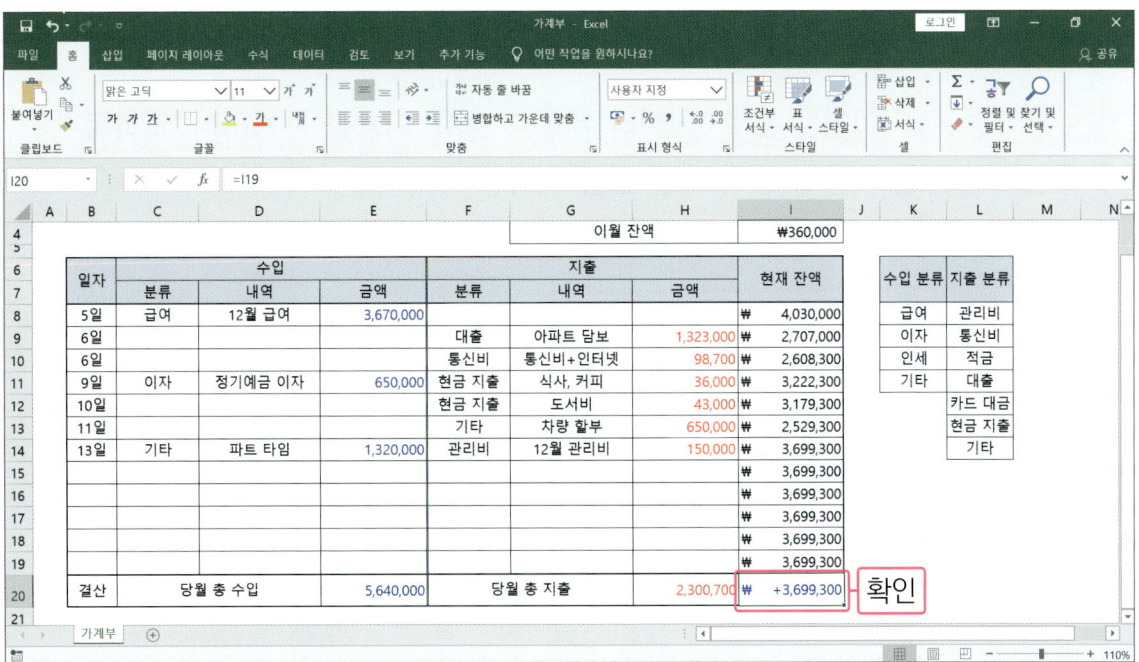

05 [H18] 셀의 숫자를 임의로 변경(여기서는 '4500000' 입력)해 마이너스(-) 금액이 나오도록 설정한 후 표시를 확인합니다.

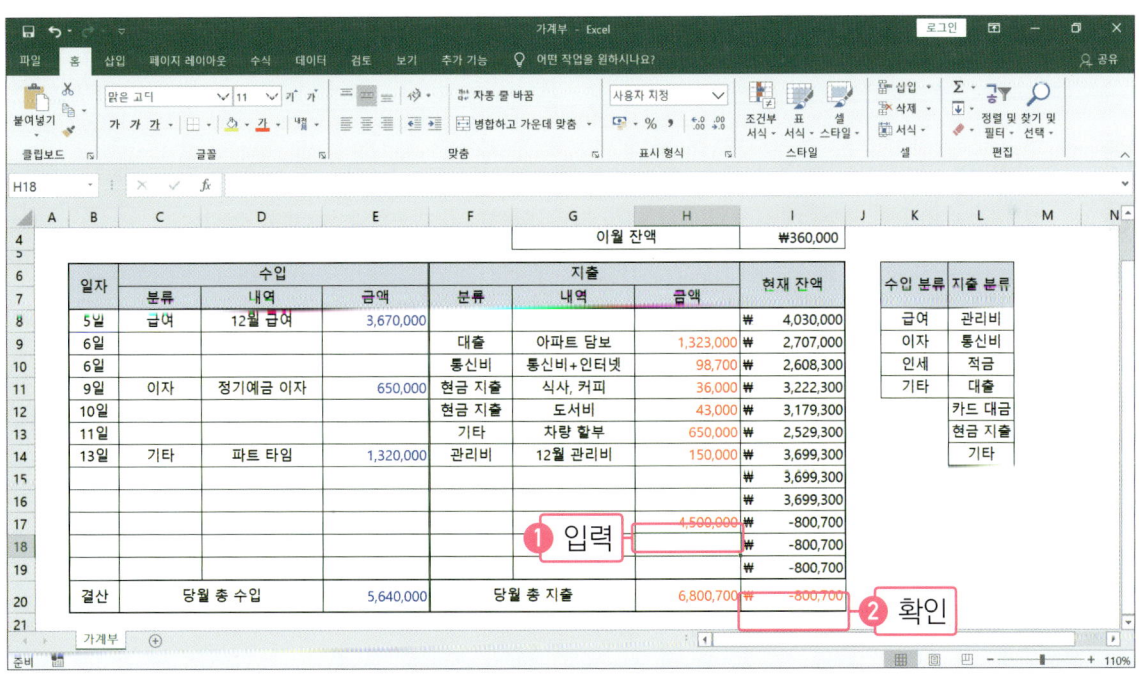

06 빠른 실행 도구 모음의 🖫(저장)을 클릭하여 저장합니다.

응용력 키우기

01 '성적표_유효성.xlsx' 파일을 열고 '데이터 유효성 검사' 기능을 사용하여 '교과목명'과 '구분', '평점'을 다음과 같이 작성해 봅니다.

준비파일 성적표_유효성.xlsx

- 교과목명 : [K3:K13] 영역의 값을 활용하여 입력되도록 설정
- 구분 : '전필', '전선', '교필', '교선' 중에서 입력되도록 설정
- 평점 : 0부터 4.5 범위 내의 점수만 입력되도록 설정

- 교과목명 : [B4:B10] 영역 선택 → [데이터] 탭-[데이터 도구]-[데이터 유효성 검사] 클릭 → [데이터 유효성] 대화상자에서 제한 대상(목록), 원본(=$K$4:$K$13) 설정
- 구분 : [C4:C10] 영역 선택 → [데이터] 탭-[데이터 도구]-[데이터 유효성 검사] 클릭 → [데이터 유효성] 대화상자에서 제한 대상(목록), 원본(전필,전선,교필,교선) 설정
- 평점 : [F4:F10] 영역 선택 → [데이터] 탭-[데이터 도구]-[데이터 유효성 검사] 클릭 → [데이터 유효성] 대화상자에서 제한 대상(소수점), 최소값(0), 최대값(4.5) 설정

02 문제 01에서 작성한 파일의 '평점'에 범위 외의 값을 입력하면 다음과 같은 메시지가 나타나며 중지시키도록 설정해 봅니다.

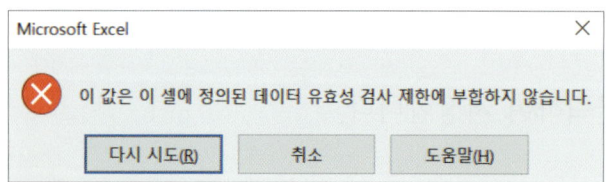

[데이터 유효성] 대화상자의 [오류 메시지] 탭에서 설정합니다.

03 '체질량 지수.xlsx' 파일을 열고 [C4:M20] 영역의 데이터를 '사용자 지정 형식'을 이용해 소수점 한 자리까지만 표시해 봅니다.

준비파일 체질량 지수.xlsx

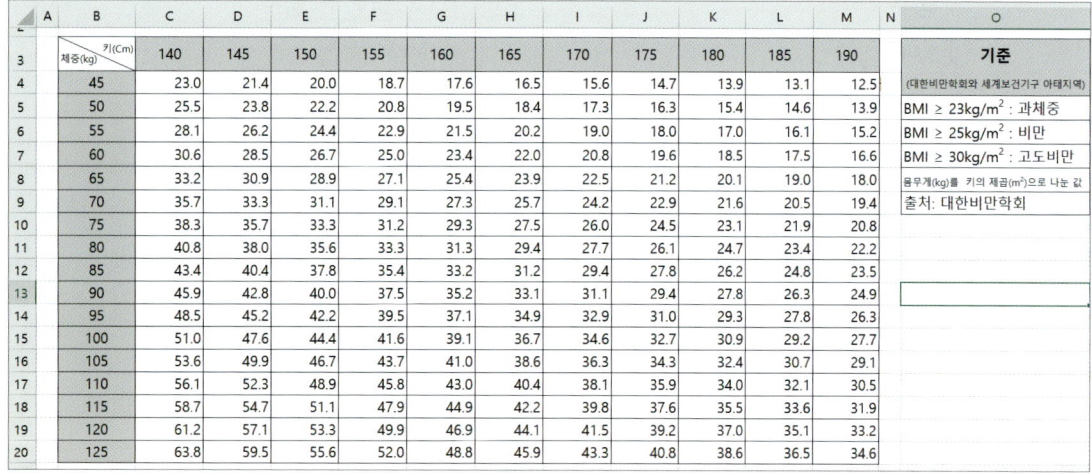

 형식을 '#.#'로 지정하면 '23.0'은 '23.'으로 표시되고 '0.3'은 '.3'으로 표시되므로 유의합니다.

04 문제 **03**의 파일에서 [C4:M20] 영역의 데이터를 '사용자 지정 형식'을 이용해 비만에 해당하는 25 이상의 데이터만 빨간색으로 표시되도록 설정해 봅니다.

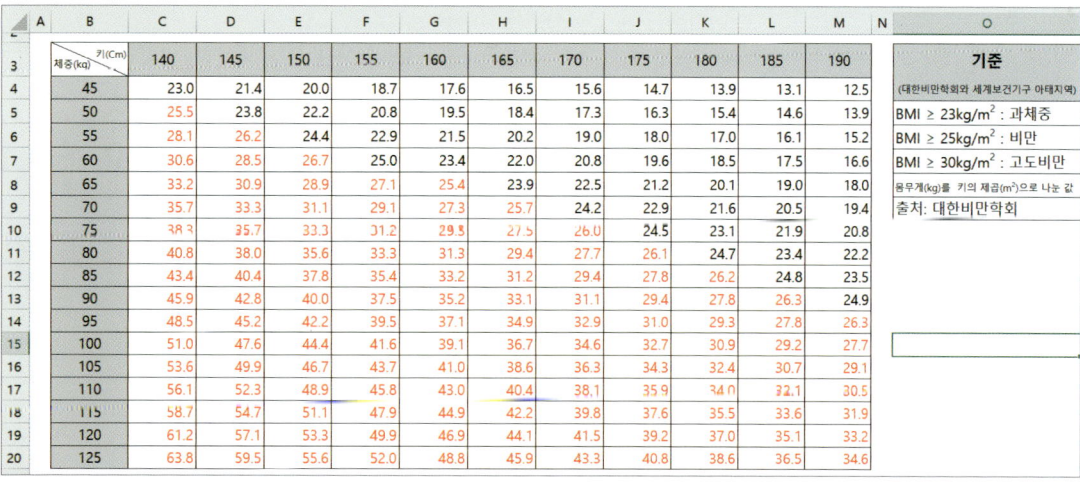

 '[빨강][조건]형식;형식'으로 지정하면 됩니다. 조건에 해당하는 수만 빨간색으로 표시하고 나머지 수는 기본 값인 검은색으로 표시합니다. '형식'은 문제 **03**에서 풀었던 형식을 그대로 넣으면 됩니다.

04 급여 명세서 만들기

- IF 함수
- SUMIF 함수
- AVERAGEIF 함수
- COUNTIF 함수
- 함수 중첩
- 중복된 항목 제거

미/리/보/기

📁 준비파일 : 급여명세서.xlsx
📁 완성파일 : 급여명세서_완성.xlsx

	A	B	C	D	E	F	G	H	I	J	K	L	M
1	성명	부서	직급	기본급	직급수당	부양가족	가족수당	지급총액		직급	기본급	직급수당	가족수당
2	정동건	총무팀	부장	4,300,000	600,000	3명	195,000	₩ 5,095,000		사원	2,800,000		65,000
3	장우송	기획팀	과장	3,650,000	0	1명	65,000	₩ 3,715,000		주임	3,000,000		
4	원현빈	인사팀	사원	2,800,000			-	₩ 2,800,000		대리	3,250,000		
5	성가인	인사팀	차장	3,950,000	450,000	2명	130,000	₩ 4,530,000		과장	3,650,000		
6	감사용	개발팀	대리	3,250,000	0		-	₩ 3,250,000		차장	3,950,000	450,000	
7	이휴리	홍보팀	과장	3,650,000	0	2명	130,000	₩ 3,780,000		부장	4,300,000	600,000	
8	임원아	홍보팀	대리	3,250,000	0		-	₩ 3,250,000					
9	배철호	홍보팀	주임	3,000,000	0		-	₩ 3,000,000		부서별 급여	합계액	평균액	
10	김상민	개발팀	차장	3,950,000	450,000	1명	65,000	₩ 4,465,000		총무팀	₩ 10,695,000	₩ 3,565,000	
11	유세문	기획팀	부장	4,300,000	600,000	2명	130,000	₩ 5,030,000					
12	백정원	총무팀	사원	2,800,000	0		-	₩ 2,800,000		부양가족 2명이상 직원수 :		5	
13	장윤성	기획팀	사원	2,800,000	0		-	₩ 2,800,000					
14	이재석	총무팀	사원	2,800,000	0		-	₩ 2,800,000					
15	서태진	개발팀	과장	3,650,000	0	4명	260,000	₩ 3,910,000					

엑셀에서 많이 사용하는 함수 중에 하나가 바로 'IF' 함수입니다. 엑셀을 제대로 활용하고 싶다면 IF 함수는 반드시 익혀야 합니다. 이번 장에서는 IF 함수를 비롯하여 IF를 활용한 다양한 함수를 살펴보고, 여러 개의 함수를 함께 쓰는 방법과 중복된 데이터를 제거하는 방법도 알아보겠습니다.

01 다양한 IF 관련 함수

▶ 논리 함수 'IF'

IF 함수의 구조는 간단합니다. 조건(질문)이 하나 있고, 그 '조건이 참일 때는 어떻게 한다.'와 그 '조건이 거짓일 때는 어떻게 한다.'로 구성되어 있습니다.

> =IF(조건, 참일 경우, 거짓일 경우)

▶ 함수 중첩

논리 함수의 조건(질문)은 답이 '예' 또는 '아니오'로 끝나는 조건(질문)이어야 합니다.

예를 들어 '몇 학년이세요?'라는 조건(질문)을 사용하려 한다면, 이 조건(질문)은 '예' 또는 '아니오'로 끝날 수 없기 때문에 논리 함수의 조건(질문)으로 사용할 수 없습니다. '예' 또는 '아니오'로 답할 수 있도록 조건(질문)을 '1학년입니까?'라고 물어봐야 합니다.

만약 물어본 곳이 2년제 학교라면 '1학년' 아니면 '2학년' 밖에 없기 때문에 '예'라고 대답하면 1학년이고, '아니오'라고 대답한다면 따로 안 물어봐도 당연히 2학년이 되는 것이기에 바로 '2학년 교실로'라는 지시를 할 수 있습니다.

> =IF(1학년입니까, 1학년 교실로, 2학년 교실로)

그런데 여기가 3년제인 학교라면 어떨까요?

1학년이 아니라면 2학년이 될 수도 있고, 3학년이 될 수도 있습니다. 이럴 때는 한 번 더 물어봐야 합니다. 즉, "1학년입니까?"라는 질문에 답이 "아니오"라면 '아니오'에 해당되는 부분에 조건(질문)을 추가해 "그럼 2학년 입니까?"라는 질문을 해야 합니다.

논리 식으로 바꾸면 다음처럼 됩니다.

> =IF(조건1, 참일 경우, IF(조건2, 참일 경우, 거짓일 경우))

그럼, 6학년까지 있는 초등학교라면 어떨까요?

```
=IF(1학년입니까,1학년 교실로,
    IF(2학년입니까, 2학년 교실로,
        IF(3학년입니까, 3학년 교실로,
            IF(4학년입니까, 4학년 교실로,
                IF(5학년입니까, 5학년 교실로, 6학년 교실로)
            )
        )
    )
)
```

이렇게 '아니오'에 해당되는 부분에 조건(질문)을 추가해 하나씩 물어보면 해결이 가능합니다.

▶ SUMIF, AVERAGEIF, COUNTIF

IF를 활용한 함수가 많은데, SUMIF, AVERAGEIF, COUNTIF 등이 대표적입니다. 합계, 평균, 숫자 개수를 구하는 SUM, AVERAGE, COUNT 함수에 IF가 붙은 것입니다. 조건을 충족하는 즉, 조건이 참에 해당하는 것들만 더하고, 평균을 내고, 개수를 세는 것입니다.

[함수식 구성]
- =SUMIF(조건 범위, 조건, 더할 범위)
- =AVERAGEIF(조건 범위, 조건, 평균을 구할 범위)
- =COUNTIF(개수를 셀 범위, 조건)

조건이 있는 범위와 합계를 구할 범위는 같은 범위일 수도 있으며, 다른 범위일 수도 있습니다.

 직급별 급여 명세서 작성하기

▶ 'IF' 함수 중첩하기

01 '급여명세서.xlsx' 파일을 불러온 후 직급별 수당을 입력하기 위해서 [E2] 셀을 클릭합니다.

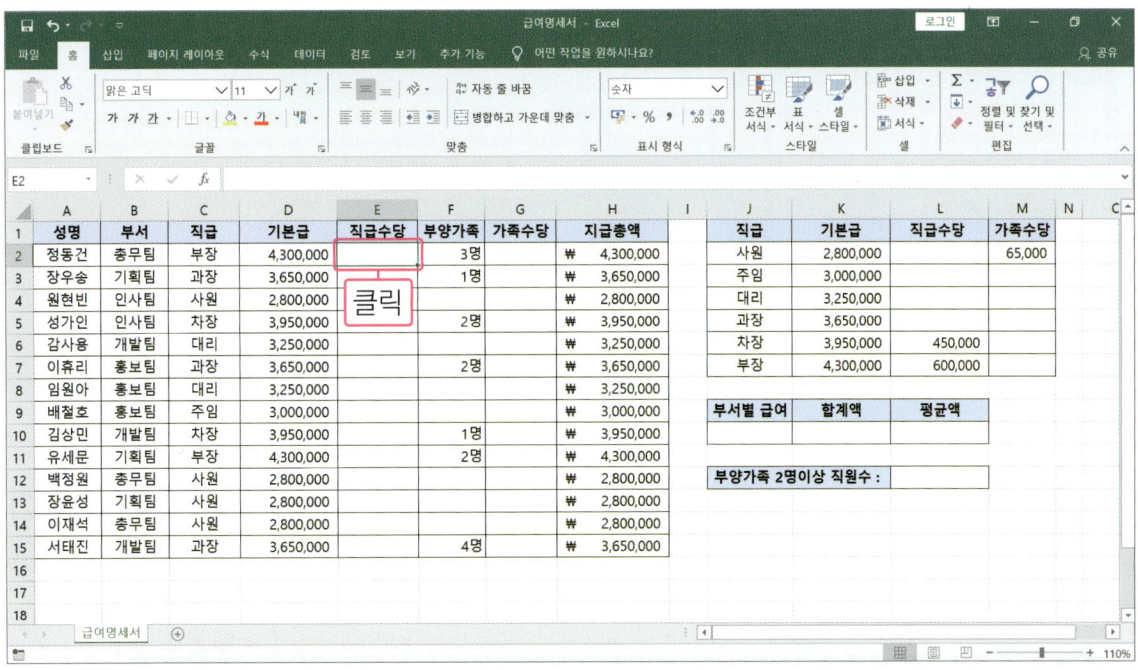

02 '=if'를 입력합니다. 'IF'로 시작하는 함수 목록이 나타나면 키보드의 방향키나 마우스로 ⓕx IF 를 선택하고 Tab 키를 누릅니다.

	A	B	C	D	E	F	G	H
1	성명	부서	직급	기본급	직급수당	부양가족	가족수당	지급총액
2	정동건	총무팀	부장	❶ '=if' 입력	=if	3명		₩ 4,300,000
3	장우송	기획팀	과장	3,650,000	ⓕx IF ❷	검사를 수행하여 TRUE나 FALSE에 해당하는		
4	원현빈	인사팀	사원	2,800,000	ⓕx IFERROR ❸ Tab 키			₩ 2,800,000
5	성기인	인사팀	차장	3,950,000	ⓕx IFNA	2명		₩ 3,950,000
6	감사용	개발팀	대리	3,250,000				₩ 3,250,000

03 함수명이 완성되고 인수를 넣을 수 있도록 괄호가 열립니다. Ctrl + A 키를 누릅니다.

	A	B	C	D	E	F	G	H
1	성명	부서	직급	기본급	직급수당	부양가족	가족수당	지급총액
2	정동건	총무팀	부장	❶ 확인	=IF(	3명		₩ 4,300,000
3	장우송	기획팀	과장	❷ Ctrl + A	IF(logical_test, [value_if_true], [value_if_false])			3,650,000
4	원현빈	인사팀	사원	2,800,000				₩ 2,800,000
5	성가인	인사팀	차장	3,950,000		2명		₩ 3,950,000
6	감사용	개발팀	대리	3,250,000				₩ 3,250,000

67

04 [함수 인수] 대화상자가 나타납니다.

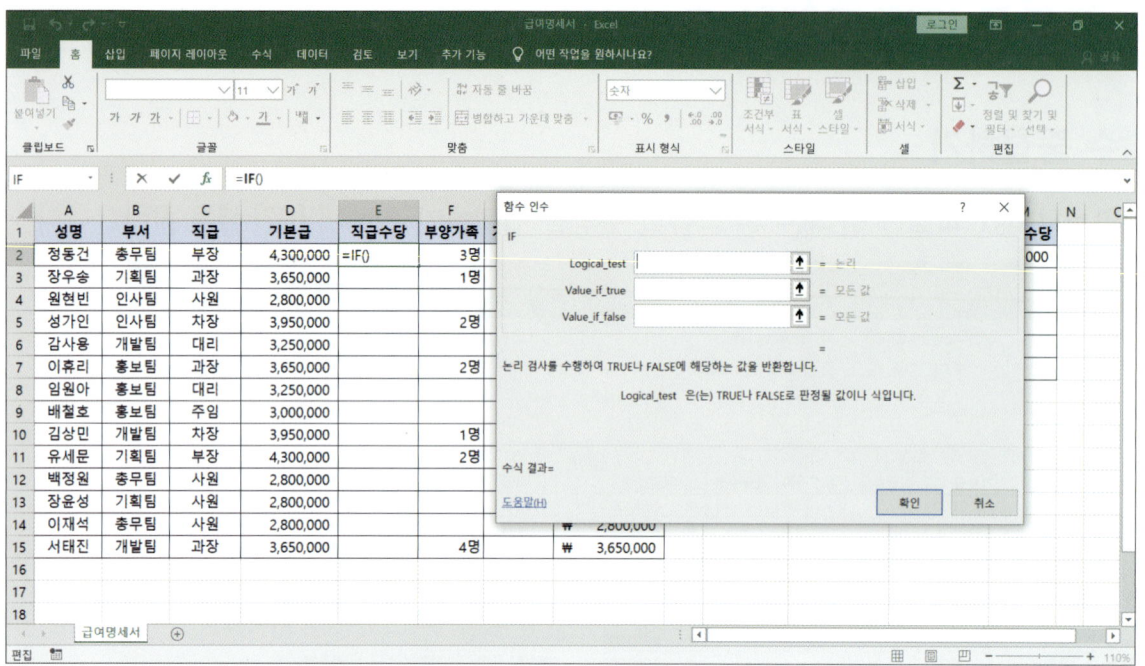

05 조건에 해당하는 [Logical_test] 입력란에 커서가 들어가 있는 상태에서 워크시트의 [C2] 셀을 클릭한 후 '="부장"'라고 입력합니다. 참에 해당하는 [Value_if_true] 입력란을 클릭한 후 '600000'이라고 입력합니다.

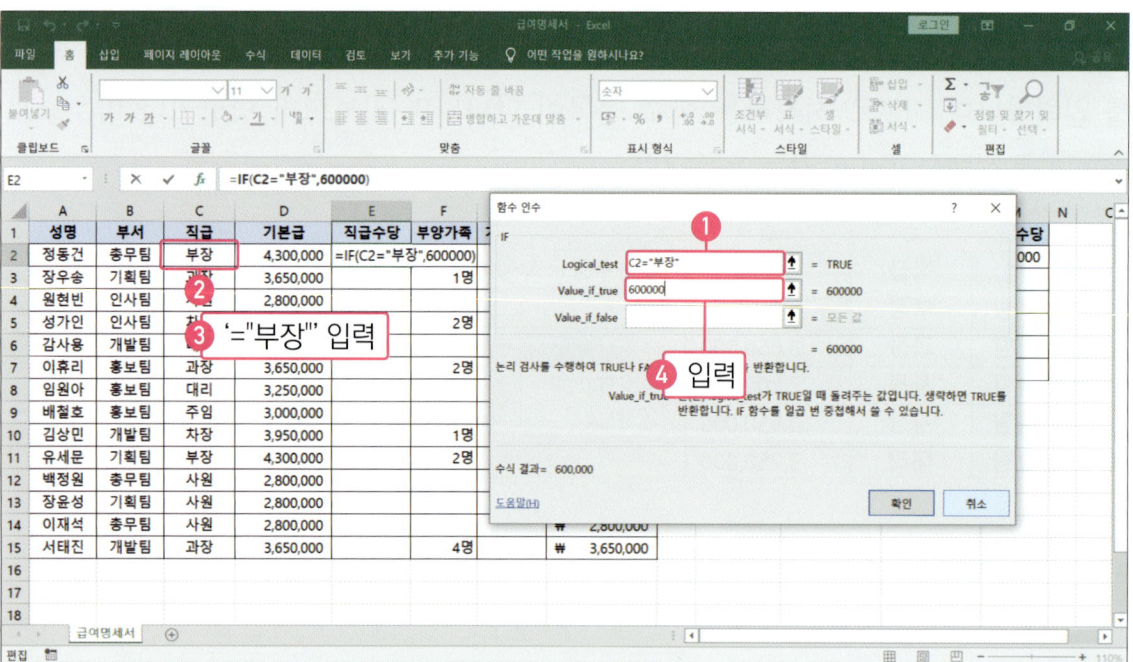

06 거짓에 해당하는 [Value_if_false] 입력란을 클릭한 후 이름 상자의 ▼를 클릭하여 목록 중에 [IF]를 선택합니다.

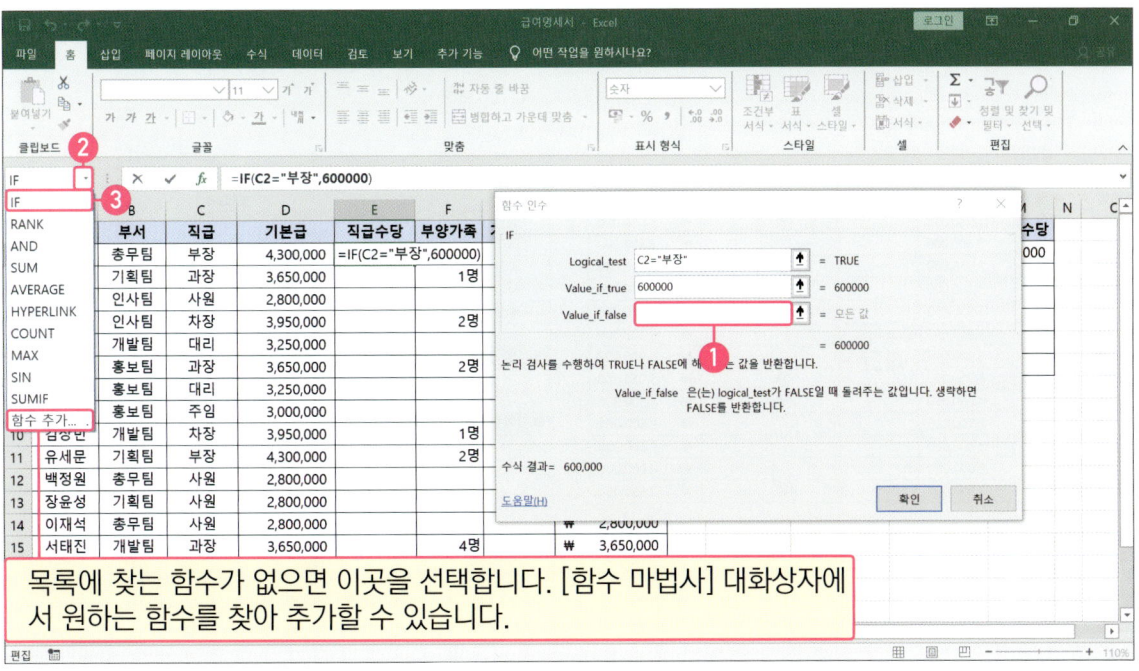

목록에 찾는 함수가 없으면 이곳을 선택합니다. [함수 마법사] 대화상자에서 원하는 함수를 찾아 추가할 수 있습니다.

07 [함수 인수] 대화상자가 새로 나타납니다. 수식 입력줄을 살펴보면 IF 함수 안에 새로 IF가 들어간 것을 확인할 수 있습니다. [Logical_test]는 'C2="차장"', [Value_if_true]는 '450000', [Value_if_false]는 '0'으로 입력한 후 [확인] 버튼을 클릭합니다.

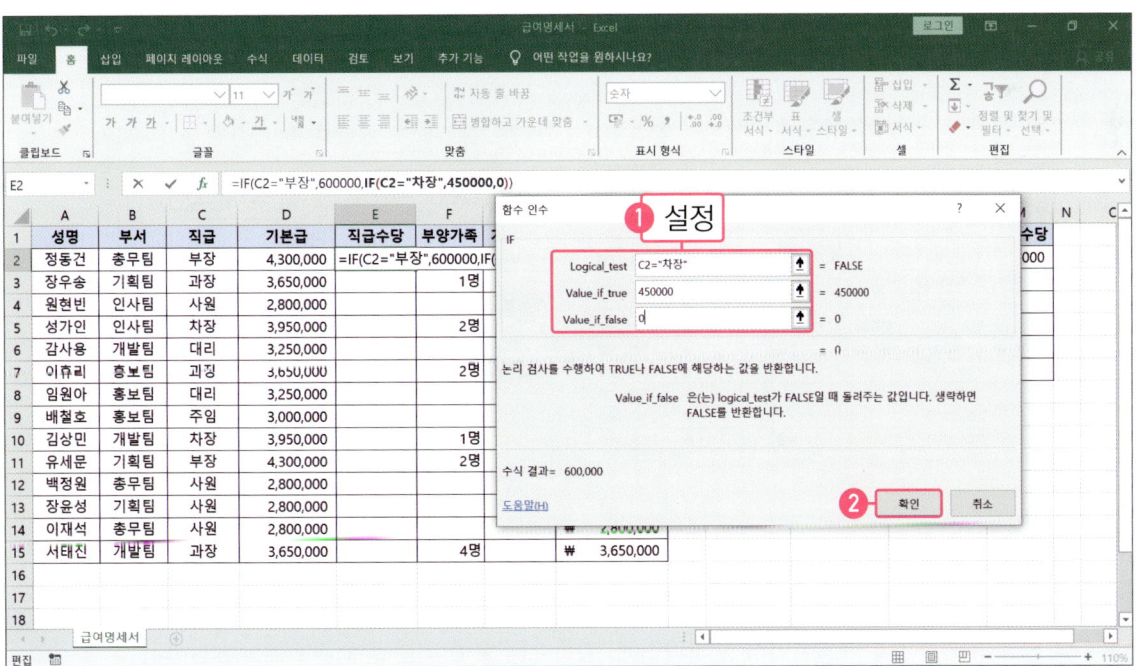

 현재 작성 중인 함수는 수식 입력줄에 굵은 글꼴로 표현됩니다. 다른 함수로 이동해 작업하고 싶을 때는 수식 입력줄에서 굵은 글꼴이 아닌 함수를 클릭합니다.

08 [E2] 셀의 ■(채우기 핸들)을 [E15] 셀까지 드래그하여 자동 채우기를 합니다.

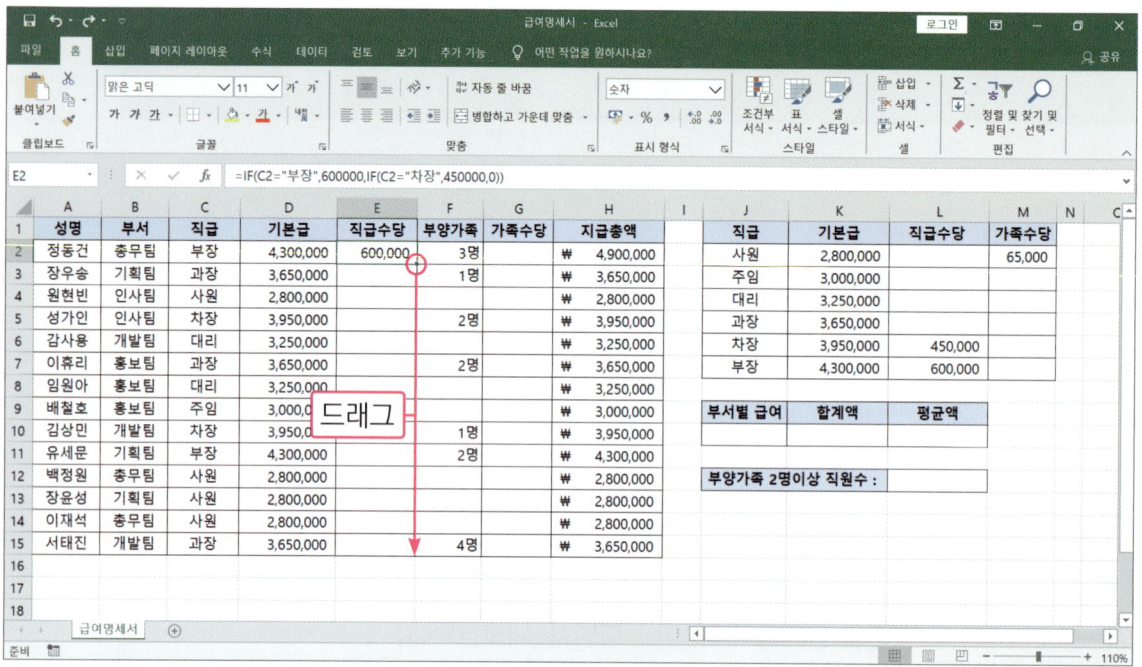

09 직급별로 수당이 자동으로 부여된 것을 확인할 수 있습니다. [G2] 셀을 클릭한 후 '=F2*가족수당'이라는 수식을 작성합니다.

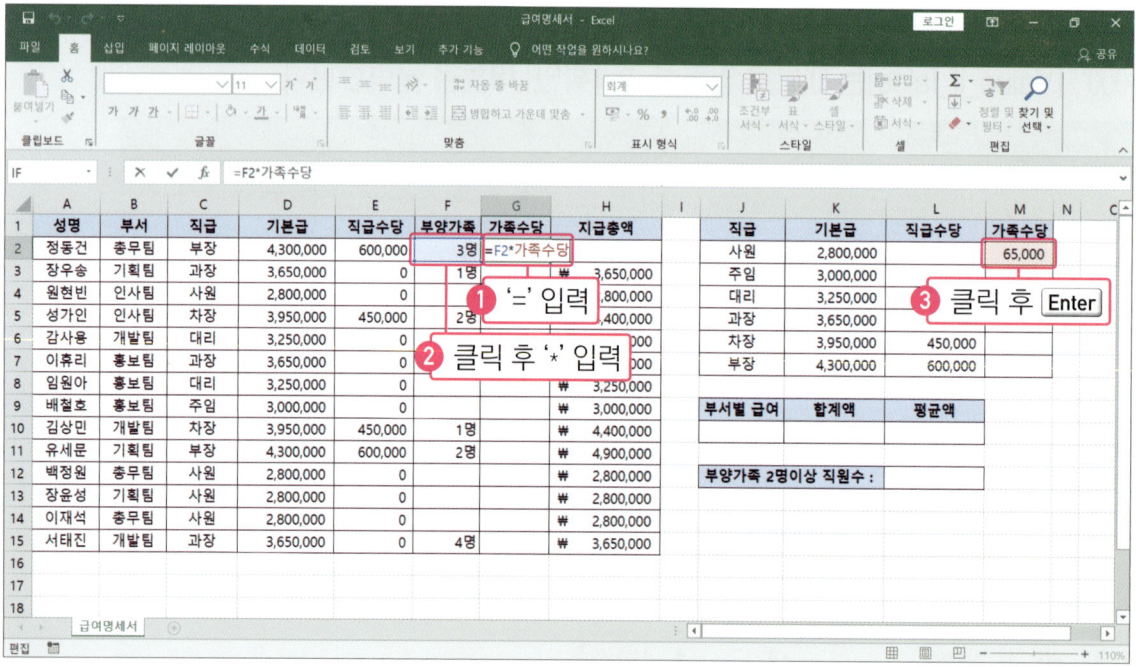

> 잠깐 | 가족수당 금액이 있는 [M2] 셀은 이미 준비파일에 '가족수당'으로 이름 정의가 되어 있습니다.

10 [G2] 셀의 ■(채우기 핸들)을 [G15] 셀까지 드래그하여 자동 채우기를 합니다.

▶ 부양 가족이 2명 이상인 직원 수 구하기

01 [L12] 셀을 클릭합니다. 'countif'를 입력하기 위해 '=cou'까지만 입력한 후 나타나는 함수 목록에서 'COUNTIF'를 선택합니다. Tab 키를 누른 후 Ctrl+A 키를 누릅니다.

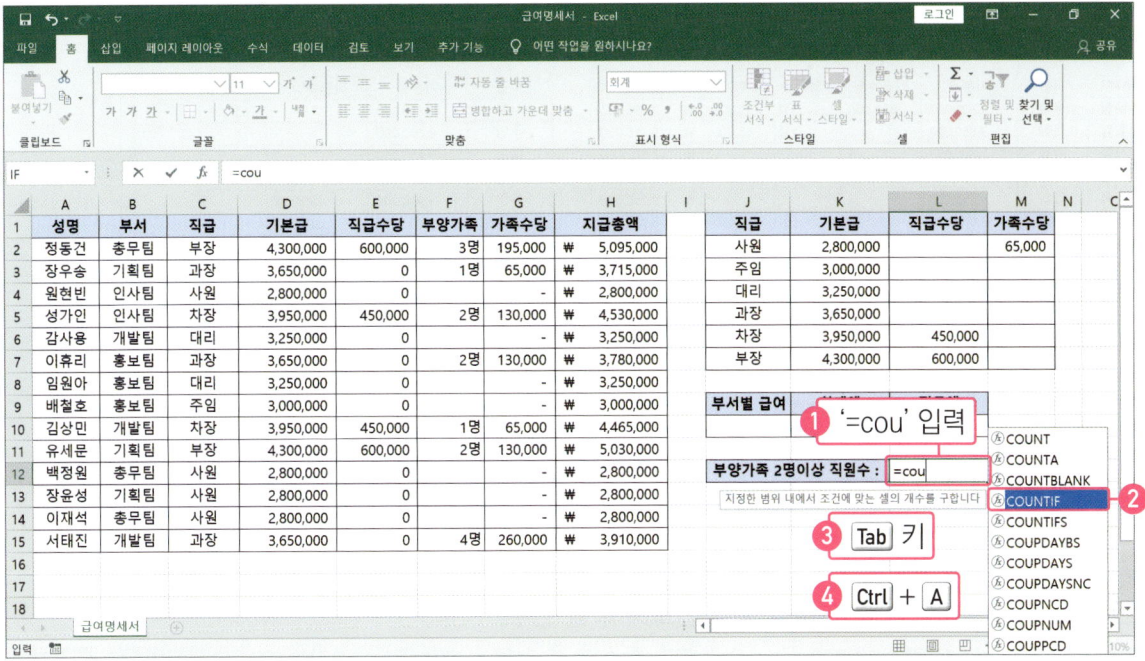

02 [함수 인수] 대화상자가 나타나면 [Range]는 조건 범위로 부양가족이 있는 [F2:F15] 영역을 드래그하여 입력하고, [Criteria]는 조건으로 '>=2'를 입력한 후 [확인] 버튼을 클릭합니다.

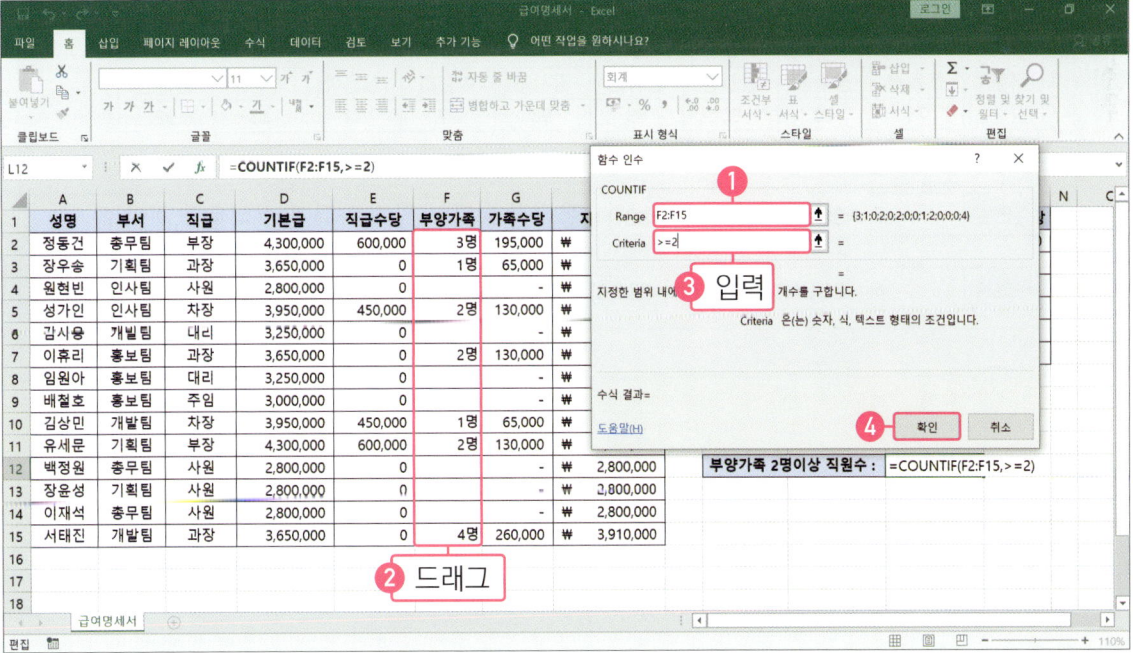

03 [L12] 셀에 부양가족이 2명 이상인 직원의 수가 나타납니다.

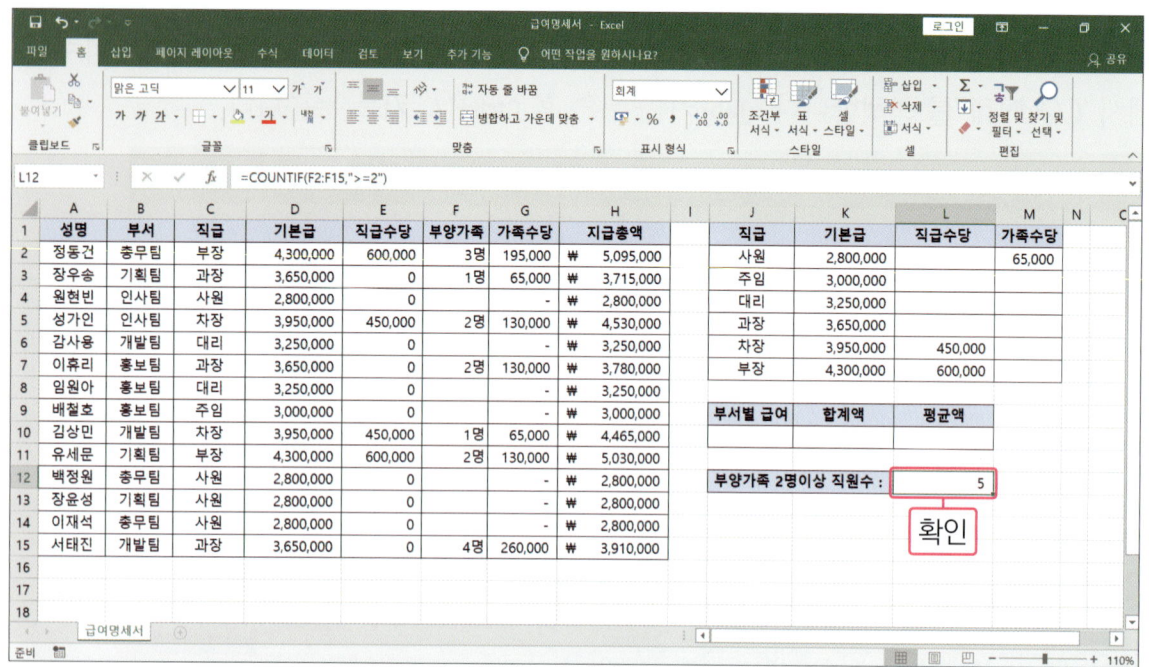

 조건을 직접 입력하는 것이 아니라 셀을 참조해야 할 경우

위 실습에서 수식 입력줄에 표시된 COUNTIF 함수의 조건을 살펴보면 〉=2라는 조건에 큰따옴표(" ")가 붙어 있습니다.

조건에 셀 주소를 참조할 경우 [B3] 셀을 의미하는 셀 주소를 참조하기 위해 'B3'를 입력하면 큰따옴표로 묶여 "〉=B3"로 입력되고, 문자 형식으로 인식되어 에러가 납니다. 셀 주소를 참조하는 경우에는 "〉="&B3 형식으로 입력해야 제대로 계산됩니다.

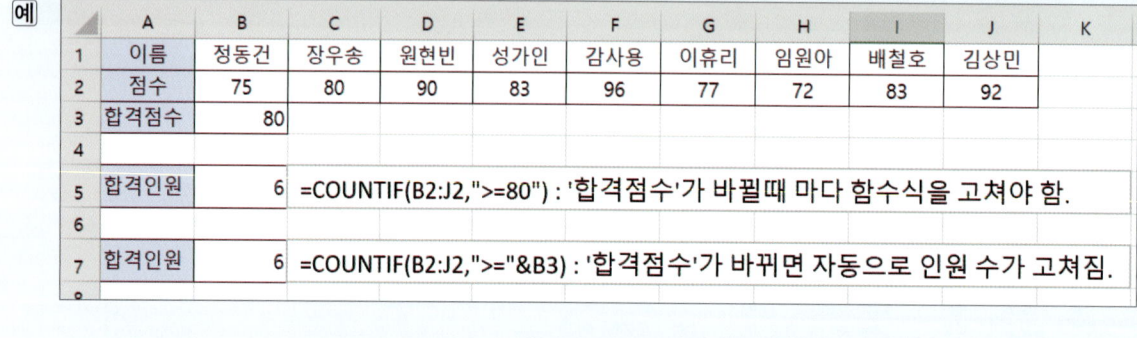

▶ 중복된 항목 제거하기

01 [B1:B15] 영역을 선택하고 Ctrl+C 키를 눌러 복사합니다. [O1] 셀을 클릭하고 Ctrl+V 키를 눌러 붙여넣기 합니다.

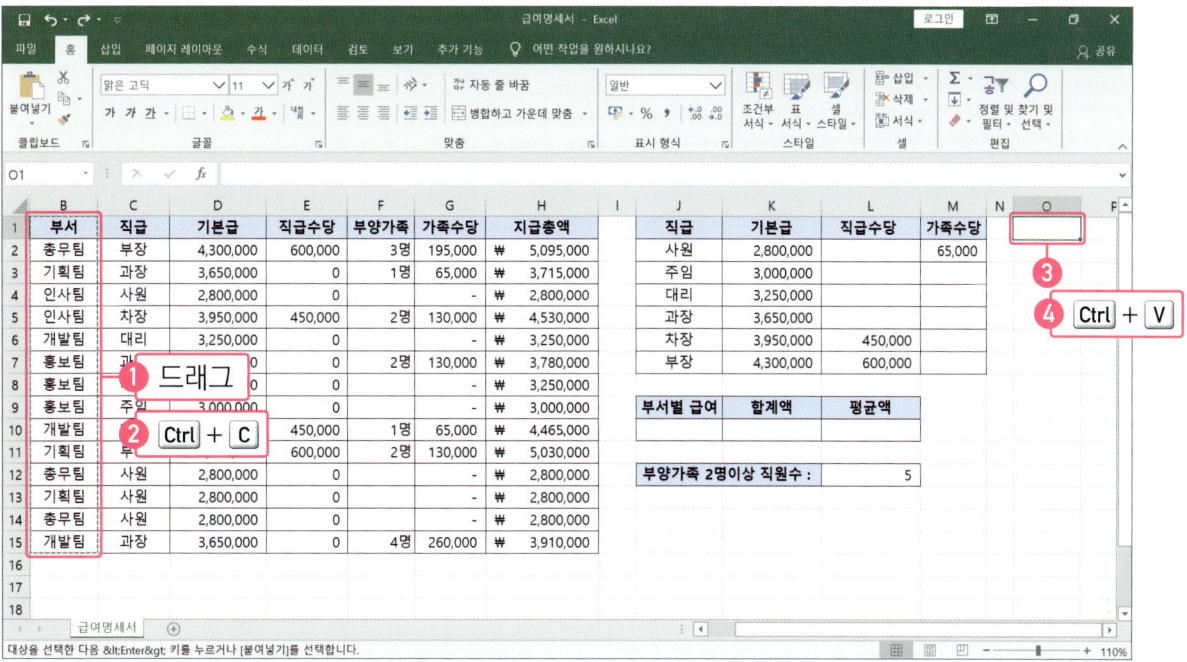

02 복사된 부서의 범위가 선택되어 있는 상태에서 [데이터] 탭-[데이터 도구] 그룹-[중복된 항목 제거]를 클릭합니다.

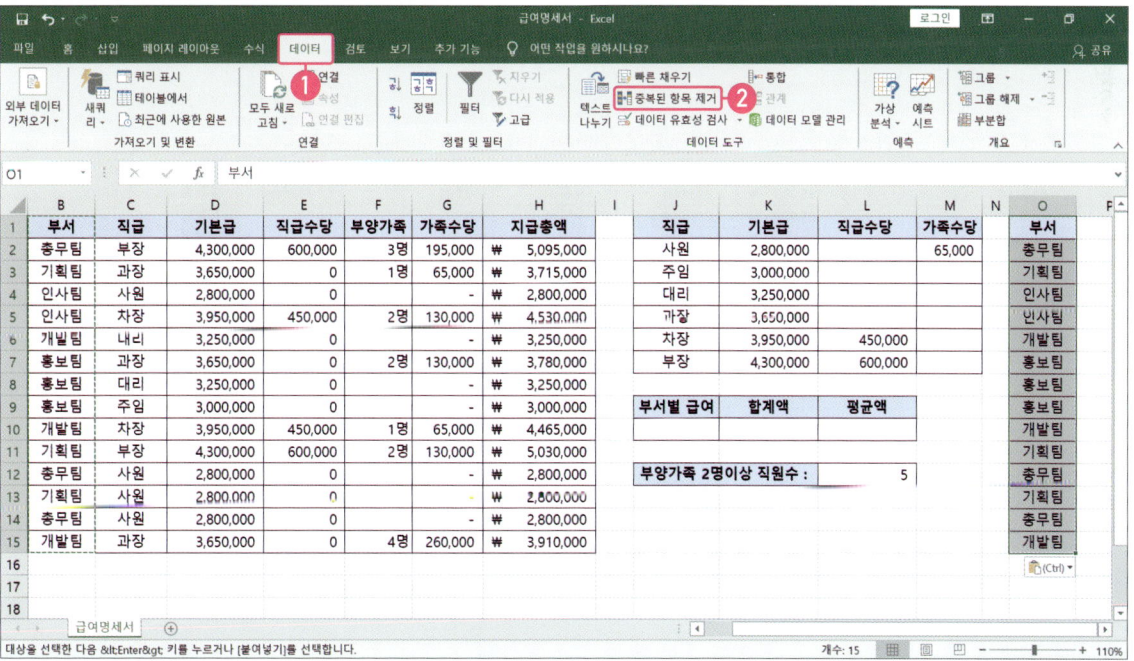

03 [중복 값 제거] 대화상자가 나타나면 '내 데이터에 머리글 표시'를 체크합니다. '부서' 열이 체크되어 있는지 확인하고 [확인] 버튼을 클릭합니다.

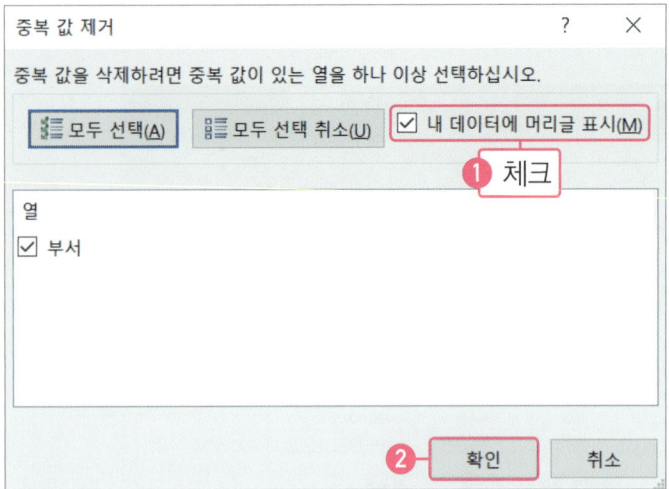

 사용자 컴퓨터에 설치된 엑셀의 업데이트 유무에 따라 '중복 값 제거' 대화상자가 '중복된 항목 제거'로 표현될 수도 있습니다.

04 알림 메시지가 나타나면 [확인] 버튼을 클릭합니다. 중복된 항목이 사라지고 고유한 값들만 남는 것을 확인할 수 있습니다.

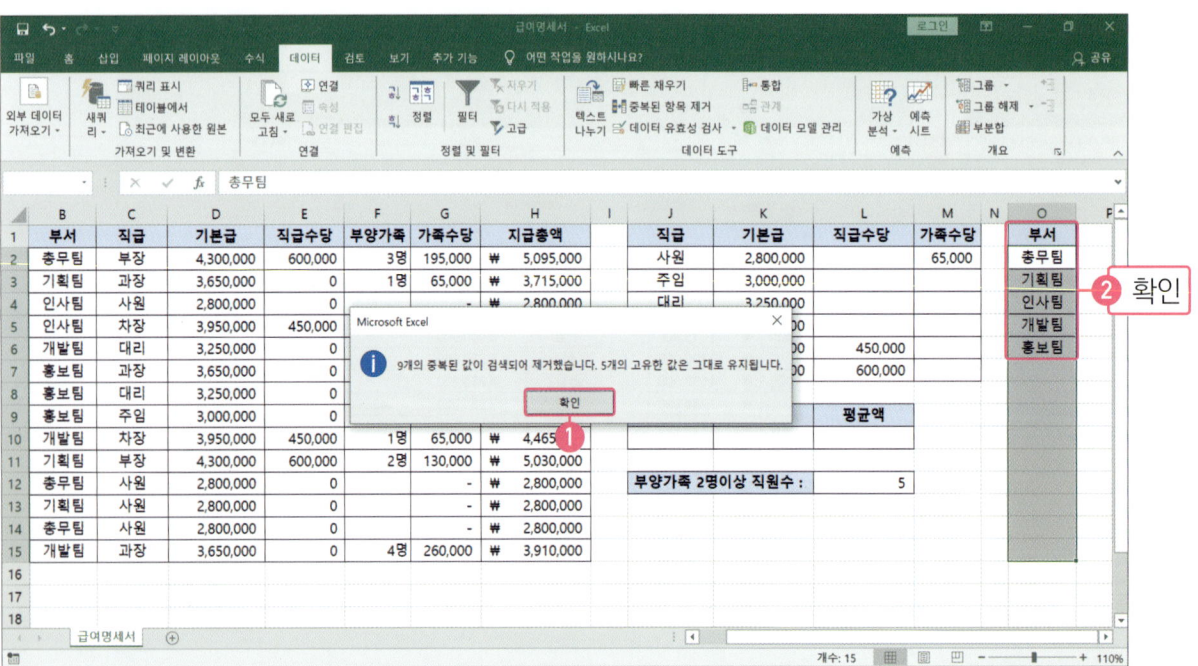

▶ 유효성 검사 설정하기

01 [J10] 셀을 클릭합니다. [데이터] 탭-[데이터 도구] 그룹-[데이터 유효성 검사]를 클릭합니다. [데이터 유효성] 대화상자가 나타나면 [설정]탭에서 [제한 대상]은 '목록'으로 설정하고, [원본]은 [O2:O6] 영역을 드래그하여 입력한 후 [확인] 버튼을 클릭합니다.

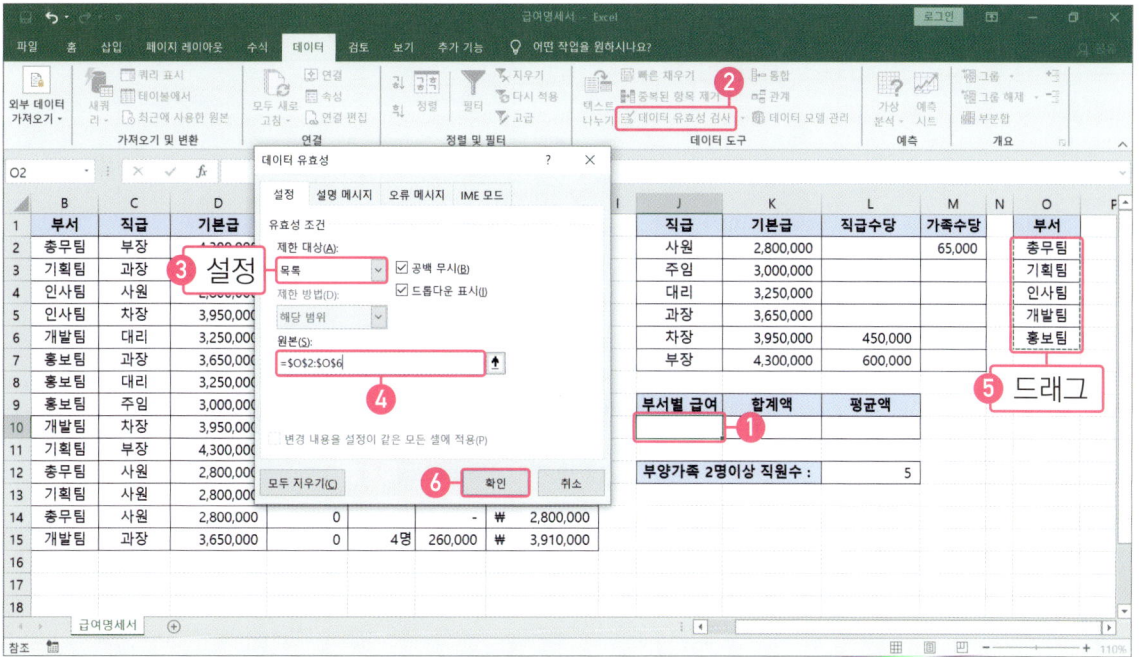

02 [J10] 셀의 ▼를 클릭한 후 설정된 부서별 목록에서 '총무팀'을 선택합니다.

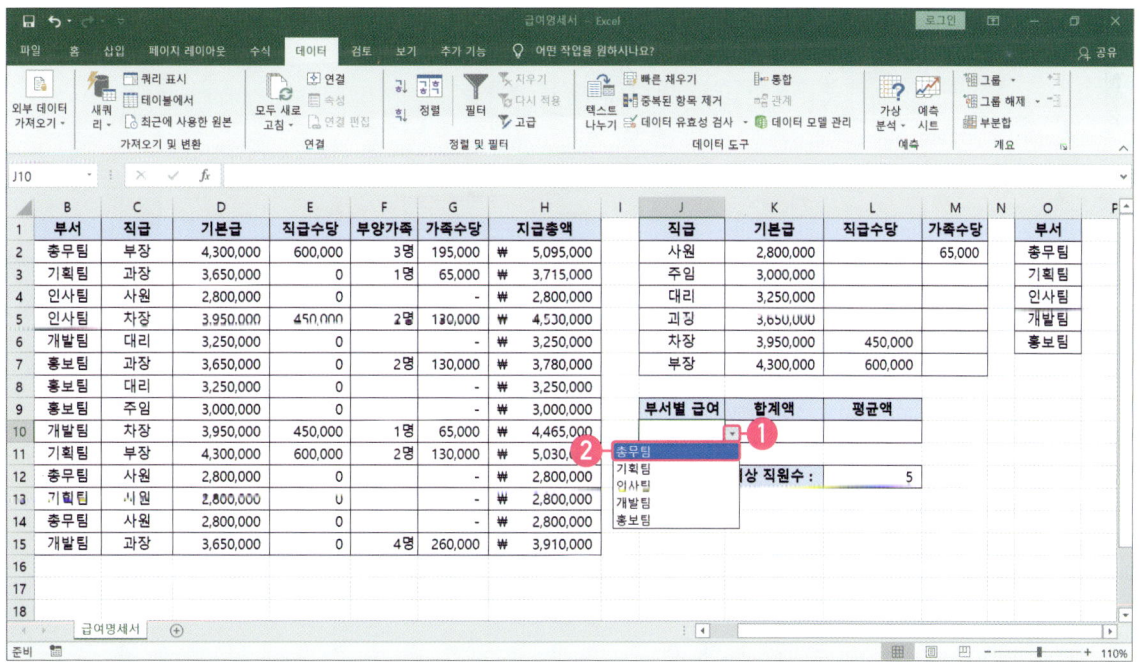

▶ 부서별 급여 총액과 평균 구하기

01 부서별 급여 총액을 구하기 위해 [K10] 셀을 클릭합니다. 'sumif'를 입력하기 위해 '=sum'까지만 입력한 후 나타나는 함수 목록에서 'SUMIF'를 선택합니다. Tab 키를 누른 후 Ctrl + A 키를 누릅니다.

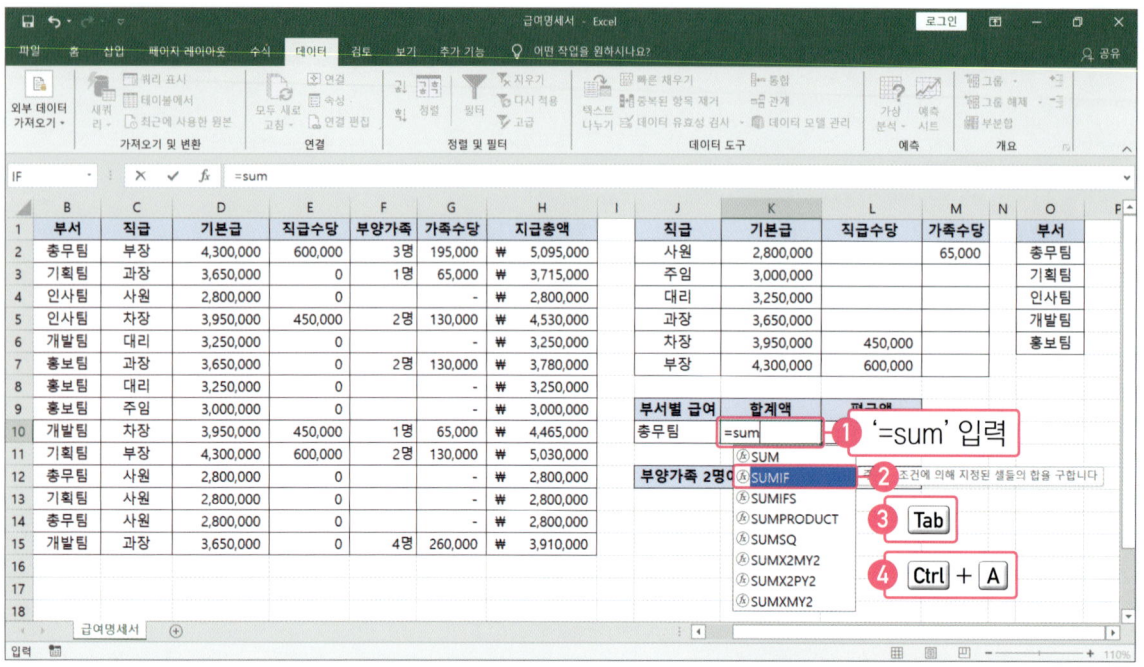

02 [함수 인수] 대화상자가 나타나면 [Range]은 'B2:B15', [Criteria]은 'J10', 합계를 구할 범위인 [Sum_range]은 'H2:H15'로 설정한 후 [확인] 버튼을 클릭합니다.

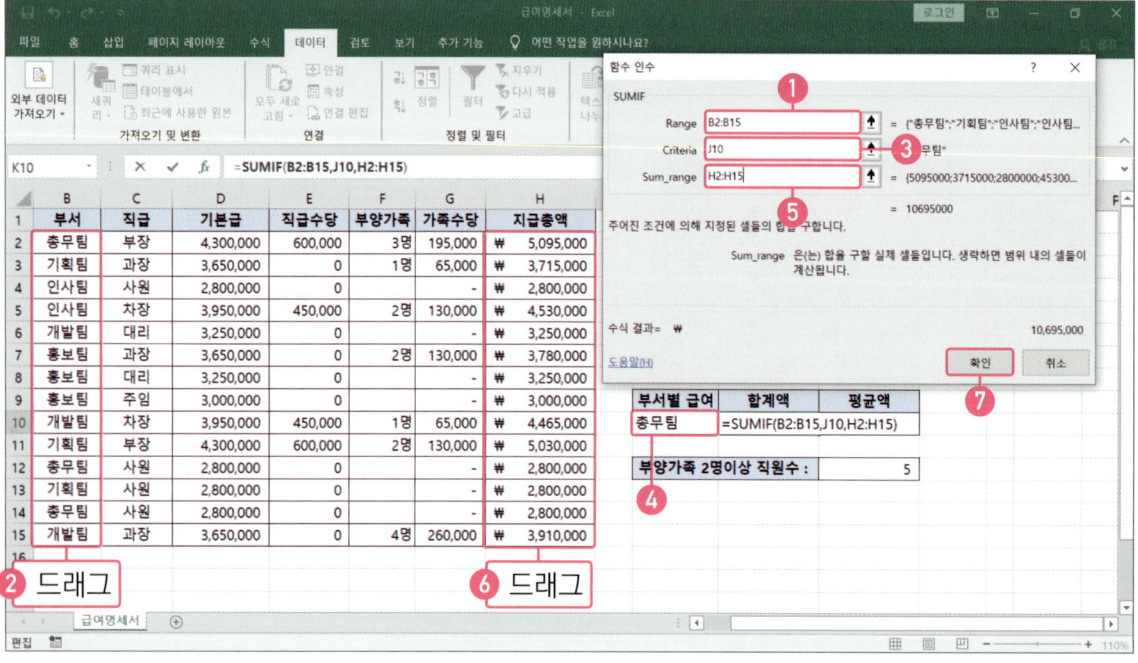

03 부서별로 지급된 급여 총액이 계산된 것을 확인할 수 있습니다.

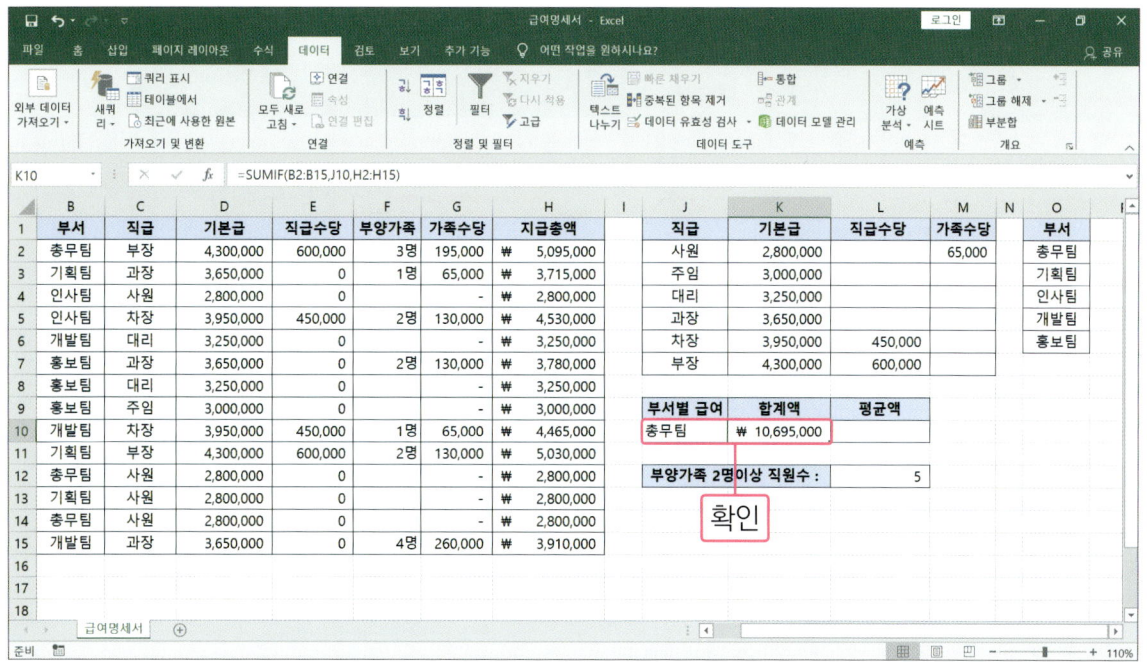

04 부서별 급여 평균을 구하기 위해 [L10] 셀을 클릭합니다. 'averageif'를 입력하기 위해 '=ave'까지만 입력한 후 나타나는 함수 목록에서 'AVERAGEIF'를 선택합니다. Tab 키를 누른 후 Ctrl + A 키를 누릅니다.

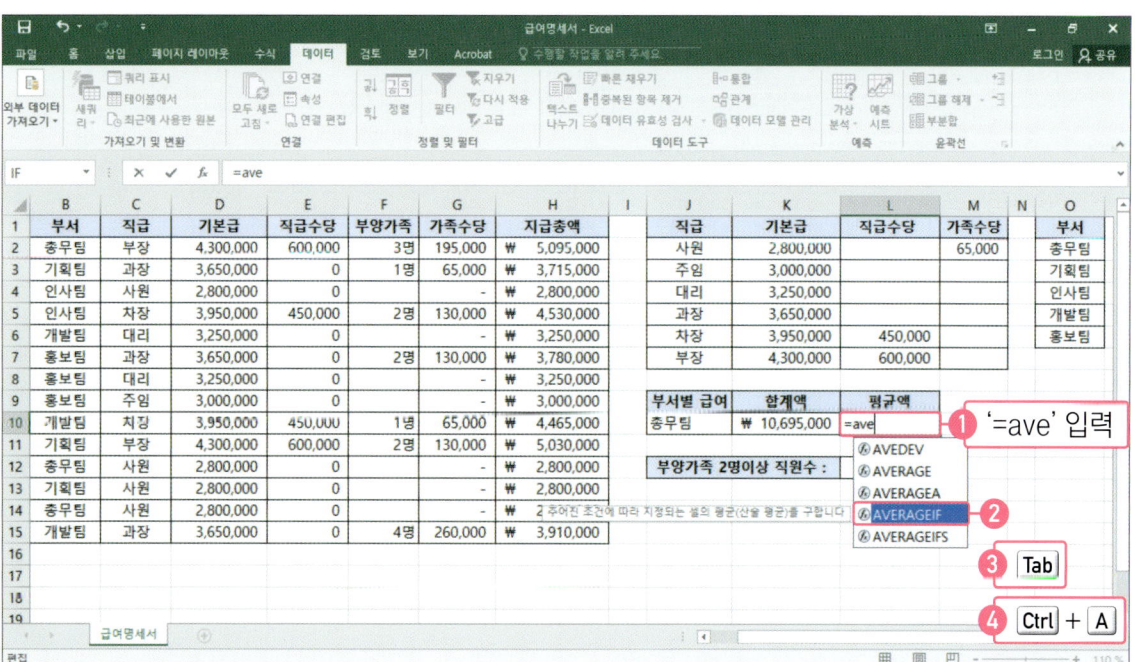

05 [함수 인수] 대화상자가 나타나면 [Range]은 'B2:B15', [Criteria]는 'J10', 평균을 구할 범위인 [Average_range]는 'H2:H15'로 설정한 후 [확인] 버튼을 클릭합니다.

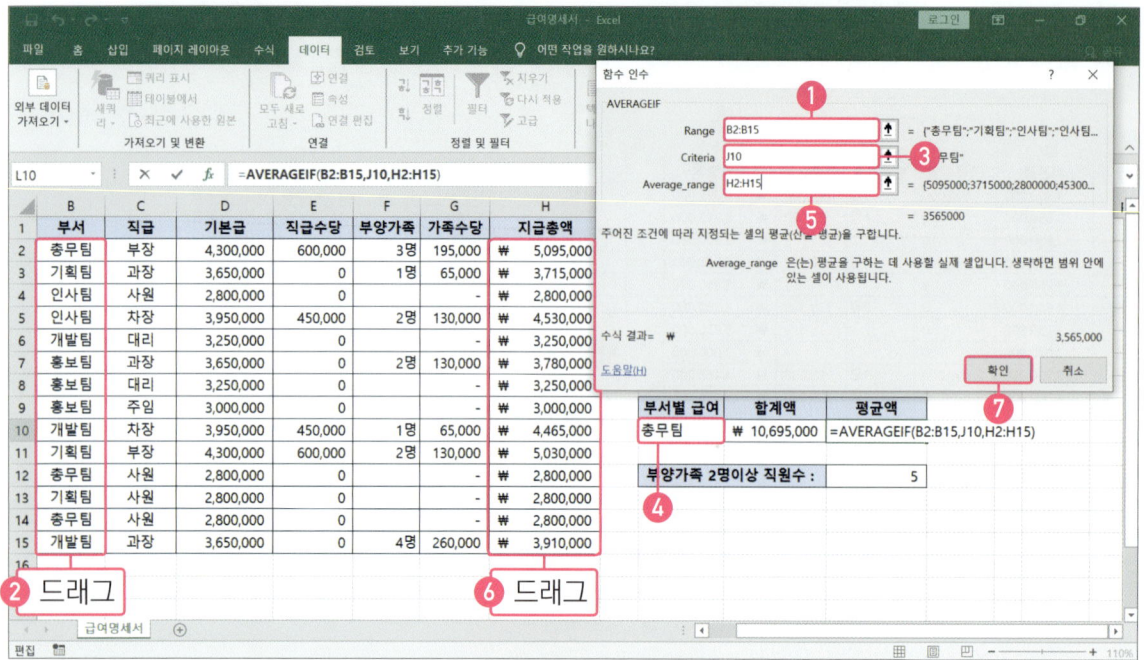

06 부서별로 지급된 급여 평균이 계산된 것을 확인할 수 있습니다.

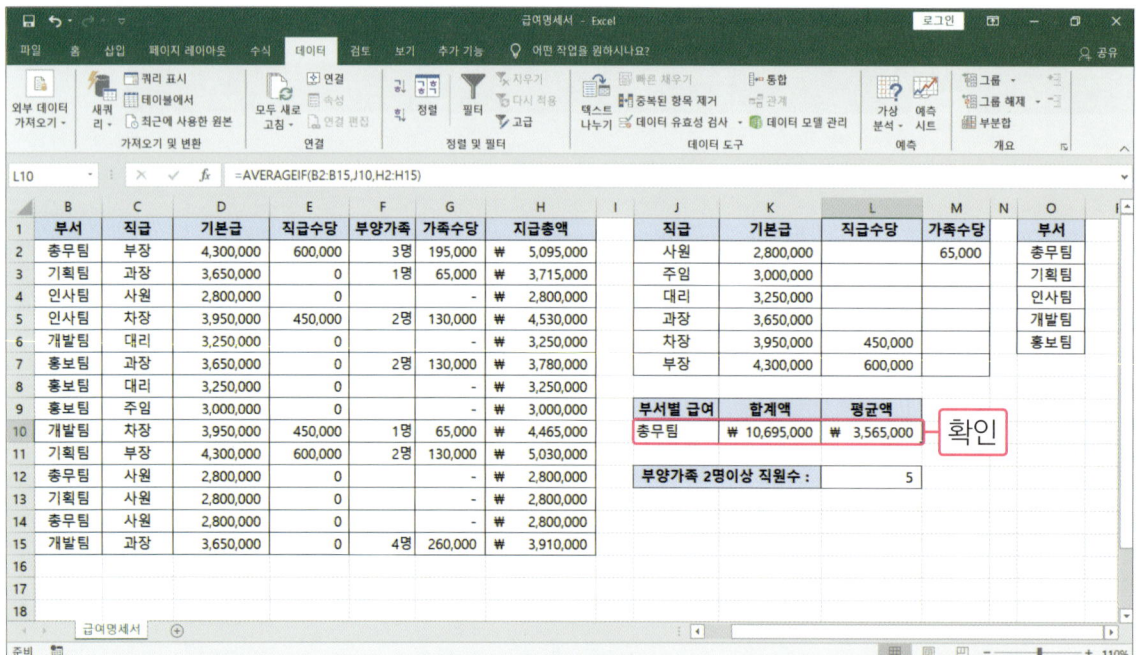

07 [J10] 셀을 클릭해 **부서를 변경**해 봅니다. 부서별 지급된 급여 총액과 평균을 바로 바로 확인할 수 있습니다.

08 빠른 실행 도구 모음의 ■(저장)을 클릭하여 저장합니다.

01 '급여명세서2.xlsx' 파일을 불러와 다음과 같이 작성해 봅니다.

준비파일 급여명세서2.xlsx

- [E2:E15] 영역 : IF 함수 이용 → [L5:L7] 영역 참조
- [O1:O7] 영역 : [C1:C15] 영역의 데이터 활용, 중복된 항목 제거
- [J11] 셀 : 데이터 유효성 검사 설정, [O2:O7] 영역 활용
- [K11] 셀 : SUMIF 함수 이용, [J11] 셀 활용
- [L11] 셀 : AVERAGEIF 함수 이용, [J11] 셀 활용
- [L13], [L14] 셀 : COUNTIF 함수 이용, [K13] 셀과 [K14] 셀 활용

	A	B	C	D	E	F	G	H	I	J	K	L	M	N	O
1	성명	부서	직급	기본급	직급수당	부양가족	가족수당	지급총액		직급	기본급	직급수당	가족수당		직급
2	정동건	총무팀	부장	4,300,000	600,000	5명	325,000	₩ 5,225,000		사원	2,800,000		65,000		부장
3	장우송	기획팀	과장	3,650,000	300,000	1명	65,000	₩ 4,015,000		주임	3,000,000				과장
4	원현빈	인사팀	사원	2,800,000	0	3명	195,000	₩ 2,995,000		대리	3,250,000				사원
5	성가인	인사팀	차장	3,950,000	450,000	2명	130,000	₩ 4,530,000		과장	3,650,000	300,000			차장
6	감사용	개발팀	대리	3,250,000	0	4명	260,000	₩ 3,510,000		차장	3,950,000	450,000			대리
7	이휴리	홍보팀	과장	3,650,000	300,000	2명	130,000	₩ 4,080,000		부장	4,300,000	600,000			주임
8	임원아	홍보팀	대리	3,250,000	0	2명	130,000	₩ 3,380,000							
9	배철호	홍보팀	주임	3,000,000	0	1명	65,000	₩ 3,065,000							
10	김상민	개발팀	차장	3,950,000	450,000	1명	65,000	₩ 4,465,000		직급별 급여	합계액	평균액			
11	유세문	기획팀	부장	4,300,000	600,000	2명	130,000	₩ 5,030,000		부장	₩ 10,255,000	₩ 5,127,500			
12	백정원	총무팀	사원	2,800,000	0	1명	65,000	₩ 2,865,000							
13	상윤성	기획팀	사원	2,800,000	0	2명	130,000	₩ 2,930,000		부양가족 수	2명 이상	10			
14	이재석	총무팀	사원	2,800,000	0	3명	195,000	₩ 2,995,000			3명 미만	9			
15	서태진	개발팀	과장	3,650,000	300,000	4명	260,000	₩ 4,210,000							
16															

- 직급 수당 : =IF(C2="부장",600000,IF(C2="차장",450000,IF(C2="과장",300000,0)))
  → 직급별 수당을 직접 입력하지 않고, [L5:L7] 영역의 셀 주소를 활용하여 식을 작성할 경우에는 절대 참조 형태로 가져와야 제대로 구해집니다.
- 합계액 : =SUMIF(C2:C15,J11,H2:H15)
- 평균액 : =AVERAGEIF(C2:C15,J11,H2:H15)
- 부양 가족 수([L13] 셀) : =COUNTIF(F2:F15,">="&K13)
- 부양 가족 수([L14] 셀) : =COUNTIF(F2:F15,"<"&K14)

05 인사고과 집계표 만들기

- COUNTA 함수
- IFERROR 함수
- 조건부 서식 : 수식
- 조건부 서식 규칙 관리자

미/리/보/기

■ 준비파일 : 인사고과집계.xlsx
■ 완성파일 : 인사고과집계_완성.xlsx

엑셀에서 비어 있는 셀들을 참조하는 수식의 경우 오류로 표시되거나 '0'으로 표시됩니다. 이번 장에서는 오류 표시나 0 값 대신에 빈 셀로 표시하여 문서를 깔끔하게 보이도록 하는 방법과 수식으로 조건부 서식을 만들어 입력 값에 따라 자동으로 행 전체를 꾸미는 방법을 알아보겠습니다.

01 조건부 서식

▶ 조건부 서식

- '성적이 80점 이상인 사람들만 셀을 파란색으로 만들기', '보너스가 100만원 이하인 사람들만 글꼴을 굵은 빨간색으로 만들기' 같은 특정 조건을 충족시키는 셀만 강조하거나 눈에 띄게 하고 싶을 때는 조건부 서식을 사용하면 쉽게 만들 수 있습니다.
- 조건부 서식은 각각의 셀 값에 따라 개별적으로 셀 서식을 적용할 것인지를 결정하는 단순한 것부터 특정 셀의 조건에 따라 다른 셀의 서식까지 결정할 수 있는 수식을 이용한 조건부 서식 등이 있습니다.

  예 '평가점수'가 80점 이상인 셀 서식 작성

	A	B	C	D
1	이름	중간고사	기말고사	평가점수
2	홍길동	75	88	82
3	홍길순	63	77	70
4	김이박	75	85	80

  ▲ 셀에만 적용

	A	B	C	D
1	이름	중간고사	기말고사	평가점수
2	홍길동	75	88	82
3	홍길순	63	77	70
4	김이박	75	85	80

  ▲ 수식 이용 : 다른 열의 셀까지 적용

▶ 조건부 서식의 종류

조건부 서식은 [홈] 탭-[스타일] 그룹-[조건부 서식]을 클릭하여 설정할 수 있습니다.

❶ 셀 강조 규칙 : 설정한 범위에 해당하는 셀 값, 특정 텍스트를 포함하거나 포함하지 않는 셀, 발생 날짜, 빈 셀, 내용 있는 셀, 오류, 오류 없는 셀, 중복이 있거나 고유한 셀을 조건으로 셀의 서식을 설정합니다.

❷ 상위/하위 규칙 : 평균을 넘거나 못 넘는 셀, 상위 10%나 하위 10%인 셀, 상위 10개 또는 하위 10개인 셀을 조건으로 셀의 서식을 설정합니다.

❸ 데이터 막대 : 셀 안의 데이터 값에 따라 막대그래프를 만들어 셀의 서식을 설정합니다.

❹ 색조 : 셀 안의 데이터 값에 따라 색을 채워 넣어 셀의 서식을 설정합니다.

❺ **아이콘 집합** : 셀 안의 데이터 값에 따라 화살표나 깃발 같은 아이콘을 삽입하여 셀의 서식을 설정합니다.

❻ **새 규칙** : 위의 항목들을 포함하여 조건들을 좀 더 세부적으로 설정하거나 수식을 이용한 조건부 서식을 할 수 있습니다.

▶ [새 서식 규칙] 대화상자

[홈] 탭-[스타일] 그룹-[조건부 서식]에서 [새 규칙]을 선택하면 [새 서식 규칙] 대화상자가 나타납니다.

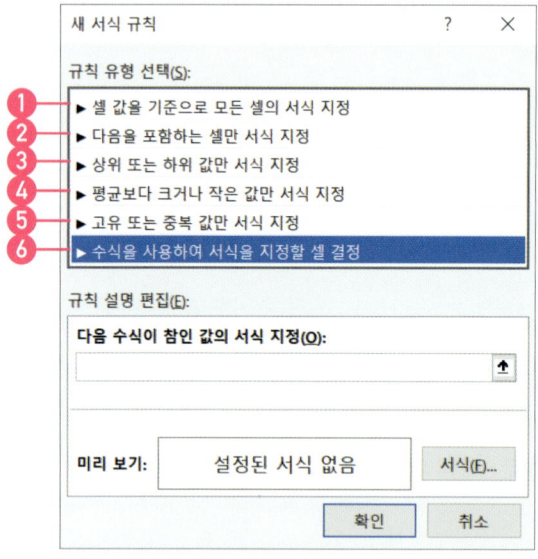

❶ **셀 값을 기준으로 모든 셀의 서식 지정** : 셀 데이터 값의 종류와 범위를 사용자가 설정하고 서식을 데이터 막대, 색조, 아이콘으로 설정할 수 있습니다.

❷ **다음을 포함하는 셀만 서식 지정** : '셀 강조 규칙'에서 제한적으로 적용할 수 있었던 서식들을 사용자가 자유롭게 원하는 모양으로 서식을 설정할 수 있습니다.

❸ **상위 또는 하위 값만 서식 지정** : '상/하위 규칙'에서의 상/하위 데이터 범위를 사용자가 직접 설정할 수 있습니다.

❹ **평균보다 크거나 작은 값만 서식 지정** : '상/하위 규칙'에서의 평균 조건을 더 세부적으로 설정할 수 있습니다.

❺ **고유 또는 중복 값만 서식 지정** : 셀 간의 값들을 비교해 중복되거나 고유한 값들을 사용자가 원하는 모양으로 설정할 수 있습니다.

❻ **수식을 사용하여 서식을 지정할 셀 결정** : 함수나 수식을 이용하여 사용자가 직접 조건과 서식을 만들고 원하는 셀과 셀들을 설정할 수 있습니다.

 ## 인사고과 집계표 작성하고, 평가하기

▶ '총점' 범위 정리하기

01 '인사고과집계.xlsx' 파일을 불러옵니다. 데이터가 채워지기 전의 문서 양식이기 때문에 '총점'과 '순위' '평균' '인원수' 셀들이 오류 표시와 '0'을 표시하고 있는 것을 확인할 수 있습니다.

02 [I6] 셀을 클릭합니다.

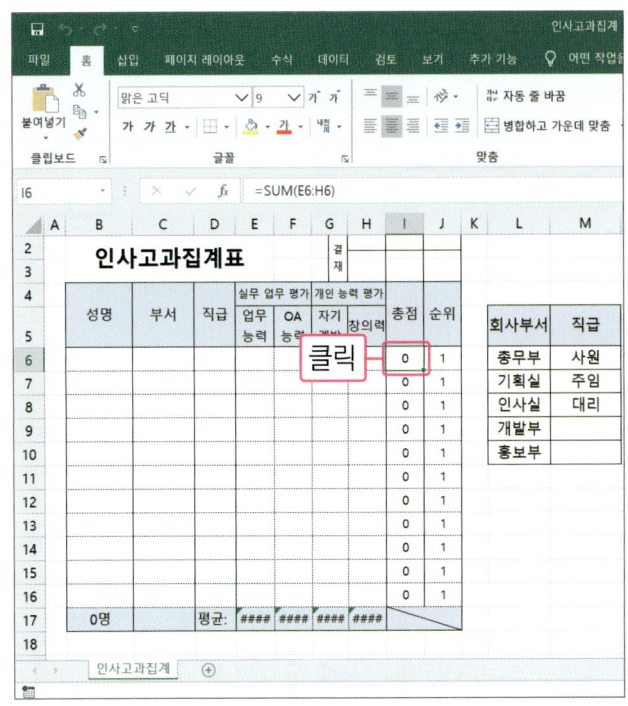

 숫자 '0'을 결과로 보여줄 때
결과 값이 '0'이 나온 것이라 오류가 난 것은 아닙니다. 계산 자체를 못하는 것이 아니라 계산 결과가 그냥 '0'이 나온 것입니다. 예를 들어 바구니 3개에 들어있는 감자의 수를 다 더해야 하는데, 바구니가 전부 비어 있다면 감자의 수는 0개인 것과 같다고 보면 됩니다. 이럴 때 숫자 '0'을 대신해 다른 내용으로 표시하려면 앞 장에서 배운 IF 함수를 활용하면 됩니다.
함수식으로 나타내면 다음과 같습니다.
=IF(참조하는 셀이 비어 있는가?, 빈 셀, 수식 또는 함수식)

03 '=if'를 입력한 후 나타나는 함수 목록에서 'IF'를 선택합니다. Tab 키를 누른 후 Ctrl + A 키를 누릅니다.

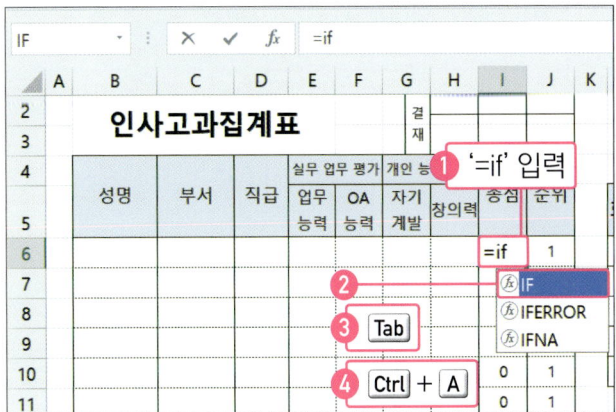

04 [함수 인수] 대화상자가 나타나면 [Logical_test]는 'B6=""', [Value_if_true]는 '""'로 입력합니다. [Value_if_false]의 입력란을 클릭한 후 **이름 상자의** 를 **클릭**하여 목록 중에 [SUM]을 선택합니다.

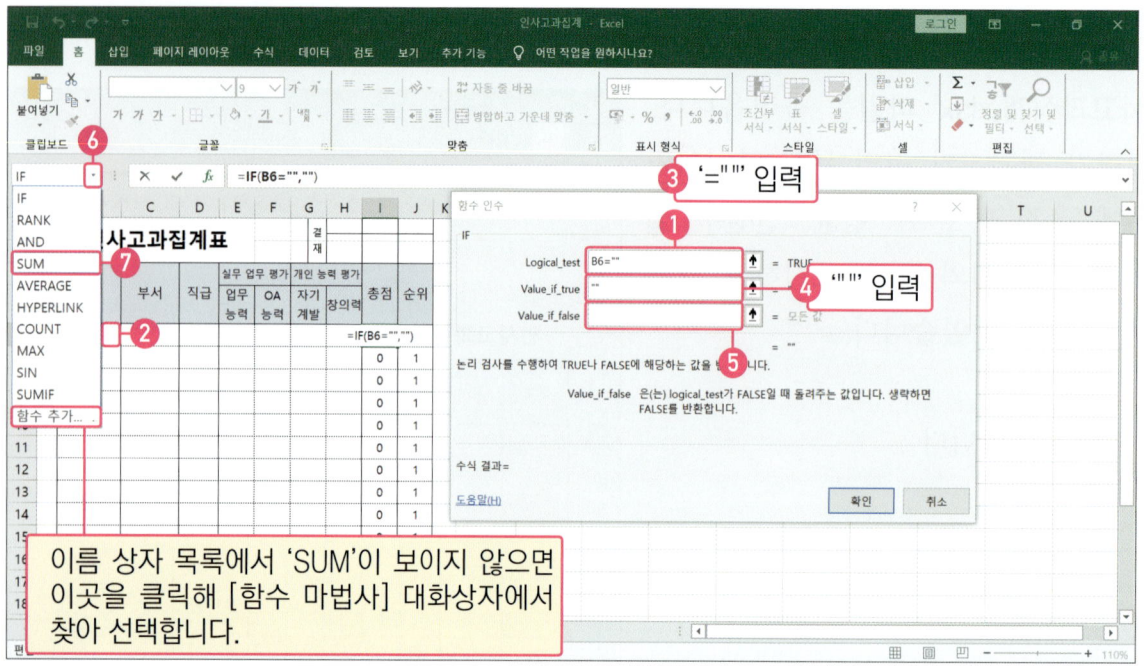

이름 상자 목록에서 'SUM'이 보이지 않으면 이곳을 클릭해 [함수 마법사] 대화상자에서 찾아 선택합니다.

 큰따옴표("")는 '셀에 아무런 표시가 없다.' 또는 '표시를 없애라'라는 뜻입니다.

05 SUM 함수의 [함수 인수] 대화상자가 나타나면 [Number1]에는 [E6:H6] 영역을 드래그하여 입력하고 [확인] 버튼을 클릭합니다.

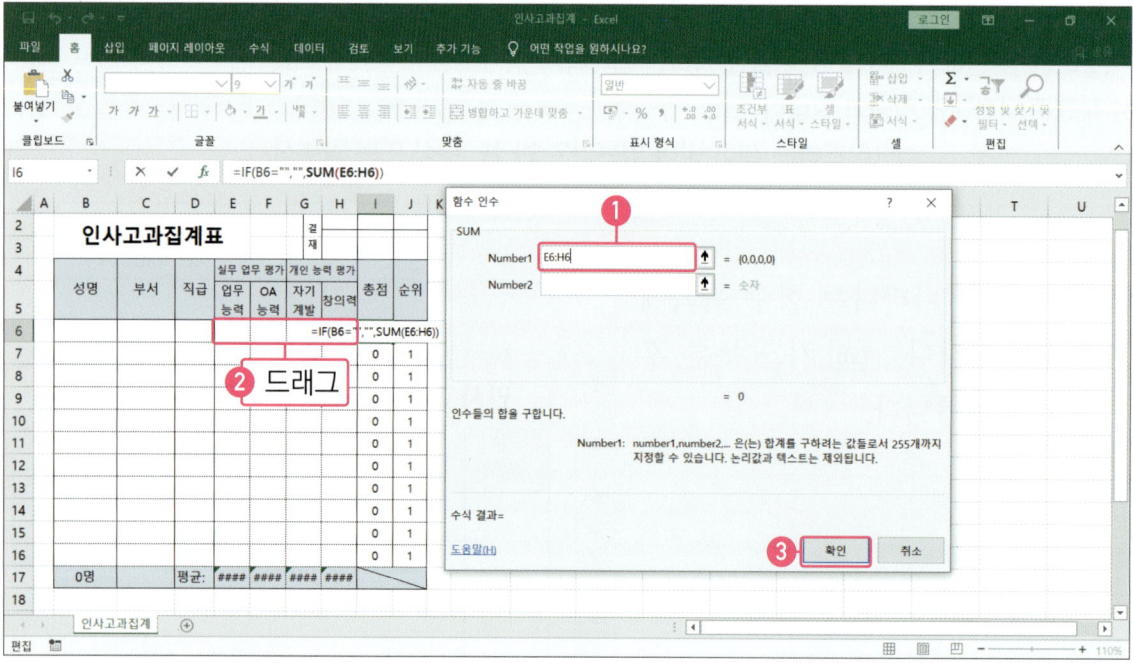

06 [I6] 셀에 '0' 표시가 사라진 것을 확인할 수 있습니다. [I6] 셀의 ■(채우기 핸들)을 [I16] 셀까지 드래그하여 자동 채우기를 합니다.

07 (자동 채우기 옵션)을 클릭하여 [서식 없이 채우기]를 선택합니다.

 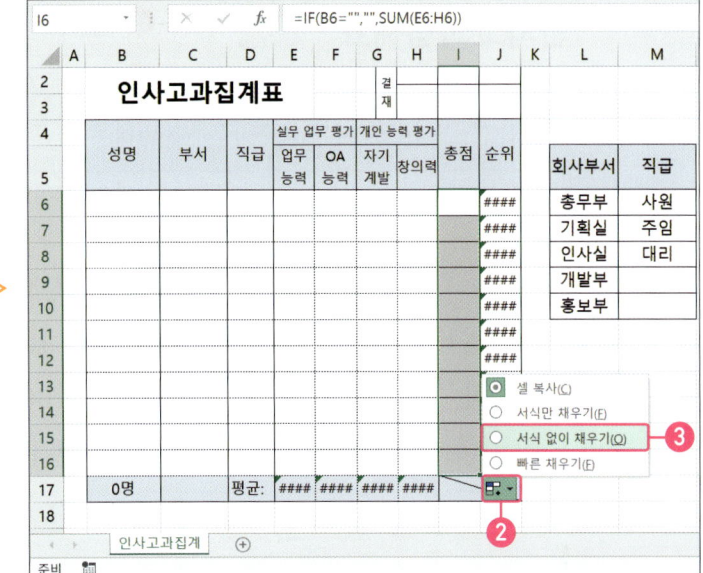

> **잠깐**
> 함수 풀이 : =IF(B6="", "", SUM(E6:H6))
> 조건인 [B6] 셀이 빈칸이라면(참) 빈칸으로, 칸이 채워져 있다면(거짓) [E6:H6] 셀 범위의 값들을 더합니다.

▶ '인원 수' 셀 비우기

01 [B17] 셀을 클릭합니다. 수식 입력줄에서 '='을 제외한 함수식 'COUNTA(B6:B16)'를 드래그하여 선택한 후 Ctrl + X 키를 눌러 잘라내기 합니다.

02 '=' 바로 뒤에 'if'를 입력합니다. 나타나는 함수 목록에서 'IF'를 선택하고 Tab 키를 누른 후 Ctrl+A 키를 누릅니다.

03 [함수 인수] 대화상자가 나타나면 [Logical_test]의 입력란에 커서가 들어 있는 것을 확인한 후 Ctrl+V 키를 누릅니다. 잘라냈던 함수식 'COUNTA(B6:B16)'가 붙여넣기 되면 함수식 뒤에 '=0'을 입력합니다. [Value_if_true]에는 '""'을 입력하고, [Value_if_false]에는 Ctrl+V 키를 눌러 한 번 더 붙여넣기 한 후 [확인] 버튼을 클릭합니다.

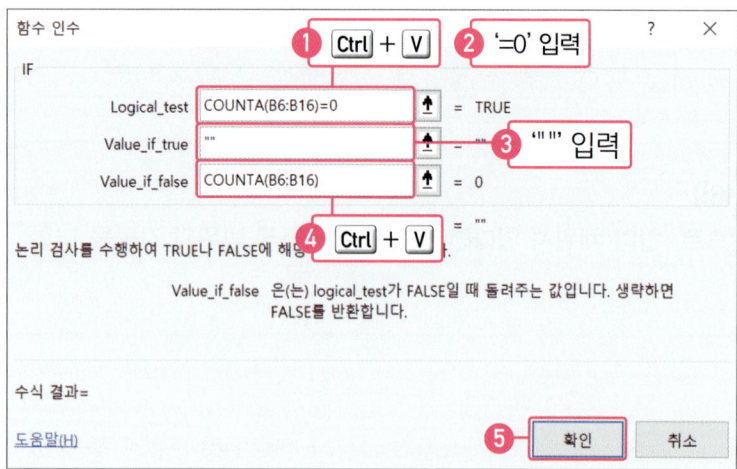

04 [B17] 셀의 표시가 없어진 것을 확인할 수 있습니다.

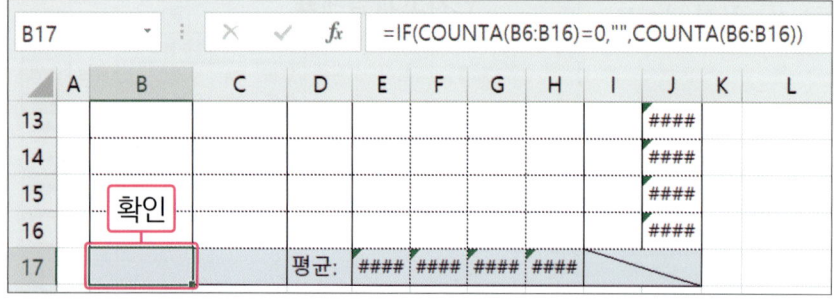

 함수 풀이 : =IF(COUNTA(B6:B16)=0, "", COUNTA(B6:B16))
조건 [B6:B16] 영역에 채워진 셀이 없어(모두 빈칸) '0'이 나온다면(참) 빈칸으로, 그렇지 않은 경우(거짓) 채워져 있는 셀들의 숫자를 셉니다.

▶ IFERROR 함수로 오류 표시 없애기

01 [J6] 셀을 클릭합니다. 수식 입력줄에서 '='을 제외한 'RANK(I6,$I$6:$I$16)'를 드래그하여 선택한 후 Ctrl + X 키를 눌러 잘라내기 합니다.

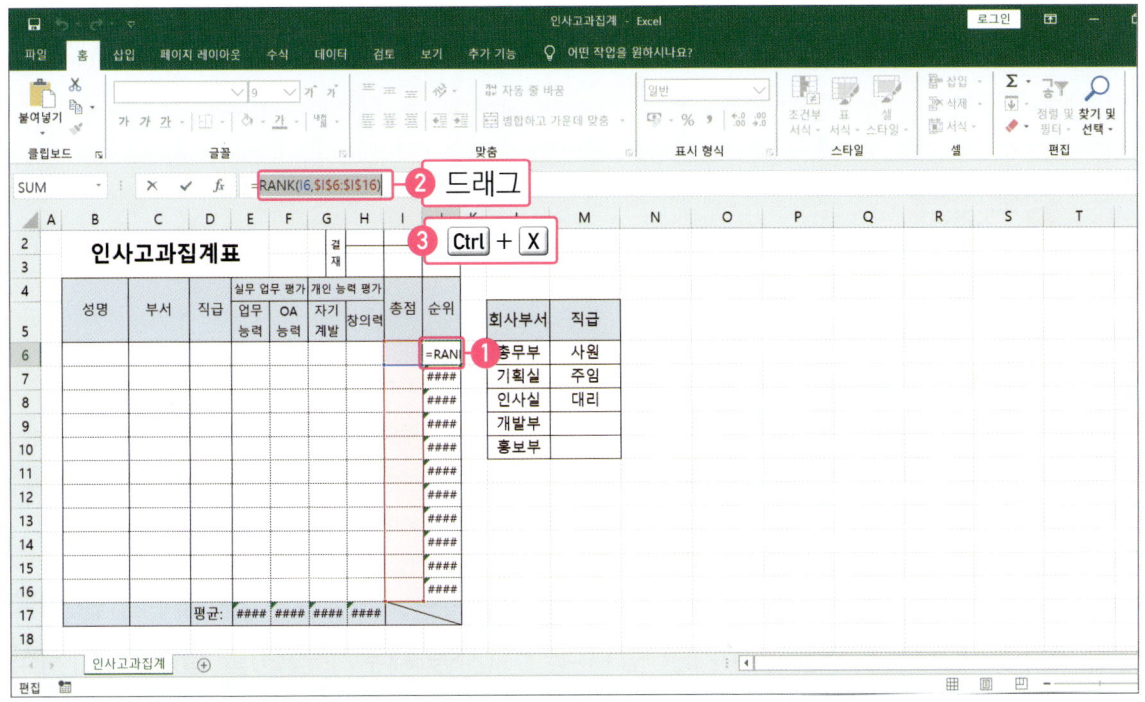

잠깐

오류 표시를 보여줄 때

오류 표시가 나타나는 이유에는 여러 가지가 있지만, 실습의 경우에 나타난 #VALUE 오류는 계산을 위해 참조하는 셀이 비어 있어 계산 자체가 안 될 때 나타납니다(화면에서는 셀 너비가 좁아서 #####으로 표시되어 있습니다).

예를 들어 감자가 들어 있는 3개의 바구니 중 감자가 가장 많이 들어 있는 바구니를 찾아야 하는데 바구니 3개가 전부 비어 있다면 계산을 할 방법이 없기 때문에 오류 표시를 나타냅니다. 이럴 때 오류 표시 대신에 다른 내용으로 표기하려면 'IFERROR'라는 함수를 사용하면 됩니다.

함수식은 다음과 같습니다.

=IFERROR(수식 또는 함수식, 빈 셀)

02 '=' 바로 뒤에 'if'를 **입력**합니다. 나타나는 함수 목록에서 'IFERROR'를 **선택**하고 Tab 키를 누른 후 Ctrl + A 키를 누릅니다.

03 [Value] 입력란에 커서가 들어 있는 것을 확인한 후 Ctrl+V 키를 누릅니다. 잘라냈던 함수식 'RANK(I6,$I$6:$I$16)'가 붙여넣기 됩니다. [Value_if_error]에는 '""'를 입력하고 [확인] 버튼을 클릭합니다.

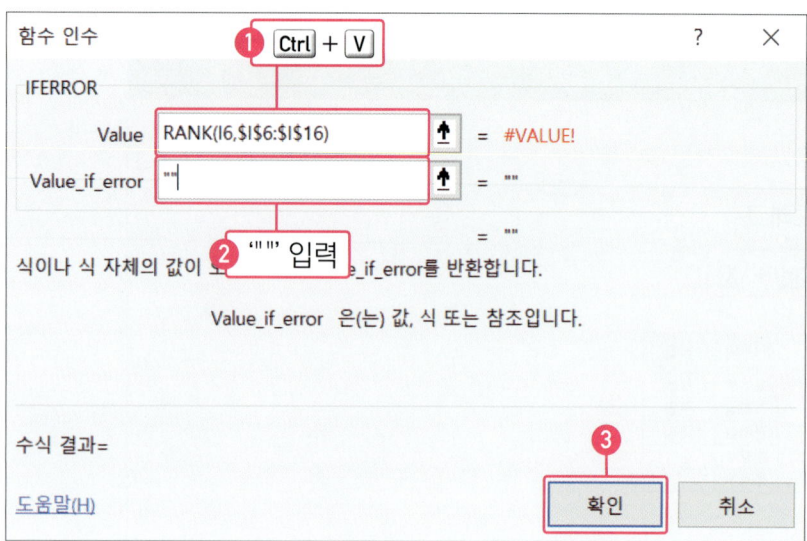

04 [J6] 셀에 오류 표시가 사라진 것을 확인할 수 있습니다. [J6] 셀의 ■(채우기 핸들)을 [J16] 셀까지 드래그하여 자동 채우기를 합니다. (자동 채우기 옵션)을 클릭하여 [서식 없이 채우기]를 선택합니다.

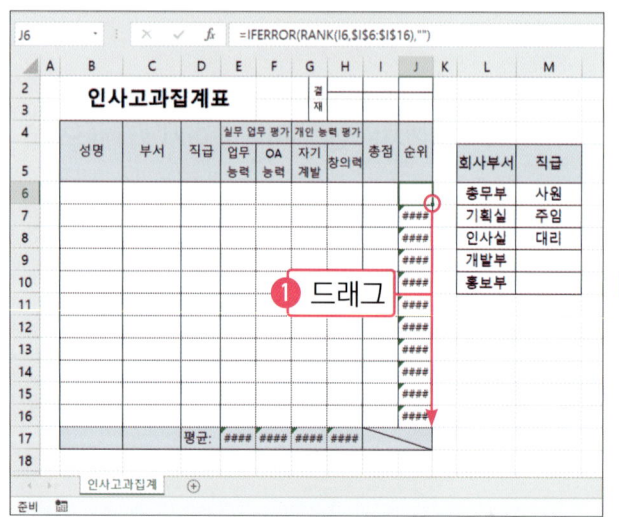 ▷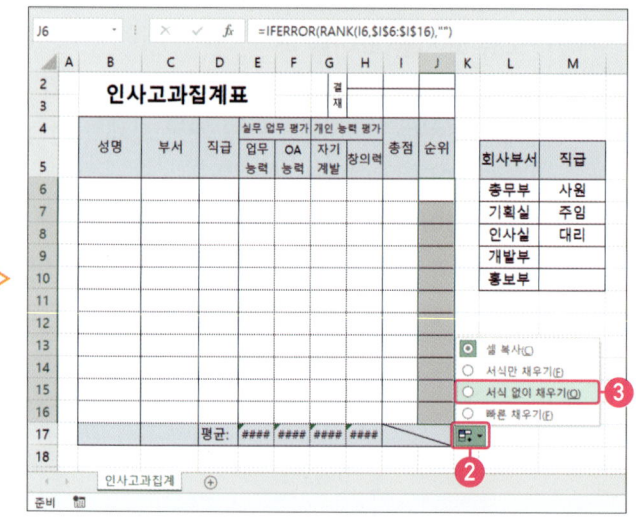

 함수 풀이 : =IFERROR(RANK(I6,$I$6:$I$16), "")
[I6] 셀이 [I6:I16] 셀 범위에서 몇 등인지 구합니다. 만약 결과가 오류면 빈칸으로 표시합니다.

05 [E17] 셀을 클릭합니다. **01~03**과 같은 방법으로 수식 입력줄에서 'AVERAGE(E6:E16)'를 잘라내기한 후 IFERROR 함수를 호출해 작성합니다.

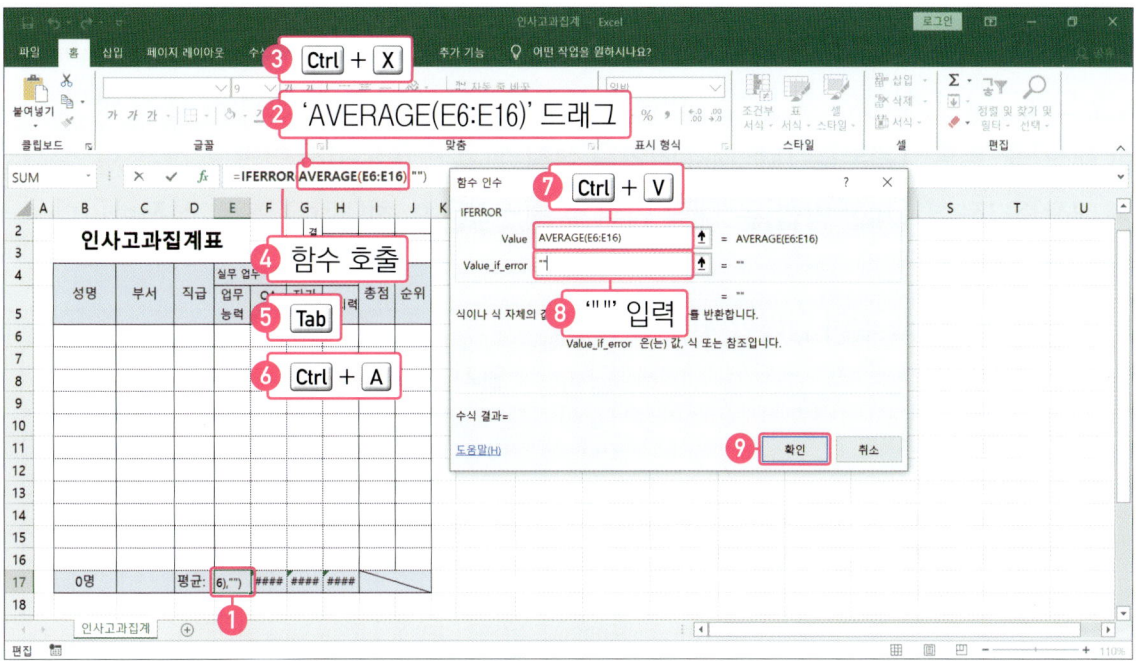

06 [E17] 셀의 ■(채우기 핸들)을 [H17] 셀까지 드래그하여 자동 채우기를 합니다.

07 ▦(자동 채우기 옵션)을 클릭하여 [서식 없이 채우기]를 선택합니다.

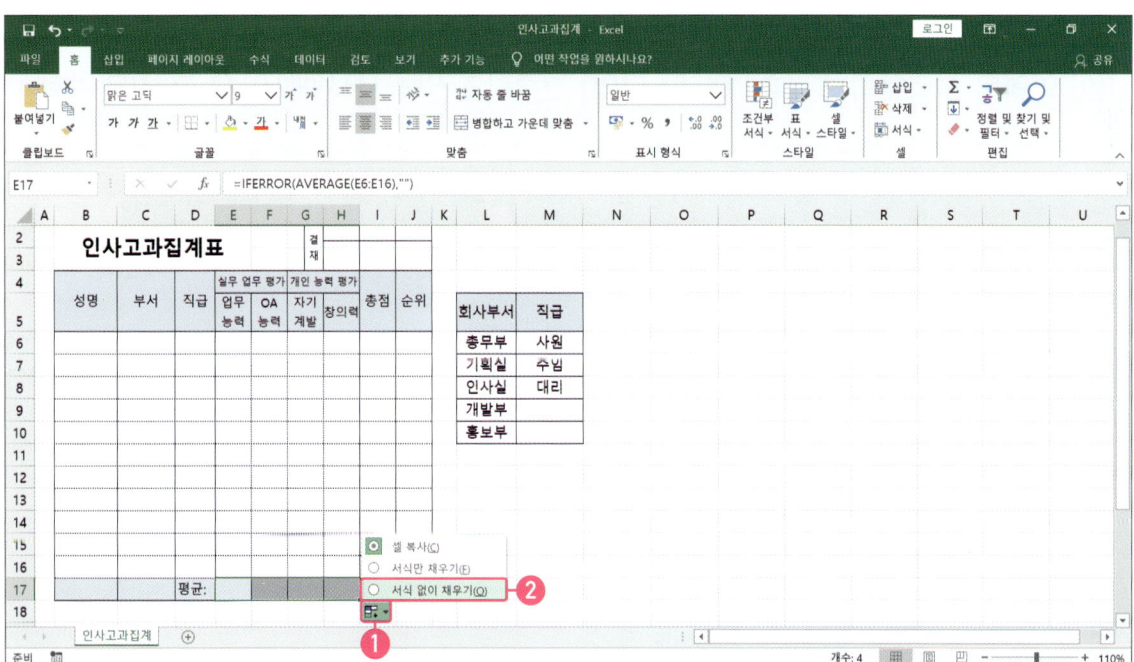

▶ 90점 이상의 직원만 별도로 구분하여 표시하기

01 [C6:C16] 영역을 선택한 후 [데이터] 탭-[데이터 도구] 그룹-[데이터 유효성 검사]를 클릭합니다. [데이터 유효성] 대화상자에서 [제한 대상]을 '목록'으로 설정하고, [원본]은 [L6:L10] 영역을 드래그하여 설정한 후 [확인] 버튼을 클릭합니다. [D6:D16] 영역도 같은 방법으로 [제한 대상]을 '목록', [원본]은 [M6:M8] 영역을 설정합니다. [E6:H16] 영역도 같은 방법으로 [제한 대상]을 '정수', [제한 방법]은 '해당 범위'로 최소값은 0, 최대값은 25로 설정합니다.

02 [B6:H12] 영역에 다음과 같이 입력합니다.

성명	부서	직급	실무 업무 평가		개인 능력 평가		총점	순위
			업무 능력	OA 능력	자기 계발	창의력		
정동건	총무부	대리	25	21	22	23	91	1
장우송	개발부	대리	21	18	23	19	81	5
원현빈	인사실	사원	16	19	20	15	70	7
성가인	홍보부	사원	23	17	23	20	83	3
감사용	개발부	주임	20	24	18	20	82	4
이휴리	기획실	사원	17	19	16	20	72	6
임원아	홍보부	대리	23	21	19	23	86	2
7명		평균:	20.7	19.9	20.1	20		

03 [B6:J12] 영역을 선택합니다. [홈] 탭-[스타일] 그룹-[조건부 서식]에서 [새 규칙]을 선택합니다.

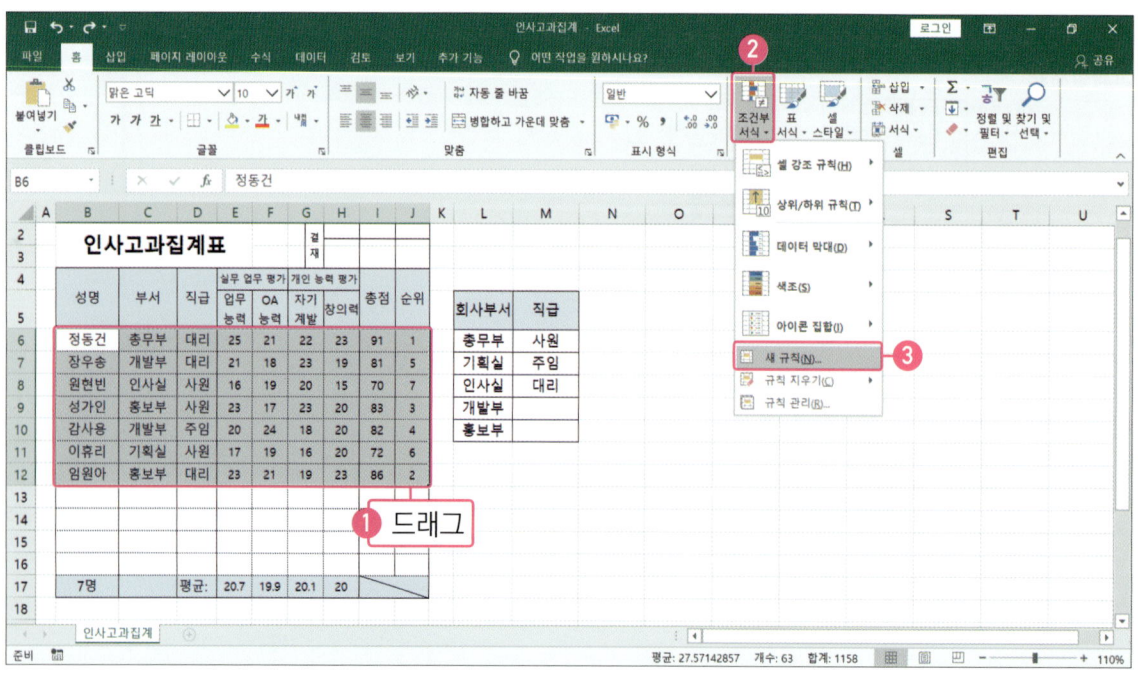

04 [새 규칙] 대화상자가 나타나면 [규칙 유형 선택]에서 '수식을 사용하여 서식을 지정할 셀 결정'을 선택한 후 입력란을 클릭합니다. '=$I6>=90'이라고 입력한 후 [서식] 버튼을 클릭합니다.

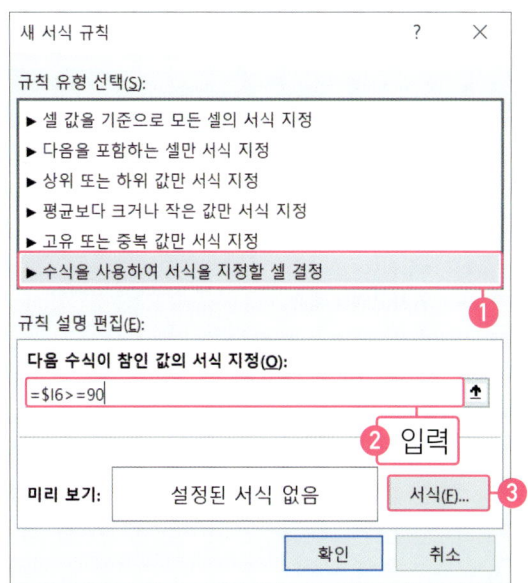

05 [셀 서식] 대화상자가 나타나면 [채우기] 탭에서 배경색을 선택한 후 [확인] 버튼을 클릭합니다.

06 다시 [새 서식 규칙] 대화상자가 나타나면 [확인] 버튼을 클릭합니다.

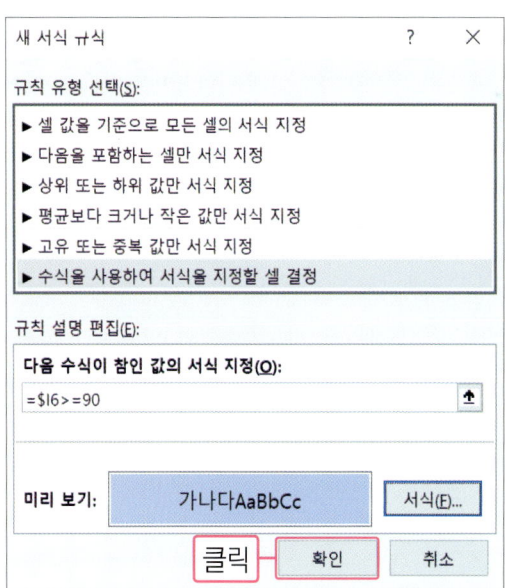

07 조건에 해당하는 데이터의 행에 지정한 서식이 적용된 것을 확인할 수 있습니다.

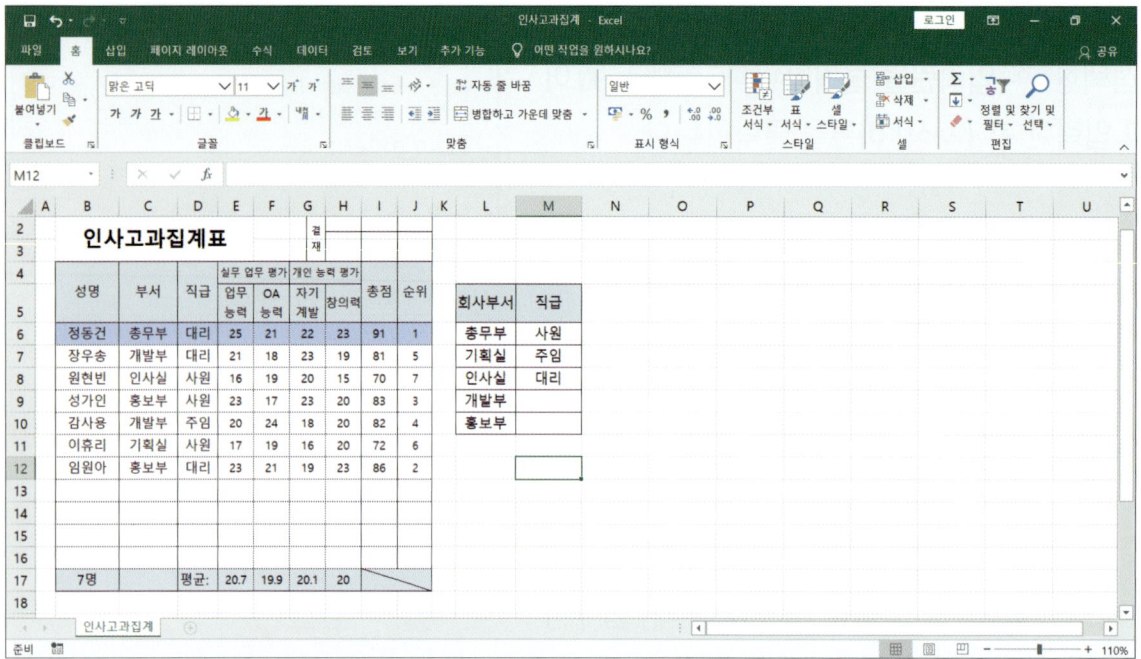

▶ 규칙 수정하기

01 [B6:J12] 영역을 선택합니다. [홈] 탭-[스타일] 그룹-[조건부 서식]에서 [규칙 관리]를 선택합니다.

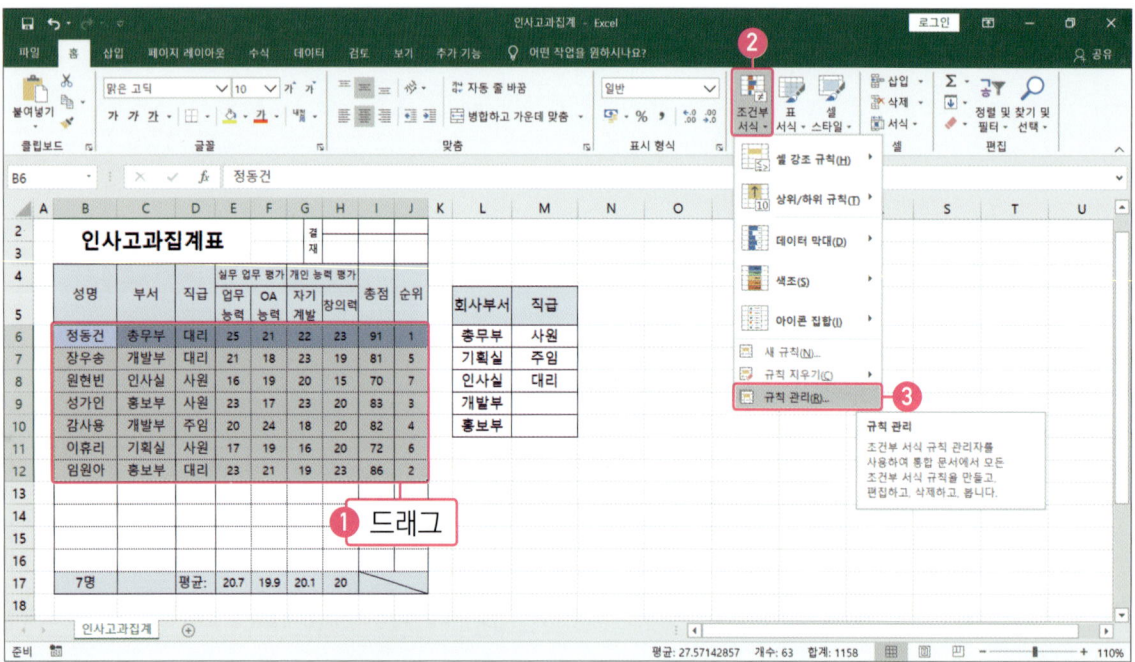

02 [조건부 서식 규칙 관리자] 대화상자가 나타납니다. **수정하고 싶은 규칙**이 보이면 **선택**하고 [규칙 편집] 버튼을 클릭합니다.

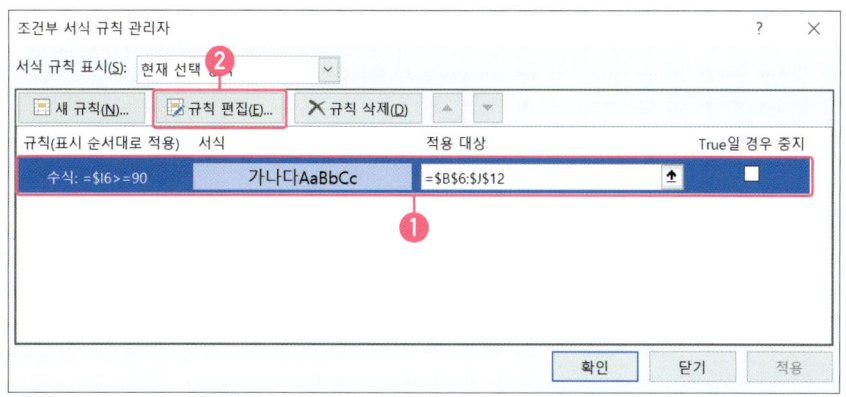

03 80점 미만인 직원을 표시하기 위해 **수식을 '=$I6<80'으로 입력**하고 [확인] 버튼을 클릭합니다.

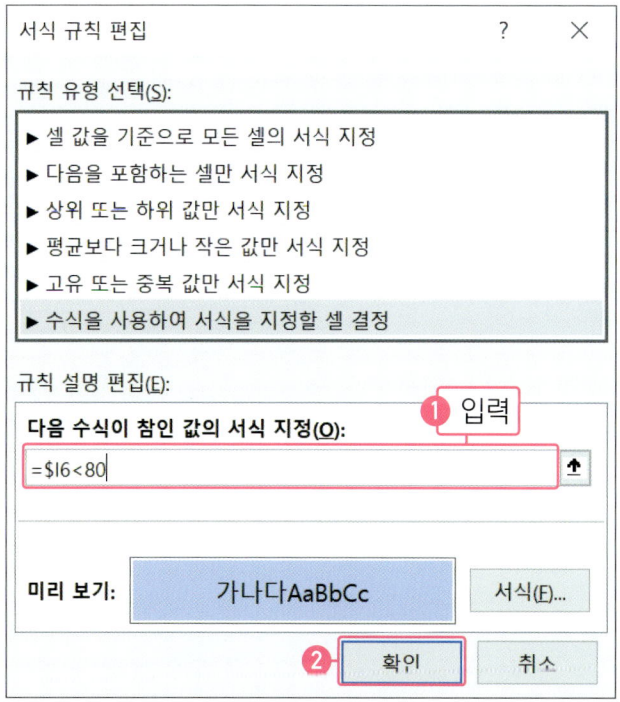

04 다시 [조건부 서식 규칙 관리자] 대화상자가 나타나면 규칙이 수정된 것을 확인한 후 [확인] 버튼을 클릭합니다.

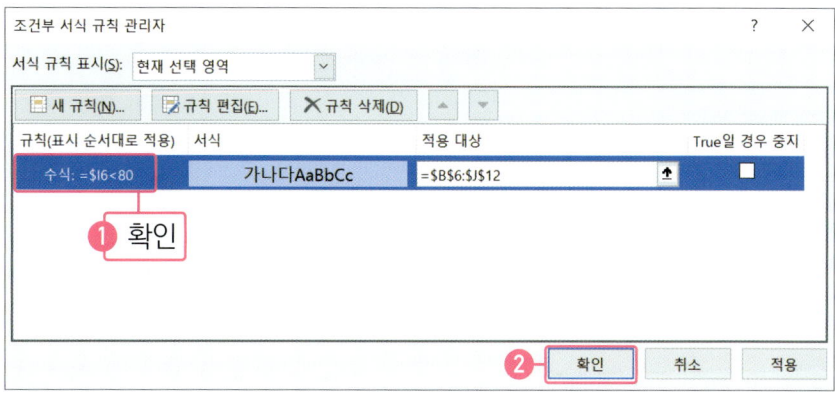

05 완성된 인사고과집계표를 확인할 수 있습니다.

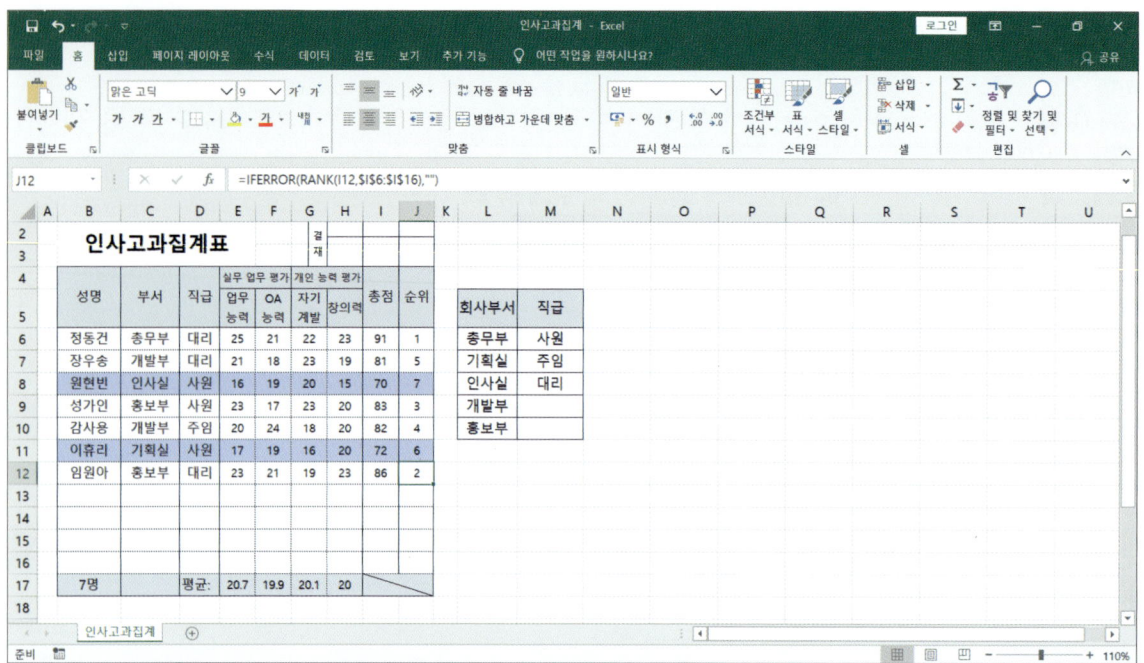

06 빠른 실행 도구 모음의 🖬(저장)을 클릭하여 저장합니다.

응용력 키우기

01 '2학기 성적.xlsx' 파일을 불러온 후 '0'과 오류로 표시되는 셀들을 빈 셀로 표시되도록 정리해 봅니다.

준비파일 2학기 성적.xlsx

- [G2:G16] 영역 : SUM 함수 이용
- 총점 = 출석 + 과제 + 중간 + 기말
- 총점은 '0'일 경우 빈 셀로 표시
- [G18] 셀 : AVERAGE 함수 이용
- 전체 평균은 오류 메시지가 나타나면 빈 셀로 표시

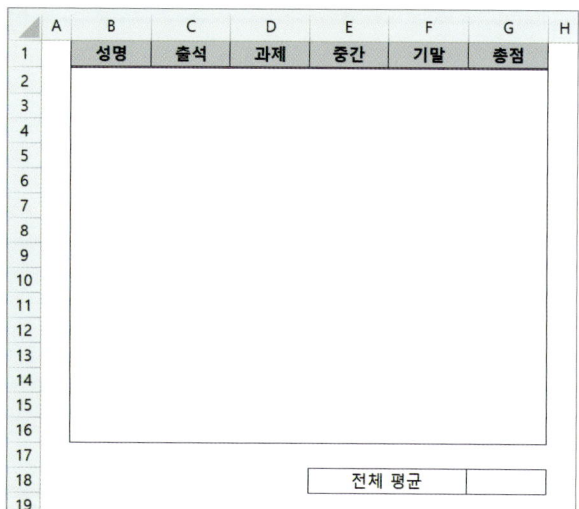

- 총점([G2] 셀) : =IF(B2="","",SUM(C2:F2))
- 전체 평균([G18] 셀) : =IFERROR(AVERAGE(G2:G16),"")

02 문제 **01**의 파일에 다음과 같이 입력하고, 자동으로 테두리가 그려지도록 수식을 활용하여 조건부 서식을 만들어 봅니다.

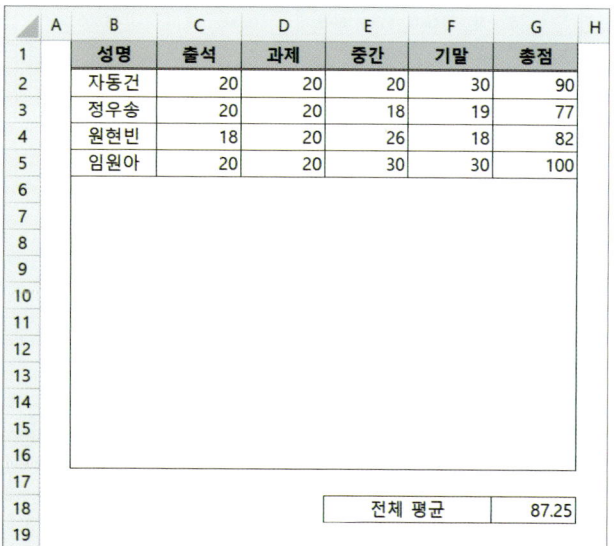

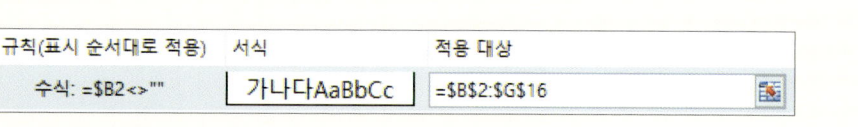

06 재직 증명서 만들기

- VLOOKUP 함수
- DAYS360 함수
- TODAY 함수
- TEXT 함수
- 눈금선 표시 숨기기

미/리/보/기

📁 준비파일 : 재직 증명서.xlsx
📁 완성파일 : 재직 증명서_완성.xlsx

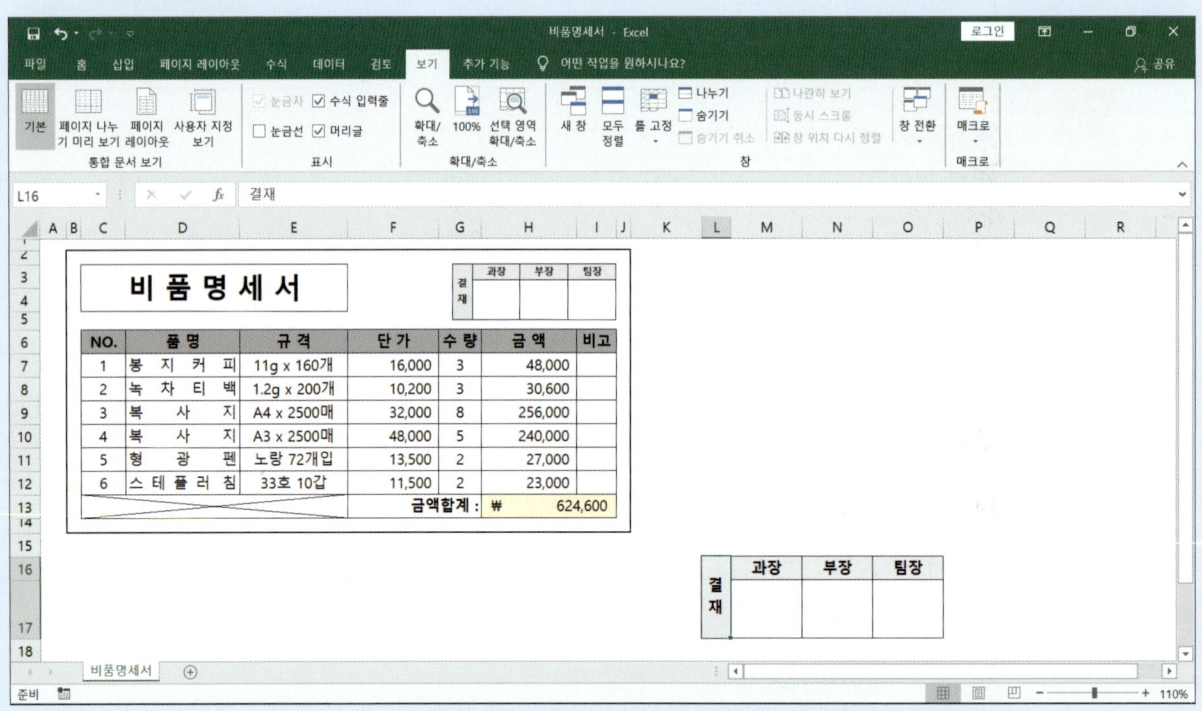

사람들이 엑셀을 사용하는 이유 중 하나는 자동화 문서의 대표적인 도구이기 때문입니다.

알아서 척척 정확한 내용이 입력되어 일일이 자료를 찾아야 하는 수고를 덜 수 있습니다.

이번 장에서는 찾기/참조 함수를 통해 자료를 한 번에 입력하는 방법과 시간 관련 함수를

알아보겠습니다.

찾기/참조와 날짜, 그리고 텍스트 함수

▶ 찾기/참조 함수

- 찾기/참조 함수의 대표적인 함수이면서 실생활과 업무 현장에서도 가장 많이 쓰이는 함수가 VLOOKUP 함수와 HLOOKUP 함수입니다.
  - VLOOKUP 함수의 V는 Vertical(세로, 수직)의 첫 글자로, 찾아야 할 자료의 배열이 수직으로 누적되었을 경우 사용합니다.

[예]

성명	부서	직급	기본급	직급수당	지급총액
정동건	총무팀	부장	4,300,000	600,000	₩ 4,900,000
장우송	기획팀	과장	3,650,000	0	₩ 3,650,000
원현빈	인사팀	사원	2,800,000	0	₩ 2,800,000
성가인	인사팀	차장	3,950,000	450,000	₩ 4,400,000
감사용	개발팀	대리	3,250,000	0	₩ 3,250,000
이휴리	홍보팀	과장	3,650,000	0	₩ 3,650,000
임원아	홍보팀	대리	3,250,000	0	₩ 3,250,000

  - HLOOKUP 함수의 H는 Horizontal(수평, 가로)의 첫 글자로, 찾아야 할 자료의 배열이 수평으로 누적되었을 경우 사용합니다.

[예]

평균점수	0	30	50	70	100
등 급	F	D	C	B	A
보 너 스	-	-	50,000	100,000	150,000

- 둘 다 동일한 함수로, 찾아야 할 자료의 배열에 따라 선택하면 됩니다.

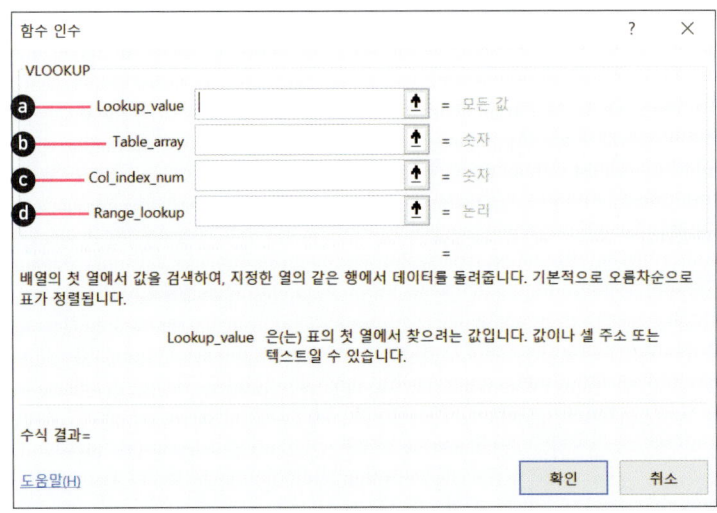

ⓐ **Lookup_value** : 참조해야 할 범위에서 기준이 되는 값입니다.
ⓑ **Table_array** : 기준 값과 찾는 값이 포함된 범위(배열 또는 표)를 정합니다.

- VLOOKUP 함수는 범위를 선택할 때 기준 값이 있는 열을 가장 왼쪽에 두어야 합니다.
- HLOOKUP 함수는 가장 위쪽에 두어야 합니다.

ⓒ Col_index_num : 기준 값을 시작으로 몇 번째 열의 값을 불러올 것인지를 정합니다.

 HLOOKUP 함수의 경우에는 'Col_index_num' 대신에 'Row_index_num'으로 표시됩니다.

ⓓ Range_lookup : 기준 값과 정확히 일치하는 것을 찾을 것인지, 근삿값을 찾을 것인지를 옵션으로 설정합니다.

▶ 날짜 함수

- 엑셀에서 날짜를 처리하는 방식은 사람들이 날짜를 계산하는 일반적인 방식과는 다릅니다. 엑셀은 1900년 1월 1일을 시작으로 하루하루 숫자를 추가합니다. 1901년 1월 1일은 '366', 이렇게 숫자를 하나씩 쌓아 2024년 1월 1일은 '45292'라는 일련번호를 내부적으로 계산합니다. 보여 주는 형식만 날짜 형식으로 바꿔서 보여 줄 뿐 날짜를 계산하고 연, 월, 일을 추출하는 모든 것이 내부에 있는 일련번호를 기준으로 계산됩니다. 그래서 일련번호에서 1을 빼면 전날의 날짜를 보여 주고 1을 더하면 다음날의 날짜를 보여 줍니다.

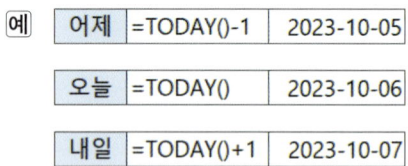

- DAYS360 함수는 끝 날짜에서 시작 날짜를 뺀 경과된 시간을 보여 줍니다.

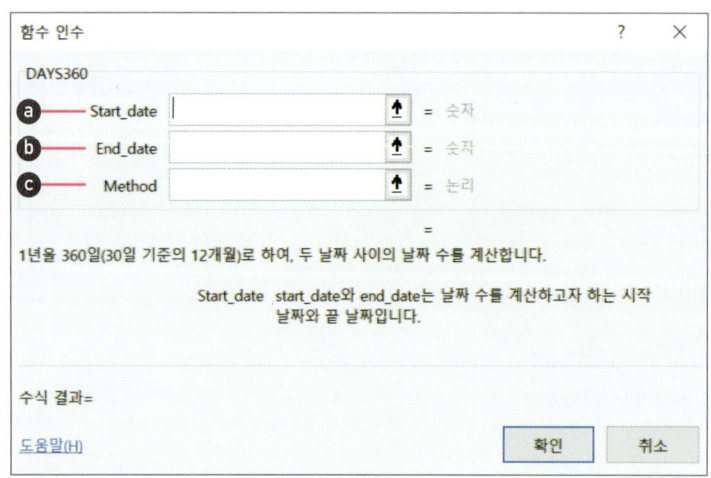

ⓐ Start_date : 시작일을 입력합니다.
ⓑ End_date : 종료일을 입력합니다.
ⓒ Method : 'False'를 입력하거나 생략하면 미국식으로 계산하고, 'True'를 입력하면 유럽식으로 계산합니다. 한 달을 모두 30일로 계산하는 방법으로 퇴직금 계산이나 수당 같은 것을 계산할 때 사용됩니다.

▶ TEXT 함수

- 엑셀에서 우리가 보는 날짜는 날짜가 아니라 사실은 일련번호로 구성되어 있던 것처럼 셀에서 보이는 것과 내부 알고리즘이 다른 경우가 많습니다. 그래서 다른 곳에 붙여넣기를 한다든지 다른 식과 연결을 하게 되는 경우 원하는 표시 형식으로 나타나지 않을 수도 있습니다. 이런 경우 TEXT 함수를 통해 문제를 해결할 수 있습니다.
- TEXT 함수는 사람들이 보기 편한 문자 형태로 표시 형식을 바꿔 표기해 줍니다.

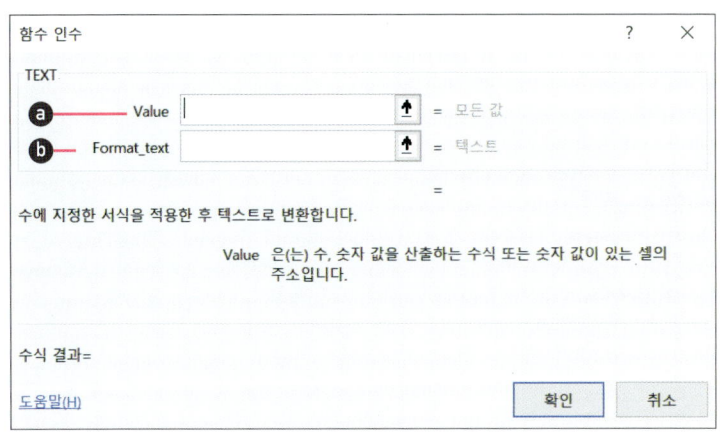

ⓐ Value : 참조할 셀을 입력합니다.
ⓑ Format_text : 표시할 형식을 설정합니다.

날짜 관련 표시 형식

기호	설명	기호	설명	기호	설명
y	연(年) 표시	yy	연도를 2자리로 표시	yyyy	연도를 4자리로 표시
m	월(月) 표시	mm	월을 2자리로 표시	mmm	월을 영문 약어로 표시 (Jan-Dec)
d	일(日) 표시	dd	일을 2자리로 표시	ddd	요일을 영문 약어로 표시 (Sun-Sat)

 재직 증명서 작성하고, 인쇄하기

▶ '사원명부' 시트의 데이터 가져오기

01 '재직 증명서.xlsx' 파일을 불러온 후 시트 탭에서 '사원명부' 시트를 클릭합니다. [A1] 셀을 클릭한 후 Ctrl + Shift + ↓ 키를 누릅니다.

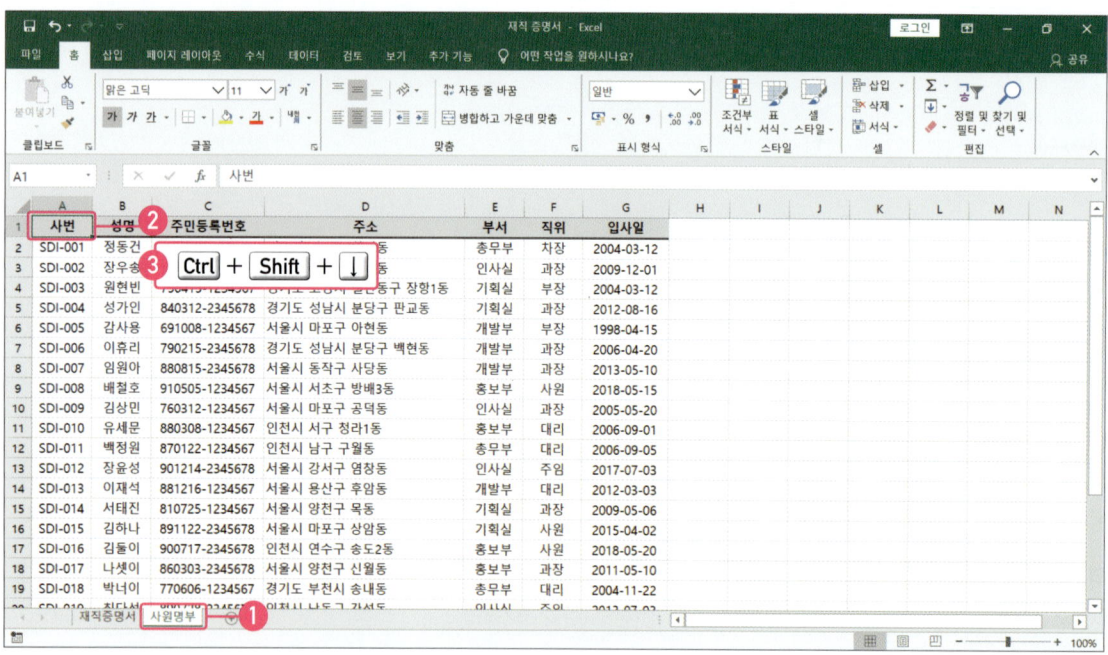

02 한 번에 [A1:A26] 영역의 사번 범위가 선택됩니다. [수식] 탭-[정의된 이름] 그룹-[선택 영역에서 만들기]를 클릭합니다. [선택 영역에서 이름 만들기] 대화상자가 나타나면 '첫 행'을 체크하고 [확인] 버튼을 클릭합니다.

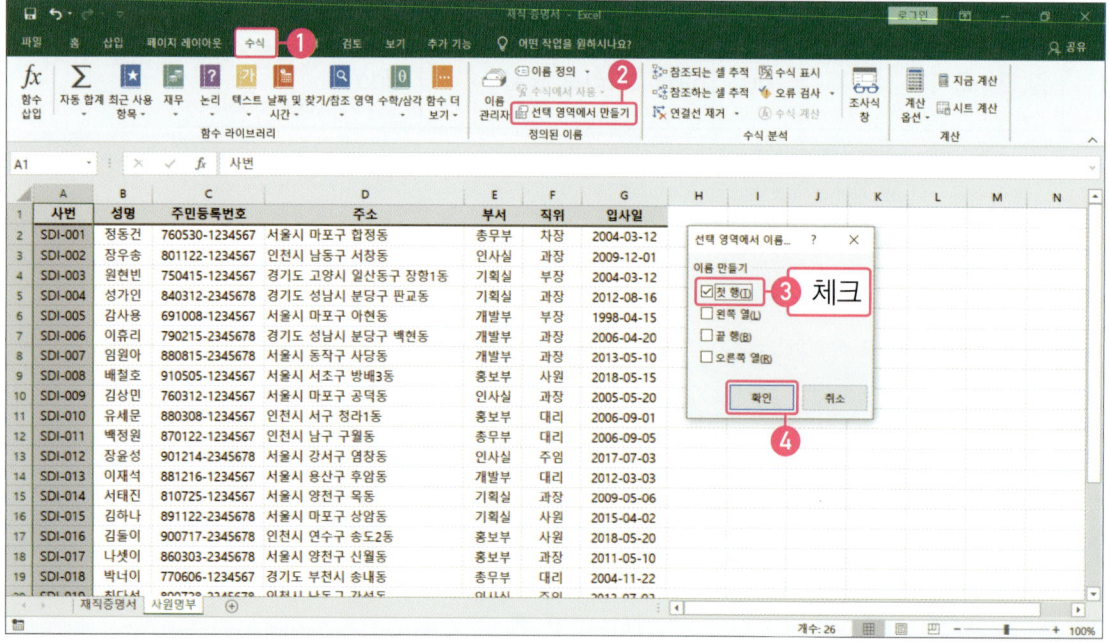

100

03 '재직증명서' 시트의 [C2] 셀을 클릭하고 [데이터] 탭-[데이터 도구] 그룹-[데이터 유효성 검사]를 클릭합니다. [데이터 유효성] 대화상자가 나타나면 [제한 대상]을 '목록'으로 설정하고 [원본]에 '=사번'을 입력한 후 [확인] 버튼을 클릭합니다.

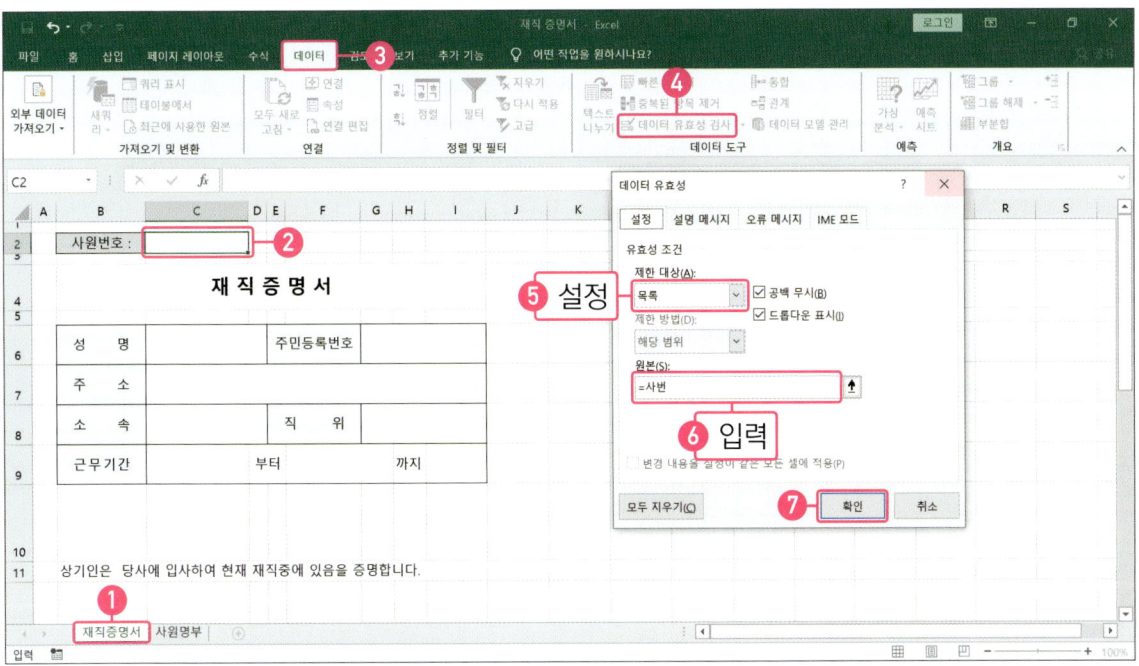

04 [C2] 셀의 ▼를 클릭합니다. 사원번호가 목록으로 들어간 것을 확인할 수 있습니다. 사원번호 중 아무거나 하나(여기서는 'SDI-001')를 선택합니다.

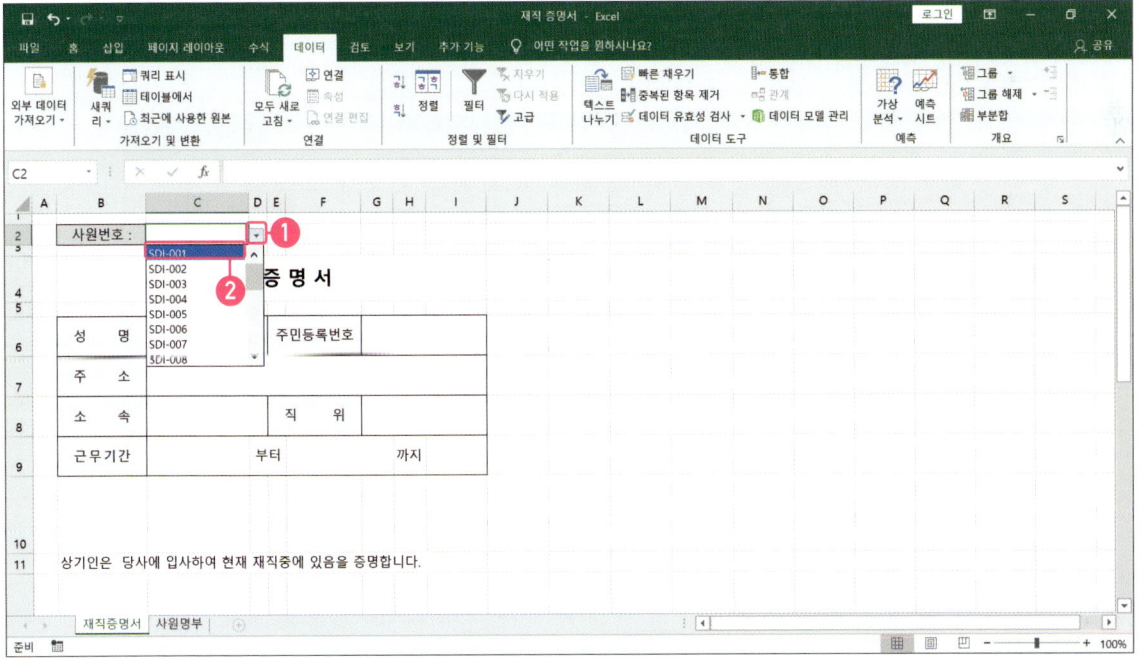

101

05 성명을 입력하기 위해 [C6] 셀을 클릭한 후 '=vl'을 입력합니다. 나타나는 함수 목록에서 'VLOOKUP'을 선택하고 Tab 키를 누른 후 Ctrl+A 키를 누릅니다.

06 [함수 인수] 대화상자가 나타나면 [Lookup_value]에는 [C2] 셀을 클릭해 'C2'를 입력합니다.

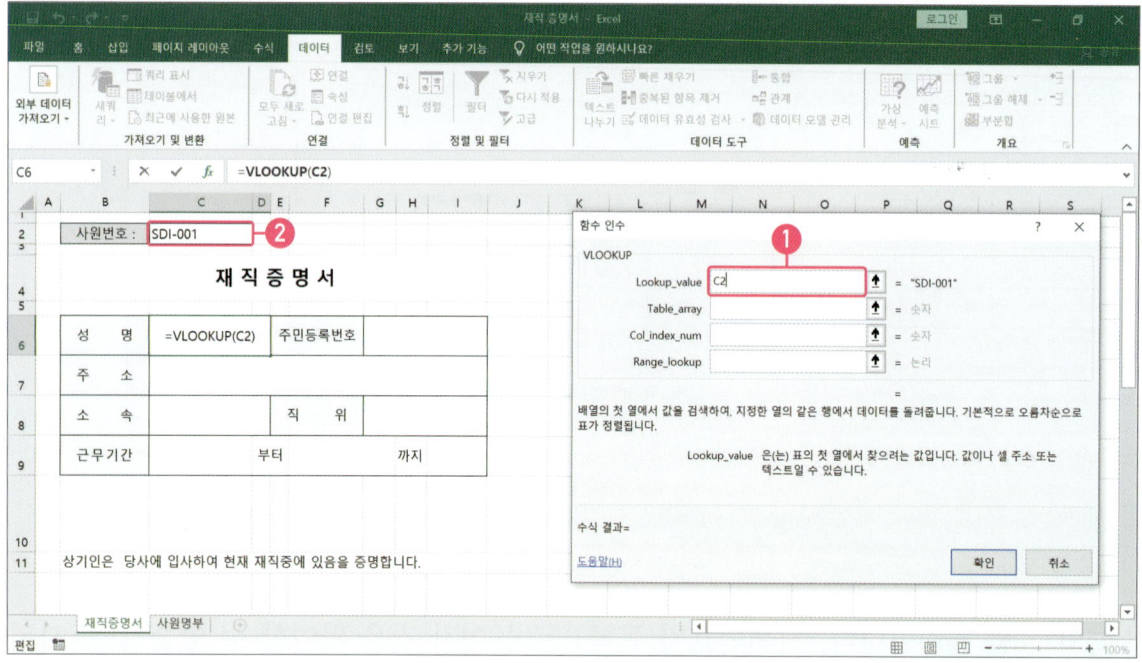

07 [Table_array]에는 시트 탭에서 '사원명부' 시트를 클릭한 후 [A2:G26] 영역을 드래그하여 '사원명부!A2:G26'을 입력합니다.

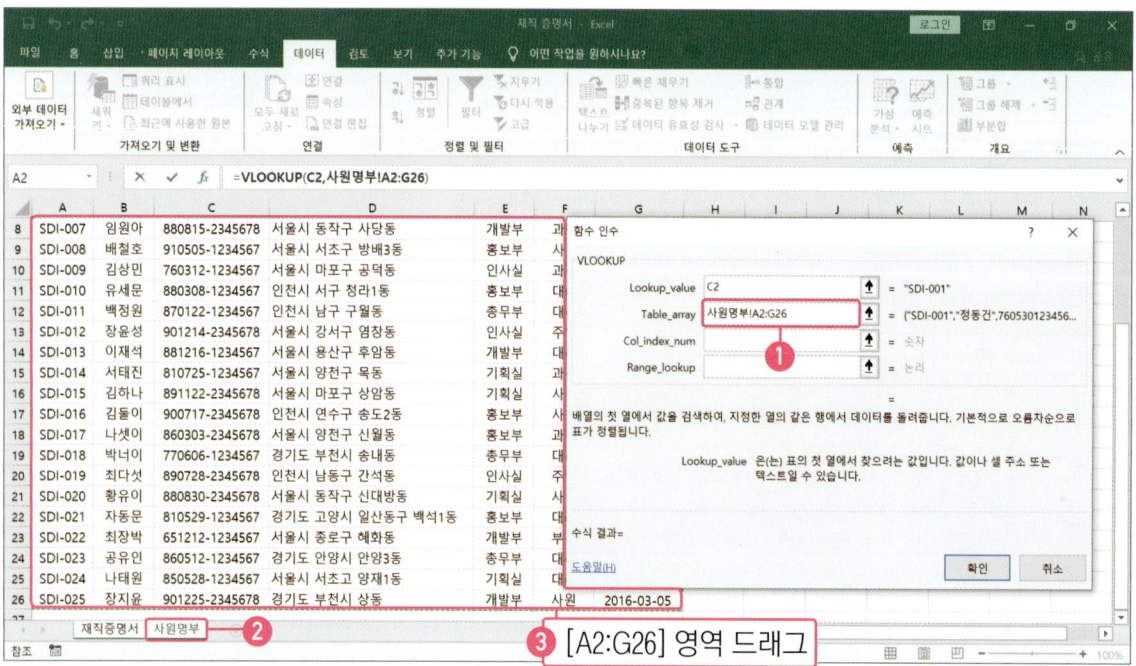

102

08 찾아야 할 성명은 선택한 범위에서 사원번호 바로 다음 열인 두 번째 열에 있으므로, [Col_index_num]에는 '2'를 입력합니다. [Range_lookup]에는 'false'를 입력한 후 [확인] 버튼을 클릭합니다.

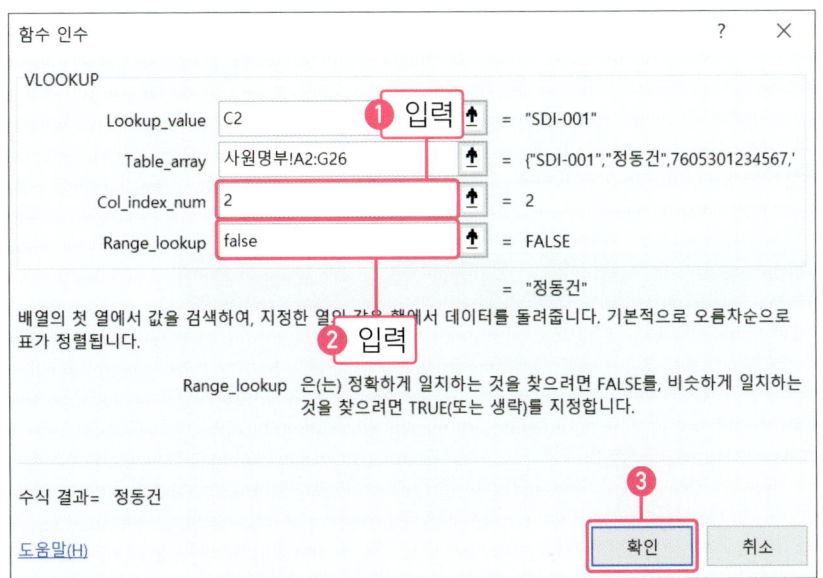

 잠깐 Col은 Column의 줄인 말로 '열'을 뜻하는 영어식 엑셀 용어입니다. '행'의 영어식 엑셀 용어는 Row입니다.

09 성명이 자동으로 입력되는 것을 확인할 수 있습니다. **사원번호를 변경(여기서는 'SDI-002')** 해 성명이 바뀌는 것을 확인합니다.

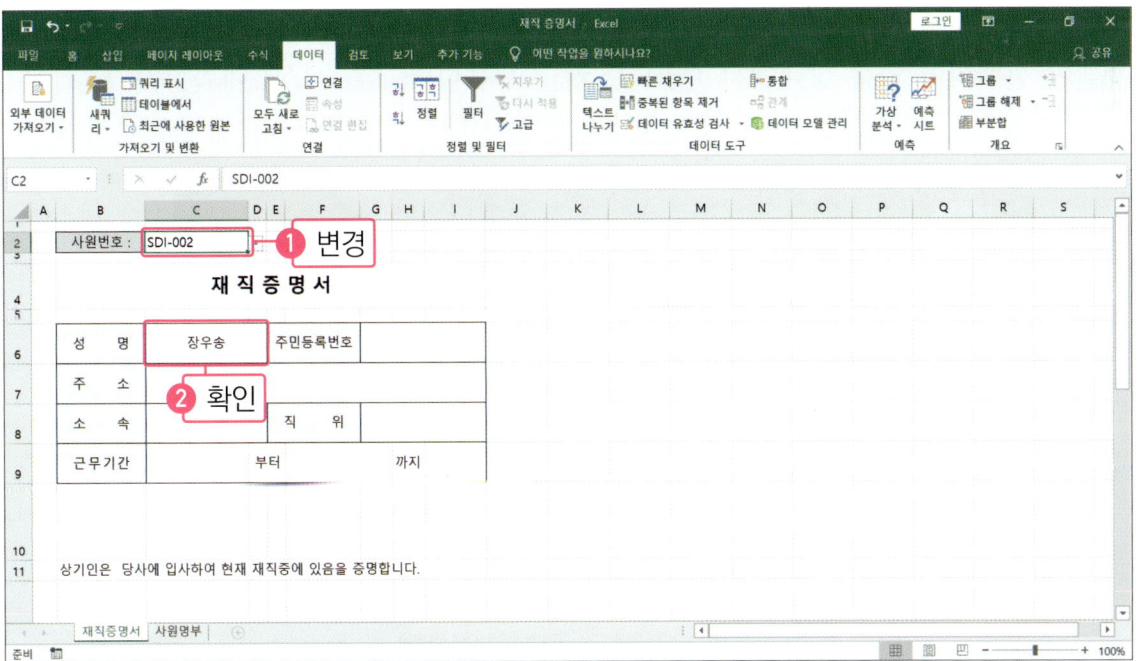

▶ 주민등록번호 입력하기

01 주민등록번호를 입력하기 위해 **[G6] 셀을 클릭**합니다. 앞의 성명을 입력한 것처럼 **VLOOKUP 함수**를 불러와 다음과 같이 **[함수 인수] 대화상자를 설정**한 후 **[확인] 버튼을 클릭**합니다. 찾아야 할 주민등록번호는 선택한 범위에서 세 번째 열에 있습니다.

- Lookup_Value : C2
- Table_array : 사원명부!A2:G26
- Col_index_num : 3
- Range_lookup : false

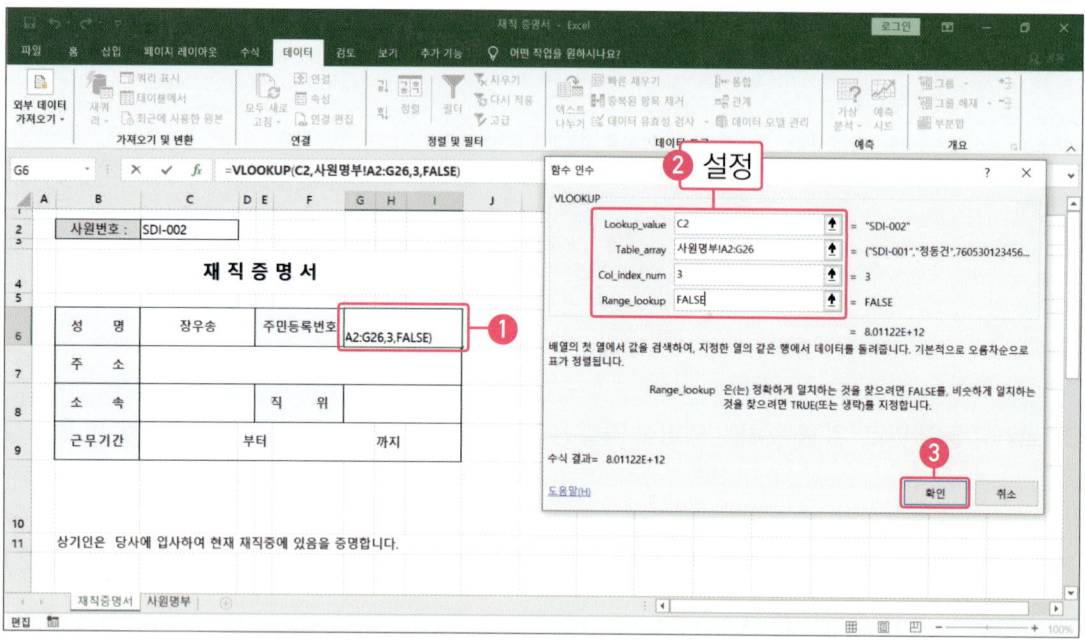

02 [G6] 셀이 선택되어 있는 상태에서 Ctrl + 1 키를 누릅니다. [셀 서식] 대화상자가 나타나면 [표시 형식] 탭의 **'기타'** 범주에서 **'주민등록번호'**를 선택하고 [확인] 버튼을 클릭합니다.

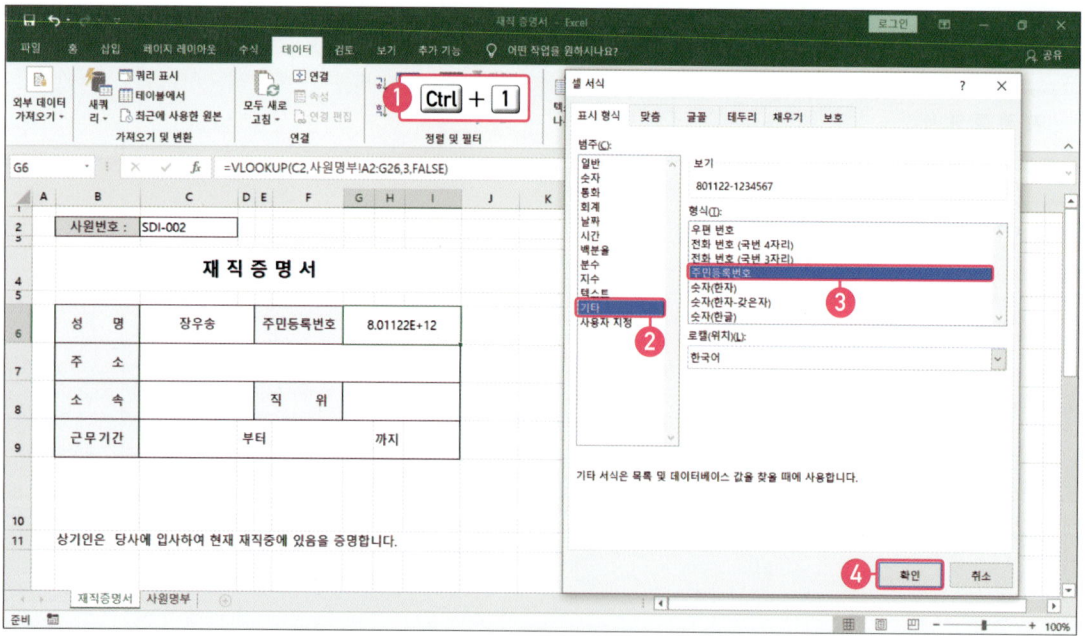

▶ 주소와 소속, 직위, 입사일 입력하기

01 주소를 입력하기 위해 **[C7] 셀을 클릭**합니다. **VLOOKUP 함수**를 불러와 다음과 같이 **[함수 인수] 대화상자를 설정**한 후 **[확인] 버튼을 클릭**합니다. 찾아야 할 주소는 선택한 범위에서 네 번째 열에 있습니다.

- Lookup_Value : C2
- Table_array : 사원명부!A2:G26
- Col_index_num : 4
- Range_lookup : false

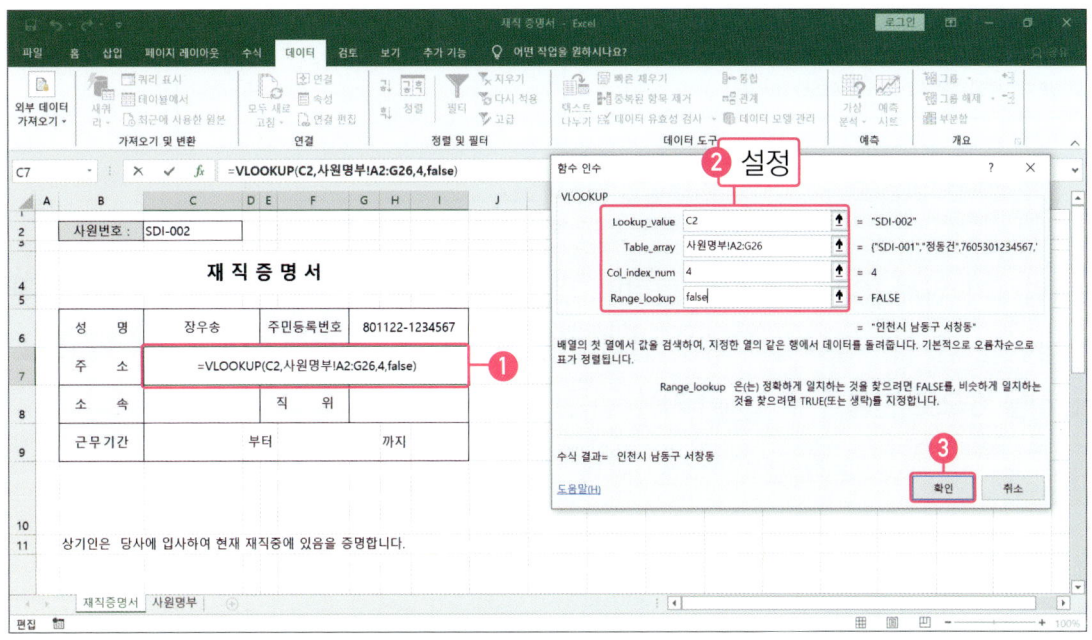

02 [C7] 셀이 선택된 상태에서 **수식 입력줄의 함수식을 드래그**하여 선택한 후 Ctrl+C 키를 눌러 복사합니다. Esc 키를 한번 눌러 편집 모드를 종료하고, 소속을 입력하기 위해 **[C8] 셀을 더블 클릭**하여 편집 모드를 활성화합니다.

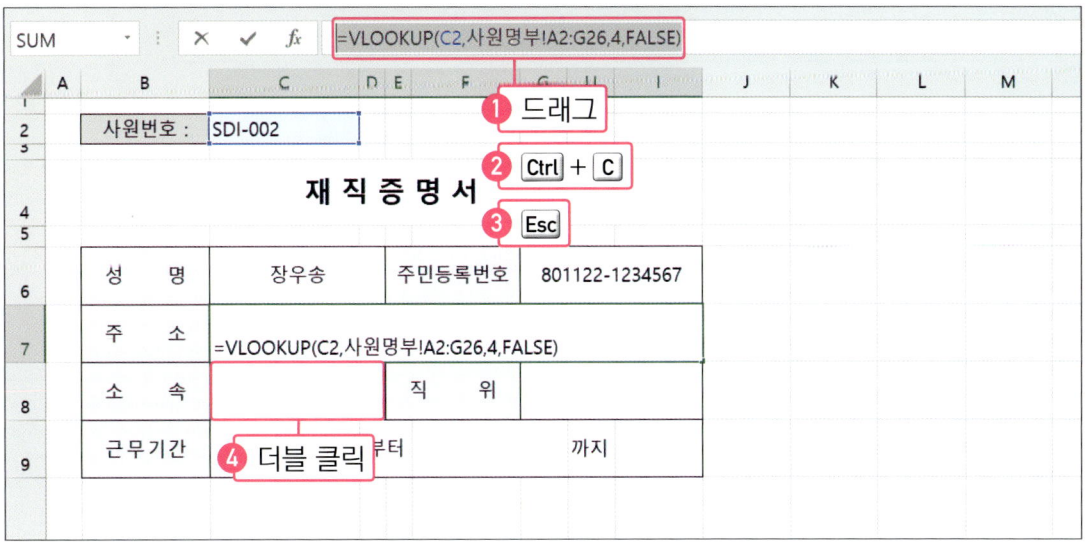

105

03 **Ctrl**+**V** 키를 눌러 붙여넣기 합니다. 찾아야 할 소속은 선택한 범위에서 다섯 번째 열에 있으므로, 함수의 3번째 인수인 [Col_index_num]을 '5'로 **변경**한 후 **Enter** 키를 누릅니다.

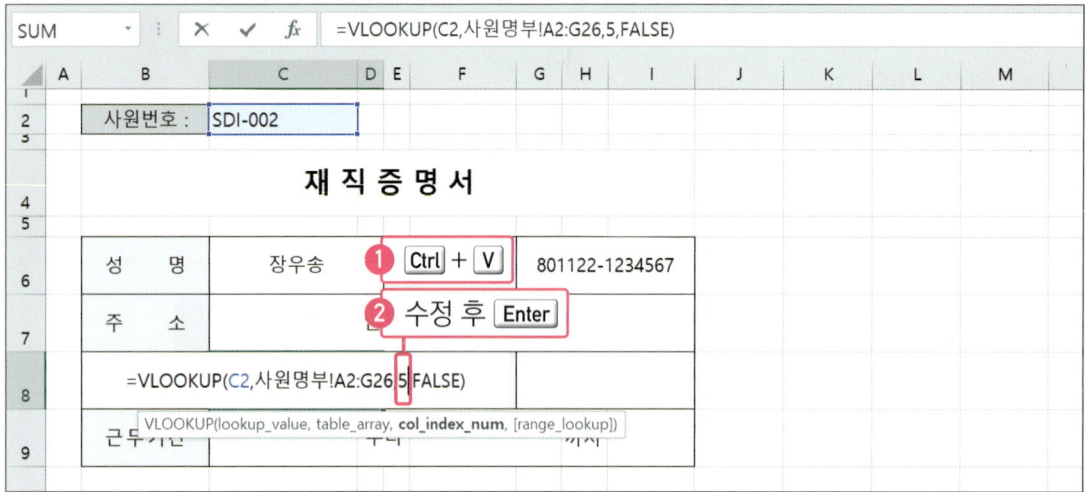

04 직위를 입력하기 위해 [G8] 셀을 더블 클릭한 후 **Ctrl**+**V** 키를 눌러 붙여넣기 합니다. 찾아야 할 직위는 선택한 범위에서 여섯 번째 열에 있으므로, 함수의 3번째 인수인 [Col_index_num]을 '6'으로 **변경**한 후 **Enter** 키를 누릅니다.

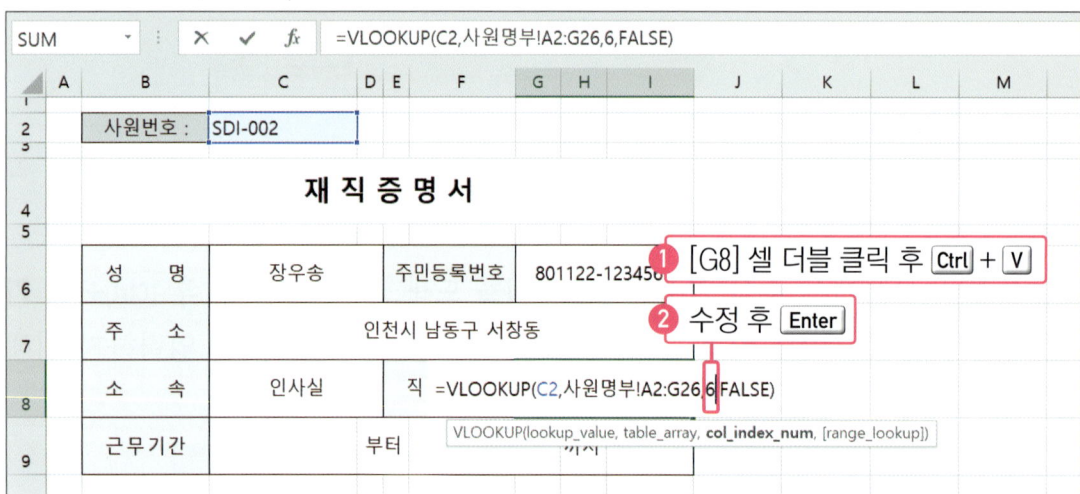

05 근무기간 중 입사일(시작일)을 입력하기 위해 **[C9] 셀을 더블 클릭**한 후 Ctrl+V 키를 눌러 붙여넣기 합니다. 찾아야 할 입사일은 선택한 범위에서 일곱 번째 열에 있으므로, 함수의 3번째 인수인 **[Col_index_num]을 '7'로 변경**한 후 Enter 키를 누릅니다.

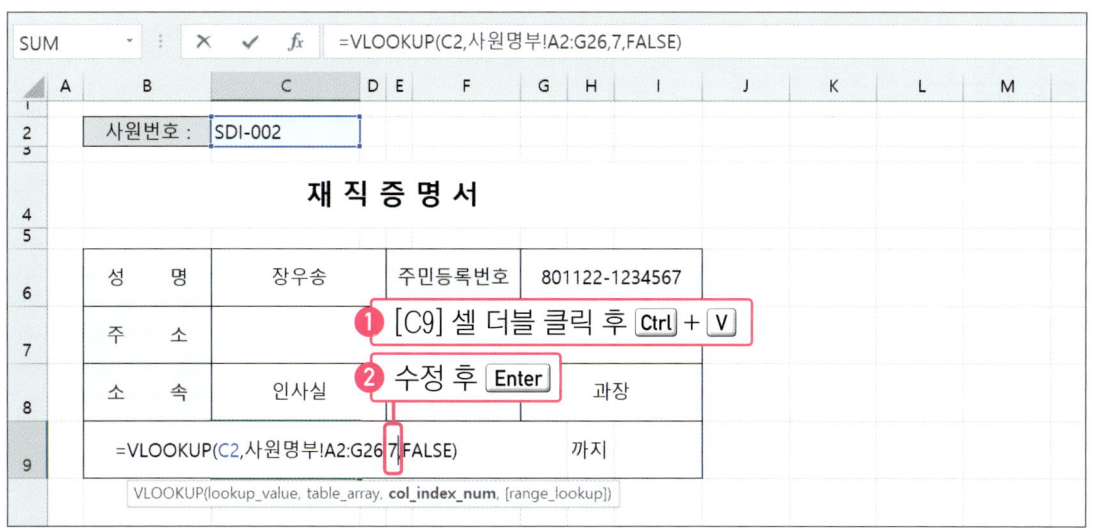

 잠깐 **셀 복사 후 붙여넣기 옵션의 '수식'으로 하면 안 되나요?**
셀 복사 후 붙여넣기를 하면 자동 채우기처럼 참조하는 셀들이 함께 이동하기 때문에 인수 대부분을 다시 고쳐야 합니다. 실습처럼 함수식만 복사하면 셀 주소가 그대로 붙여 넣어집니다.

06 **사원번호를 변경**(여기서는 'SDI-005')해 재직 증명서의 입력 내용이 바뀌는 것을 확인합니다.

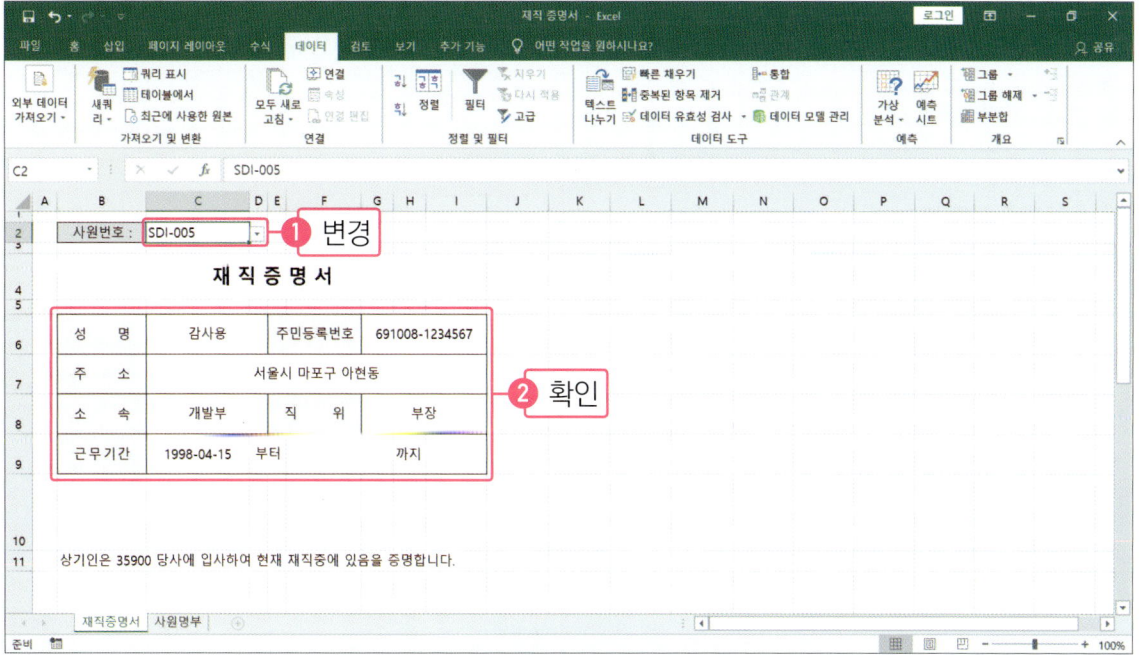

▶ 근무 기간과 발행 날짜 입력하기

01 근무기간 뒷부분의 [F9] 셀을 클릭합니다. '=today()'를 입력한 후 Enter 키를 누릅니다.

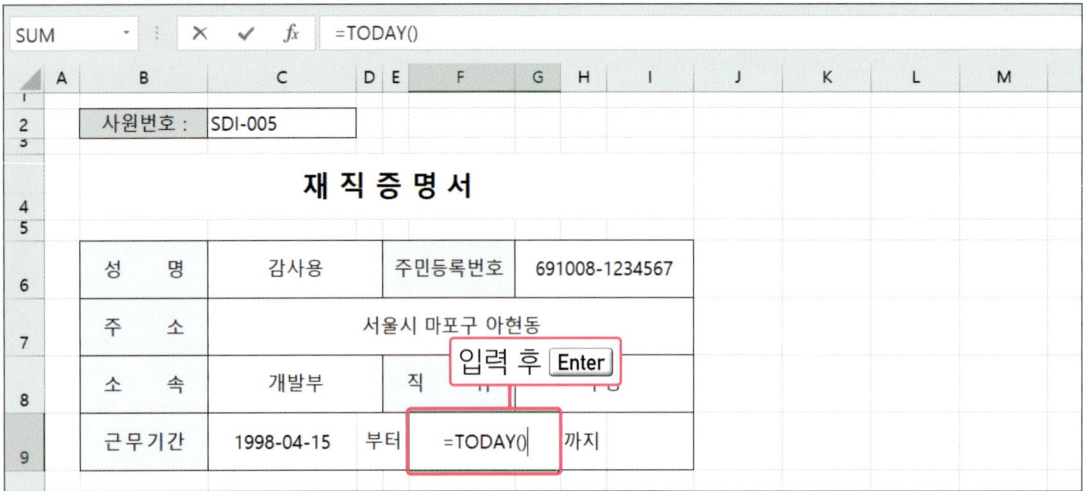

02 오늘 날짜가 자동으로 입력되는 것을 확인할 수 있습니다. [I9] 셀을 클릭한 후 '=day'를 입력합니다. 나타나는 함수 목록에서 'DAYS360'을 선택하고 Tab 키를 누른 후 Ctrl + A 키를 누릅니다.

03 [함수 인수] 대화상자가 나타나면 [Start_date]는 'C9', [End_date]는 'F9'를 입력한 후 [확인] 버튼을 클릭합니다.

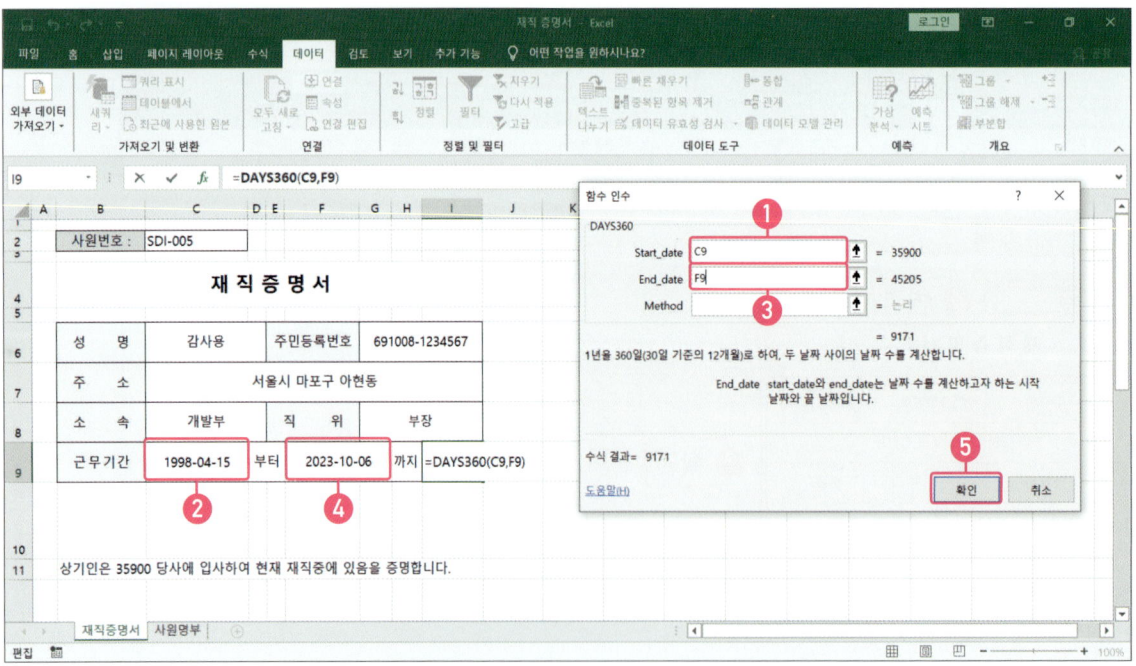

04 [I9] 셀이 선택되어 있는 상태에서 Ctrl+1 키를 누릅니다. [셀 서식] 대화상자가 나타나면 [표시 형식] 탭의 **'사용자 지정'** 범주에서 [형식] 입력란에 **'"("yy"년" m"월")"'**라고 **입력**한 후 [확인] 버튼을 클릭합니다.

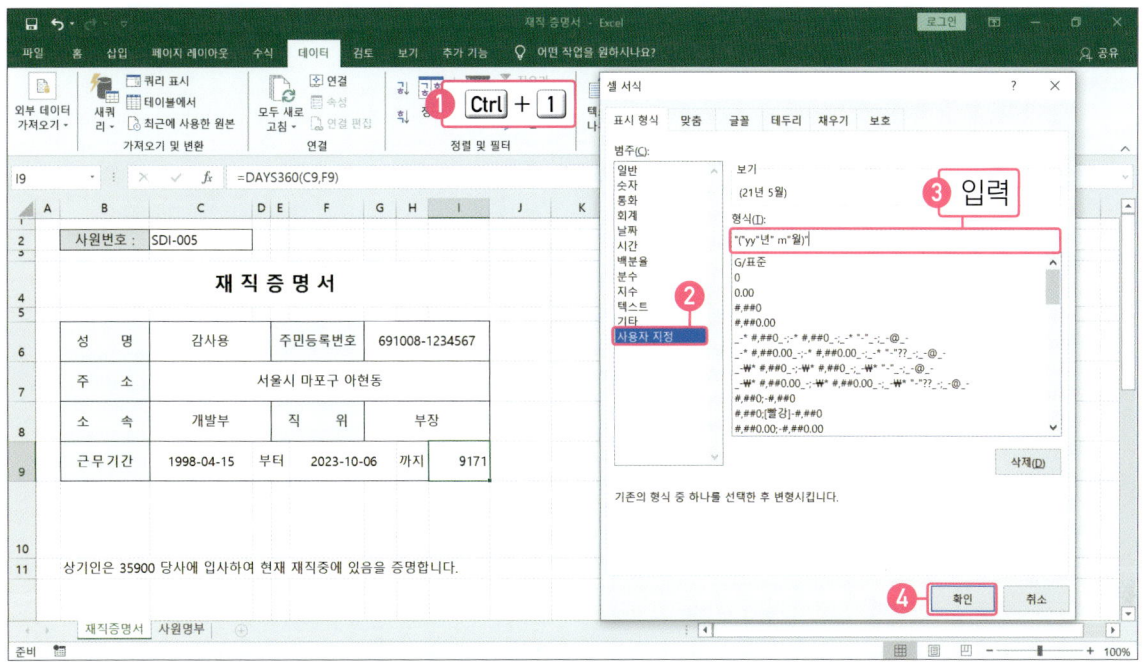

05 'today'라 입력되어 있는 [C15] 셀을 클릭합니다. '**=today()**'를 **입력**하고 Enter 키를 누릅니다.

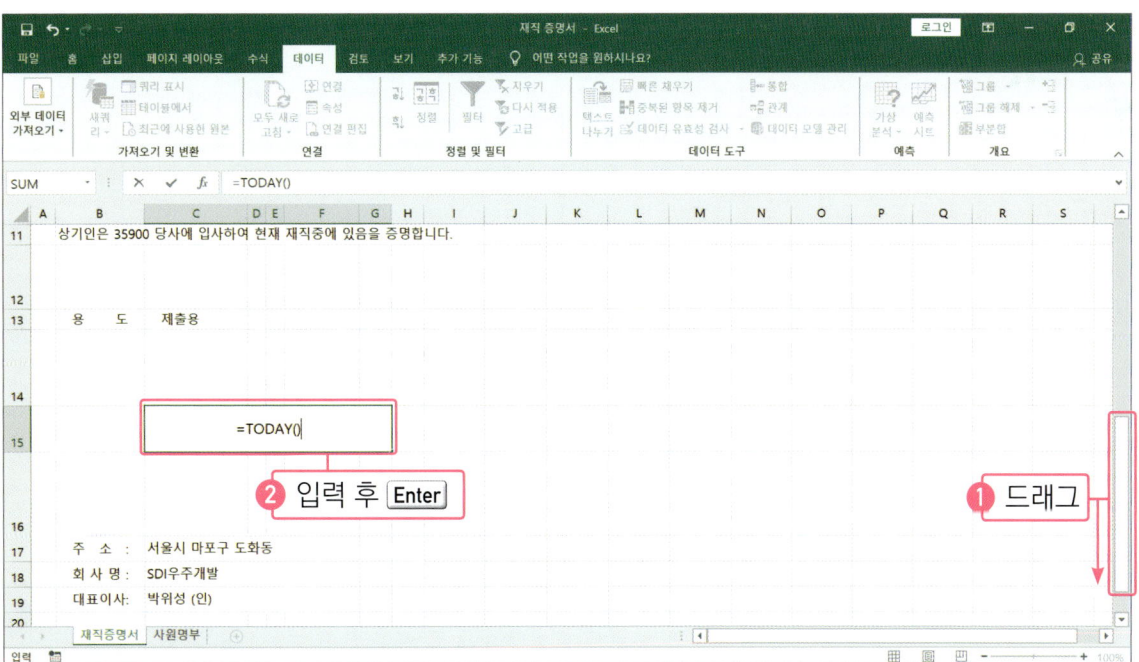

109

06 [C15] 셀을 클릭하고 Ctrl+1 키를 누릅니다. [셀 서식] 대화상자가 나타나면 [표시 형식] 탭의 '날짜' 범주에서 '2012년 3월 14일' 형식을 선택한 후 [확인] 버튼을 클릭합니다.

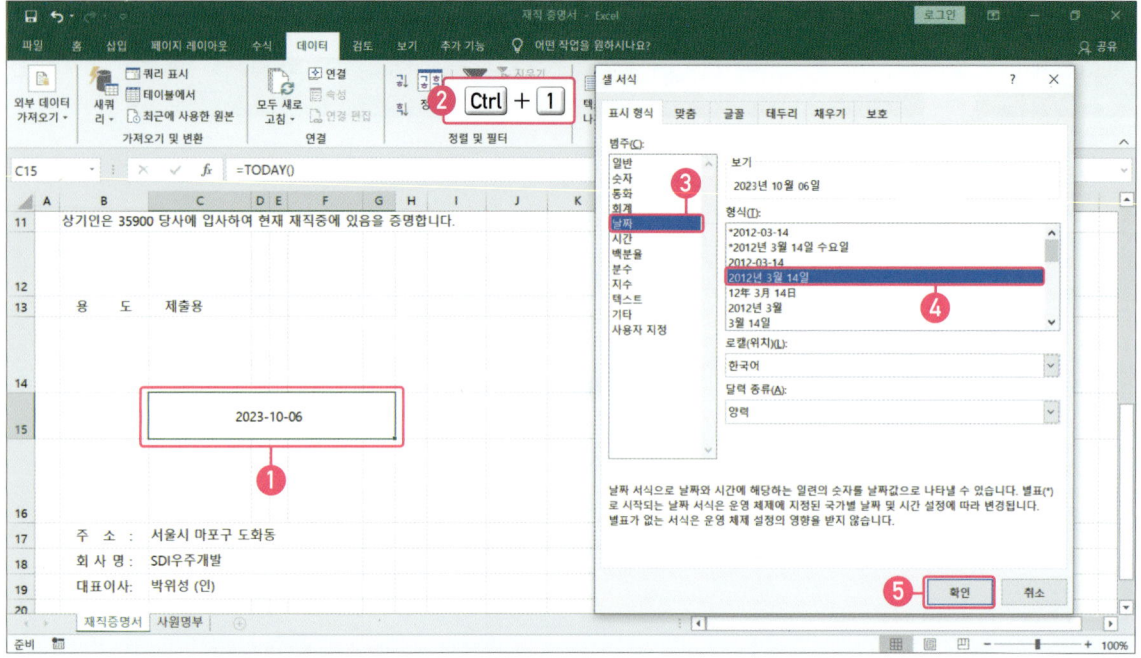

▶ TEXT 함수로 문자 형식 만들기

01 [B11] 셀을 클릭합니다. [C9] 셀의 입사 날짜가 일련번호로 표시되는 것을 확인할 수 있습니다.

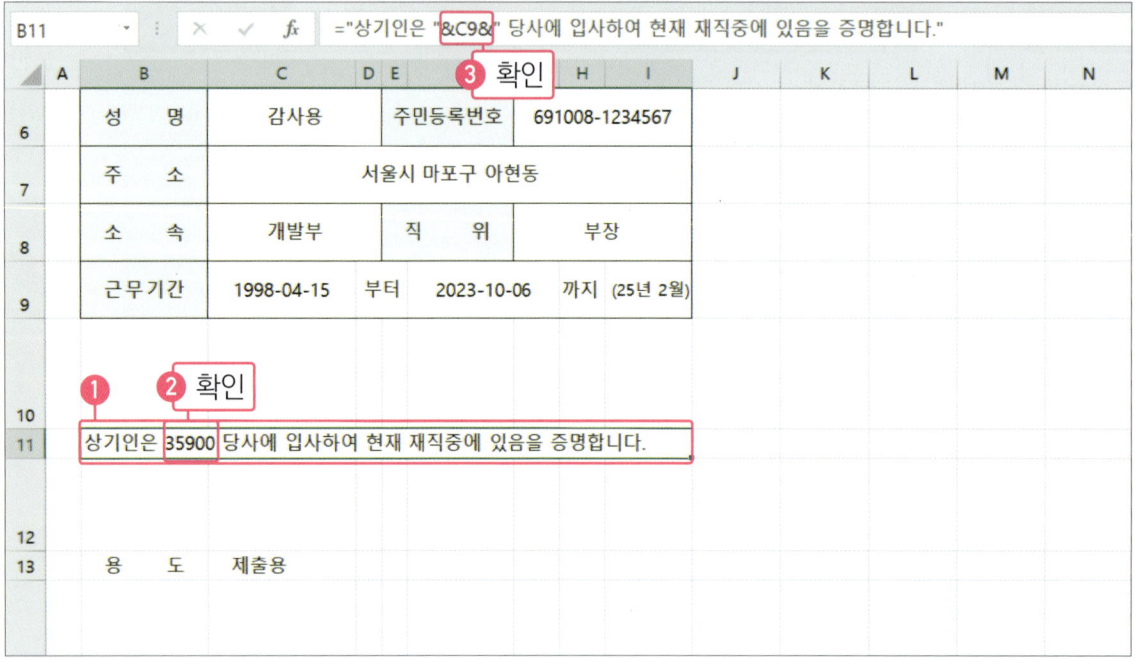

02 [B11] 셀을 클릭하고 '=te'를 입력합니다. 함수 목록이 나타나면 'TEXT'를 선택하고 Tab 키를 누른 후 Ctrl + A 키를 누릅니다.

03 [함수 인수] 대화상자가 나타나면 [Value]는 'C9', [Format_text]는 'yyyy년 m월 d일'을 입력한 후 [확인] 버튼을 클릭합니다.

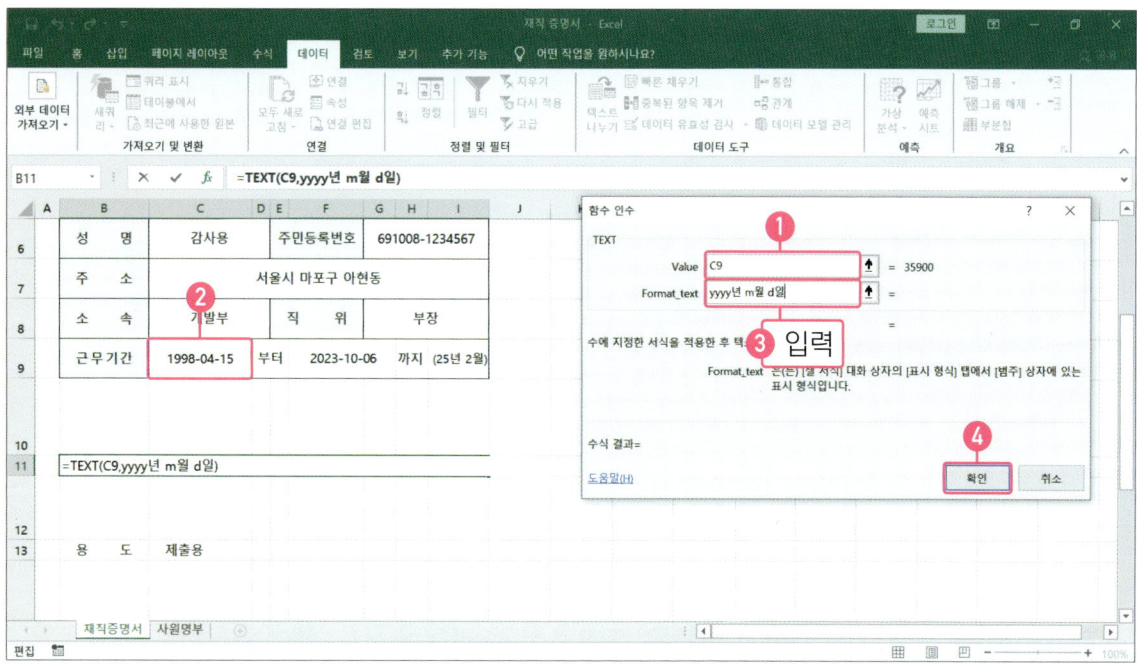

04 수식 입력줄의 '=' 뒤를 클릭하여 커서를 이동한 후 '"상기인은 "&'를 입력합니다. 계속해서 수식 맨 뒤를 클릭하여 커서를 이동한 후 '&" 당사에 입사하여 현재 재직중에 있음을 증명합니다."'라고 입력하고 Enter 키를 누릅니다.

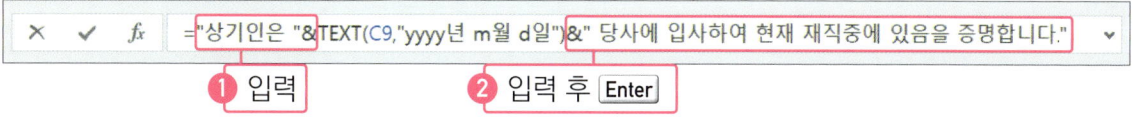

05 일년번호로 표시되었던 부분이 날짜 형식으로 나타난 것을 확인할 수 있습니다.

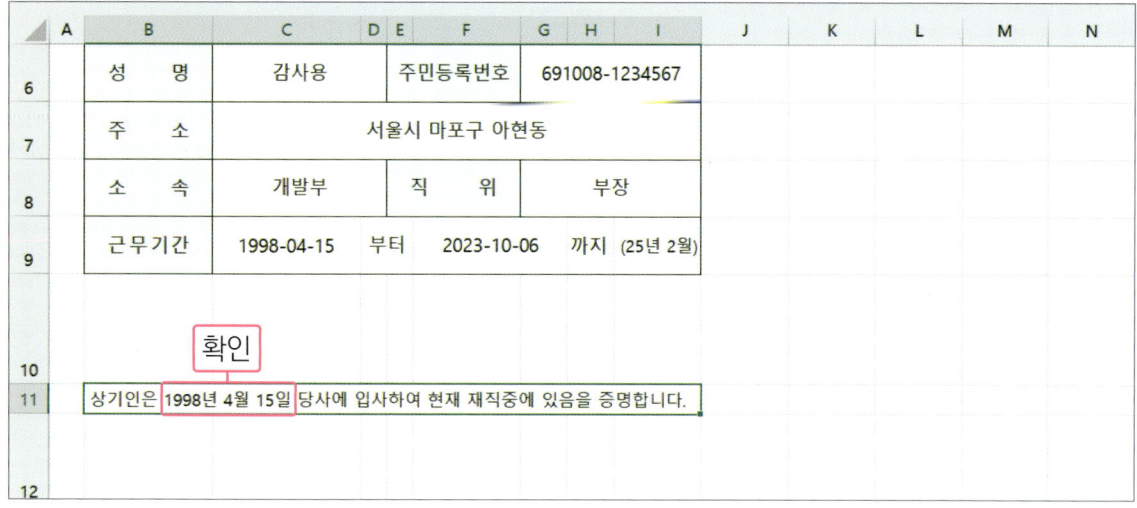

06 [보기] 탭-[표시] 그룹-[눈금선]을 클릭하여 체크를 해제합니다.

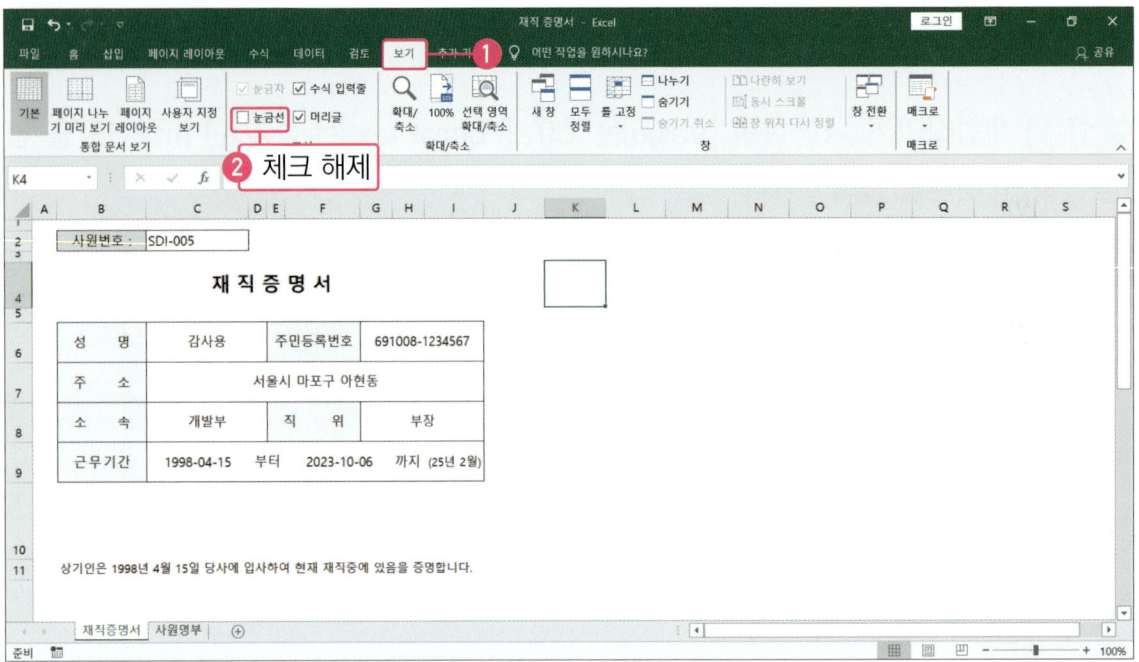

07 빠른 실행 도구 모음의 🖫(저장)을 클릭하여 저장합니다.

08 [파일] 탭-[인쇄]를 선택한 후 [인쇄] 버튼을 클릭하여 출력물에서도 확인합니다.

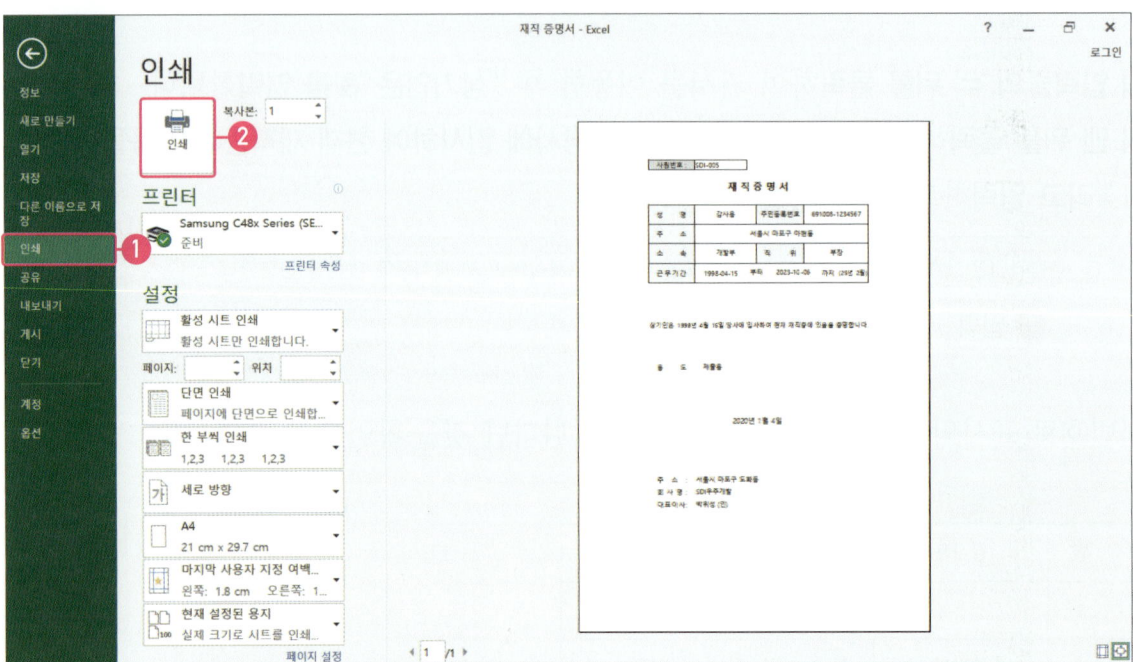

응용력 키우기

01 '견적서2.xlsx' 파일을 불러온 후 다음과 같이 작성해 봅니다.   준비파일 견적서2.xlsx

- '품목단가' 시트의 [A2:A9] 영역 : '품목'으로 이름 정의
- '견적서' 시트의 [C12:C19] 영역 : '데이터 유효성 검사' 기능 이용 입력 → '품목단가' 시트의 [A2:A9] 영역 참조
- '견적서' 시트의 [C12:C19] 영역에 품목 데이터가 채워지면 자동으로 '규격'과 '단가' 입력 → VLOOKUP 함수 이용
- '견적서' 시트의 [C12:C19] 영역에 품목 데이터가 비어 있을 때 '규격'과 '단가'에 오류 표시가 나타나지 않도록 설정 → IFERROR 함수 이용
- '견적서' 시트의 [C4] 셀 : 오늘 날짜 자동 입력 → TODAY 함수 이용
- '견적서' 시트의 [H22] 셀 : 6일 뒤의 날짜 입력, 표시 형식 설정(예 '2024년 1월 15일 월요일' 처럼 표시), 셀 서식(셀에 맞춤) 설정

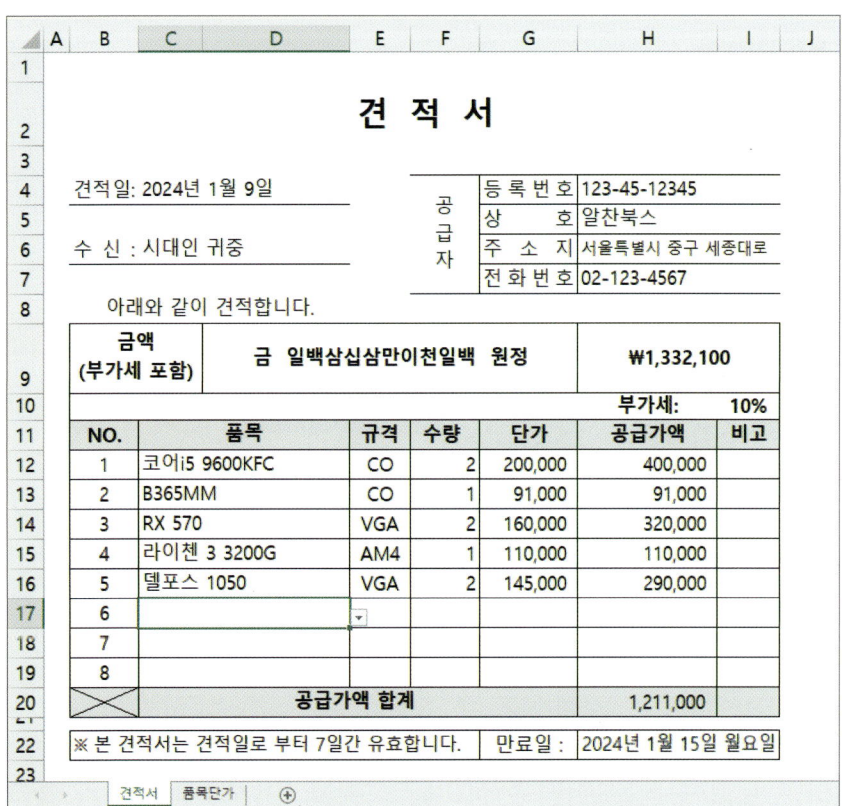

힌트
- [E12] 셀 수식 : =IFERROR(VLOOKUP(C12,품목단가!$A$2:$C$9,2,FALSE),"")
- [G12] 셀 수식 : =IFERROR(VLOOKUP(C12,품목단가!$A$2:$C$9,3,FALSE),"")

07 자료 비교/분석 차트 만들기

- 스파크라인 : 열
- 스파크라인 : 선
- 차트 : 축 옵션
- 차트 : 데이터 레이블
- 차트 : 차트 이동

미/리/보/기

📁 준비파일 : 모의고사 성적.xlsx, 자격증 인원.xlsx
📁 완성파일 : 모의고사 성적_완성.xlsx, 자격증 인원_완성.xlsx

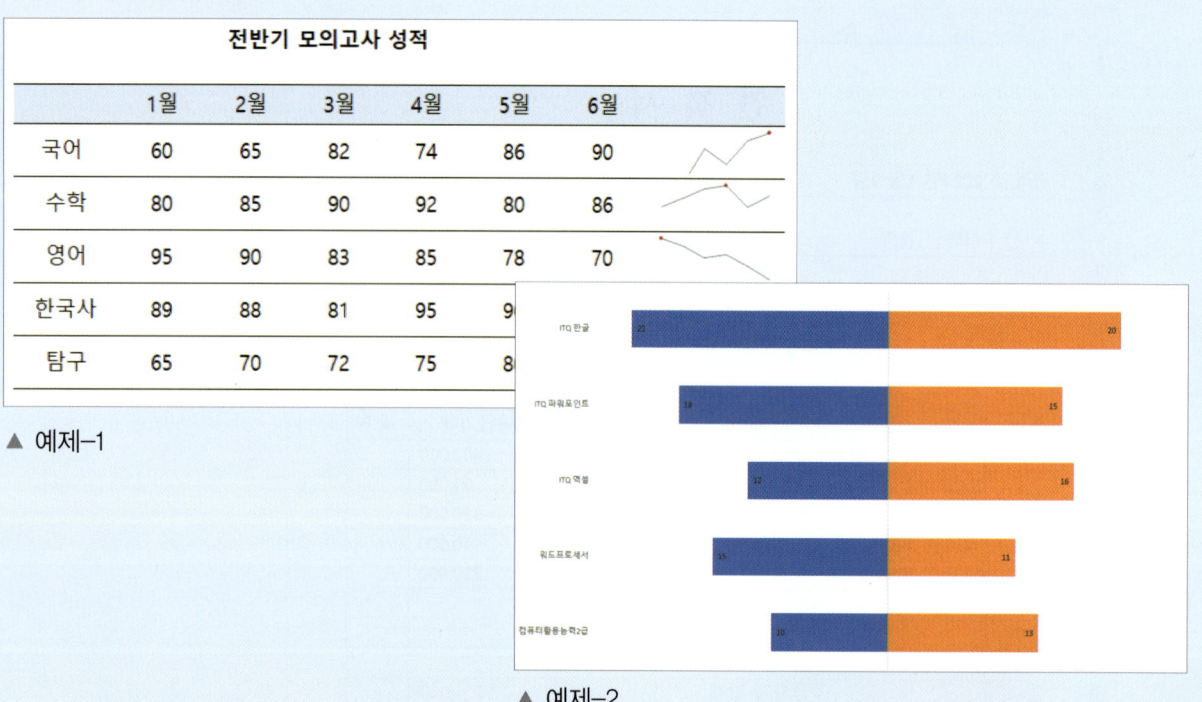

▲ 예제-1

▲ 예제-2

시각적인 자료를 활용하면 표로 구성된 어떤 현상이나 상황을 한눈에 파악하기 좋습니다. 시각 도구 중 가장 대표적인 것은 바로 '차트'로, 엑셀은 매우 좋은 차트 작성 도구를 가지고 있습니다. 이번 장에서 차트를 작성하는 방법을 알아보겠습니다.

01 차트

▶ 표 안의 작은 차트 '스파크라인'

- 거대하게 차트를 만들고 꾸밀 필요 없이 단순히 한눈에 파악하는 정도의 자료를 만들고 싶다면 '스파크라인'을 사용하면 됩니다. 스파크라인은 행 단위로 미니 차트를 만듭니다. 꺾은선형, 열, 승패 3종류가 있습니다.

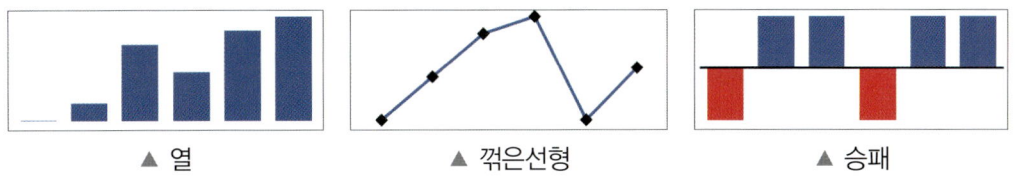

▲ 열　　▲ 꺾은선형　　▲ 승패

- 스파크라인은 [삽입] 탭-[스파크라인] 그룹에서 선택하여 삽입할 수 있습니다. '스파크라인'을 선택하면 리본 메뉴에 새로운 디자인 도구가 활성화됩니다. 디자인 도구에서 좀 더 세부적인 설정을 할 수 있습니다.

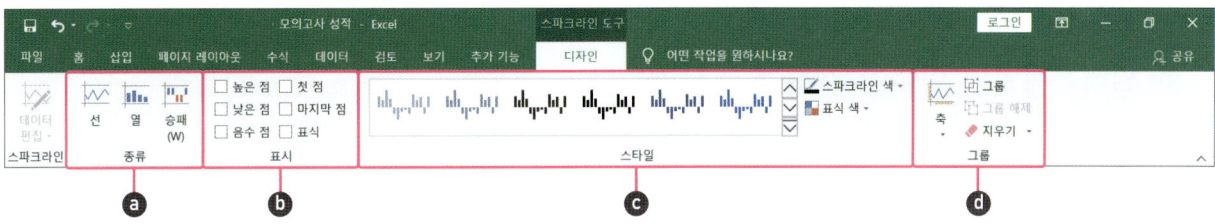

ⓐ [종류] 그룹 : 스파크라인의 종류를 선택할 수 있습니다. 이미 만들어진 스파크라인도 다른 종류로 교체가 가능합니다.

ⓑ [표시] 그룹 : 데이터(값)에 따라 표시할 수 있습니다.

ⓒ [스타일] 그룹 : 미리 세팅된 스타일을 선택할 수 있으며, 막대그래프나 선의 색깔을 바꾸고, 표시 그룹에서 선택했던 점의 색을 바꿀 수 있습니다.

ⓓ [그룹] 그룹 : 축 옵션은 가로 축 옵션과 최소값과 최대값을 설정할 수 있는 세로 축 옵션이 있습니다. 또한 차트를 지울 수 있고, 행의 차트들을 그룹화 하거나 해제할 수 있습니다.

▶ 차트 요소 살펴보기

- 차트는 [삽입] 탭-[차트] 그룹에서 선택하여 삽입할 수 있습니다. 수많은 차트의 종류 중 하나를 선택하면 해당 차트 안의 많은 요소들이 기다리고 있습니다. 이 요소들을 잘 다룰 수 있다면 보기 좋은 차트를 만드는 데 한 발짝 더 가까이 갈 수 있습니다.

ⓐ **축** : 가로(X) 축이나 세로(Y) 축을 차트에 추가하거나 지웁니다.

ⓑ **축 제목** : 가로 축이나 세로 축의 제목을 차트에 추가하거나 지웁니다.

ⓒ **차트 제목** : 차트의 전체 제목을 차트에 추가하고, 위치를 설정하거나 지울 수 있습니다.

ⓓ **데이터 레이블** : 수치를 숫자로 표시합니다.

ⓔ **데이터 테이블** : 차트의 원본인 표를 차트 아래에 삽입합니다.

ⓕ **오차 막대** : 데이터 계열의 오차 범위를 막대 또는 백분율로 보여 줍니다.

ⓖ **눈금선** : 데이터 계열의 간격을 눈금선으로 차트에 표시합니다.

ⓗ **범례** : 계열의 이름을 차트에 표시합니다.

ⓘ **선** : 그래프의 데이터 점들에 수직을 긋는 하강선 등을 표시합니다.

ⓙ **추세선** : 계열 수치의 흐름을 직선 또는 곡선으로 차트에 표시합니다.

ⓚ **양선/음선** : 데이터 계열의 데이터 요소 간 차이를 표시합니다.

- 요소들을 추가한 다음에는 그 요소들마다 또 다시 세부적인 옵션들을 설정할 수 있습니다. 요소를 더블 클릭하거나 마우스 오른쪽 버튼을 눌러 서식 메뉴를 선택하면 엑셀 화면의 오른쪽에 설정 창이 나타납니다. 다른 요소를 클릭하면 자동으로 관련된 설정 메뉴들로 바뀝니다. 차트 작성 중에 계속 활성화시켜 놓으면 작업 속도를 높일 수 있습니다.

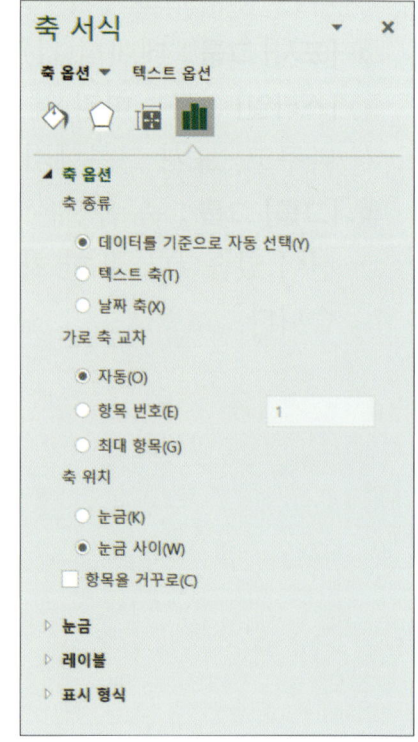

 **미니 차트로 성적 분석하기**

01 '모의고사 성적.xlsx' 파일을 불러온 후 [H4] 셀을 클릭합니다. [삽입] 탭-[스파크라인] 그룹-[열]을 클릭합니다.

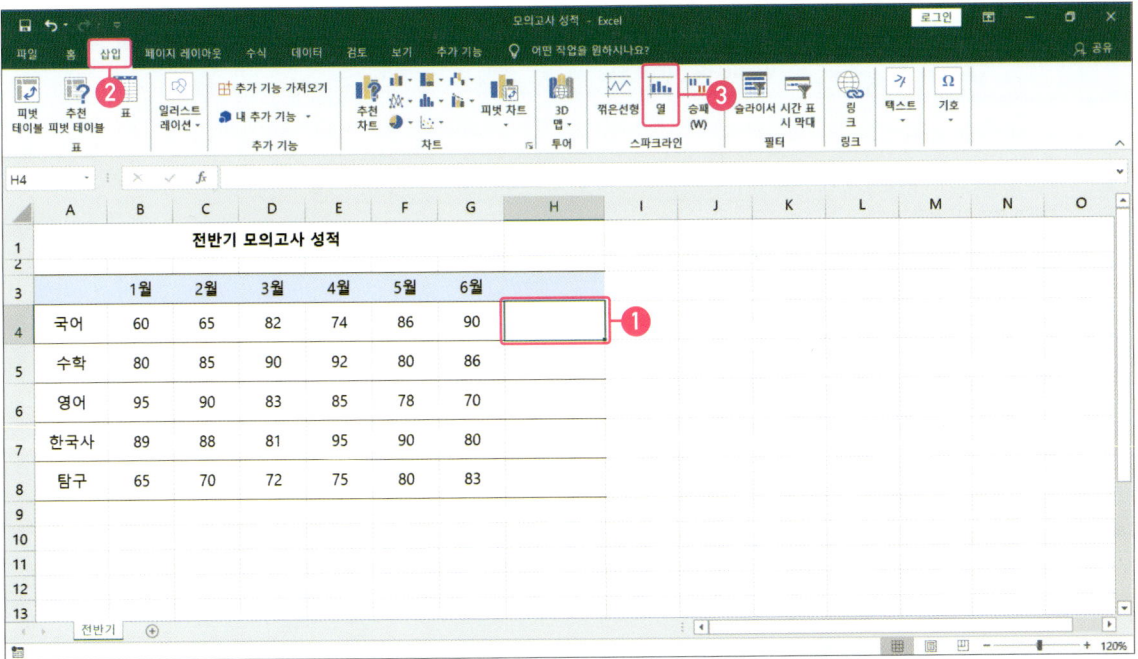

02 [스파크라인 만들기] 대화상자가 나타나면 [데이터 범위]에 [B4:G4] 영역을 드래그해 'B4:G4'를 입력한 후 [확인] 버튼을 클릭합니다.

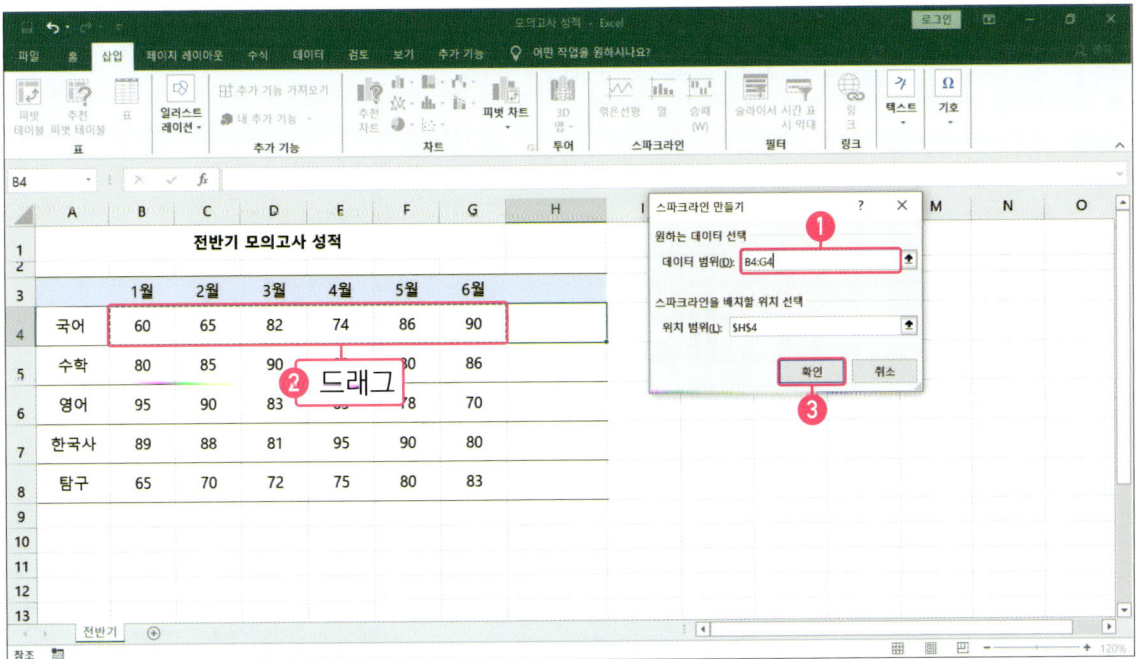

03 [H4] 셀에 작은 막대그래프가 생성된 것을 확인할 수 있습니다. [H4] 셀의 ■(채우기 핸들)을 [H8] 셀까지 드래그하여 자동 채우기 합니다.

04 [H4] 셀을 클릭하면 스파크라인 전체가 그룹화 되어 함께 선택되는 것을 확인할 수 있습니다.

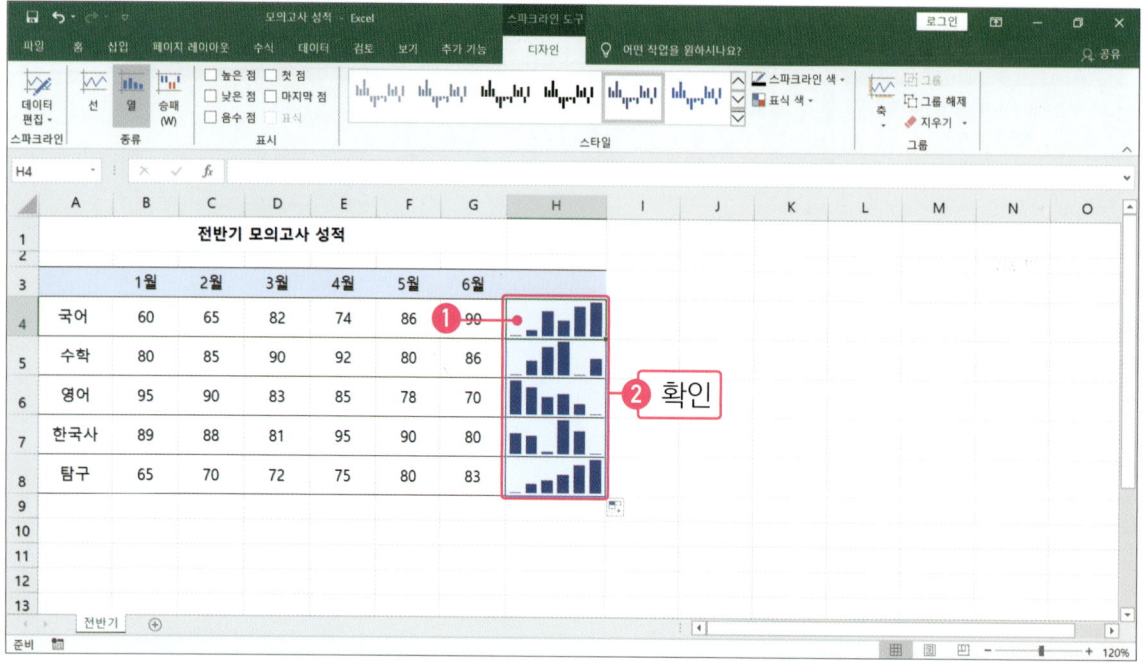

05 리본 메뉴에 [스파크라인 도구]-[디자인] 탭이 나타납니다. [스파크라인 도구]-[디자인] 탭-[스타일] 그룹-[표식 색]에서 [높은 점]의 [진한 빨강]을 선택합니다.

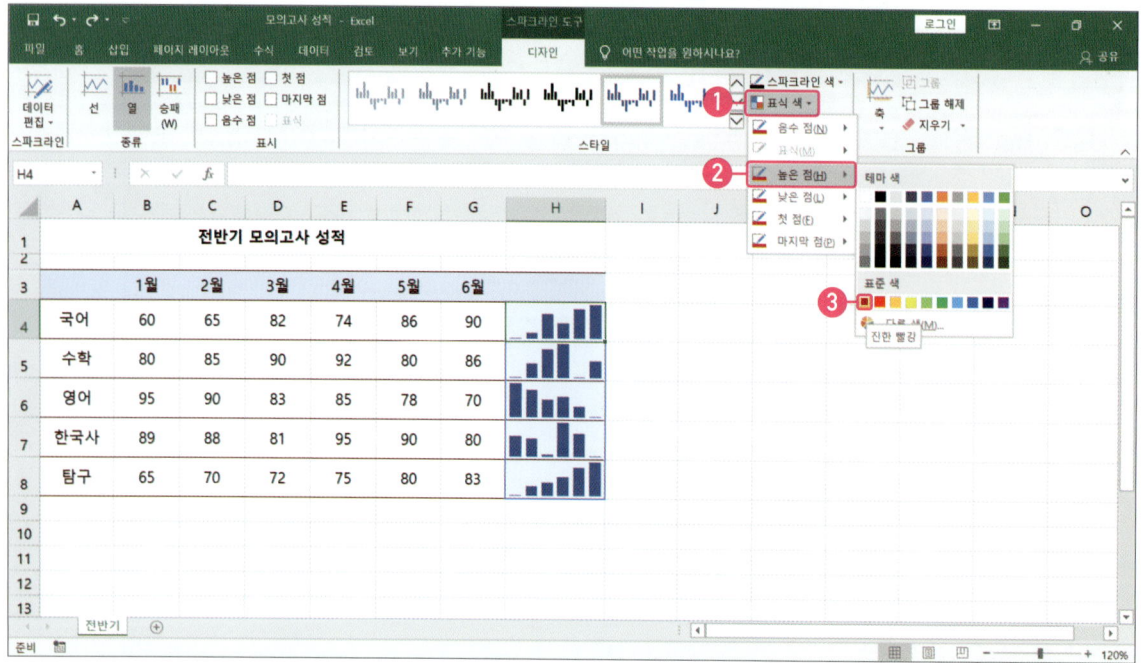

06 각 행의 최고 그래프의 색이 변경된 것을 확인할 수 있습니다. **[스파크라인 도구]-[디자인] 탭-[그룹] 그룹-[축]에서 [세로 축 최소값 옵션]의 [사용자 지정 값]을 선택**합니다.

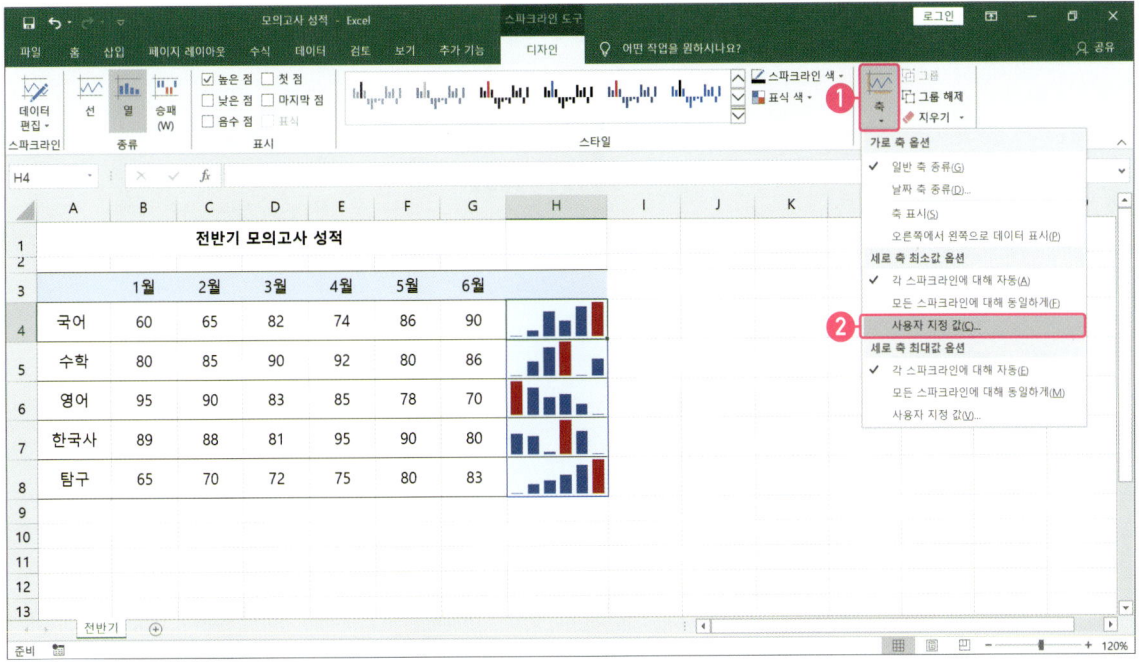

07 [스파크라인 세로 축 설정] 대화상자가 나타나면 최소값으로 **'70'을 입력**하고 **[확인] 버튼을 클릭**합니다.

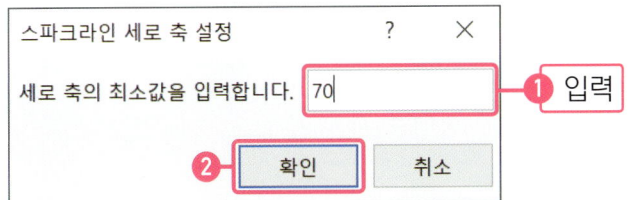

08 차트의 종류를 바꾸기 위해 **[스파크라인 도구]-[디자인] 탭-[종류] 그룹-[선]을 클릭**합니다.

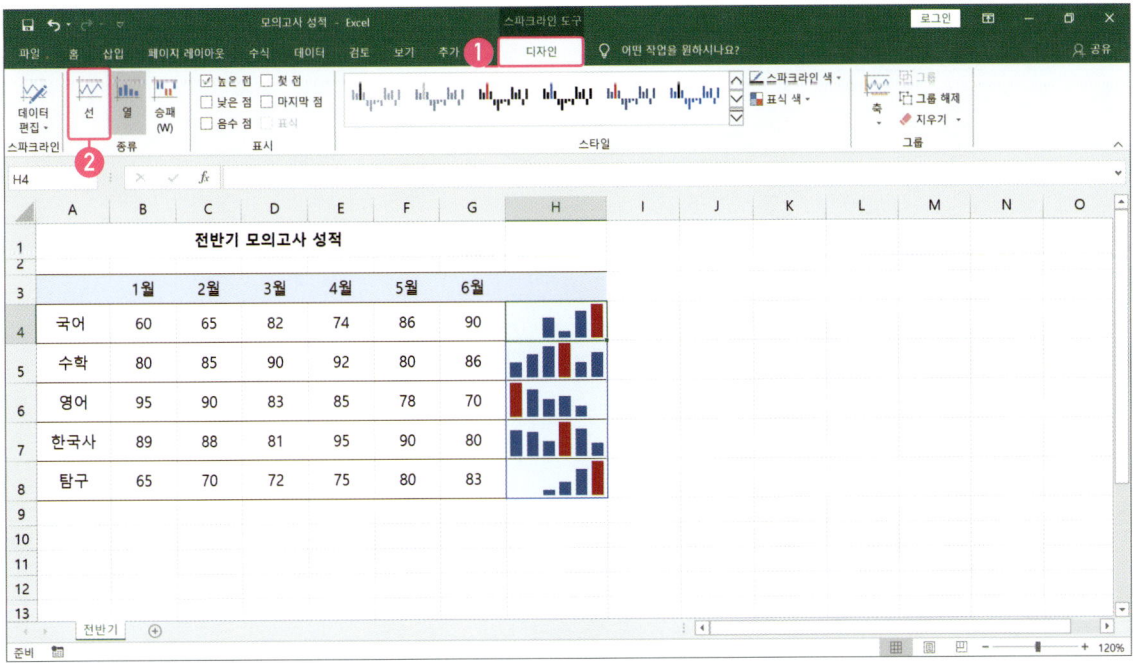

09 [스파크라인 도구]-[디자인] 탭-[스타일] 그룹-[스파크라인 색]을 클릭해 [검정, 텍스트 1, 50% 더 밝게]를 선택합니다.

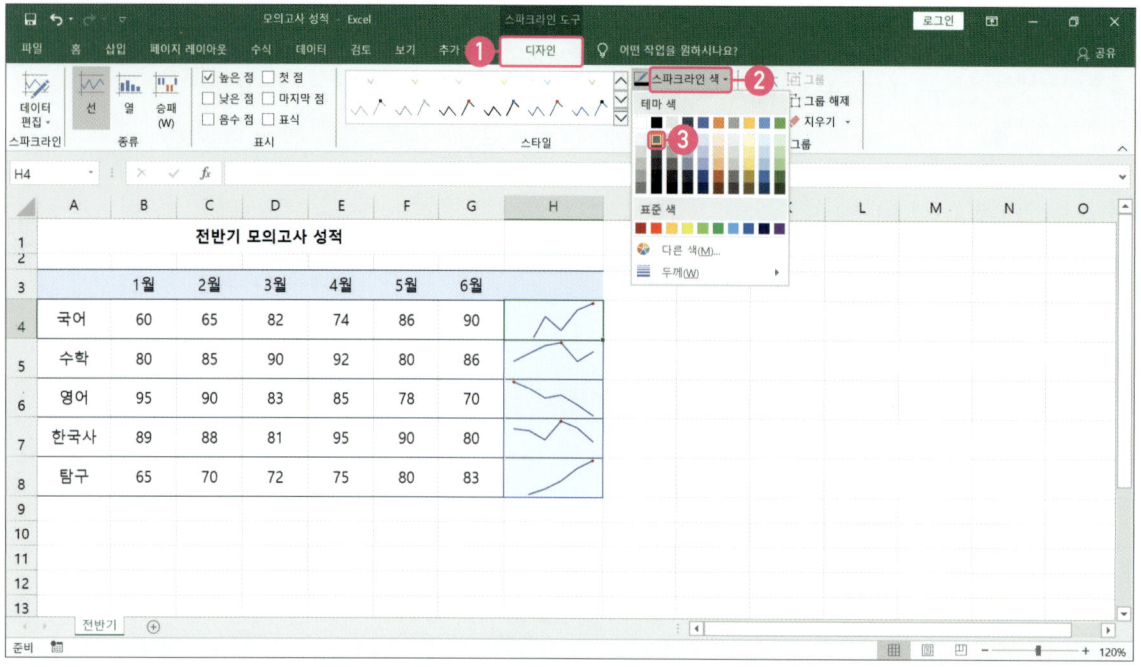

10 스파크라인의 선 색이 바뀌는 것을 확인할 수 있습니다.

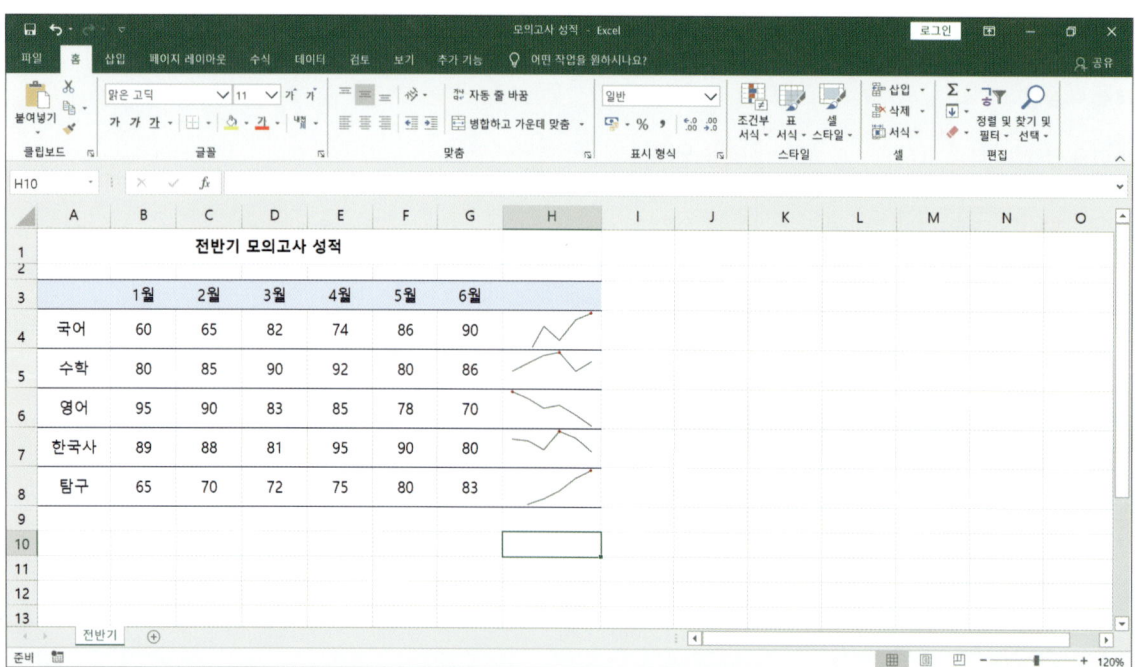

11 빠른 실행 도구 모음의 🔲(저장)을 클릭하여 저장합니다.

 **대칭 차트로 현황 비교하기**

▶ 차트 삽입하기

01 '자격증 인원.xlsx' 파일을 불러온 후 [A3:C8] 영역을 선택합니다. [삽입] 탭-[차트] 그룹-[세로 또는 가로 막대형 차트 삽입( )]에서 [2차원 가로 막대형]의 [묶은 가로 막대형]을 선택합니다.

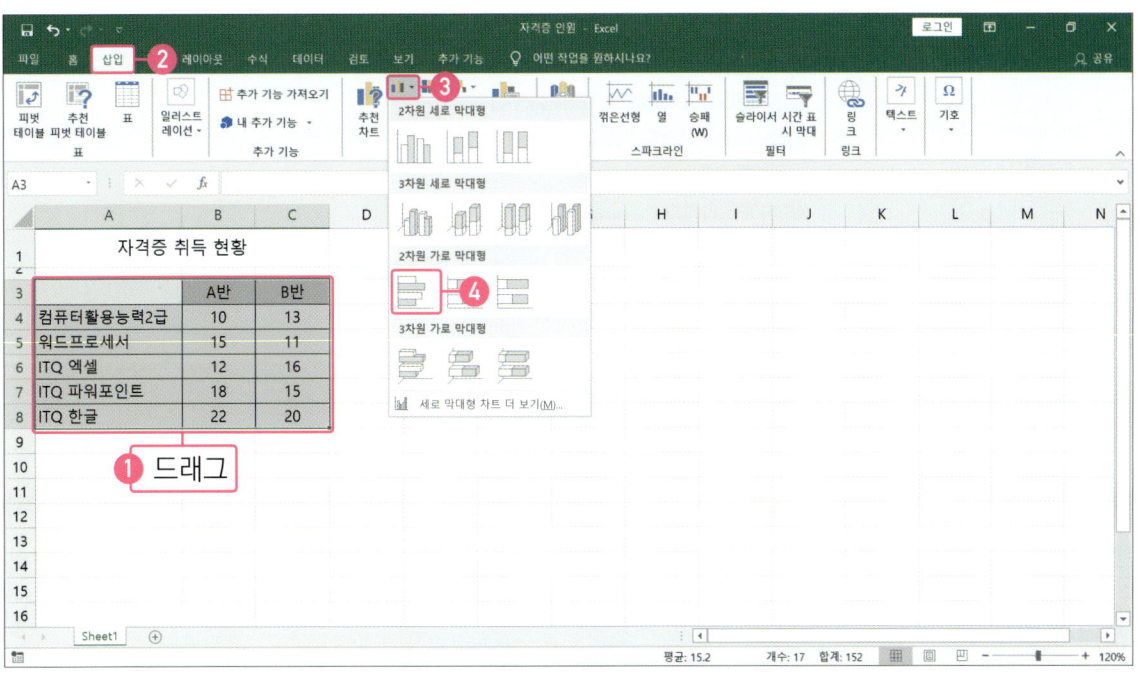

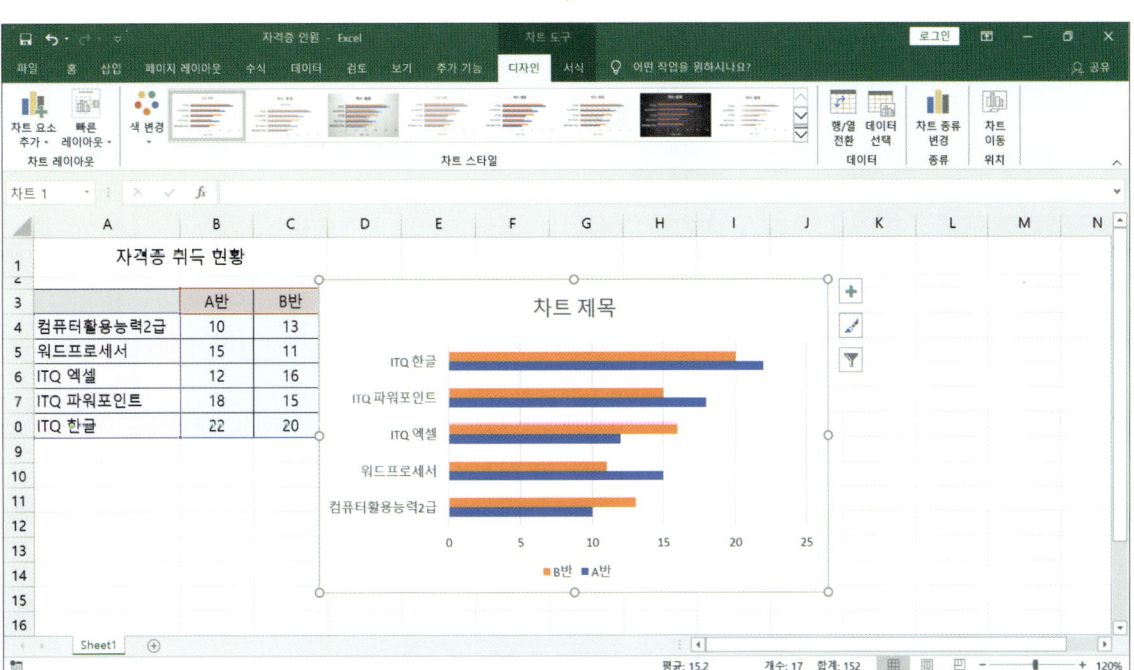

02 차트를 대칭 구조로 만들기 위해 'A반' 항목들을 음수로 만들어 보겠습니다. 빈 셀 중 아무 곳(여기서는 [B10] 셀)이나 클릭한 후 '-1'을 입력하고 복사(Ctrl+C)합니다. [B4:B8] 영역을 선택한 후 마우스 오른쪽 버튼을 클릭하고 [선택하여 붙여넣기]를 선택합니다.

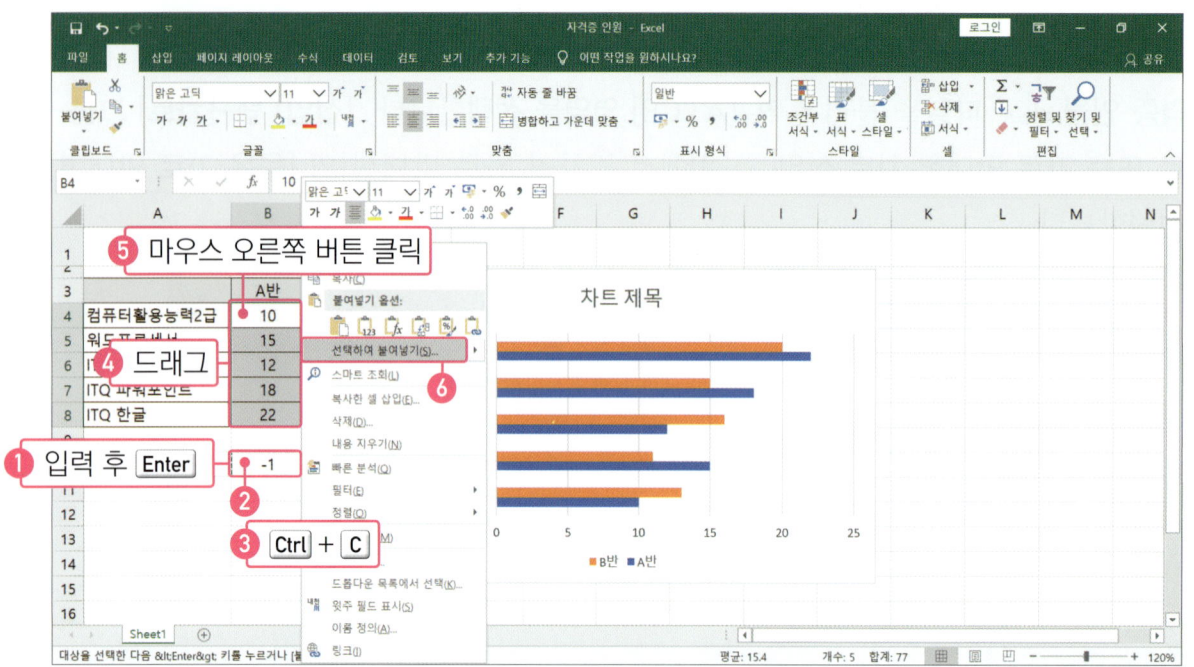

03 [선택하여 붙여넣기] 대화상자가 나타나면 [붙여넣기]는 '값', [연산]은 '곱하기'를 선택하고 [확인] 버튼을 클릭합니다. '-1'을 입력한 셀(여기서는 [B10] 셀)을 선택한 후 Delete 키를 눌러 삭제합니다.

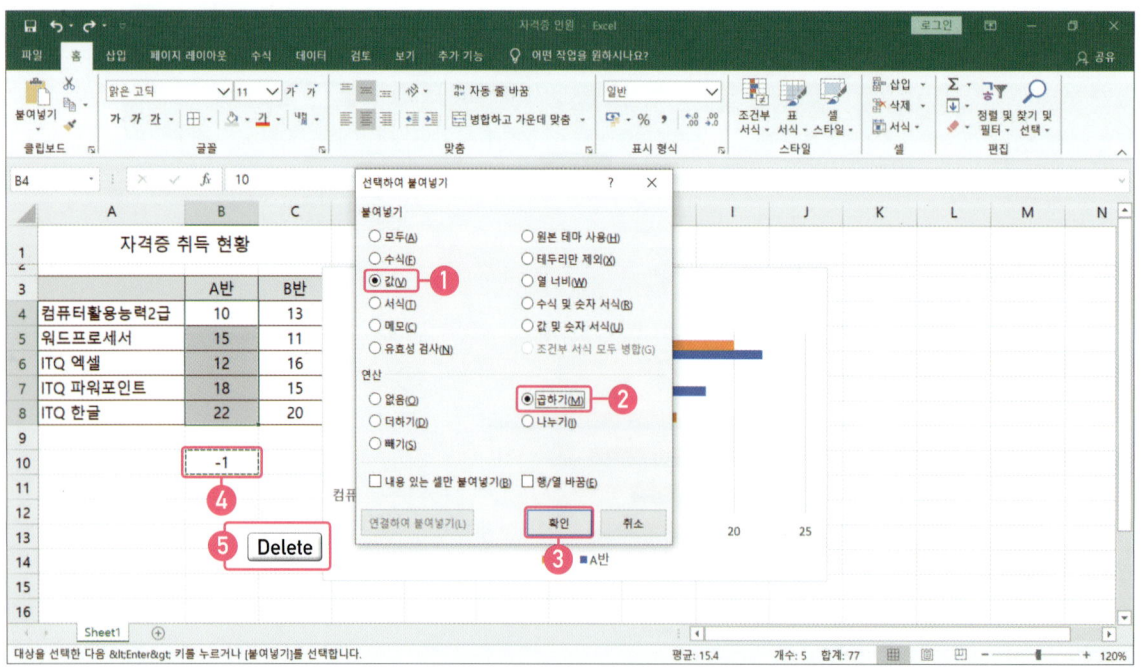

04 차트가 대칭 구조로 바뀐 것을 확인할 수 있습니다. 세로 (항목) 축을 세부 설정하기 위해 **세로 (항목) 축의 항목 중 하나(여기서는 'ITQ 한글')를 더블 클릭**합니다.

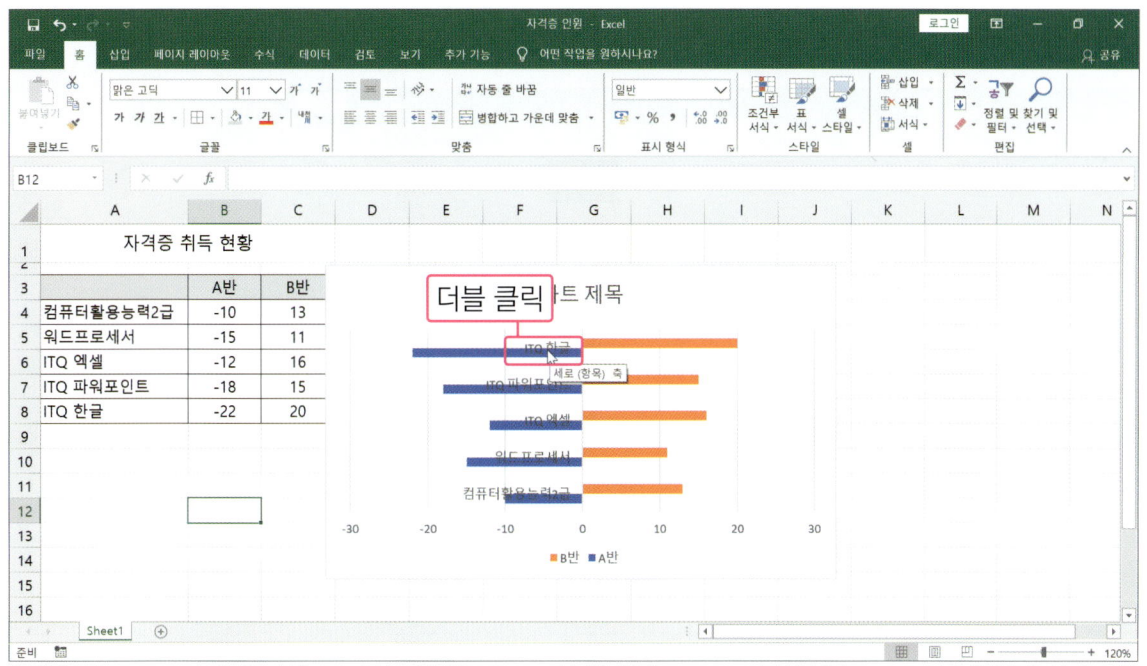

05 오른쪽에 [축 서식] 창이 나타납니다. **[축 옵션( )] 탭**에서 상세 옵션의 모습이 보이는 **[축 옵션]의 제목을 클릭해 닫고, 닫혀 있는 [레이블]의 제목을 클릭해 확장**합니다. 표시된 상세 옵션 중 **[레이블 위치]를 '낮은 쪽'으로 설정**합니다.

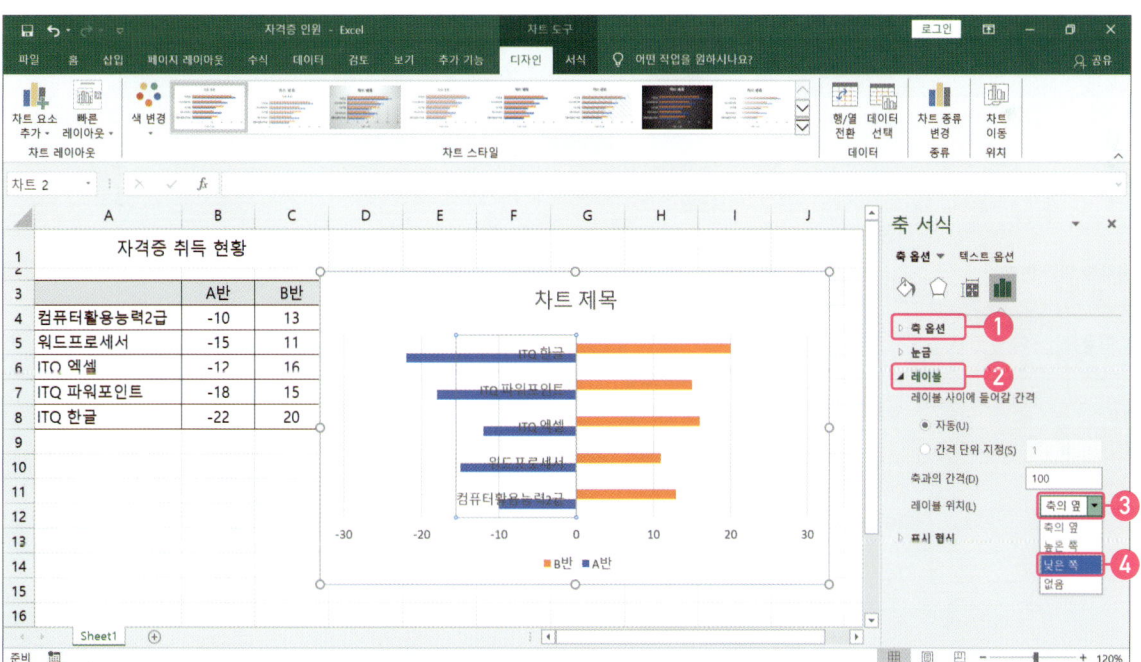

▶ 차트 요소 옵션 조절하기

01 A반 계열의 파란색 막대그래프를 선택합니다. 오른쪽의 설정 창의 모습이 [데이터 계열 서식] 창으로 변경됩니다.

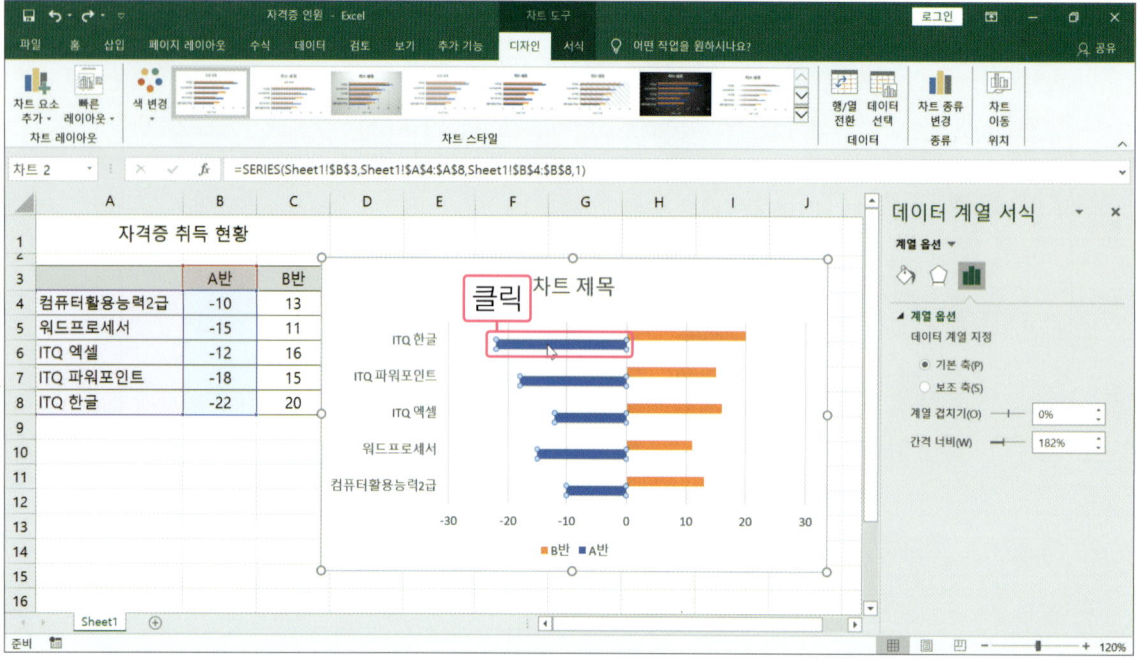

02 [데이터 계열 서식] 창에서 [계열 옵션]의 [계열 겹치기]와 [간격 너비]를 각각 '100'으로 설정합니다.

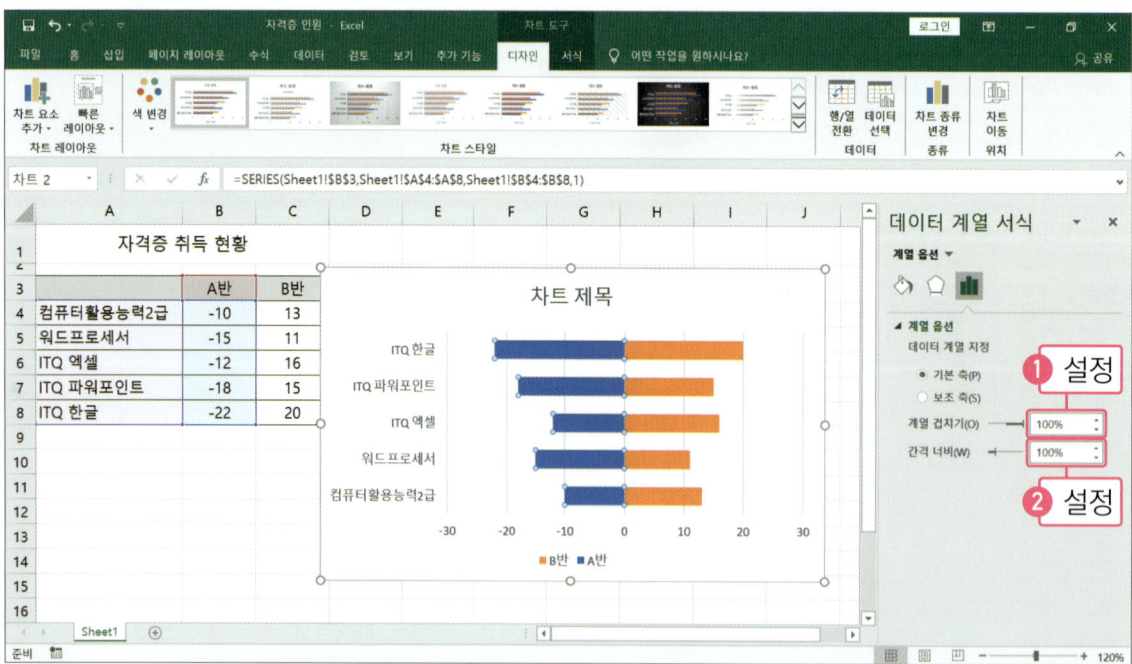

03 가로 (값) 축을 선택합니다. [축 서식] 창의 [축 옵션(■)] 탭에서 [경계]의 [최소값]은 '-25', [최대값]은 '25'로 설정합니다. 가로 축의 값이 변경된 것을 확인하고, 다시 가로 (값) 축을 선택한 후 Delete 키를 눌러 삭제합니다.

 사용자 컴퓨터에 설치된 엑셀의 업데이트 유무에 따라 '최소값'이 '최소', '최대값'이 '최대'로 표현될 수도 있습니다.

04 가로 (값) 축 주 눈금선을 선택한 후 Delete 키를 눌러 삭제합니다.

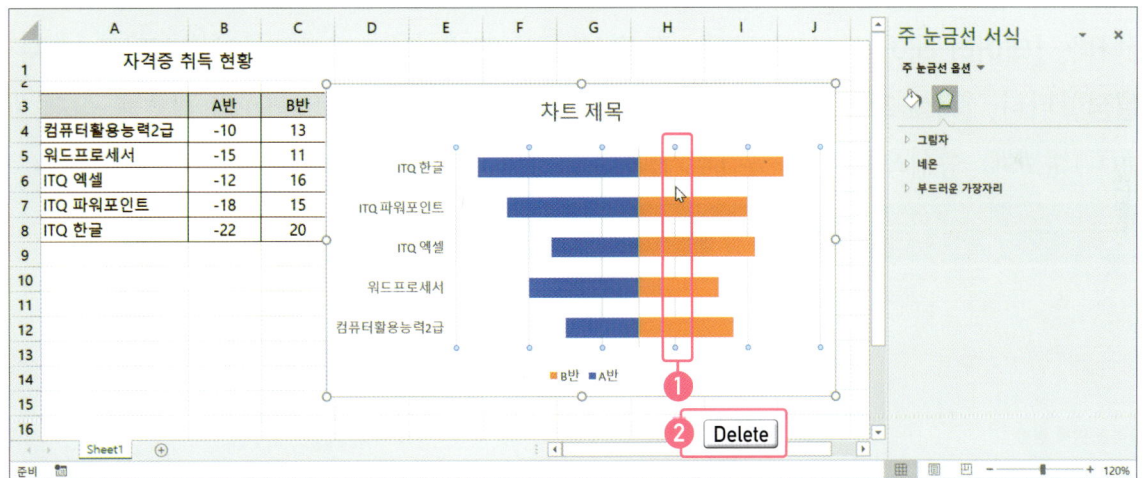

 눈금선 선택이 잘 안돼요.
[차트 도구]–[서식] 탭–[현재 선택 영역] 그룹에서 차트 요소를 지정할 수 있습니다.

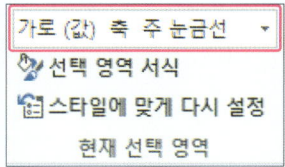

▶ 차트 요소 추가하고 설정하기

01 [차트 도구]-[디자인] 탭-[차트 레이아웃] 그룹-[차트 요소 추가]에서 [데이터 레이블]-[안쪽 끝에]를 선택합니다. 막대그래프 끝 쪽에 수치가 나타납니다.

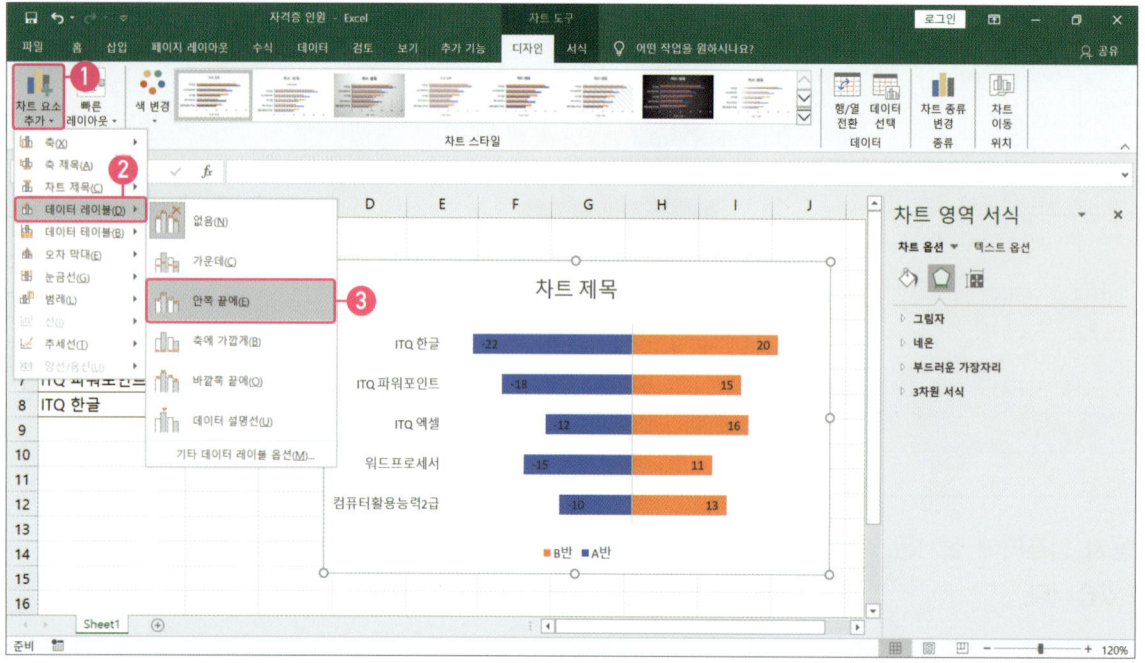

02 음수로 표시된 A반 계열의 수치를 바꾸기 위해 레이블 중 하나(여기에서는 '-22')를 선택합니다. [데이터 레이블 서식] 창의 [축 옵션( )] 탭에서 [표시 형식]의 [범주]를 '숫자'로 설정합니다. [서식 코드]의 입력 코드에서 '[빨강]'의 글자와 '(#,##0)'의 괄호를 삭제해 '#,##0_);#,##0' 형식으로 만든 후 [추가] 버튼을 클릭합니다.

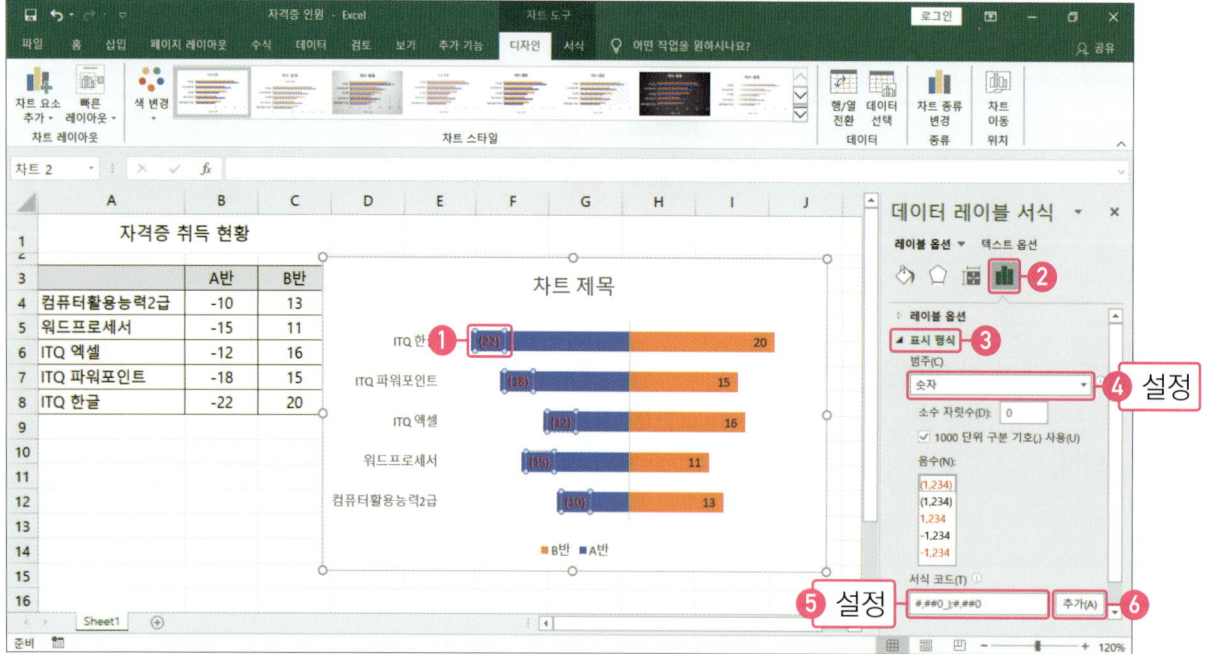

03 범례의 순서를 바꾸기 위해 **차트 영역을 선택**합니다. **[디자인] 탭–[데이터] 그룹–[데이터 선택]**을 클릭합니다.

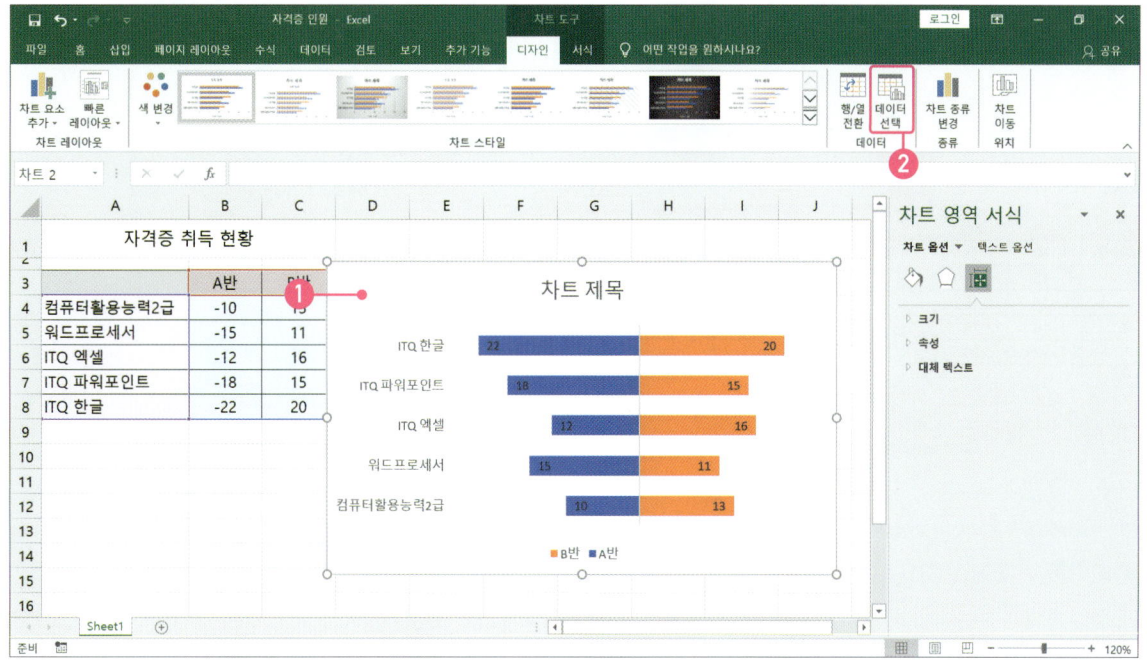

04 [데이터 원본 선택] 대화상자가 나타나면 **[범례 항목(계열)]**에서 'B반'을 선택한 후 ▲(위로 이동)을 클릭해 순서를 바꾸고 **[확인]** 버튼을 클릭합니다.

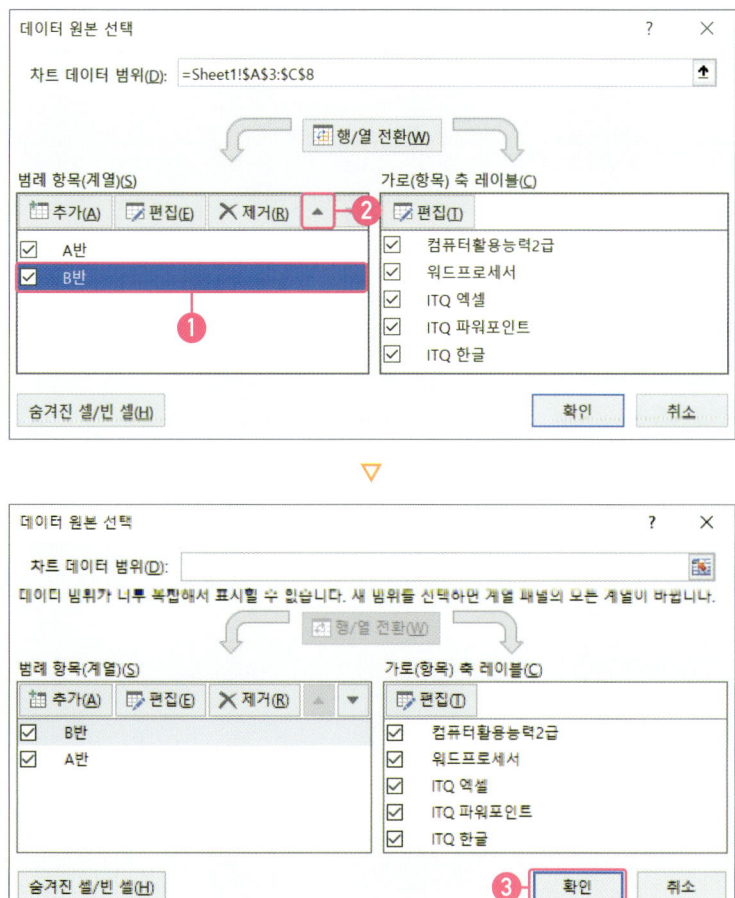

05 차트 제목을 선택한 후 수식 입력줄에 '자격증 취득 현황'이라고 입력하고 Enter 키를 누릅니다.

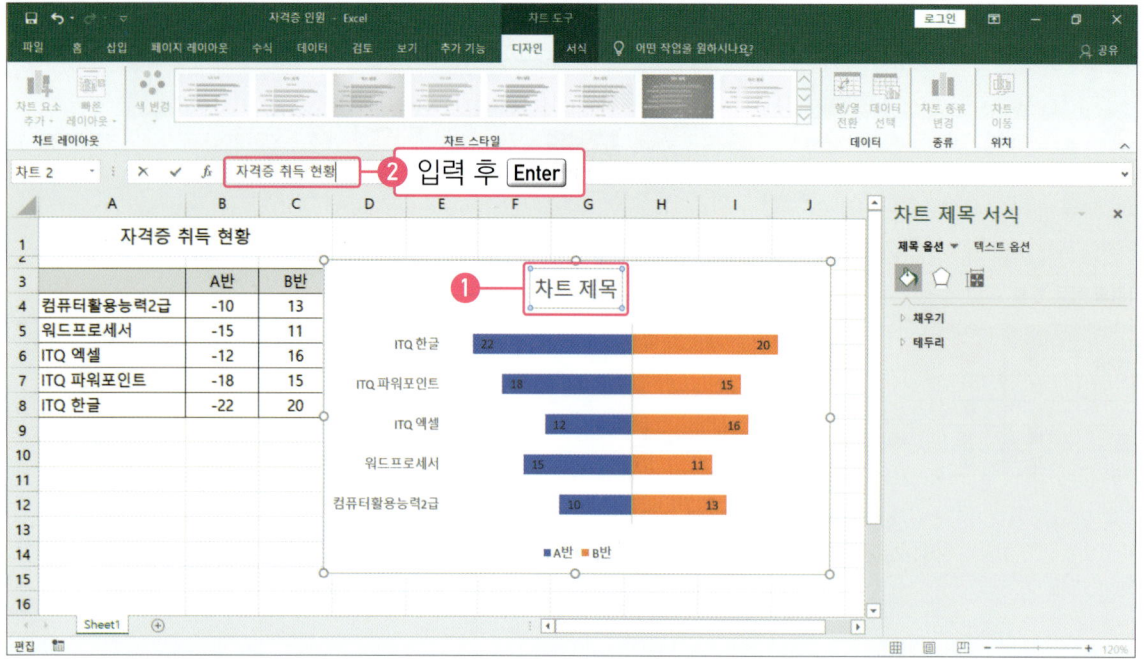

06 [홈] 탭-[글꼴] 그룹에서 [굵게(가)]를 클릭하고 [글자 색(가)]은 [검정, 텍스트 1]로 설정합니다. 설정 창의 ×(닫기) 버튼을 클릭합니다.

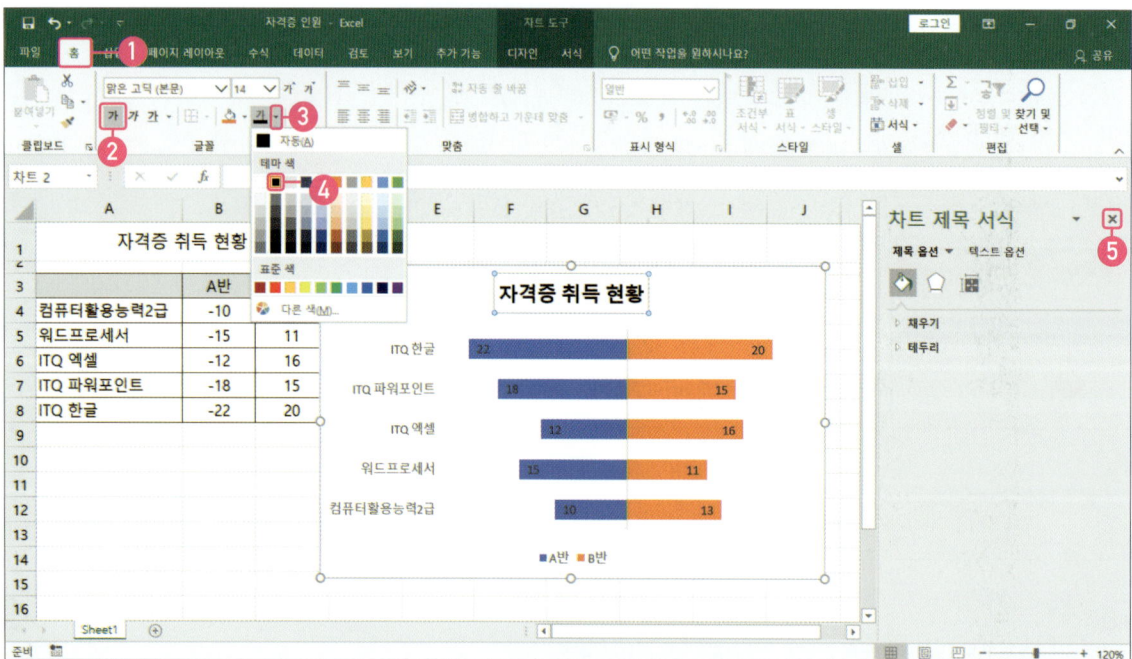

07 [차트 도구]-[디자인] 탭-[위치] 그룹-[차트 이동]을 클릭합니다. [차트 이동] 대화상자가 나타나면 '**새 시트**'를 선택한 후 '**자격증 취득 비교차트**'라 입력하고 [확인] 버튼을 클릭합니다.

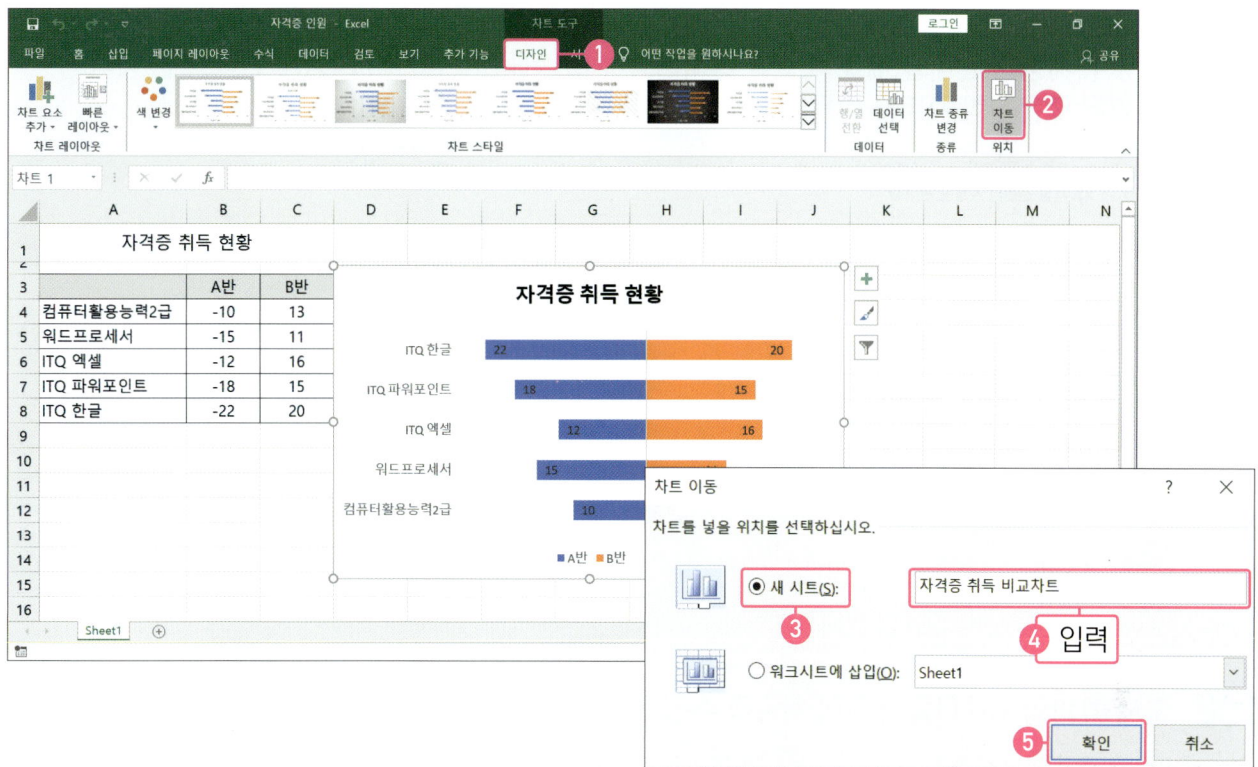

08 새 시트가 만들어지고 차트가 들어간 것을 확인할 수 있습니다.

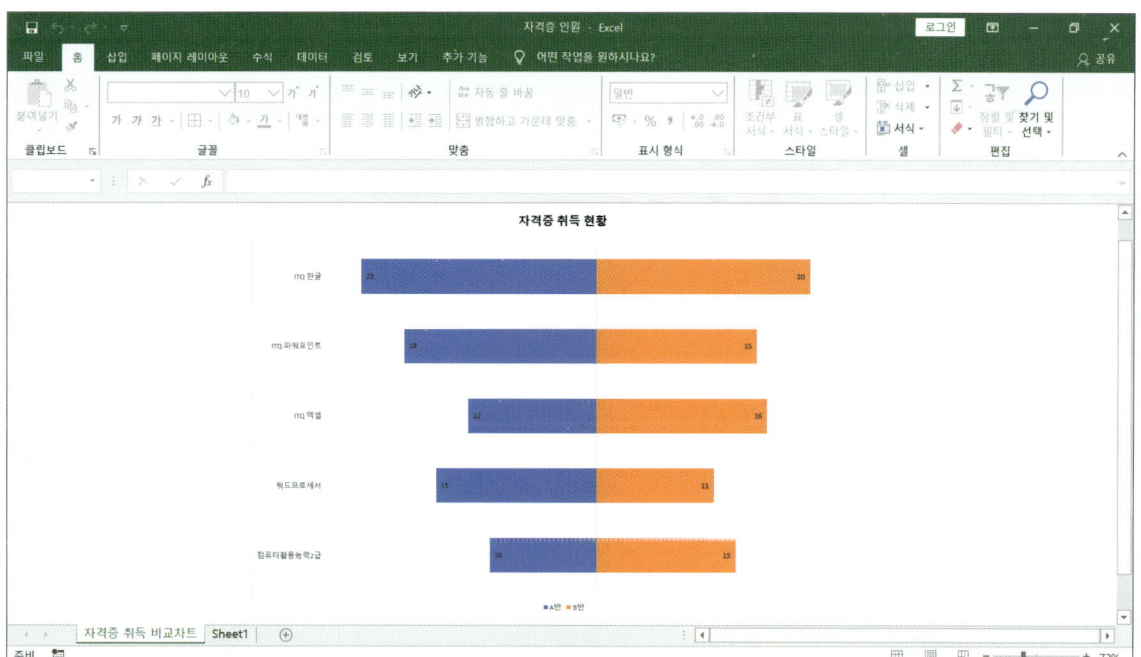

09 빠른 실행 도구 모음의 🖬(저장)을 클릭하여 저장합니다.

응용력 키우기

01 '전반기 자동차 판매량.xlsx' 파일을 불러온 후 차트 제목이 '전반기 자동차 판매량'인 다음과 같은 꺾은선형 차트를 만들어 봅니다.

준비파일 전반기 자동차 판매량.xlsx

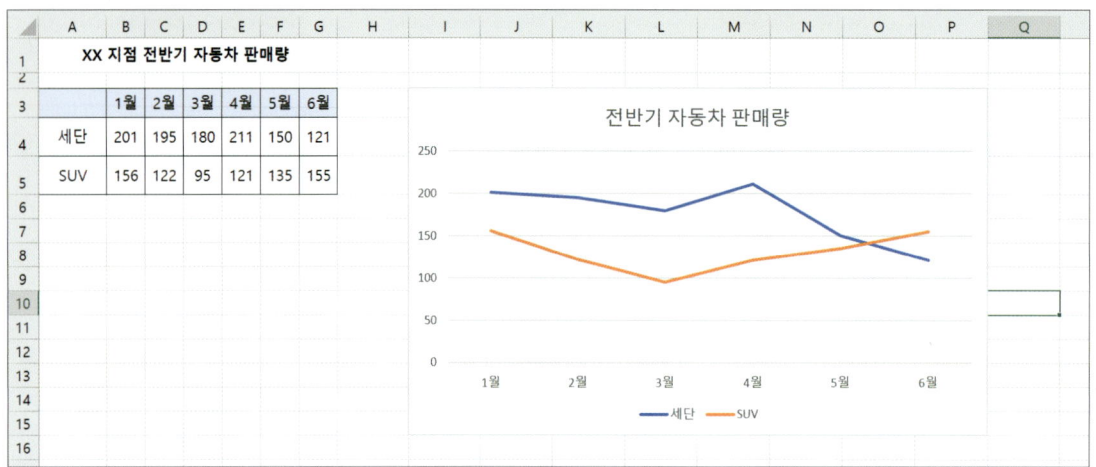

02 문제 **01** 파일에서 다음과 같이 차트를 수정해 봅니다.

- 세로 (값) 축 : 최소값을 '80'으로 설정
- 세로 (값) 축 주 눈금선 : 삭제
- 세단과 SUV가 가장 많이 팔린 달만 설정 : 데이터 레이블(위쪽) 표시, 표식 옵션(형식 : ●, 크기 : 8) 표시

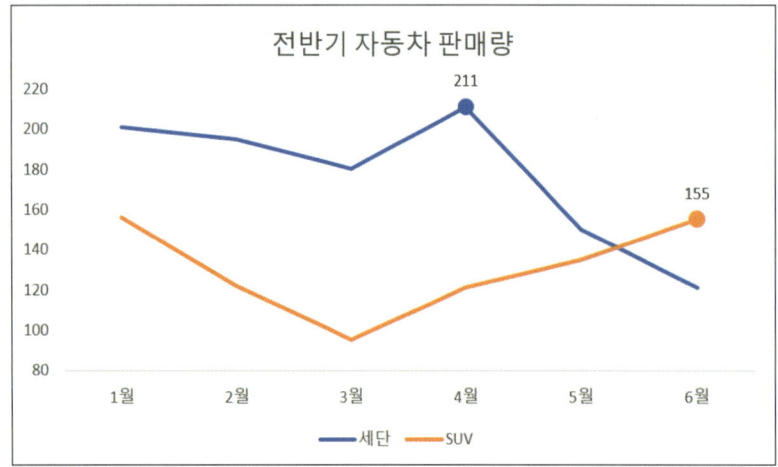

- 데이터 계열 요소 선택 : 그래프를 한 번 클릭하면 전체가 선택됩니다. 그 상태에서 원하는 지점만 한 번 더 클릭하면 분리해서 선택할 수 있습니다.
- 표식 옵션 설정 : 가장 많이 팔린 달의 표식 옵션을 더블 클릭 → [데이터 계열 서식] 창에서 [채우기 및 선( )] 탭 클릭 → 표식 클릭 → [표식 옵션]에서 '기본 제공' 선택 후 [형식]은 '●', [크기]는 '8'로 설정

08 영업 실적표 만들기

- 외부 데이터 가져오기
- 텍스트 나누기
- 텍스트 합치기
- 통합

미/리/보/기

■ 준비파일 : 지점별 영업 실적.xlsx, 경기 지점 영업 실적.txt
■ 완성파일 : 지점별 영업 실적_완성.xlsx

	A	B	C	D	E	F	G	H
1	품목	판매량	판매금액			판매사원	판매량	판매금액
2	G340	15	₩432,186,000			정동건	5	₩157,753,500
3	E770	8	₩184,164,000			장우성	5	₩132,464,500
4	M888	9	₩549,781,000			이휴리	7	₩328,181,000
5	GC242	3	₩91,465,000			배철호	2	₩44,625,000
6	M434	10	₩509,544,000			김상민	6	₩267,822,000
7						이재석	2	₩46,235,000
8						고유인	3	₩73,645,000
9						최장박	10	₩578,647,000
10						자동문	3	₩88,235,000
11						나태원	2	₩49,532,000
12								

경기지점 / 인천지점 / 영업실적

엑셀을 사용하다 보면 사용자가 직접 내용을 입력하기도 하지만, 여기저기서 흩어져 있는 데이터들을 받아 사용할 때도 있습니다. 심지어 통일이 안 된 데이터들을 하나로 취합하려면 여간 힘든 일이 아닙니다. 이번 장에서는 텍스트 형식으로 된 외부 데이터들을 가져와 형식을 통일하고 데이터를 통합하는 방법을 알아보겠습니다.

외부 데이터와 데이터 통합 관리

▶ 외부 데이터 가져오기

- 다른 포맷으로 작성된 데이터를 엑셀로 가져와 작업할 때는 '외부 데이터 가져오기' 기능을 사용합니다.
- [데이터] 탭-[외부 데이터 가져오기] 그룹에서 가져올 데이터를 선택할 수 있습니다. 보통은 데이터베이스 관련 포맷과 많이 연동하지만, 텍스트(Text)로 된 포맷도 쉽게 불러올 수 있습니다.
- 텍스트 파일에 입력된 데이터들을 불러와 엑셀의 각 셀에 제대로 입력되도록 하기 위해서는 각각의 데이터가 제대로 분리되어 있어야 합니다. 엑셀에서 각각의 데이터를 분리하는 방법은 크게 '일정한 너비', '구분 기호(탭, 세미콜론, 쉼표, 공백, 기타 사용자가 정의한 기호)' 두 가지입니다. [데이터] 탭-[외부 데이터 가져오기] 그룹-[텍스트]를 클릭하면 [텍스트 마법사] 대화상자를 이용해 구현할 수 있습니다.

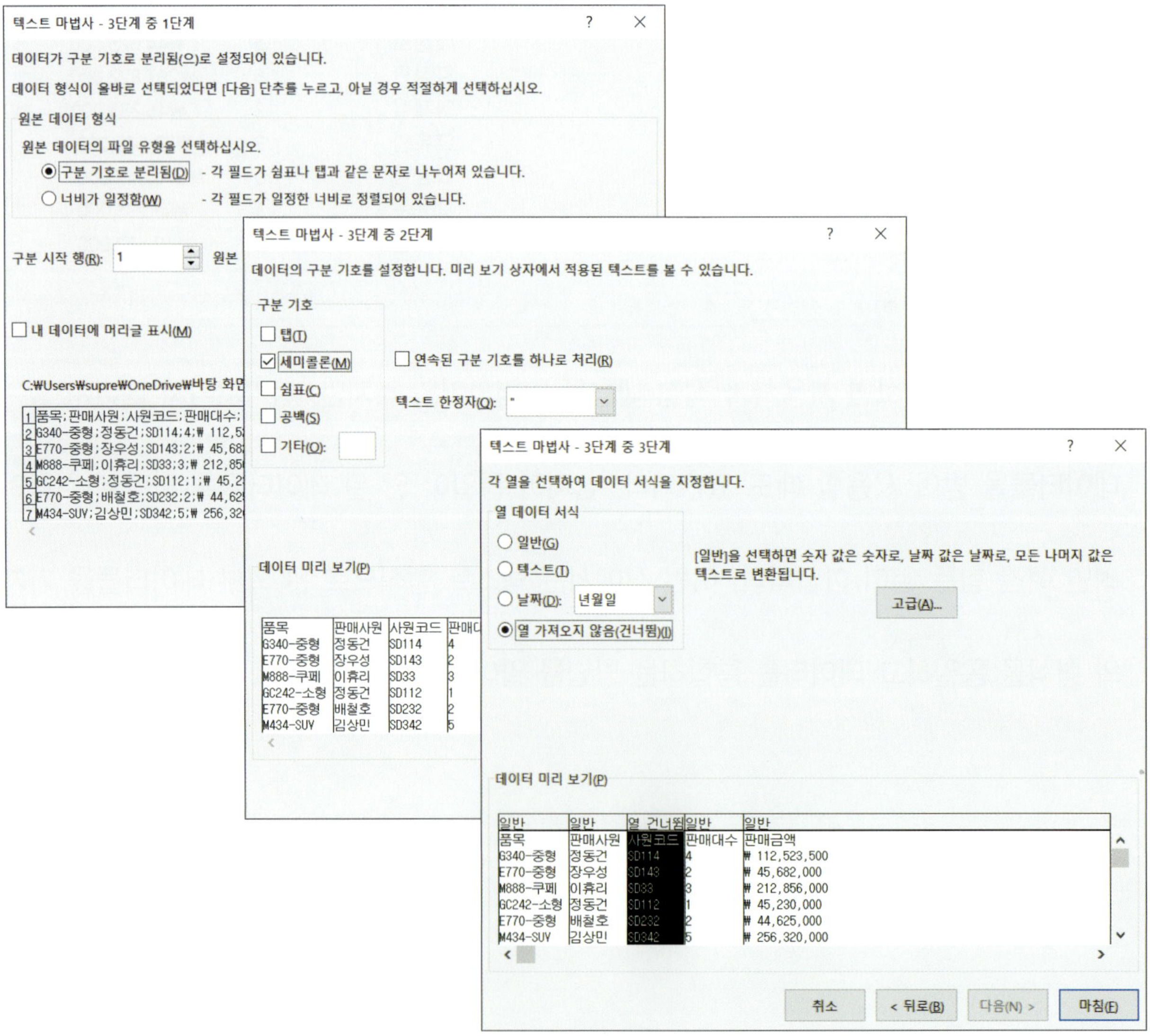

▶ 텍스트 나누기

- '텍스트 나누기'는 한 셀 안에 있는 내용을 분리해 두 개의 셀에 나누어 입력하고 싶을 때 사용하는 기능입니다.
- [데이터] 탭 - [데이터 도구] 그룹-[텍스트 나누기]를 클릭하면 '외부 데이터 가져오기'와 같은 [텍스트 마법사] 대화상자를 통해 사용할 수 있습니다. 셀 안의 데이터를 '일정한 너비', '구분 기호(탭, 세미콜론, 쉼표, 공백, 기타 사용자가 정의한 기호)'로 분리합니다.

▶ 통합

- 통합 기능은 떨어져 있는 데이터 값들을 수식을 통해 하나의 표로 취합할 수 있는 기능입니다.

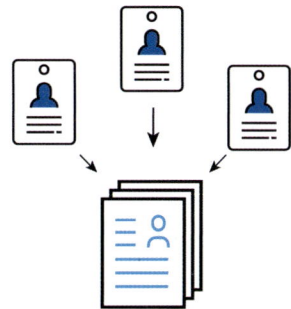

- [데이터] 탭-[데이터 도구] 그룹-[통합]을 클릭하면 [통합] 대화상자를 통해 사용할 수 있습니다. 사용하는 수식에는 합계, 개수, 평균, 최대, 최소, 곱, 숫자 개수, 표본 표준 편차, 표준 편차, 표본 분산, 분산이 있습니다.

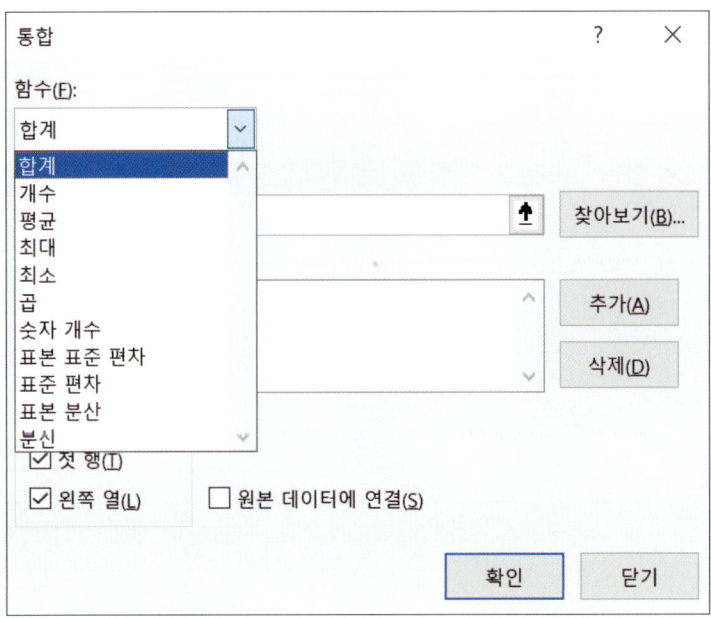

 ## 지점별 영업 실적 한 곳으로 집계하기

▶ 텍스트 형식의 외부 데이터 가져오기

01 '지점별 영업 실적.xlsx' 파일을 불러온 후 '경기지점' 시트를 클릭합니다. [A1] 셀이 선택되어 있는 상태에서 **[데이터] 탭-[외부 데이터 가져오기] 그룹-[텍스트]**를 클릭합니다.

02 [텍스트 파일 가져오기] 대화상자가 나타나면 제공된 **'경기 지점 영업 실적.txt'** 파일을 찾아 선택한 후 **[가져오기]** 버튼을 클릭합니다.

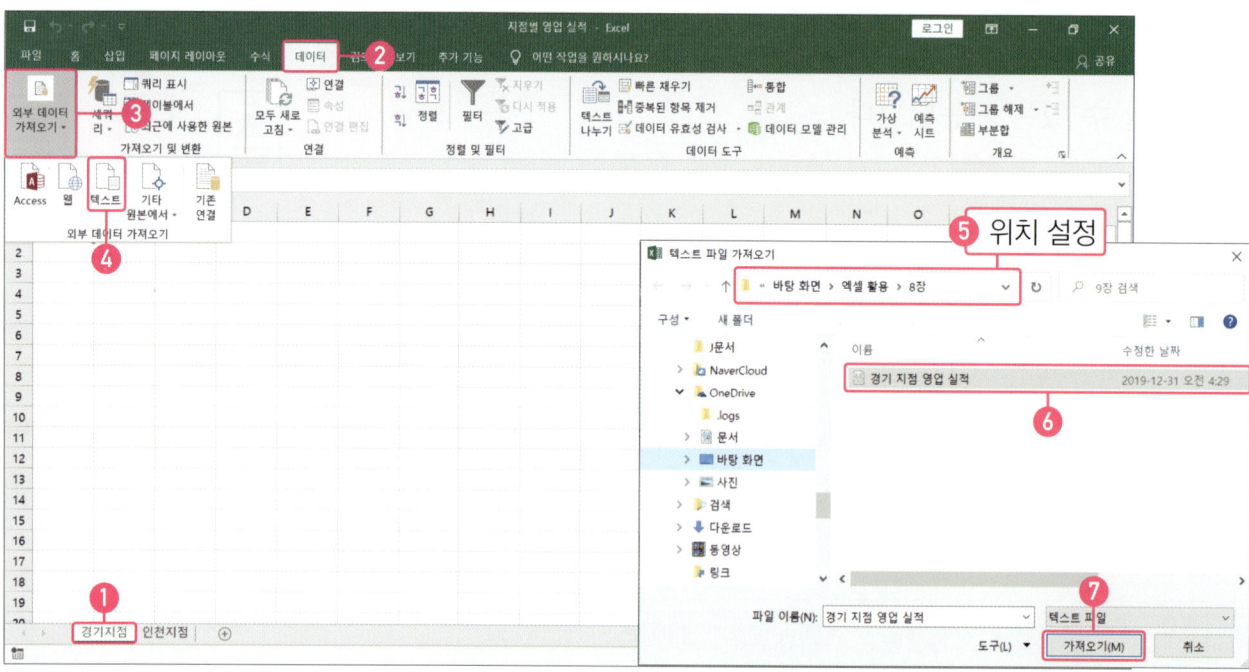

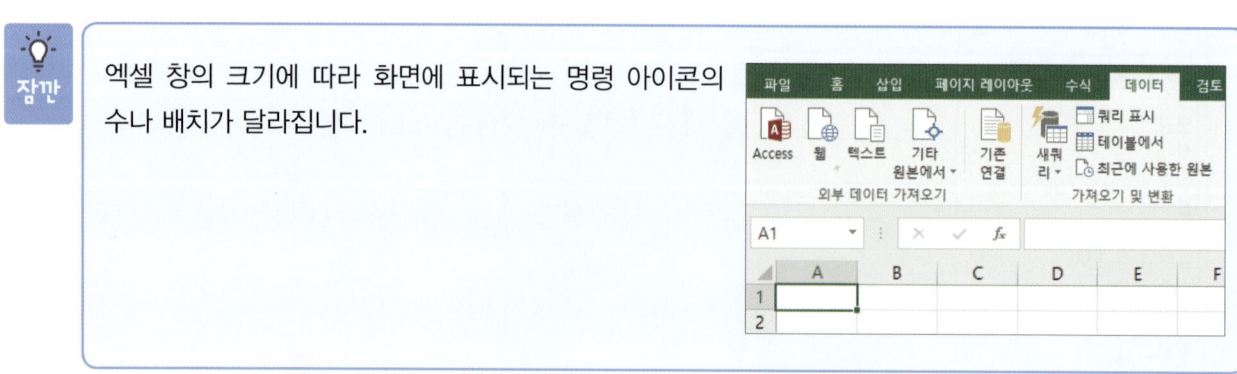

엑셀 창의 크기에 따라 화면에 표시되는 명령 아이콘의 수나 배치가 달라집니다.

03 [텍스트 마법사] 대화상자가 나타나면 **'구분 기호로 분리됨'을 선택**하고 **[다음] 버튼을 클릭**합니다.

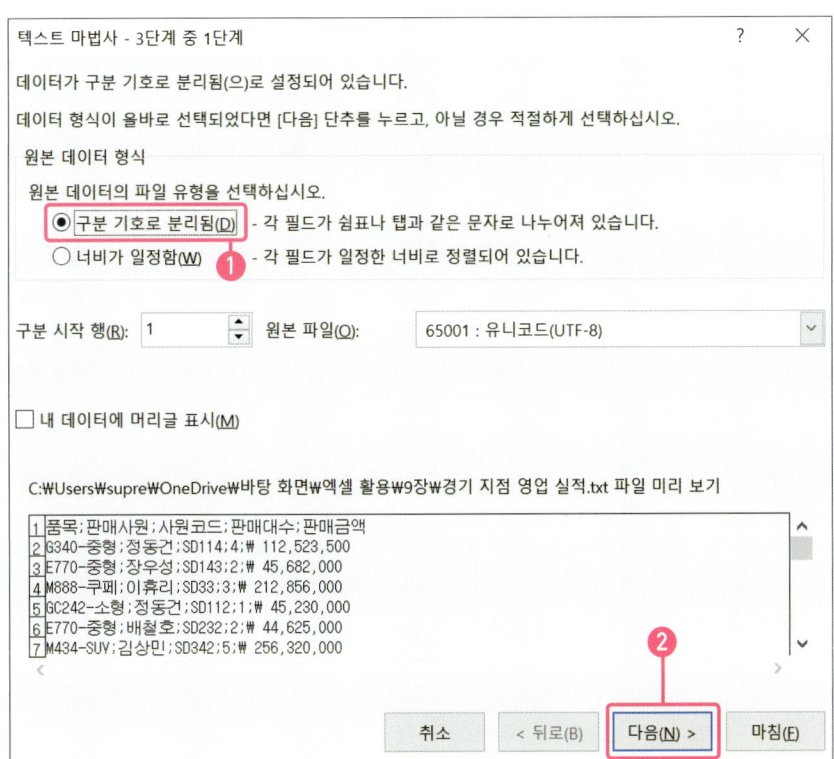

04 [구분 기호] 중 **'세미콜론'만 체크**합니다. [데이터 미리 보기]에서 데이터가 분류되는 것을 확인할 수 있습니다. **[다음] 버튼을 클릭**합니다.

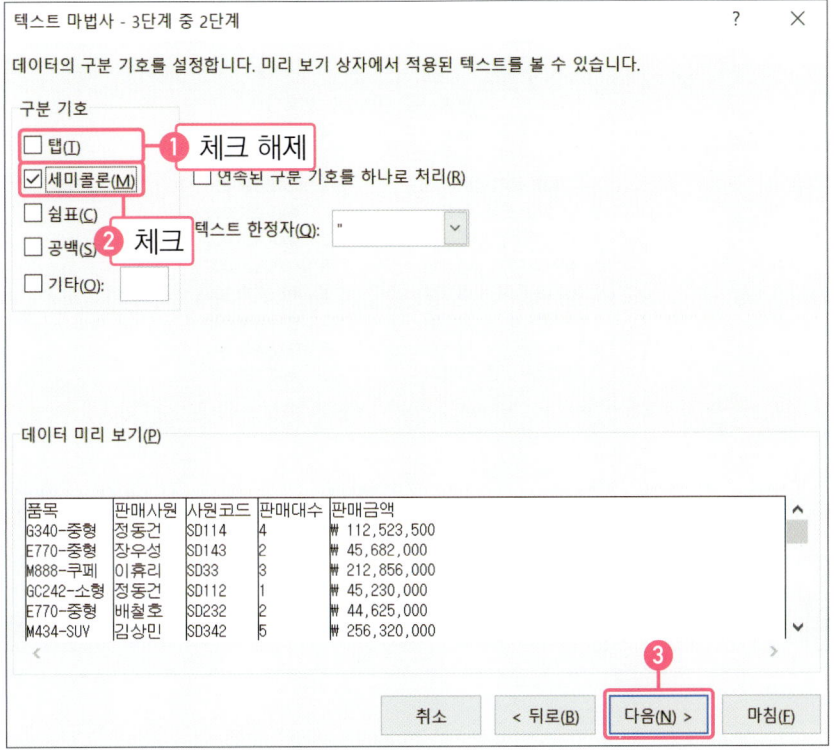

05 '사원코드' 열을 클릭한 후 [열 데이터 서식]의 **'열 가져오지 않음(건너뜀)'을 선택**하고 [마침] 버튼을 클릭합니다.

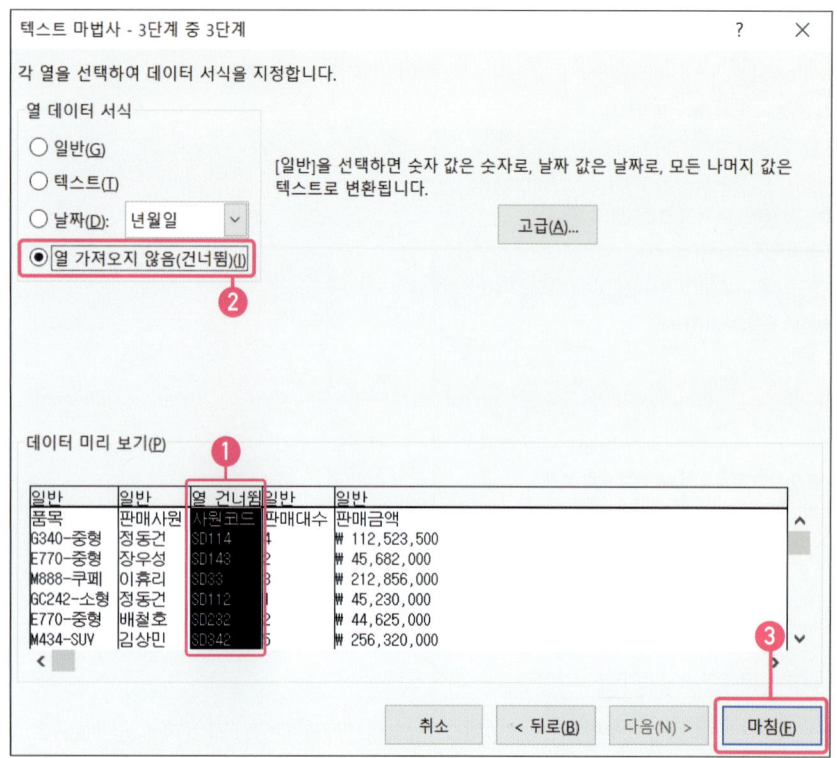

06 [데이터 가져오기] 대화상자가 나타나면 데이터가 들어갈 위치가 '기존 워크시트'의 '=$A$1'로 입력됐는지 확인하고 [확인] 버튼을 클릭합니다. '경기지점' 시트에 사원코드만 제외하고 삽입된 것을 확인할 수 있습니다.

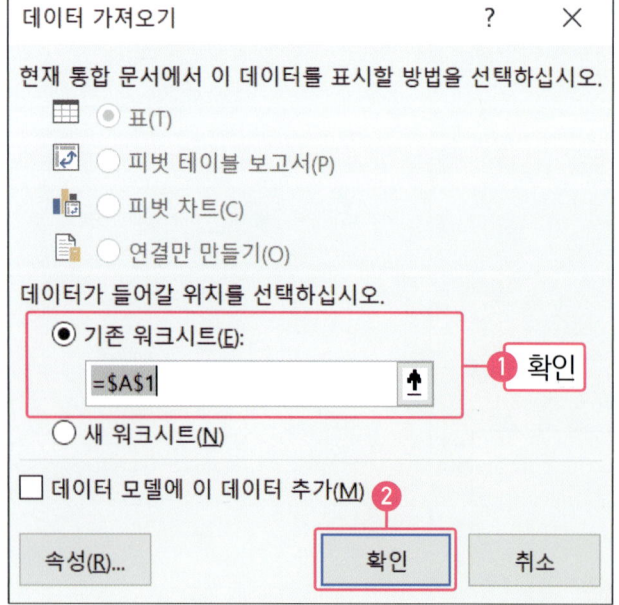
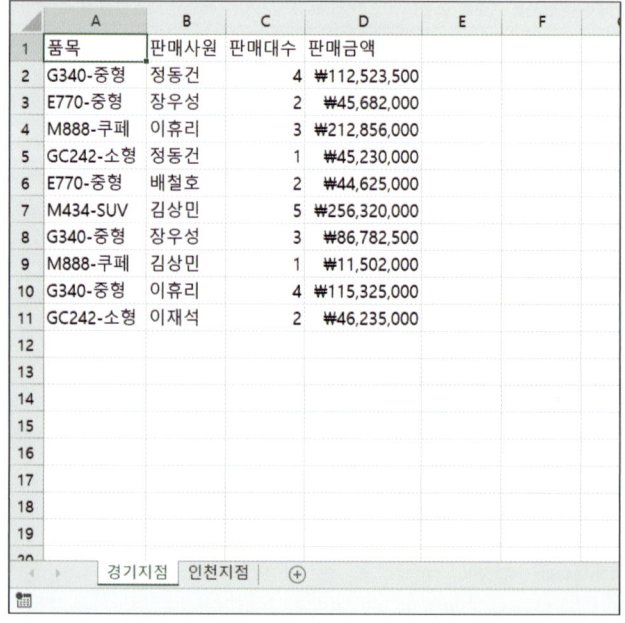

07 [A1:D11] 영역을 선택한 후 [홈] 탭–[글꼴] 그룹–[테두리( )]의 ▼를 클릭해 [모든 테두리]를 선택합니다. [A1:D1] 영역을 선택한 후 [홈] 탭–[글꼴] 그룹–[채우기 색( )]의 ▼를 클릭해 적당한 색을 선택해 채웁니다.

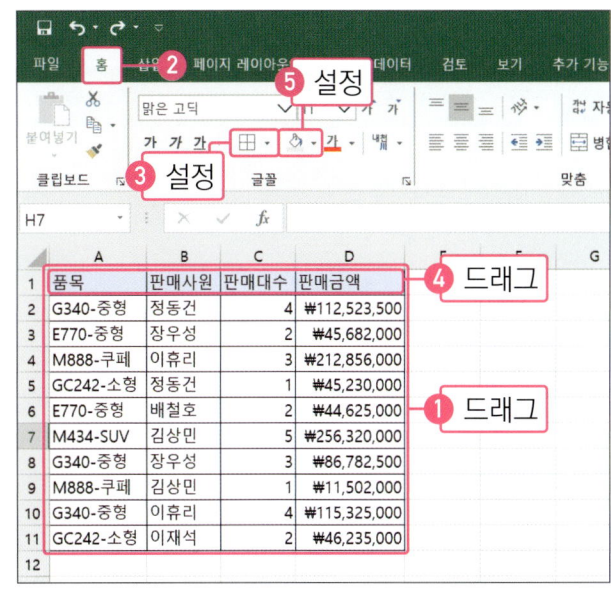

▶ 경기지점 '품목' 항목 텍스트 나누기

01 '인천지점' 시트를 클릭합니다. 다시 '경기지점' 시트를 클릭합니다. '경기지점'과 '인천지점'의 시트의 표 내용이 조금씩 다른 것을 확인할 수 있습니다.

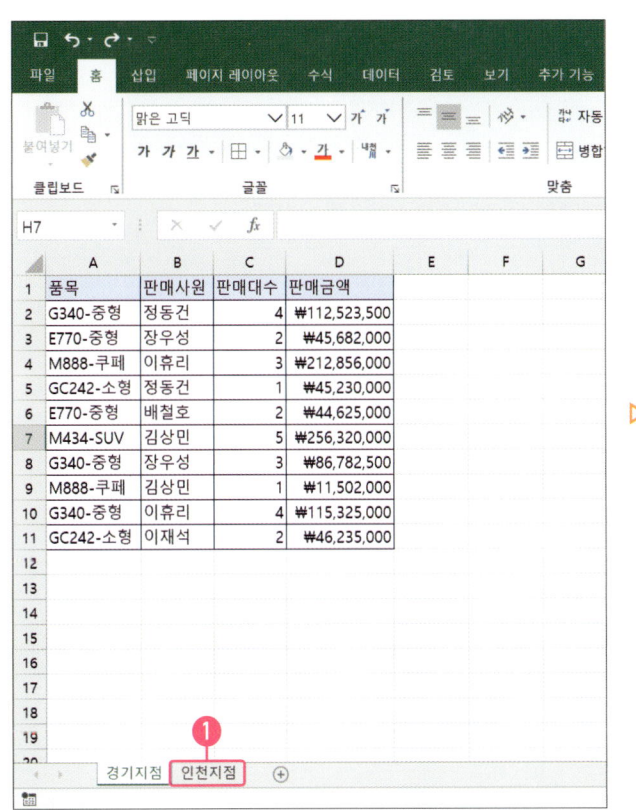 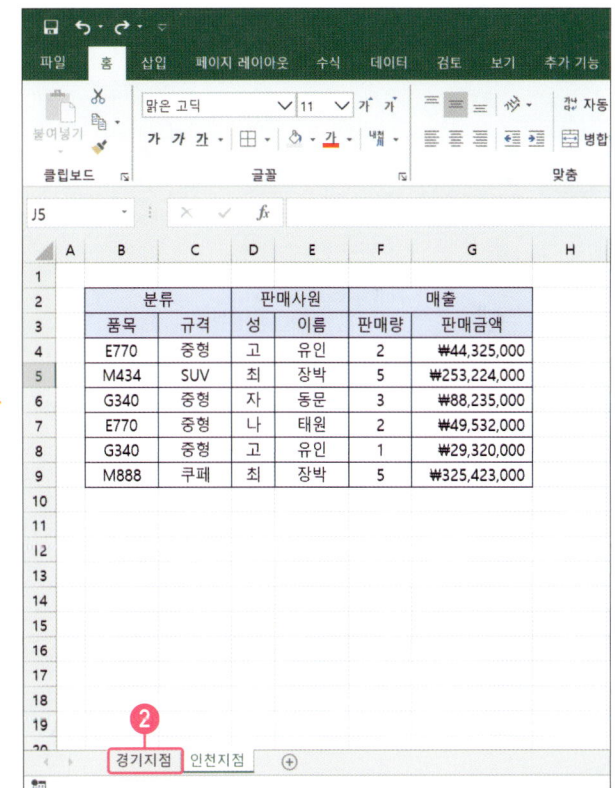

02 '경기지점' 시트의 **B열을 마우스 오른쪽 버튼으로 클릭**한 후 **[삽입]을 선택**합니다.

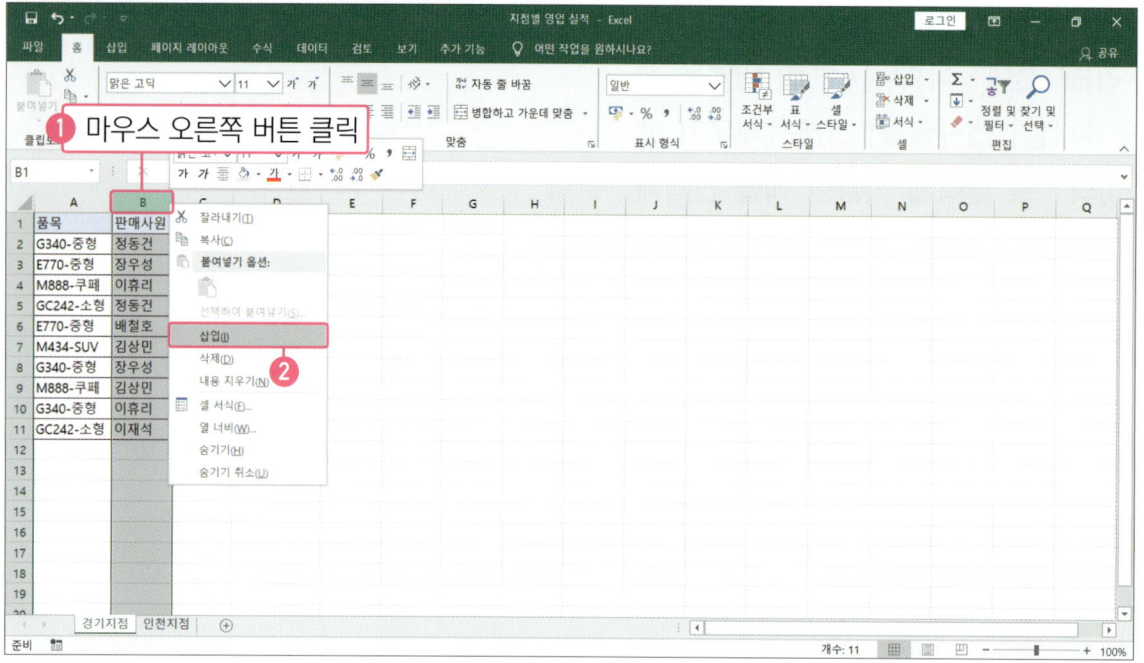

03 열이 추가된 것을 확인한 후 **[A2:A11] 영역을 선택**합니다. **[데이터] 탭-[데이터 도구] 그룹-[텍스트 나누기]를 클릭**합니다.

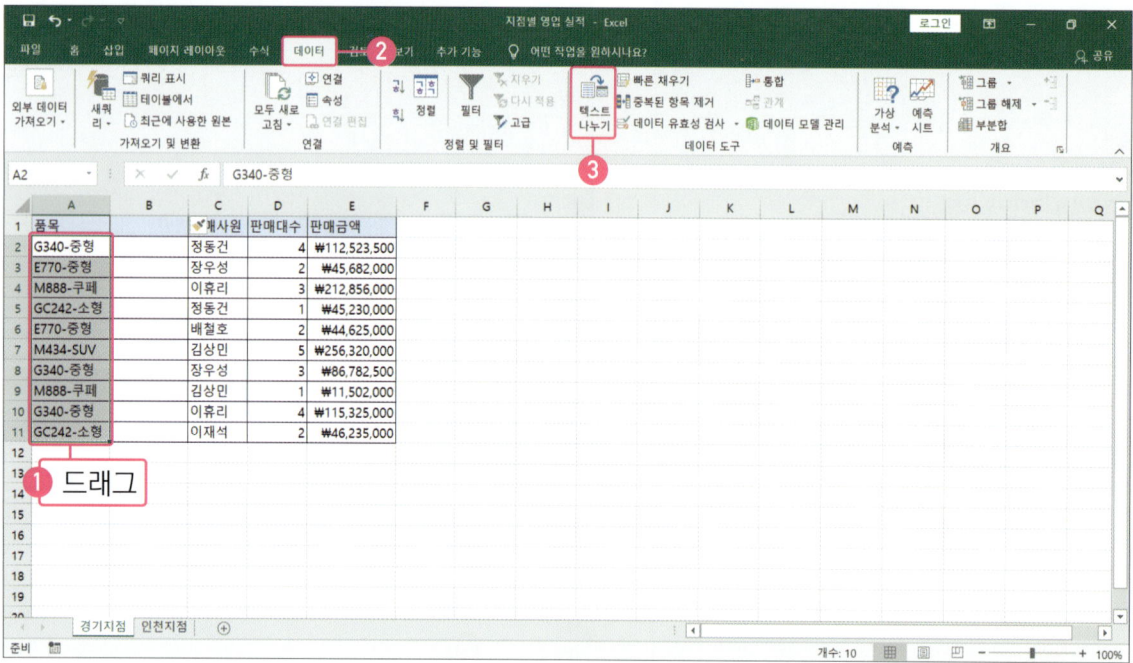

04 [텍스트 마법사] 대화상자가 나오면 '**구분 기호로 분리됨**'을 선택하고, [다음] 버튼을 클릭합니다.

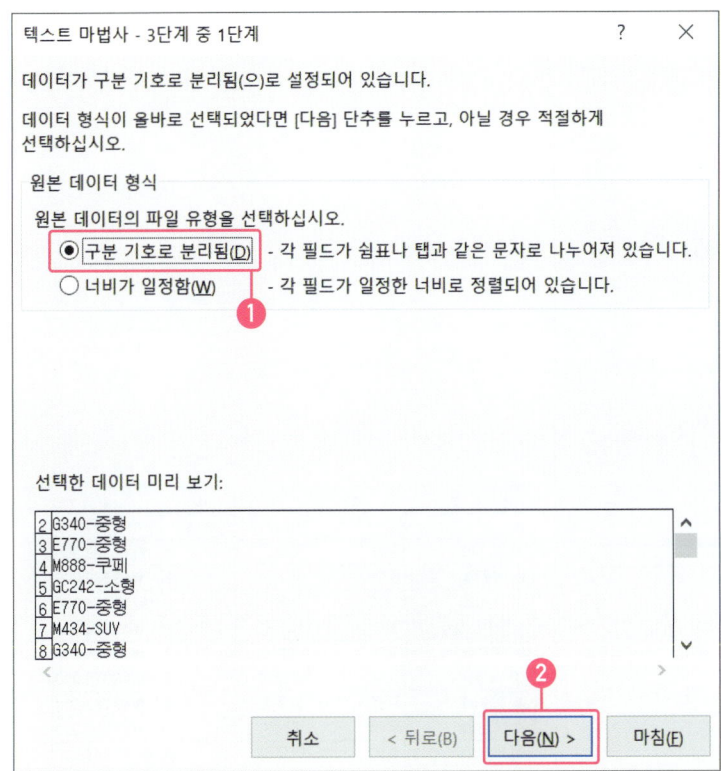

05 [구분 기호]의 '**기타**'만 **체크**를 하고 입력란에 '**-**'를 **입력**합니다. [데이터 미리 보기]에 텍스트가 나뉘는 것을 확인할 수 있습니다. [**다음**] **버튼을 클릭**합니다.

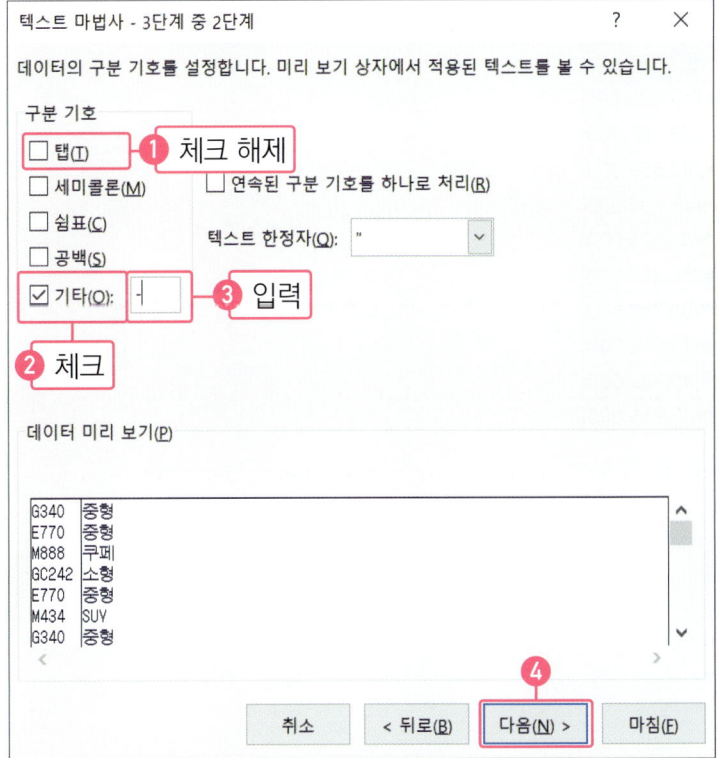

06 문자 서식은 바꿀 필요가 없으므로 [열 데이터 서식]이 '**일반**'으로 **선택**되어 있는 것만 확인하고 [**마침**] **버튼을 클릭**합니다. 알림 메시지가 나타나면 [확인] 버튼을 클릭합니다. 품목이 분리된 것을 확인할 수 있습니다.

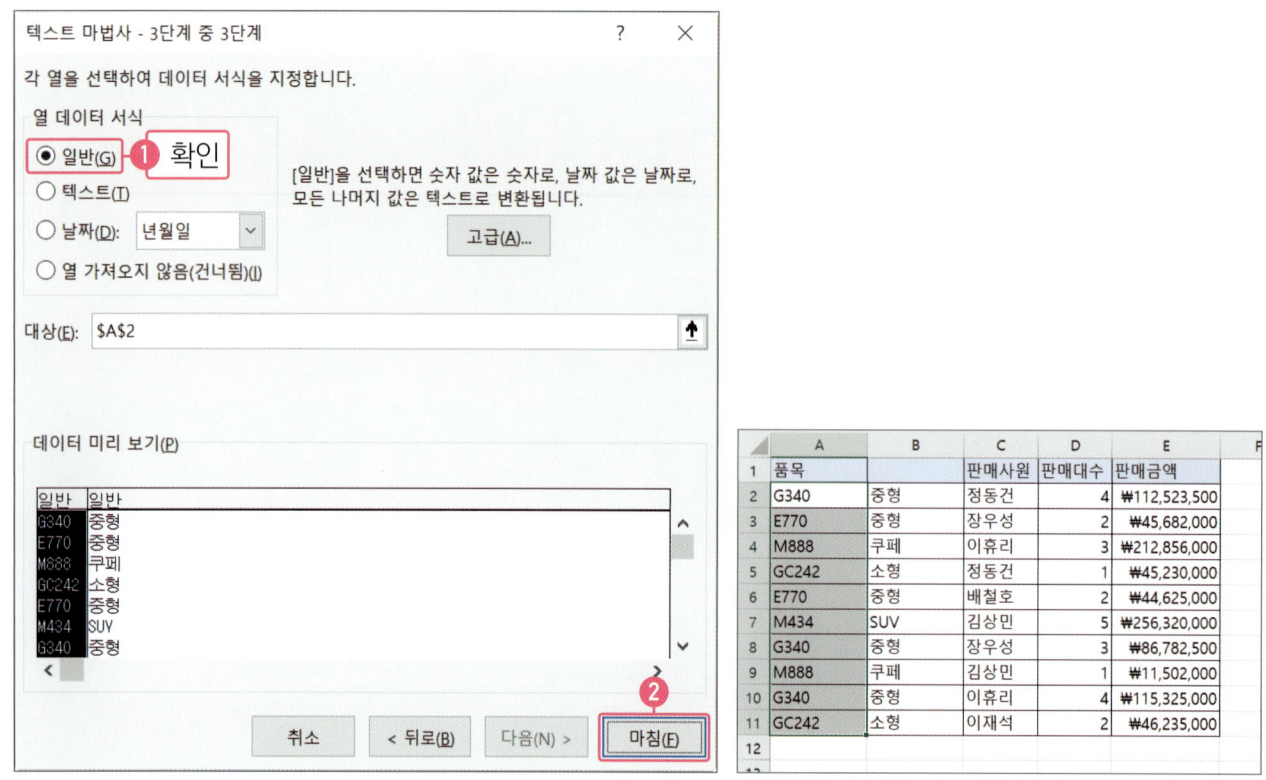

07 [B1] 셀은 '**규격**'이라고 입력하고, [D1] 셀은 '**판매량**'으로 수정합니다.

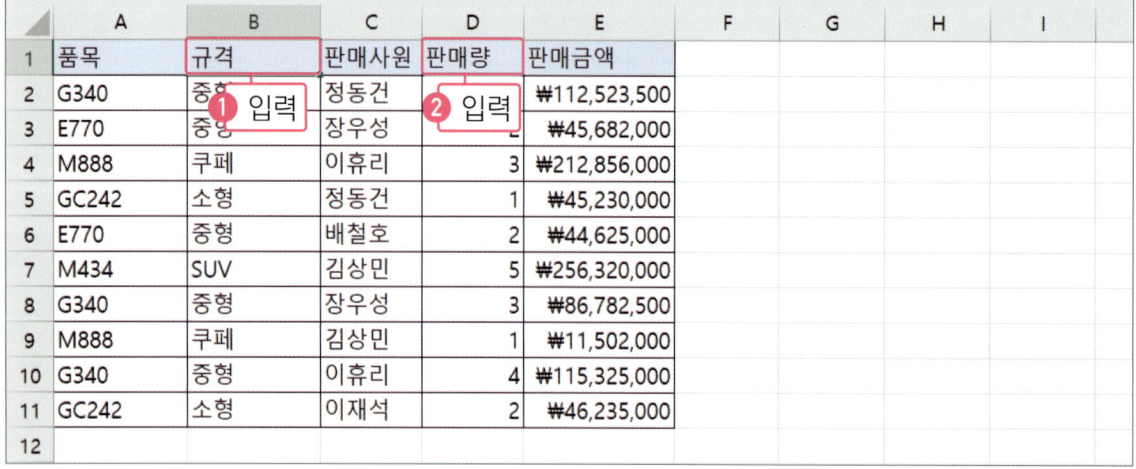

▶ 인천지점 '판매사원' 이름 합치기

01 '인천지점' 시트를 클릭합니다. F열을 마우스 오른쪽 버튼으로 클릭한 후 [삽입]을 선택합니다.

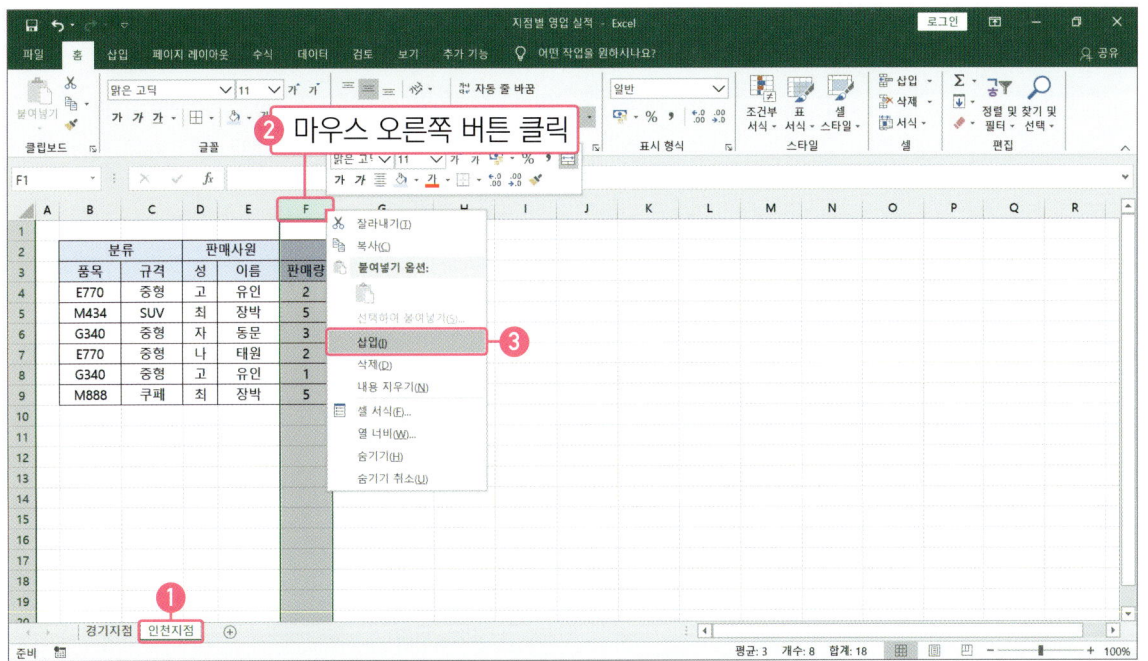

02 열이 추가되면 [F4] 셀을 클릭한 후 '=D4&E4'를 입력하고 Enter 키를 누릅니다.

03 [D4] 셀과 [E4] 셀이 연결되어 성과 이름이 한 곳에 표시됩니다. [F4] 셀의 ■(채우기 핸들)을 [F9] 셀까지 드래그합니다.

04 [F4:F9] 영역이 선택된 상태에서 Ctrl+C 키를 눌러 복사합니다. [F4:F9] 영역에 그대로 붙여넣기를 할 것이므로 바로 **마우스 오른쪽 버튼을 클릭**한 후 **[선택하여 붙여넣기]를 선택**합니다.

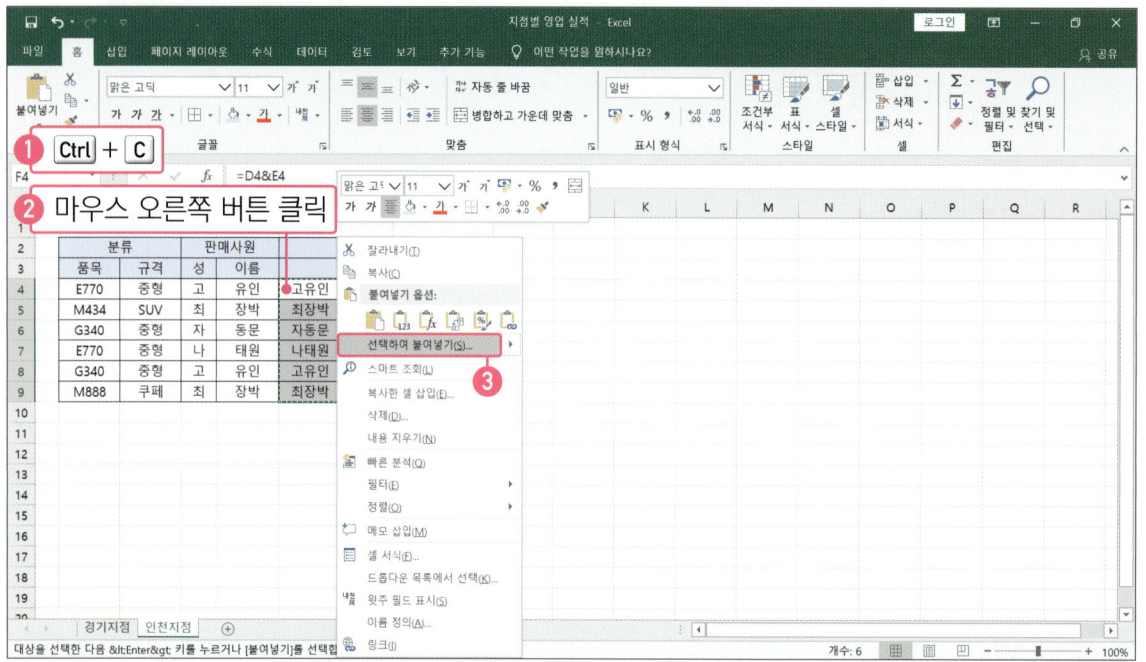

05 [선택하여 붙여넣기] 대화상자가 나타나면 [붙여넣기]의 **'값'을 선택**하고 **[확인] 버튼을 클릭**합니다. 수식 입력줄을 보면 연결 수식이 사라지고 데이터 값만 있는 것을 확인할 수 있습니다.

06 A열을 선택한 후 Ctrl 키를 누른 채 D열과 E열을 각각 클릭해 선택합니다. 마우스 오른쪽 버튼을 클릭한 후 [삭제]를 선택합니다.

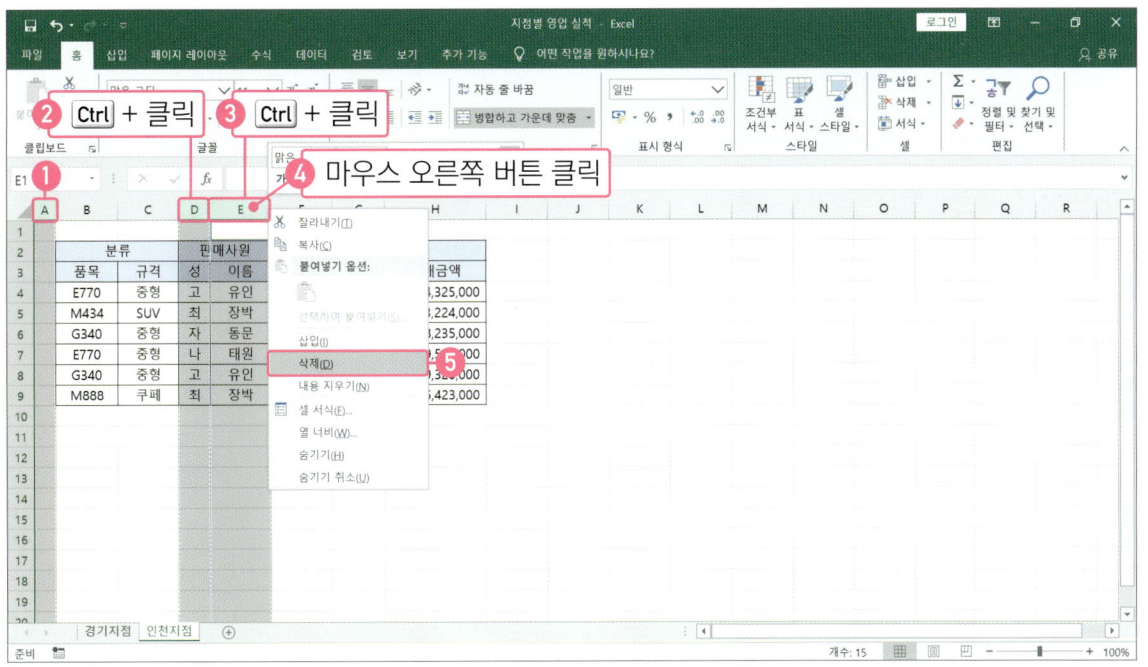

07 1행과 2행을 드래그하여 선택합니다. 마우스 오른쪽 버튼을 클릭한 후 [삭제]를 선택합니다.

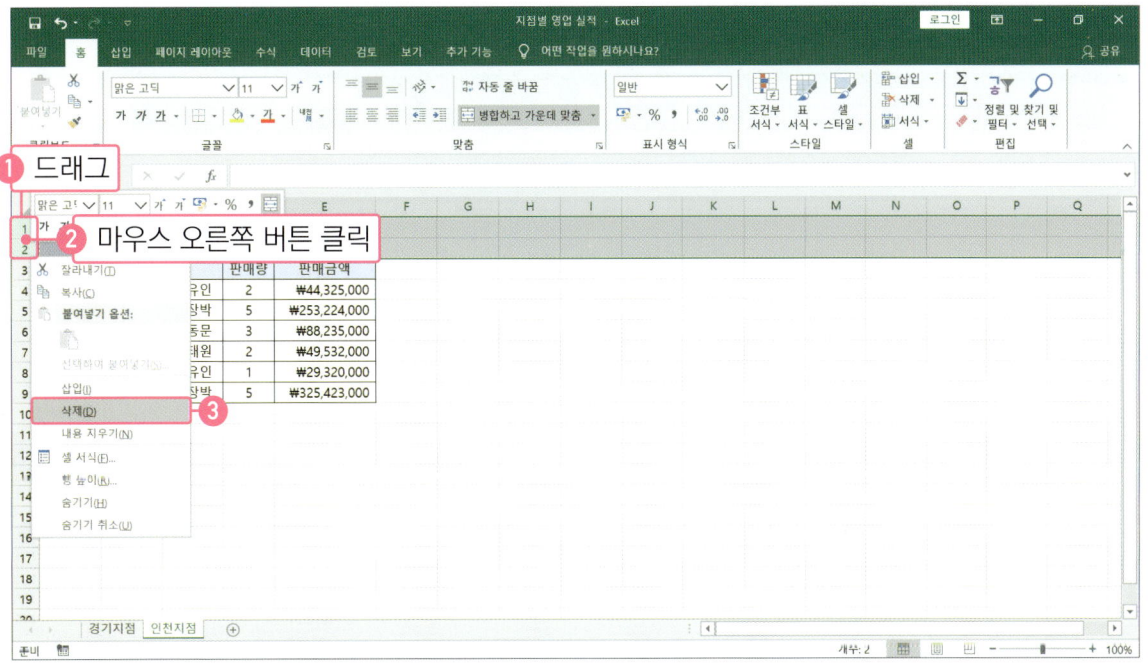

08 [C1] 셀에 '판매사원'을 입력합니다.

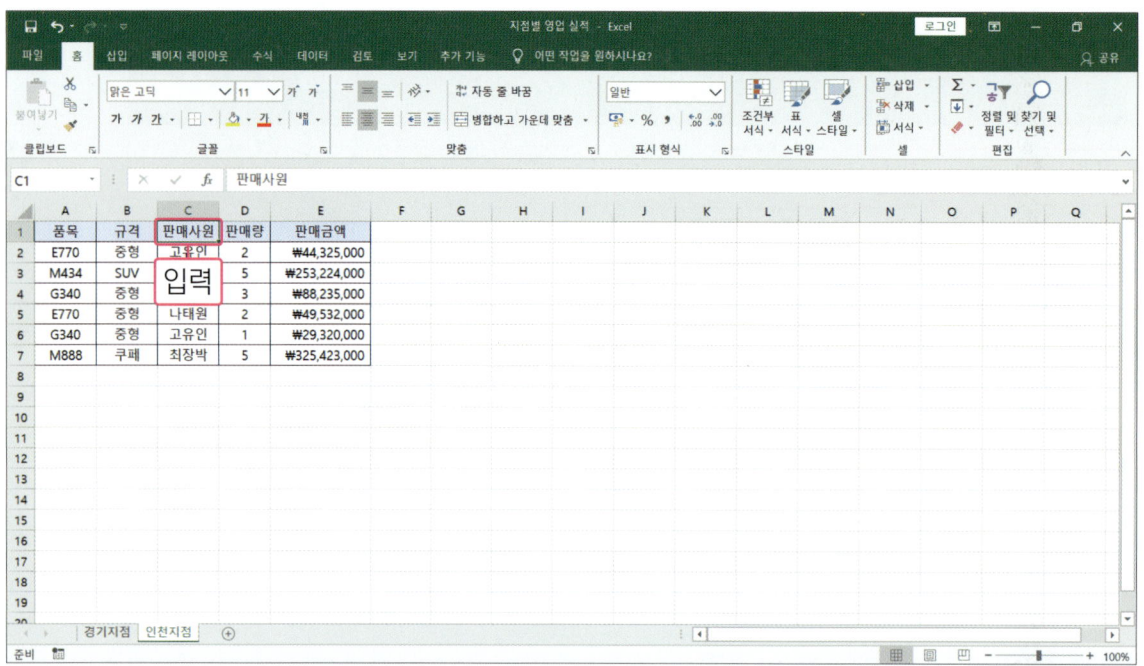

▶ 품목별 데이터 통합하기

01 시트 탭의 ⊕(새 시트)를 클릭하여 시트를 추가합니다. 생성된 시트의 이름(Sheet1)을 더블 클릭한 후 이름을 '영업실적'으로 입력합니다.

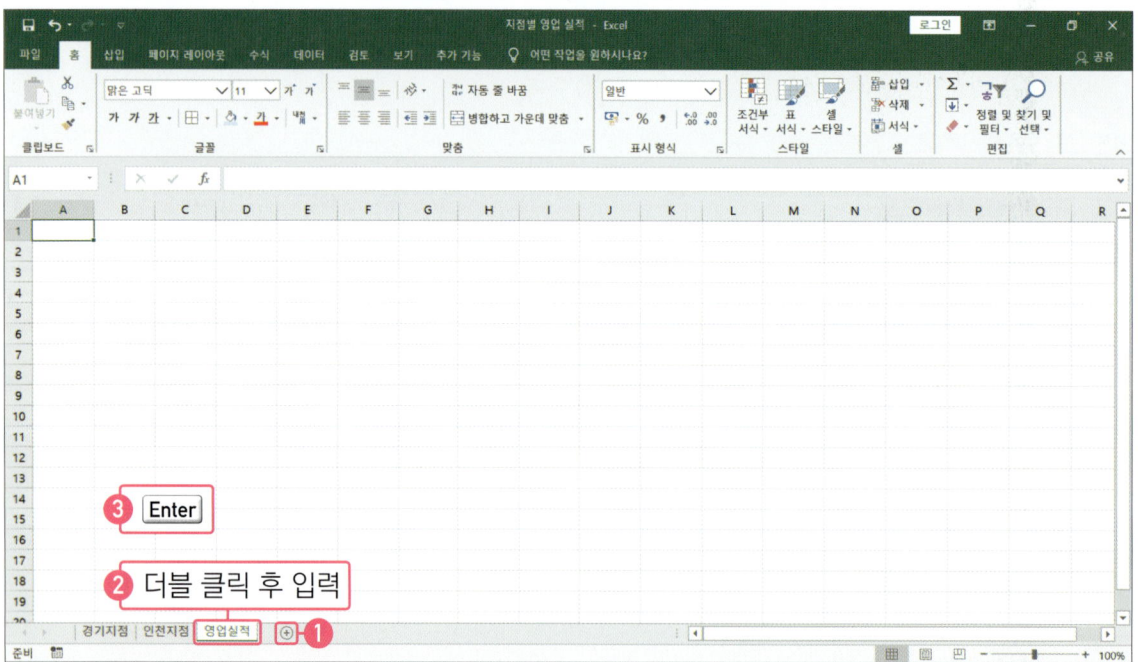

02 '영업실적' 시트의 [A1:C1] 영역에 '품목', '판매량', '판매금액'을 각각 입력합니다. [A1:C1] 영역을 선택한 후 [데이터] 탭-[데이터 도구 그룹]-[통합]을 클릭합니다.

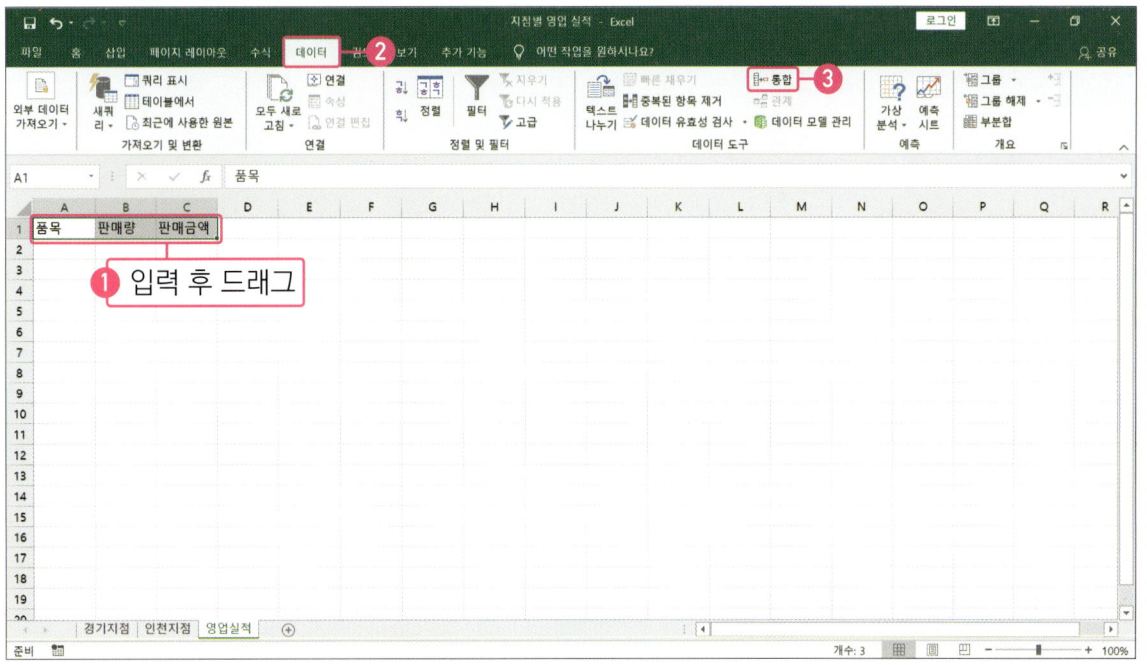

03 [통합] 대화상자가 나타나면 [함수]는 '합계'로 설정합니다. [참조]에는 '경기지점' 시트의 [A1:E11] 영역을 드래그하여 입력하고, [추가] 버튼을 클릭합니다.

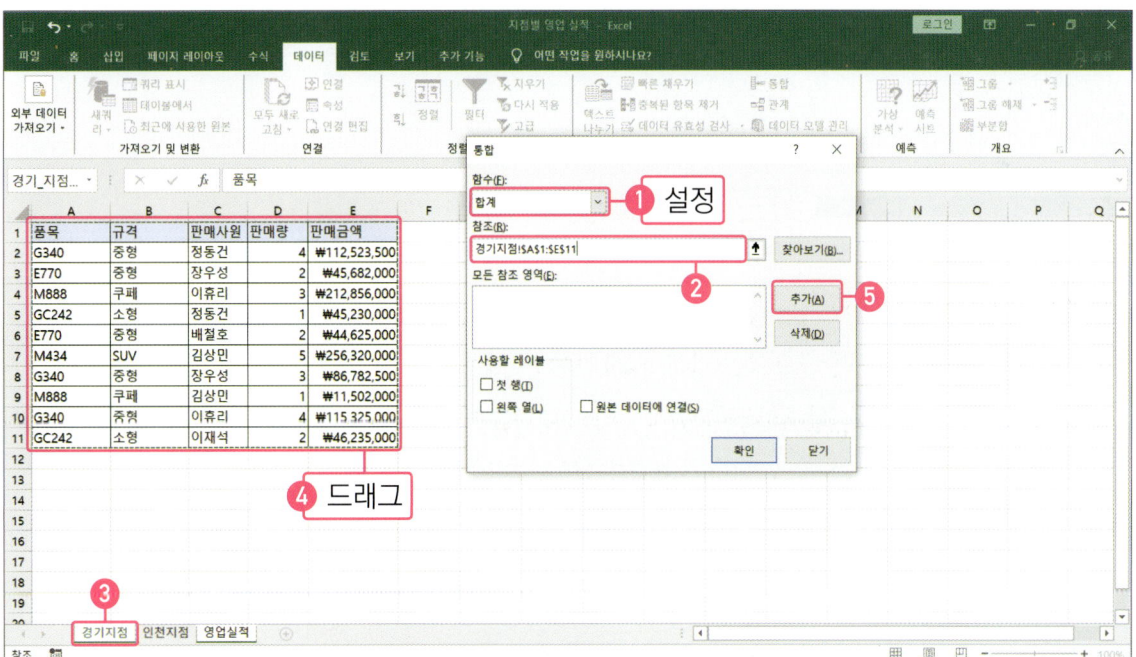

04 다시 [참조]에 '인천지점' 시트의 [A1:E7] 영역을 드래그하여 입력한 후 [추가] 버튼을 클릭합니다.

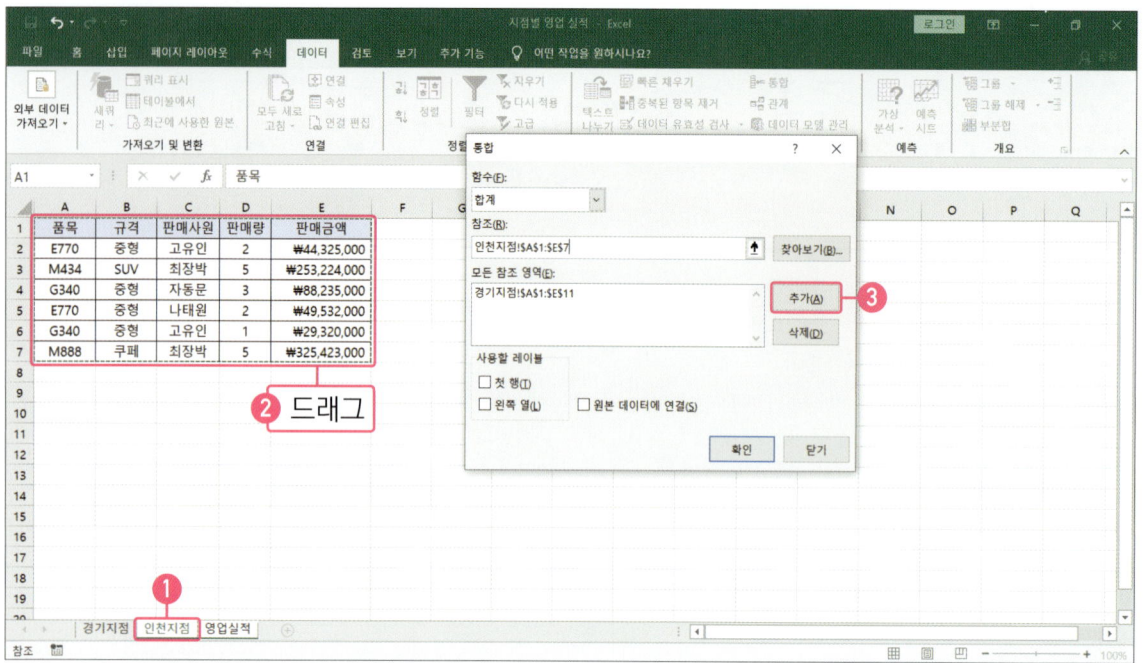

05 [사용할 레이블]의 '첫 행'과 '왼쪽 열'에 체크를 하고 [확인] 버튼을 클릭합니다.

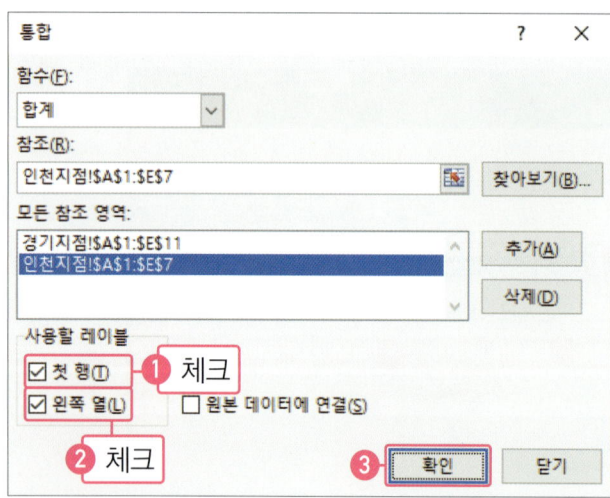

06 품목별 통합된 데이터를 확인할 수 있습니다. 판매금액이 '####'으로 표시되는 경우 열 너비를 넓혀 판매금액이 보이도록 C열의 경계선을 오른쪽으로 드래그합니다.

	A	B	C
1	품목	판매량	판매금액
2	G340	15	₩432,186,000
3	E770	8	₩184,164,000
4	M888	9	₩549,781,000
5	GC242	3	₩91,465,000
6	M434	10	₩509,544,000
7			

▶ 판매사원별 데이터 통합하기

01 '영업실적' 시트의 [F1:H1] 영역에 '판매사원', '판매량', '판매금액'을 각각 입력합니다. [F1:H1] 영역을 선택한 후 [데이터] 탭-[데이터 도구] 그룹-[통합]을 클릭합니다.

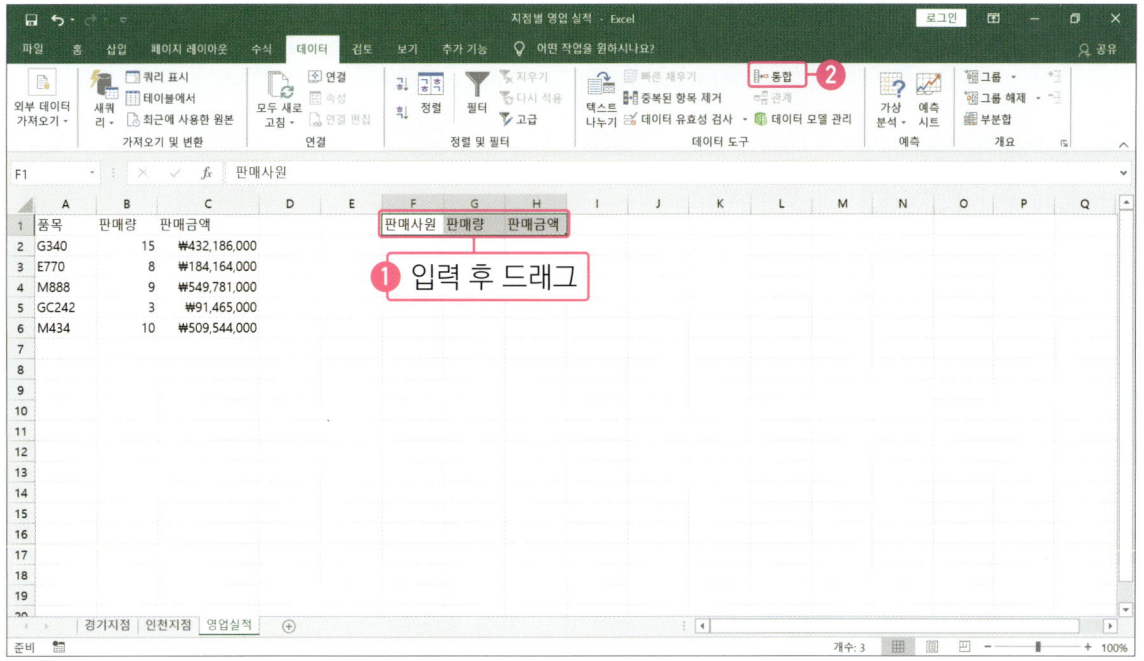

02 [통합] 대화상자가 나타나면 먼저 [모든 참조 영역]의 항목을 하나 선택하고 [삭제] 버튼을 클릭합니다. 같은 방법으로 모두 삭제합니다.

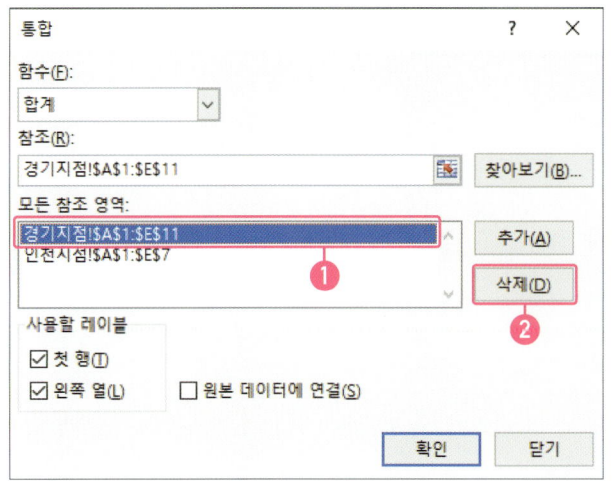 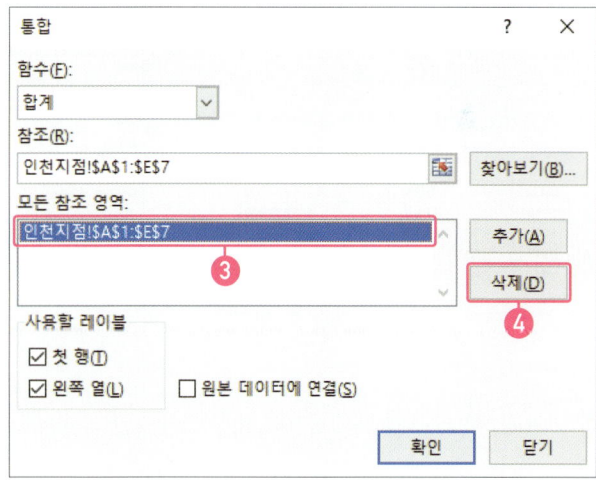

03 [함수]의 '합계'는 그대로 두고, [참조]에는 '경기지점' 시트의 [C1:E11] 영역을 드래그하여 입력한 후 [추가] 버튼을 클릭합니다.

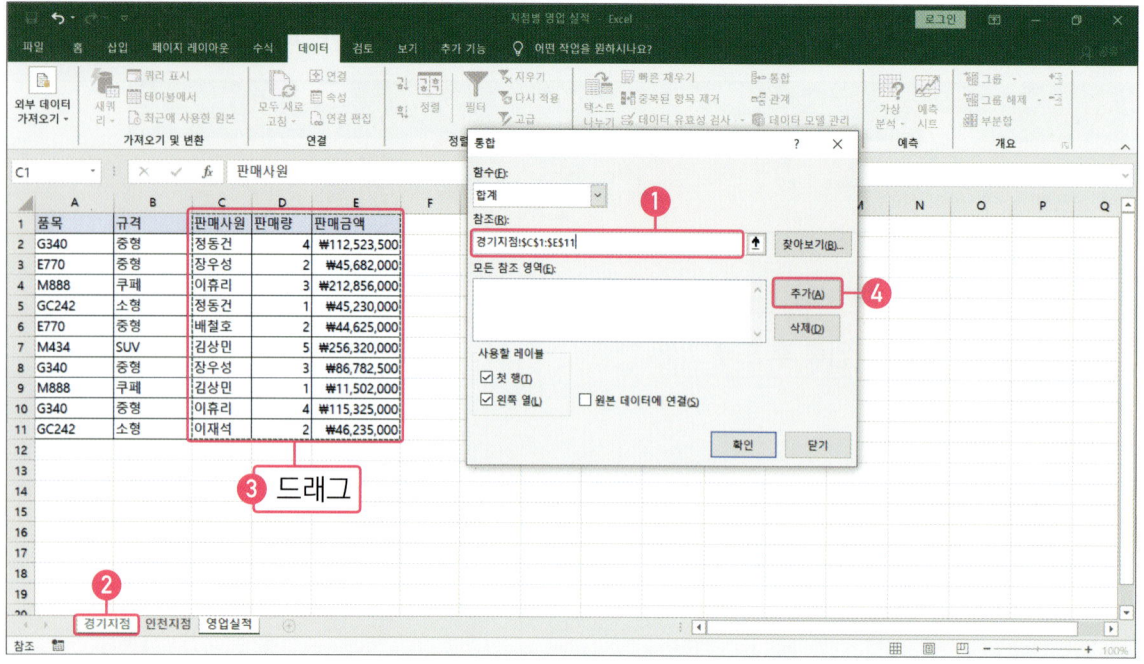

04 다시 [참조]에 '인천지점' 시트의 [C1:E7] 영역을 드래그하여 입력한 후 [추가] 버튼을 클릭합니다.

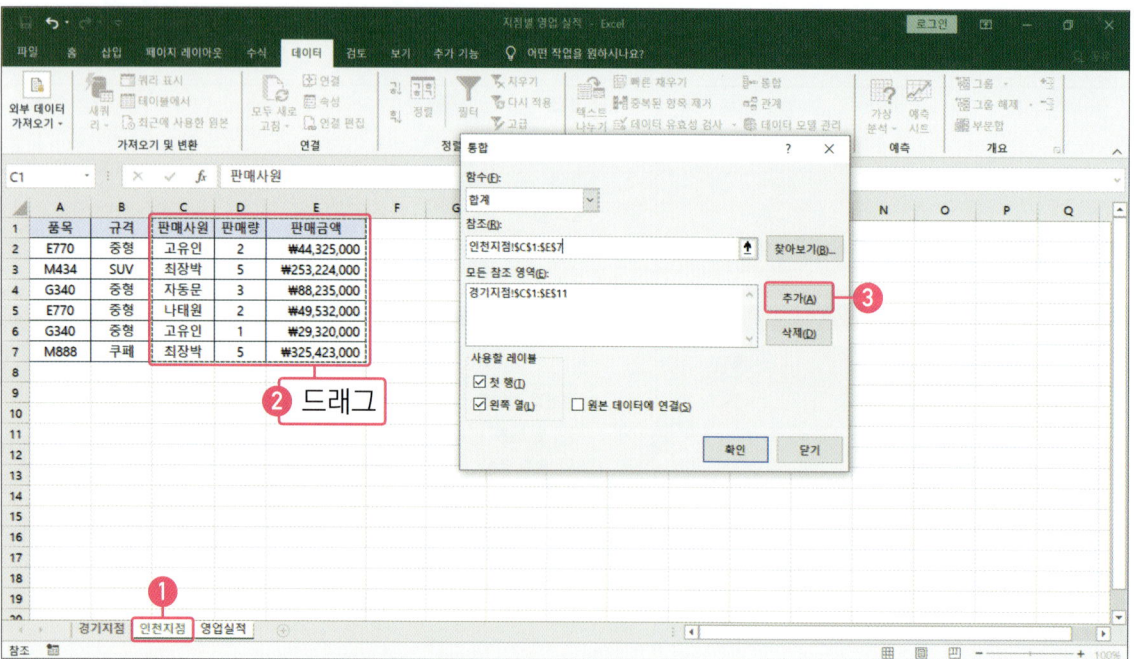

05 '첫 행'과 '왼쪽 열'이 체크된 상태로 [확인] 버튼을 클릭합니다.

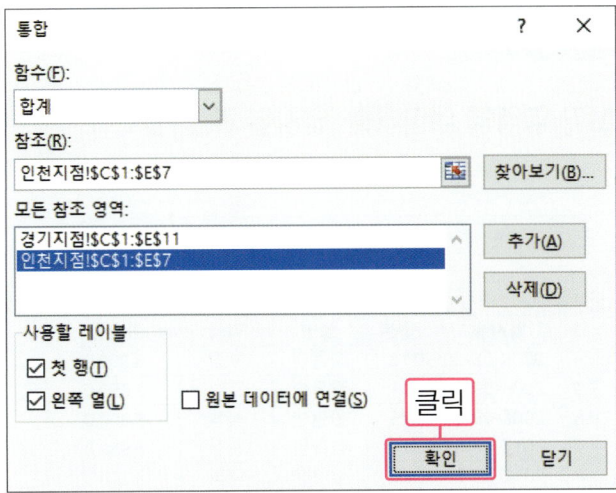

06 판매사원별 통합된 데이터를 확인할 수 있습니다. 판매금액이 '####'으로 표시되는 경우 H열을 넓혀 판매금액이 보이도록 합니다.

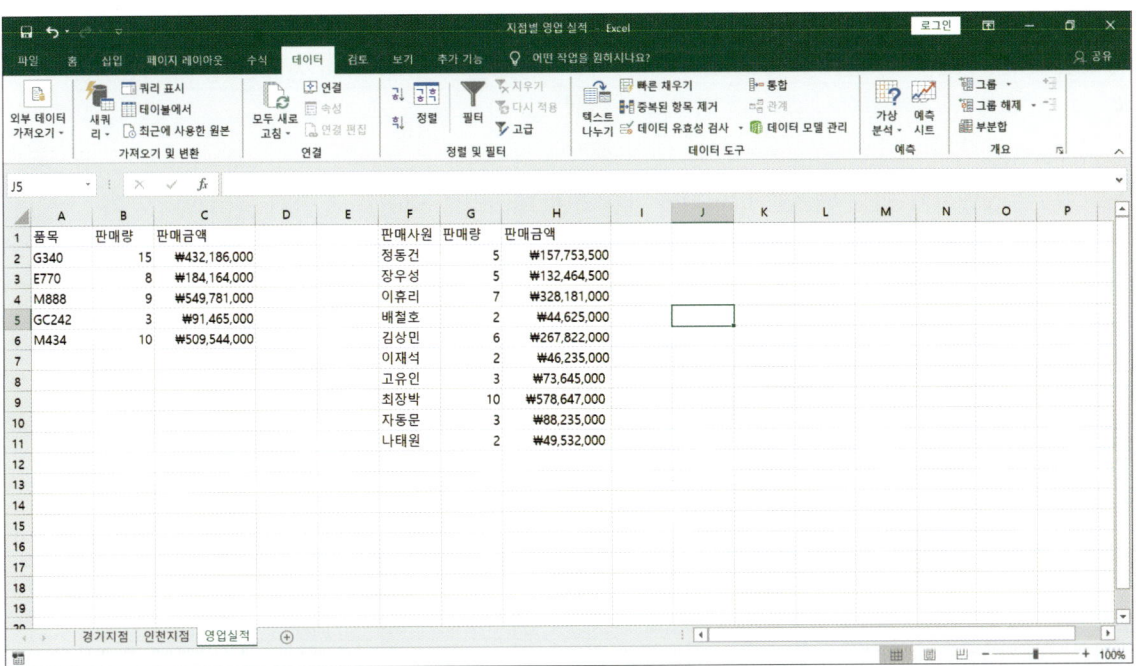

07 빠른 실행 도구 모음의 (저장)을 클릭하여 저장합니다.

응용력 키우기

01 '팀별 급여 명세.xlsx' 파일을 불러온 후 [A3:A17] 영역의 데이터를 '입사일'과 '사번'으로 나누어 봅니다.

준비파일 팀별 급여 명세.xlsx

 셀을 삽입하지 않고 텍스트 나누기를 실행하면 데이터를 덮어쓸 것인지 묻는 메시지가 나타납니다. 기존 데이터가 지워질 수 있으니 유의하도록 합니다.

02 문제 01의 파일에서 총무팀과 홍보팀의 직급별 기본급과 지급총액을 [O14:Q14] 영역을 기준으로 통합해 봅니다.

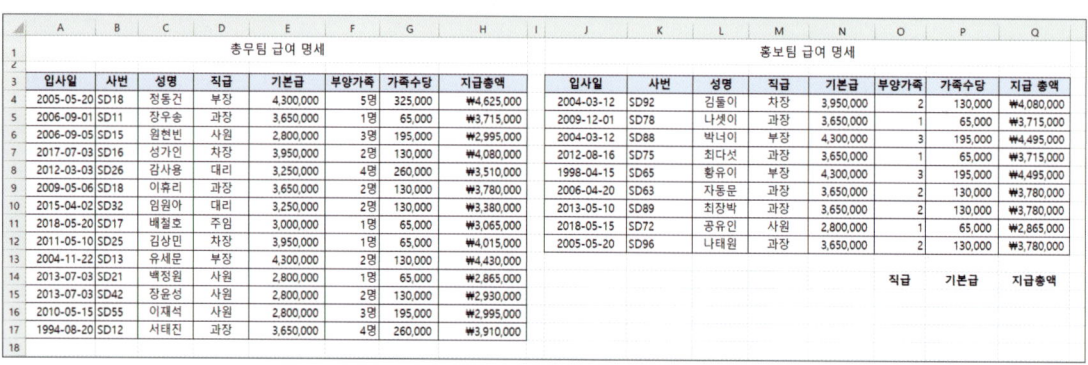

	O	P	Q
14	직급	기본급	지급총액
15	부장	17,200,000	₩9,055,000
16	과장	29,200,000	₩11,405,000
17	사원	14,000,000	₩11,785,000
18	차장	11,850,000	₩8,095,000
19	대리	6,500,000	₩6,890,000
20	주임	3,000,000	₩3,065,000

09 고객 주문 현황표 만들기

- LEFT 함수
- RIGHT 함수
- MID 함수
- 고급 필터

미/리/보/기

■ 준비파일 : 고객 주문 현황.xlsx
■ 완성파일 : 고객 주문 현황_완성.xlsx

데이터를 처리하다 보면 고객 정보처럼 노출되어서는 안 되는 정보를 다뤄야 할 때가 있습니다. 이번 장에서는 텍스트 함수로 중요 정보의 일부를 가려 소중한 정보를 지키는 방법을 알아보겠습니다. 또한 자동 필터로는 약간 부족한 기능들을 고급 필터를 통해 해결하는 방법도 함께 알아보겠습니다.

01 텍스트 함수와 고급 필터

▶ 텍스트 함수

텍스트 함수 중에서 LEFT, RIGHT, MID는 가장 많이 사용하는 함수라 할 수 있습니다. 말 그대로 왼쪽, 오른쪽, 중간을 뜻하며 선택한 셀의 문자를 어디서부터 몇 글자를 추출해 낼 것인지를 정합니다.

1 LEFT 함수

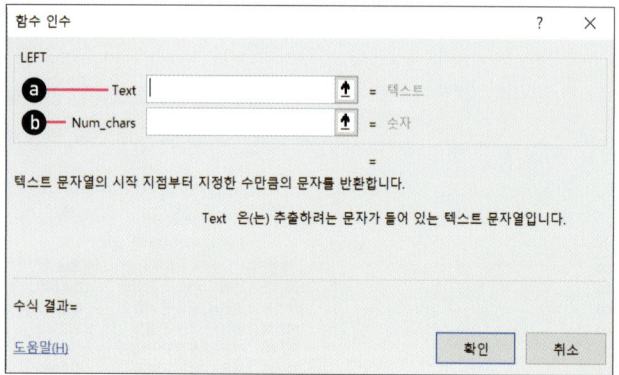

- a Text : 문자가 들어 있는 셀을 선택합니다.
- b Num_chars : 문자의 가장 왼쪽부터 입력되는 수만큼 추출합니다.

2 RIGHT 함수

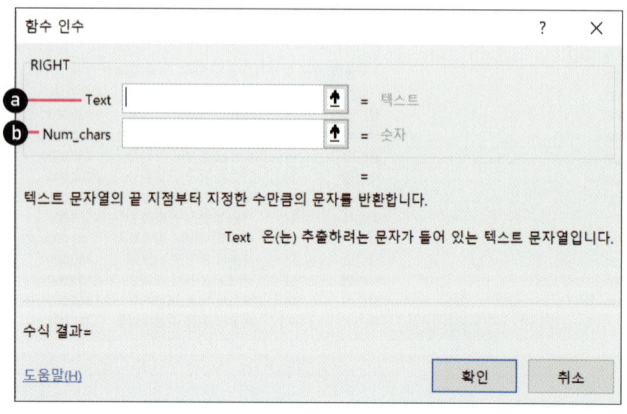

- a Text : 문자가 들어 있는 셀을 선택합니다.
- b Num_chars : 문자의 가장 오른쪽부터 입력되는 수만큼 추출합니다.

3 MID 함수

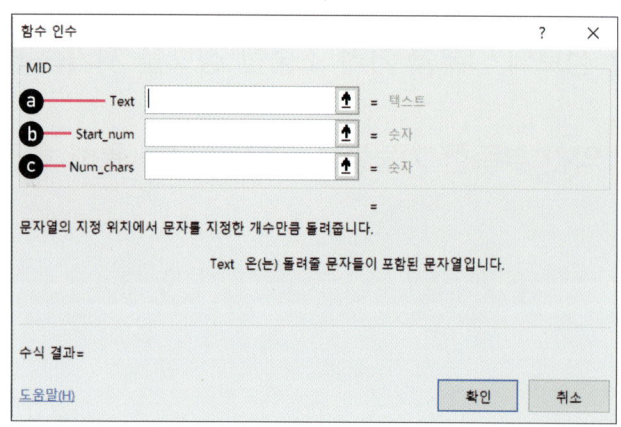

- a Text : 문자가 들어 있는 셀을 선택합니다.
- b Start_num : 중간 몇 번째부터 글자를 셀 것인지 시작 위치를 정합니다.
- c Num_chars : 지정한 시작 위치부터 입력되는 수만큼 추출합니다.

▶ 고급 필터

- 원하는 정보를 추출하기 위해 자동 필터 기능을 많이 사용하지만, 약간 아쉬운 점이 크게 두 가지가 있습니다. 원본의 테이블(표)을 가려 비교해서 보기가 힘들다는 것과 조건을 설정할 때 OR(합집합) 조건을 사용할 수 없고 AND(교집합) 조건 밖에 사용할 수 없다는 것입니다. 그러나, 이런 아쉬운 점은 고급 필터 기능으로 해결할 수 있습니다.
- 고급 필터는 [데이터] 탭-[정렬 및 필터] 그룹-[고급]을 클릭하여 설정할 수 있습니다. 고급 필터 기능을 사용하려면 조건을 직접 입력해야 하는데, 몇 가지 규칙이 있습니다.
  - 조건에 들어가는 제목이 테이블(표)의 머릿글과 똑같아야 합니다. 예를 들어 표의 머릿글에는 '이름'이라 입력되어 있는데, 조건에 '성명'으로 입력하면 추출해 낼 수 없습니다.
  - 같은 행에 입력하면 AND(교집합) 조건이 되고, 행을 다르게 입력하면 OR(합집합) 조건이 됩니다.

02 고객 정보 보안 문서 작성하기

▶ 이름 가운데 글자 가리기

 '고객 주문 현황.xlsx' 파일을 불러옵니다. '보고서' 시트의 [B3] 셀을 클릭한 후 '=left'를 입력합니다. 나타나는 함수 목록에서 'LEFT'를 선택하고 Tab 키와 Ctrl + A 키를 순서대로 누릅니다.

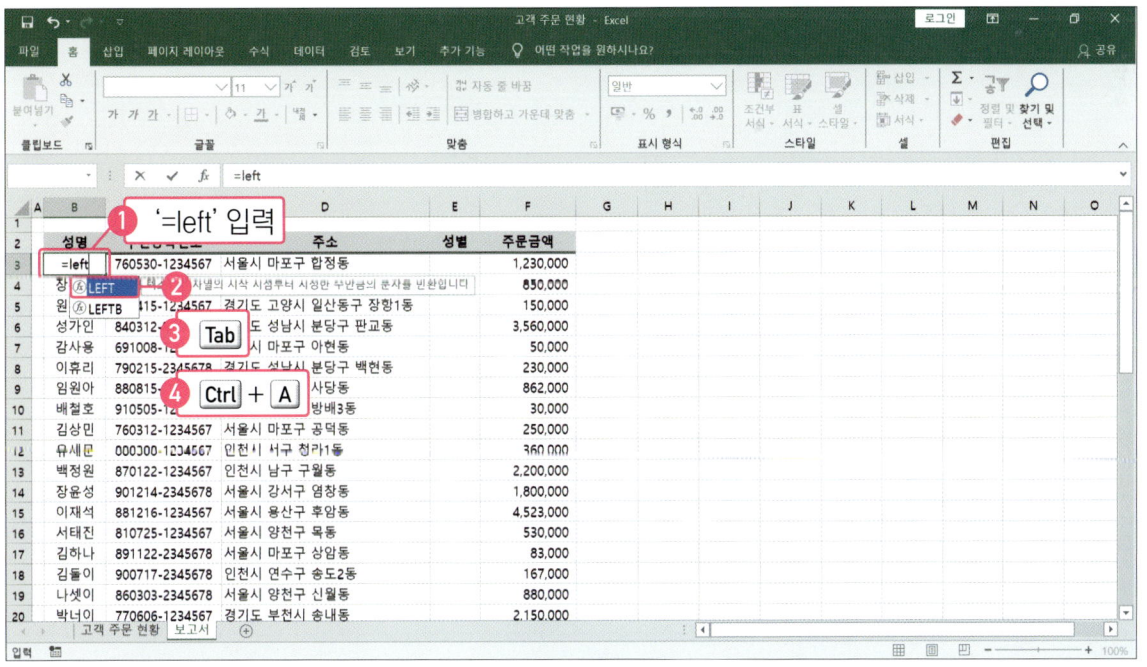

02 [함수 인수] 대화상자가 나타나면 [Text]는 '고객 주문 현황' 시트의 [B3] 셀을 클릭해 입력합니다. [Num_chars]에는 '1'을 입력한 후 [확인] 버튼을 클릭합니다.

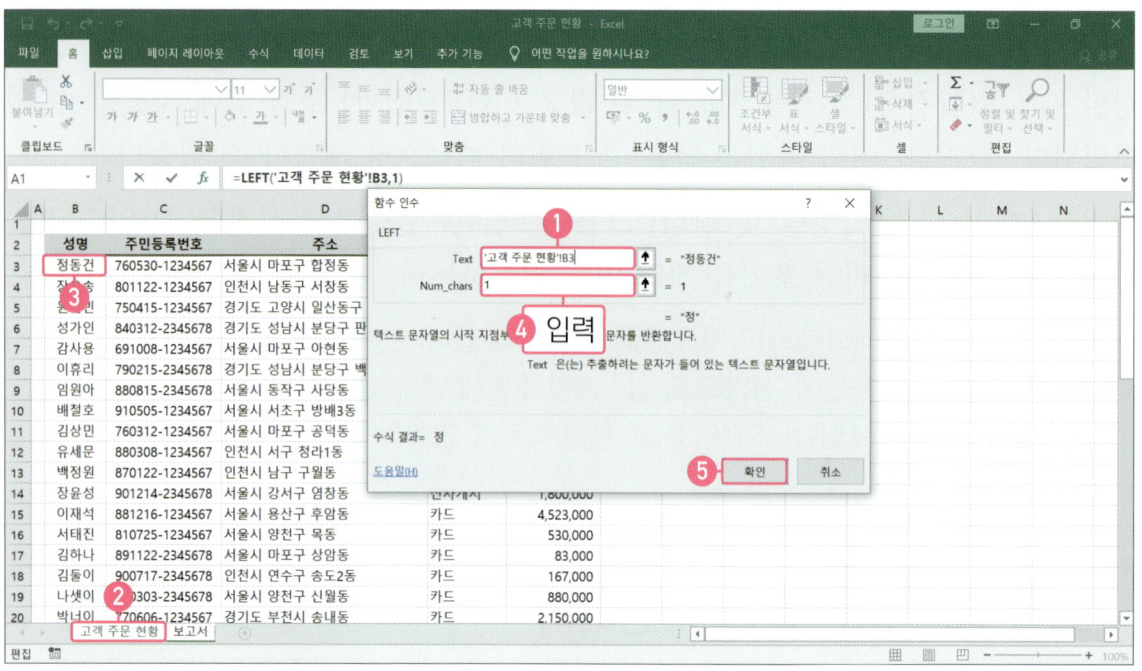

03 수식 입력줄의 LEFT 함수식 뒤를 클릭한 후 '&"○"&'를 입력합니다. 이어서 'right'를 입력한 후 나타나는 함수 목록에서 'RIGHT'를 선택하고 Tab 키와 Ctrl + A 키를 순서대로 누릅니다.

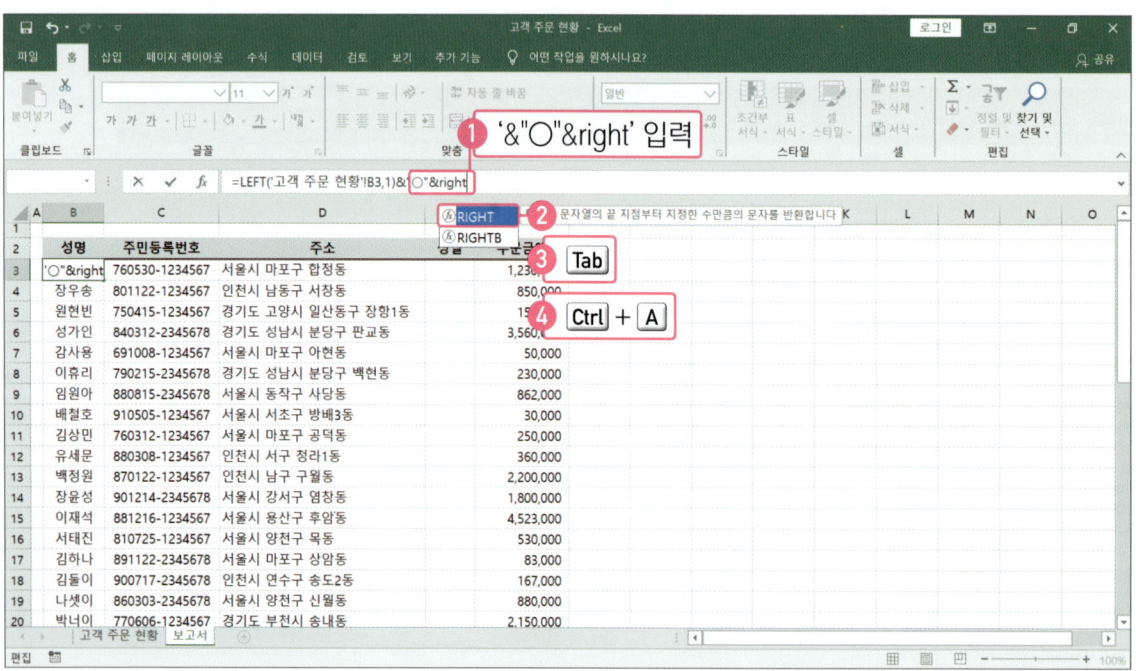

 기호 '○' 입력
'ㅁ'을 입력한 후 바로 한자 키를 누르면 기호 목록이 나타납니다.

154

04 [함수 인수] 대화상자가 나타나면 [Text]는 '고객 주문 현황' 시트의 [B3] 셀을 클릭해 입력합니다. [Num_chars]에는 '1'을 입력한 후 [확인] 버튼을 클릭합니다.

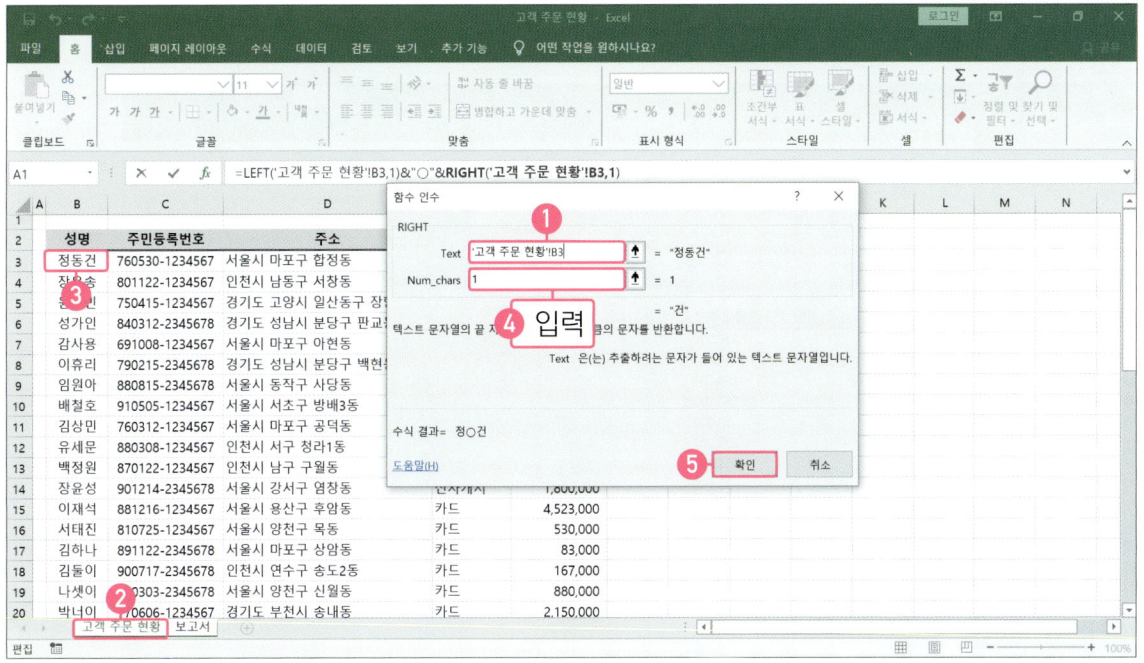

05 이름의 가운데 글자가 'O'로 표시된 것을 확인할 수 있습니다. [B3] 셀의 ■(채우기 핸들)을 [B27] 셀까지 드래그합니다.

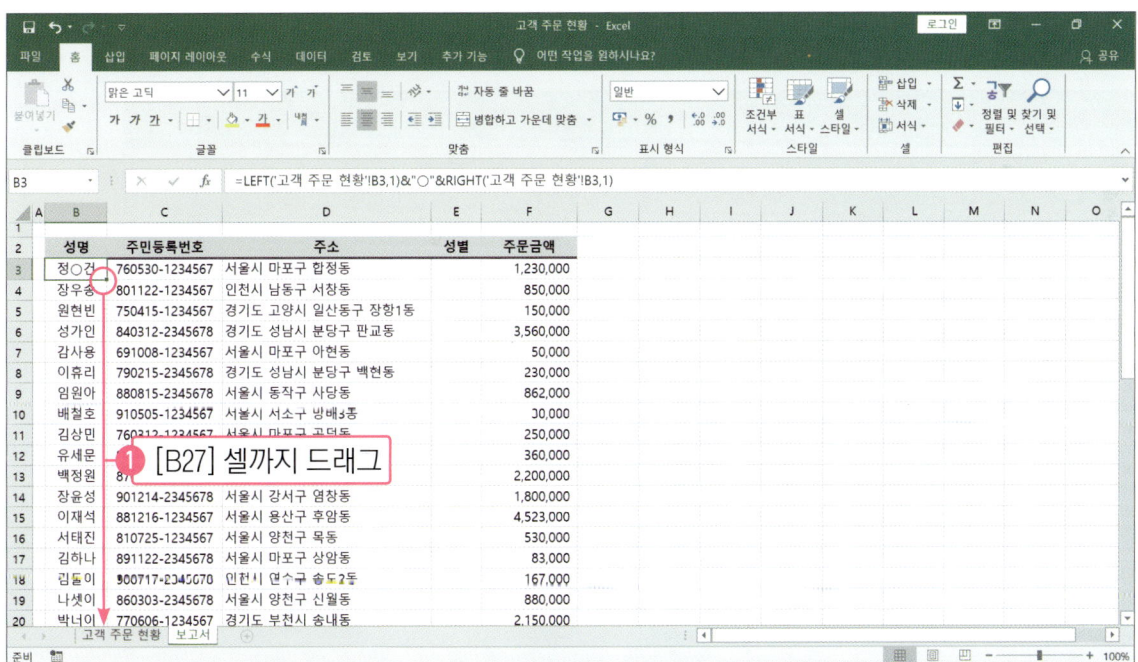

▶ 주민등록번호 뒷자리 가리기

01 [C3] 셀을 클릭한 후 '=left'를 입력합니다. 나타나는 함수 목록에서 'LEFT'를 선택하고 Tab 키와 Ctrl + A 키를 순서대로 누릅니다.

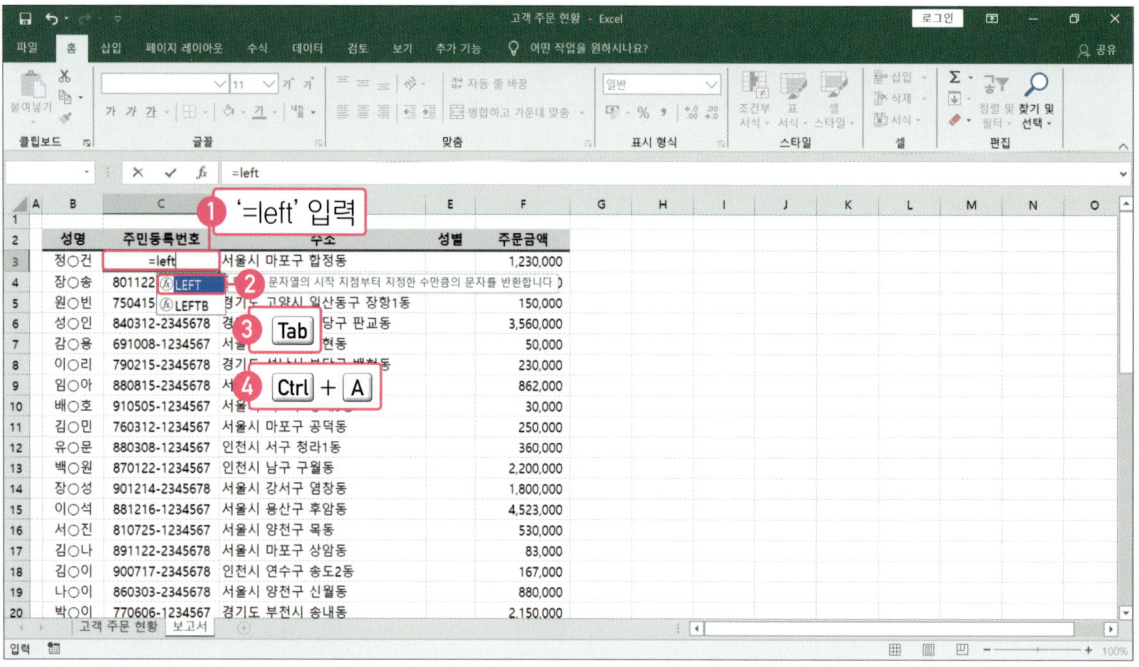

02 [함수 인수] 대화상자가 나타나면 [Text]는 '고객 주문 현황' 시트의 [C3] 셀을 클릭해 입력합니다. [Num_chars]에는 '8'을 입력한 후 [확인] 버튼을 클릭합니다.

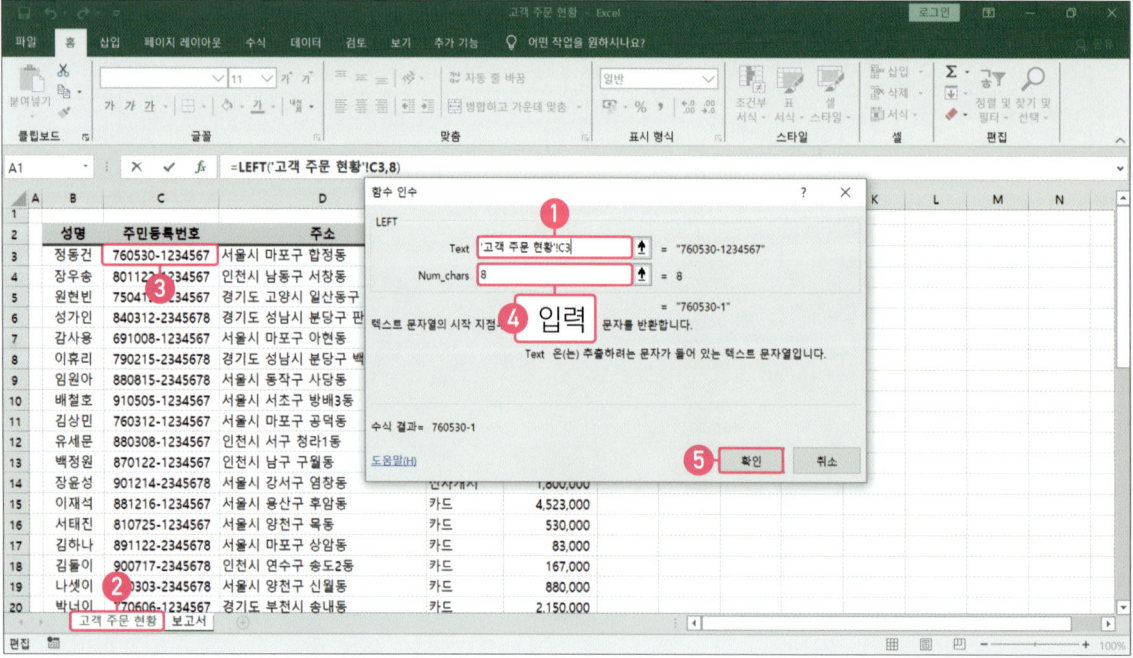

03 수식 입력줄의 LEFT 함수식 뒤를 클릭한 후 '&"******"'를 입력하고 Enter 키를 누릅니다. 주민등록번호 뒷자리가 가려진 것을 확인할 수 있습니다. [C3] 셀의 ■(채우기 핸들)을 [C27] 셀까지 드래그합니다.

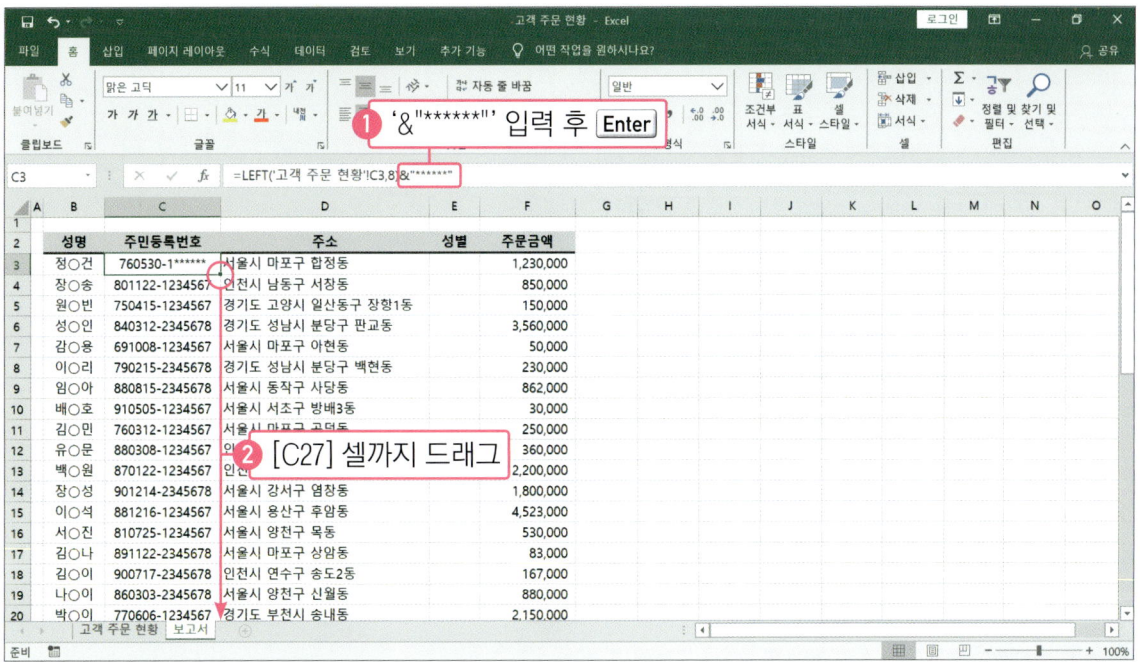

▶ 주민등록번호를 통해 성별 표시하기

01 [E3] 셀을 클릭한 후 '=if'를 입력합니다. 나타나는 함수 목록에서 'IF'를 선택하고 Tab 키와 Ctrl + A 키를 순서대로 누릅니다.

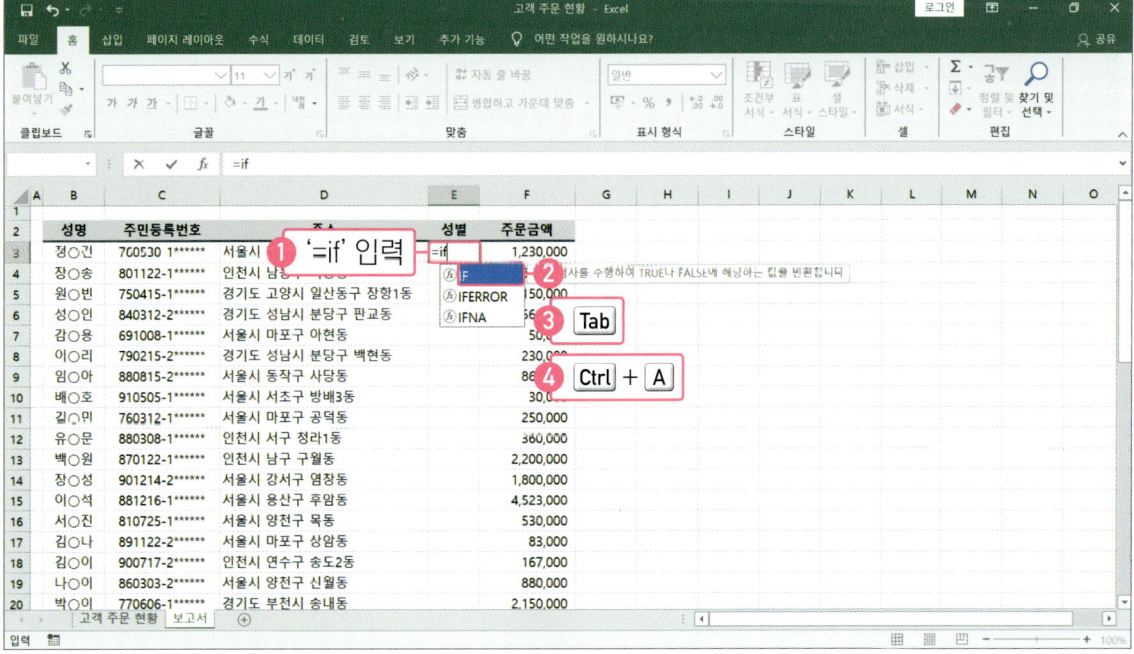

02 [함수 인수] 대화상자가 나타나면 [Logical_test]에 커서가 있는 상태에서 **이름 상자의** 를 **클릭**한 후 목록에서 [MID]를 **선택**합니다.

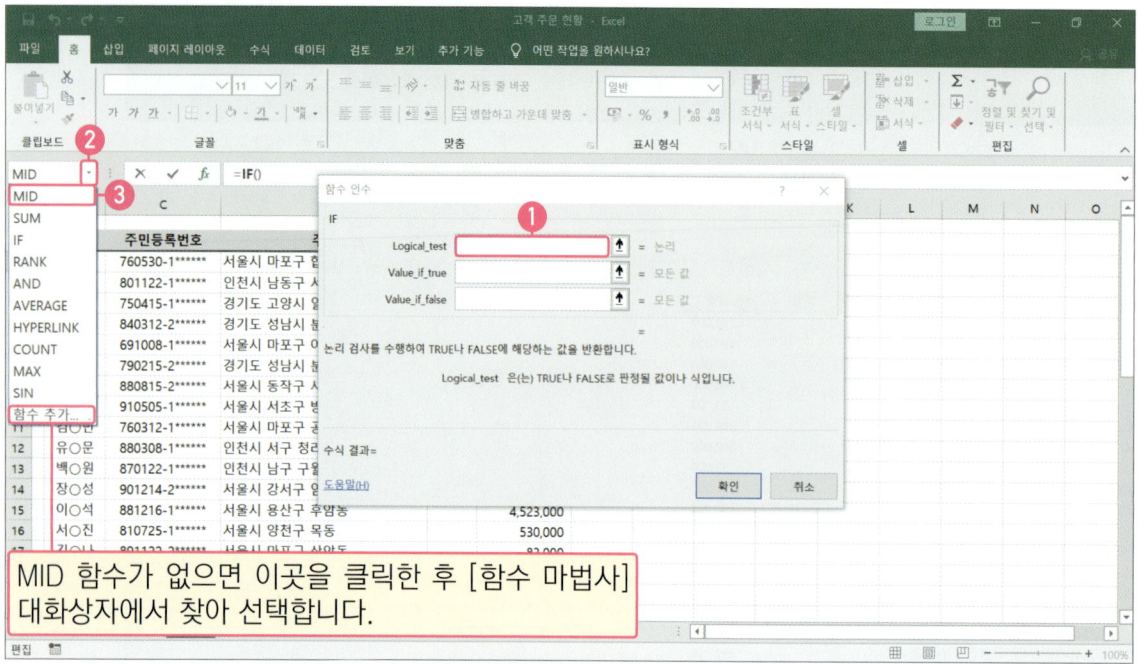

MID 함수가 없으면 이곳을 클릭한 후 [함수 마법사] 대화상자에서 찾아 선택합니다.

03 MID 함수의 [함수 인수] 대화상자가 나타나면 [Text]는 '보고서' 시트의 [C3] 셀을 클릭해 입력하고 [Start_num]에는 '8', [Num_chars]에는 '1'을 **입력**합니다. 아직 IF 함수의 수식이 완료되지 않았으므로 **수식 입력줄의 'IF' 글자 부분을 클릭**합니다.

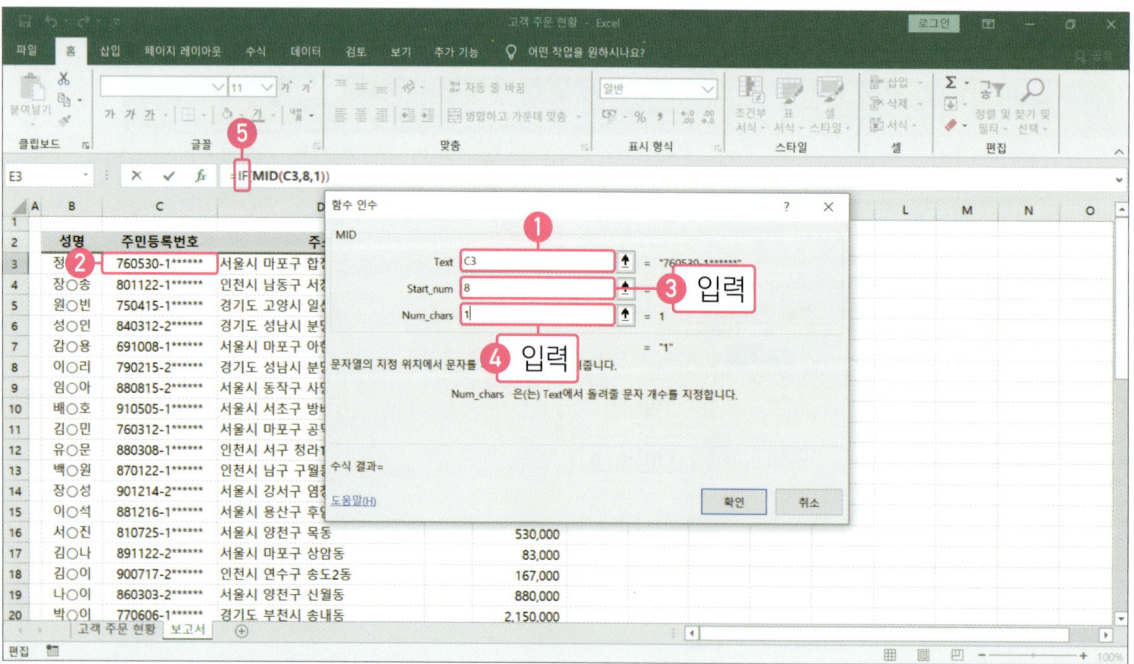

04 [함수 인수] 대화상자가 IF 함수의 것으로 바뀝니다. [Logical_test]의 'MID(C3,8,1)' 뒤에 '="1"'을 입력합니다. [Value_if_true]에는 '남'을 입력하고 [Value_if_false]에는 '여'를 입력한 후 [확인] 버튼을 클릭합니다.

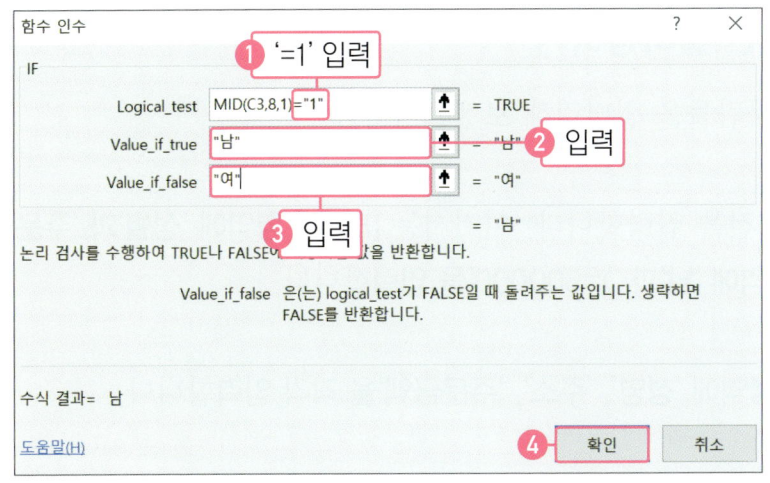

 텍스트 함수를 통해 반환된 숫자는 숫자가 아닌 텍스트의 형식을 가지고 있습니다. 따라서 숫자 '1'을 큰따옴표("") 안에 넣어줘야 제대로 인식할 수 있습니다.

05 주민등록번호에 따라 성별이 나온 것을 확인할 수 있습니다. [E3] 셀의 ■(채우기 핸들)을 [E27] 셀까지 드래그합니다.

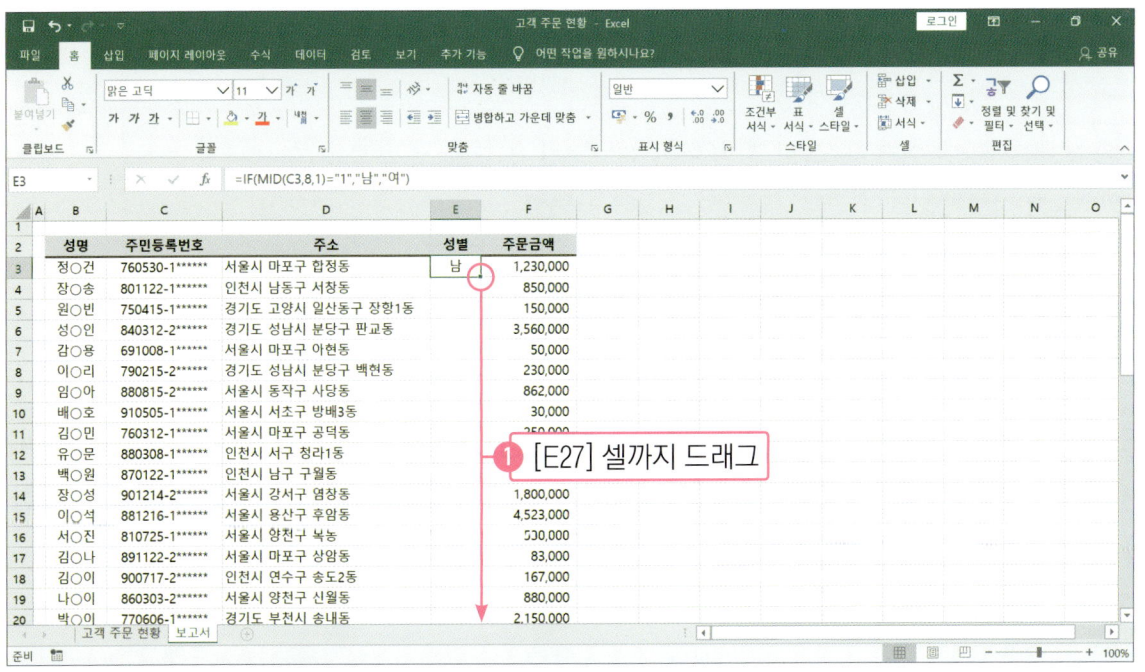

 2000년생 이후 출생자까지 성별을 나누려면?
2000년 이후 출생한 사람부터는 주민등록번호 뒷자리가 3과 4로 시작합니다. 그 전에 출생한 사람과 같이 묶어서 성별을 표시하려면 MID 함수가 들어간 조건 입력란에 OR 함수를 추가해 MID 함수를 하나 더 입력하면 됩니다.
=IF(OR((MID,A1,8,1)="1", MID(A1,8,1)="3"), "남", "여")

 **필요 정보만 추출하여 주문 현황 정리하기**

▶ 고급 필터로 AND(교집합) 조건 필터링하기

남자이면서 500,000원 이상 주문한 사람들을 필터링해 보겠습니다.

01 먼저 임의의 위치에 필터링할 조건을 입력합니다. 여기서는 [H3:I3] 영역에 '성별'과 '주문금액'을 각각 입력하고, [H4:I4] 영역에 '남'과 '>=500000'을 입력합니다.

02 추출할 결과 항목으로 [K3:M3] 영역에 '성명', '주소', '주문금액'을 각각 입력합니다.

03 필터할 데이터가 있는 고객 주문 현황표의 임의의 셀(여기서는 [D8] 셀)을 클릭합니다. [데이터] 탭-[정렬 및 필터] 그룹-[고급]을 클릭합니다.

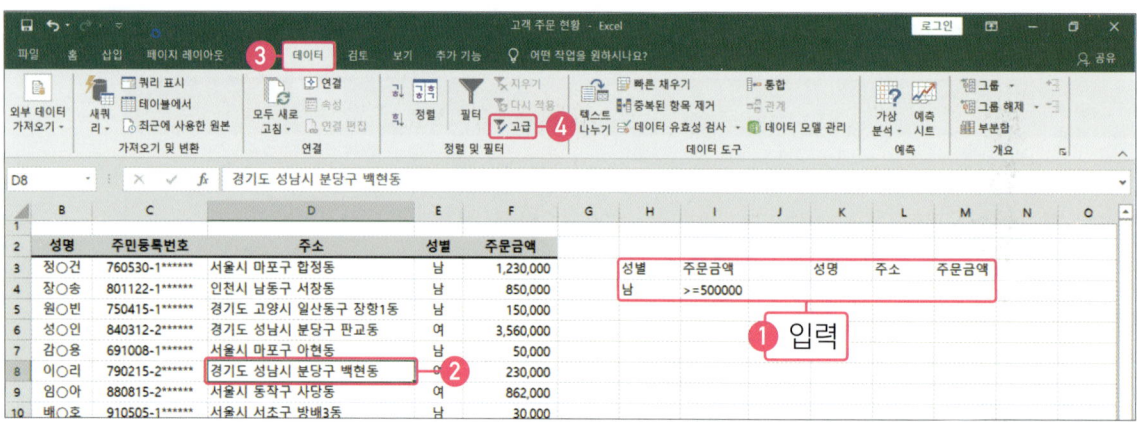

04 [고급 필터] 대화상자가 나타나면 [결과]는 '다른 장소에 복사'를 선택합니다. [목록 범위]는 자동으로 지정된 [B2:F27] 영역을 그대로 둡니다. [조건 범위]는 [H3:I4] 영역을 선택합니다. [복사 위치]는 [K3:M3] 영역을 선택하고 [확인] 버튼을 클릭합니다.

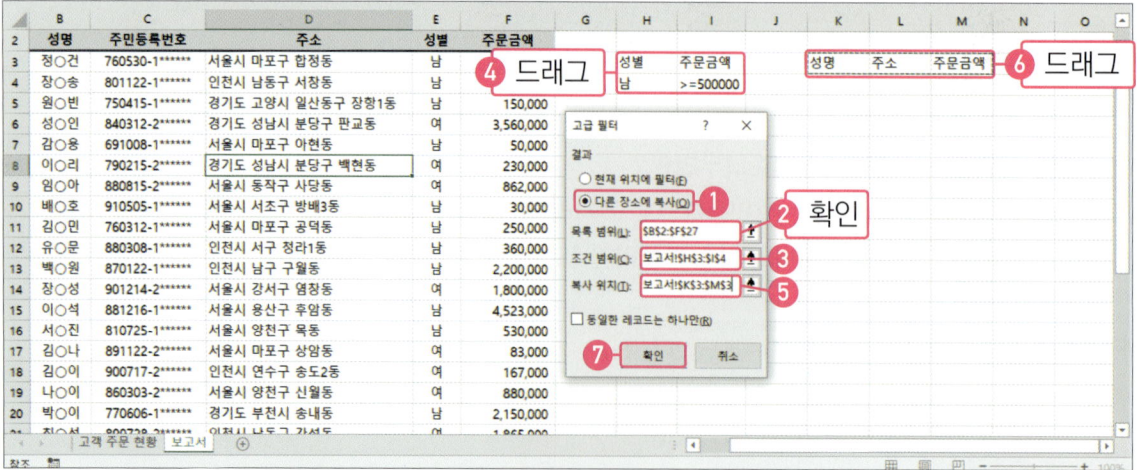

05 데이터가 필터링되어 나온 것을 확인할 수 있습니다. **L열과 M열의 열 너비**를 넓혀 주소와 주문금액이 제대로 보이게 **조정**합니다.

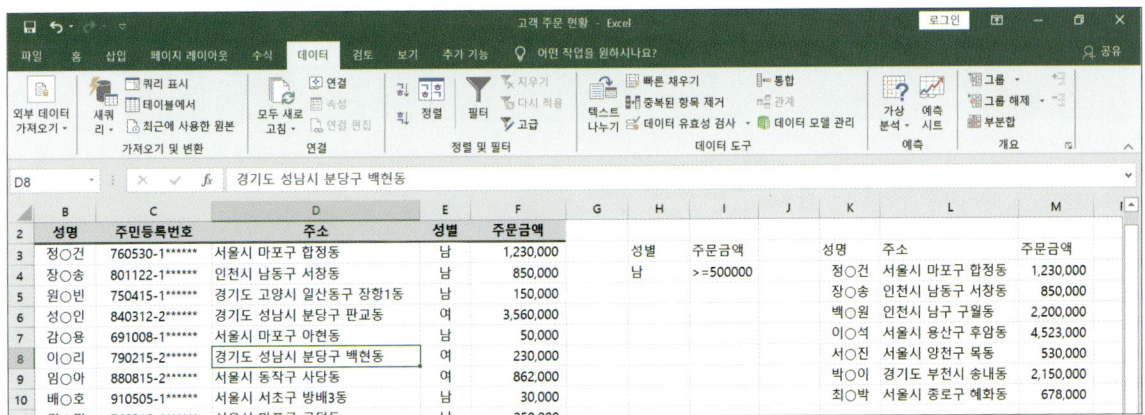

▶ 고급 필터로 OR(합집합) 조건 필터링하기

회원 중에 서울에 사는 여자이거나 주문금액이 1,000,000원이 넘는 사람을 구해 보겠습니다.

01 [H13:J13] 영역에는 '주소', '성별', '주문금액'을 각각 입력합니다. [H14] 셀에는 '서울*', [I14] 셀에는 '여', [J15] 셀에는 '>=1000000'을 입력합니다.

02 [J17:M17] 영역에는 '성명', '성별', '주소', '주문금액'을 각각 입력합니다.

03 필터할 데이터가 있는 고객 주문 현황표의 **임의의 셀(여기서는 [D14] 셀)을 클릭**합니다. [데이터] 탭-[정렬 및 필터] 그룹-[고급]을 클릭합니다.

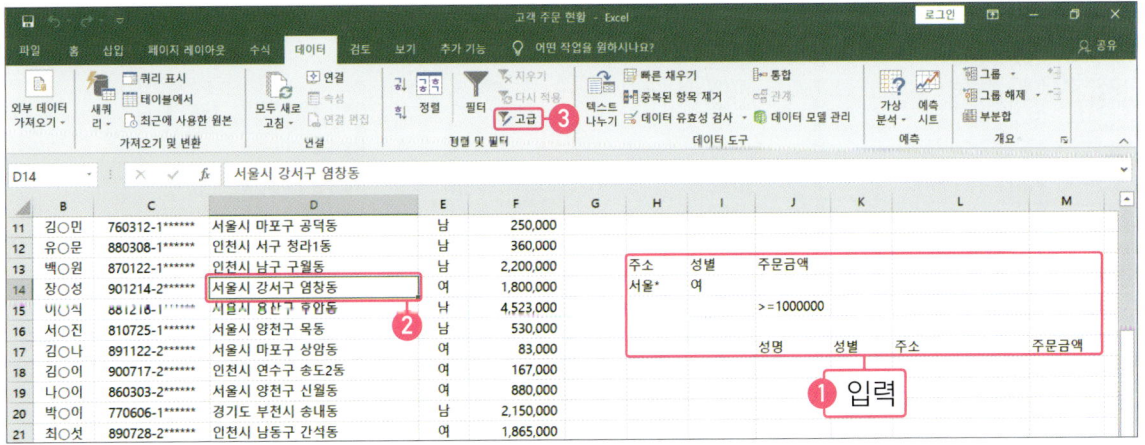

잠깐

와일드 카드 '*'

'*'는 어떤 데이터든 다 포함시킨다는 뜻입니다. '서울*'은 서울로 시작하는 모든 단어를 뜻하고 '*도시'는 도시로 끝나는 모든 단어입니다. '*'에 들어가는 단어 수는 상관없습니다.

04 [고급 필터] 대화상자가 나타나면 [결과]는 '다른 장소에 복사'를 선택하고, [목록 범위]는 자동으로 지정된 [B2:F27] 영역을 그대로 두고, [조건 범위]에는 [H13:J15] 영역, [복사 위치]에는 [J17:M17] 영역을 선택한 후 [확인] 버튼을 클릭합니다.

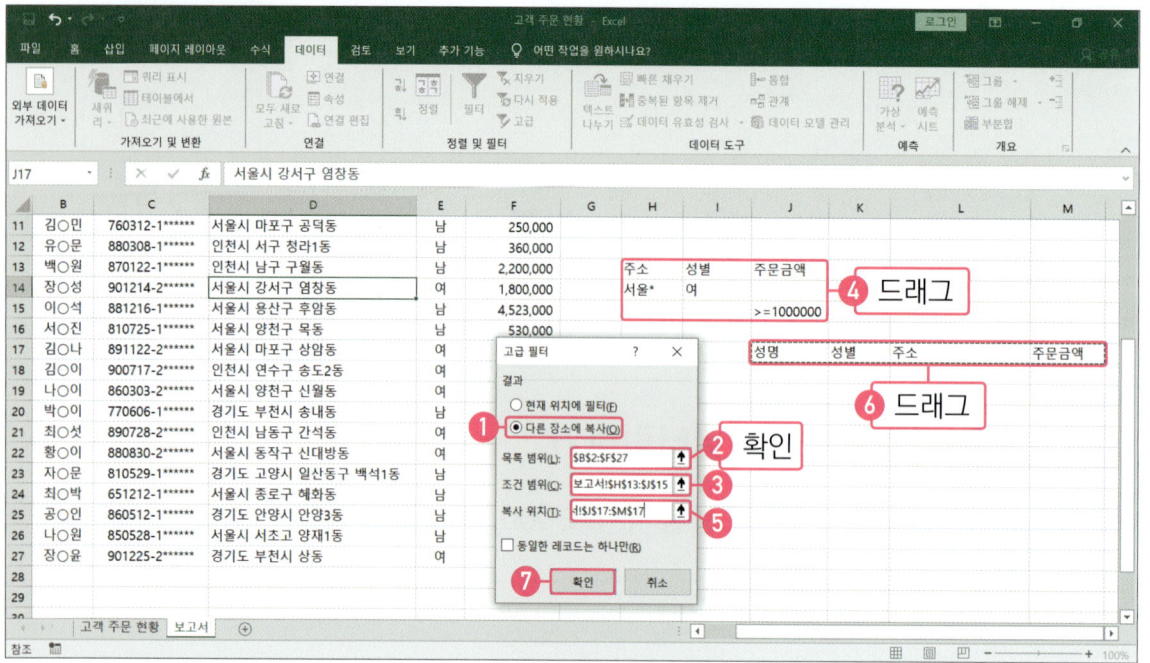

05 필터링된 데이터들을 확인할 수 있습니다.

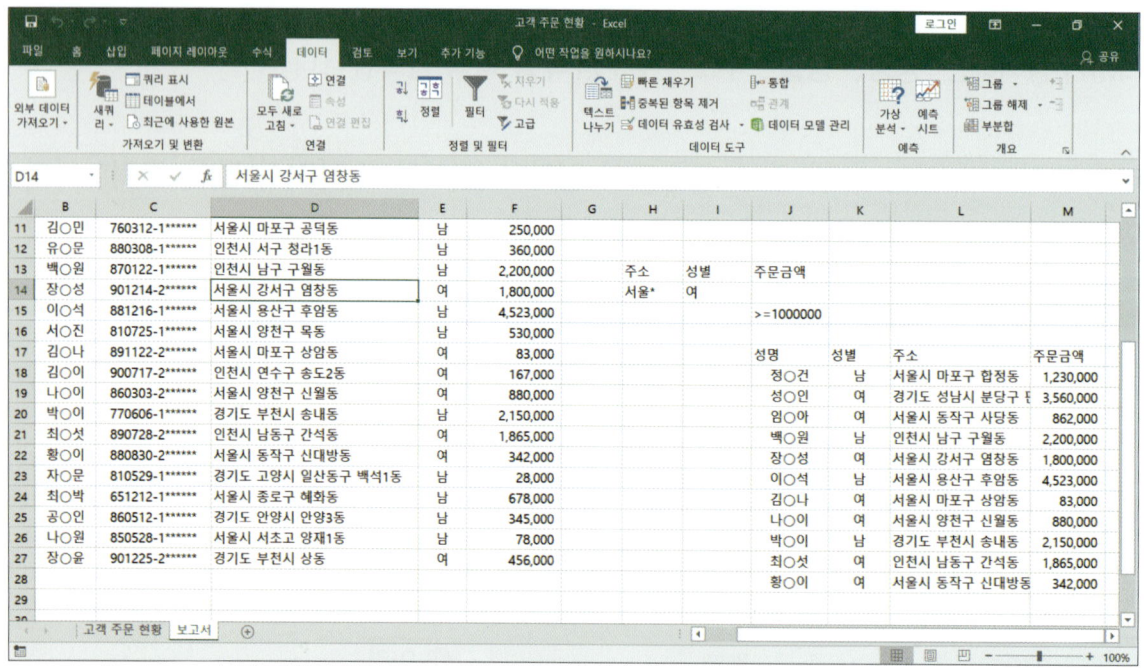

06 조건을 입력한 [H3:I4]와 [H13:J15] 영역을 선택한 후 Delete 키를 눌러 삭제합니다.

162

07 필터링된 데이터의 머리글 부분인 [K3:M3]와 [J17:M17] 영역을 선택한 후 [홈] 탭-[맞춤] 그룹-[가운데 맞춤(≡)]을 클릭합니다. [홈] 탭-[글꼴] 그룹-[채우기 색(🎨)]에서 [밝은 회색, 배경 2]로 설정합니다.

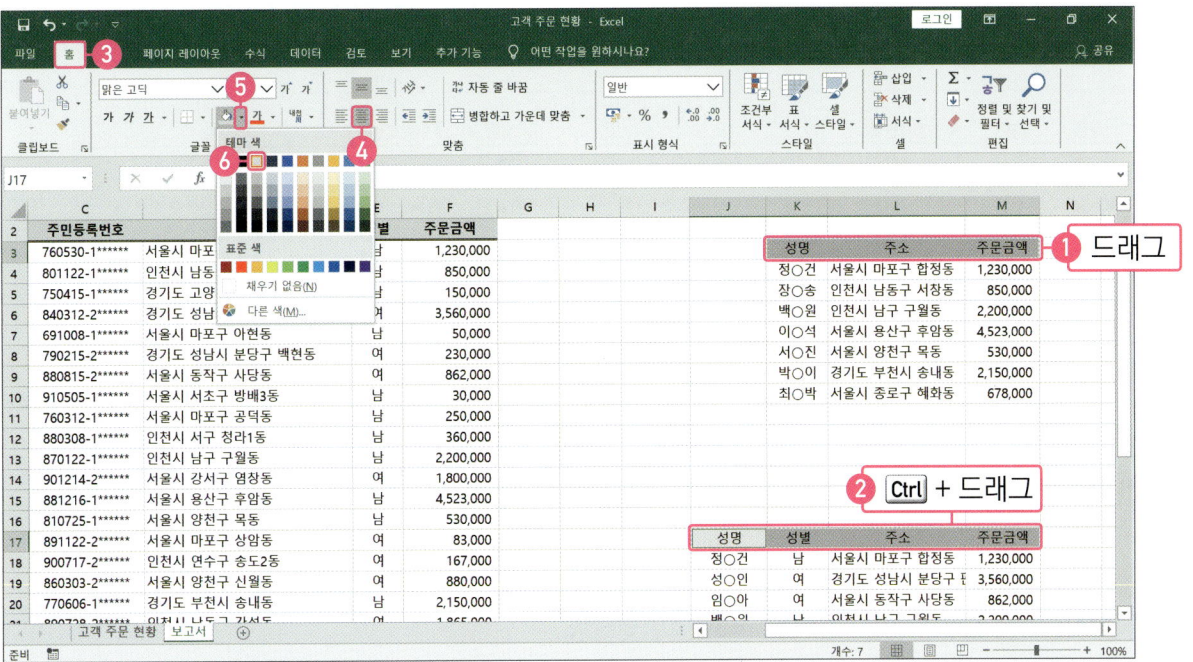

08 [K2:M2] 영역과 [J16:M16] 영역을 선택한 후 [홈] 탭-[맞춤] 그룹-[병합하고 가운데 맞춤]을 클릭합니다. [K2] 셀을 클릭한 후 '50만원 이상 구매한 남성'을 입력하고, [J16] 셀을 클릭한 후 '서울에 사는 여성이거나 100만원 이상 구매한 고객'을 입력합니다.

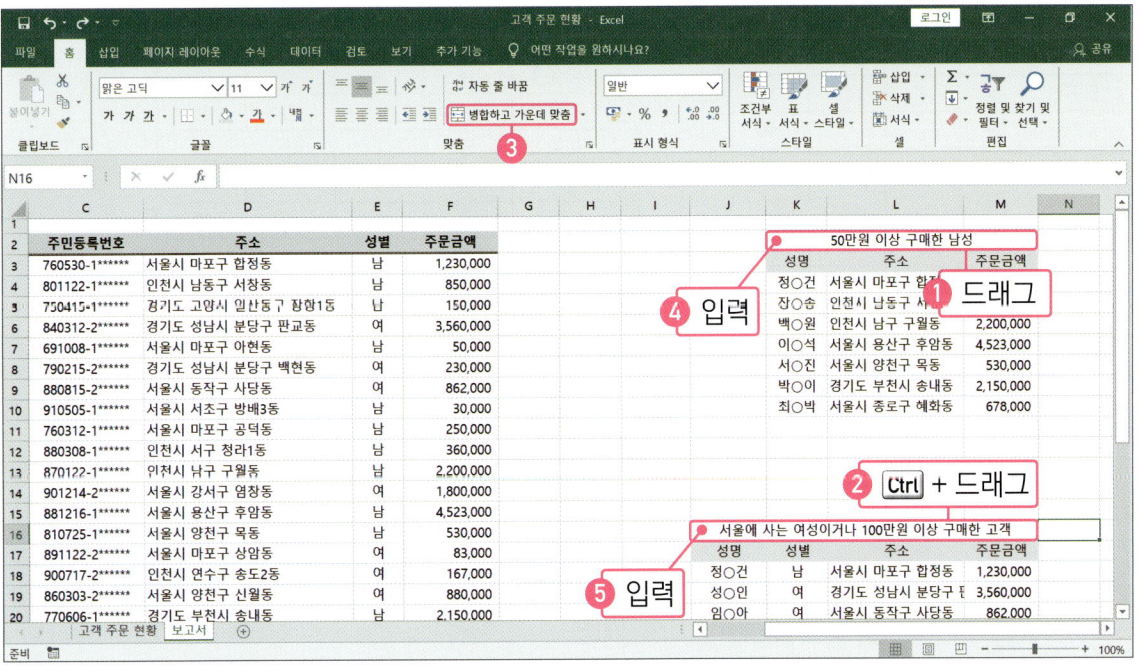

09 빠른 실행 도구 모음의 🗎(저장)을 클릭하여 저장합니다.

163

응용력 키우기

01 '직원현황보고서.xlsx' 파일을 불러온 후 다음과 같이 오른쪽에 복사된 사원들의 성명과 주민등록번호를 '★'와 '◎'를 이용해 가려 봅니다.

준비파일 직원현황보고서.xlsx

	A	B	C	D	E	F	G	H
1	사번	성명	주민등록번호	주소		성명	주민등록번호	주소
2	SDI-001	정동건	760530-1234567	서울시 마포구 합정동		정★건	760530-1◎	서울시 마포구 합정동
3	SDI-002	장우송	801122-1234567	인천시 남동구 서창동		장★송	801122-1◎	인천시 남동구 서창동
4	SDI-003	원현빈	750415-1234567	경기도 고양시 일산동구 장항1동		원★빈	750415-1◎	경기도 고양시 일산동구 장항1동
5	SDI-004	성가인	840312-2345678	경기도 성남시 분당구 판교동		성★인	840312-2◎	경기도 성남시 분당구 판교동
6	SDI-005	감사용	691008-1234567	서울시 마포구 아현동		감★용	691008-1◎	서울시 마포구 아현동
7	SDI-006	이휘리	790215-2345678	경기도 성남시 분당구 백현동		이★리	790215-2◎	경기도 성남시 분당구 백현동
8	SDI-007	임원아	880815-2345678	서울시 동작구 사당동		임★아	880815-2◎	서울시 동작구 사당동
9	SDI-008	배철호	910505-1234567	서울시 서초구 방배3동		배★호	910505-1◎	서울시 서초구 방배3동
10	SDI-009	김상민	760312-1234567	서울시 마포구 공덕동		김★민	760312-1◎	서울시 마포구 공덕동
11	SDI-010	유세문	880308-1234567	인천시 서구 청라1동		유★문	880308-1◎	인천시 서구 청라1동

02 '학년별 성적.xlsx' 파일을 불러온 후 다음과 같이 필터링해 봅니다.

준비파일 학년별 성적.xlsx

- 80점 이상 점수를 받은 남학생 : [K3] 셀에 필터링
- 4학년 중 자격증이 있거나 85점 이상 점수를 받은 학생들 : [K14:N14] 영역에 '성명', '성별', '자격증', '총점'을 필터링

- 고급 필터를 이용해 작업합니다.
- 조건은 임의의 위치에 작성합니다.

	G	H	I
2			
3	성별	총점	
4	남	>=80	
5			

	G	H	I
14	학년	자격증	총점
15	4	○	
16	4		>=85

10 돈 관리 계획 세우기

- FV 함수
- PMT 함수
- 목표값 찾기
- 시나리오 관리자

미/리/보/기

▶ 준비파일 : 재무플랜.xlsx
▶ 완성파일 : 재무플랜_완성.xlsx

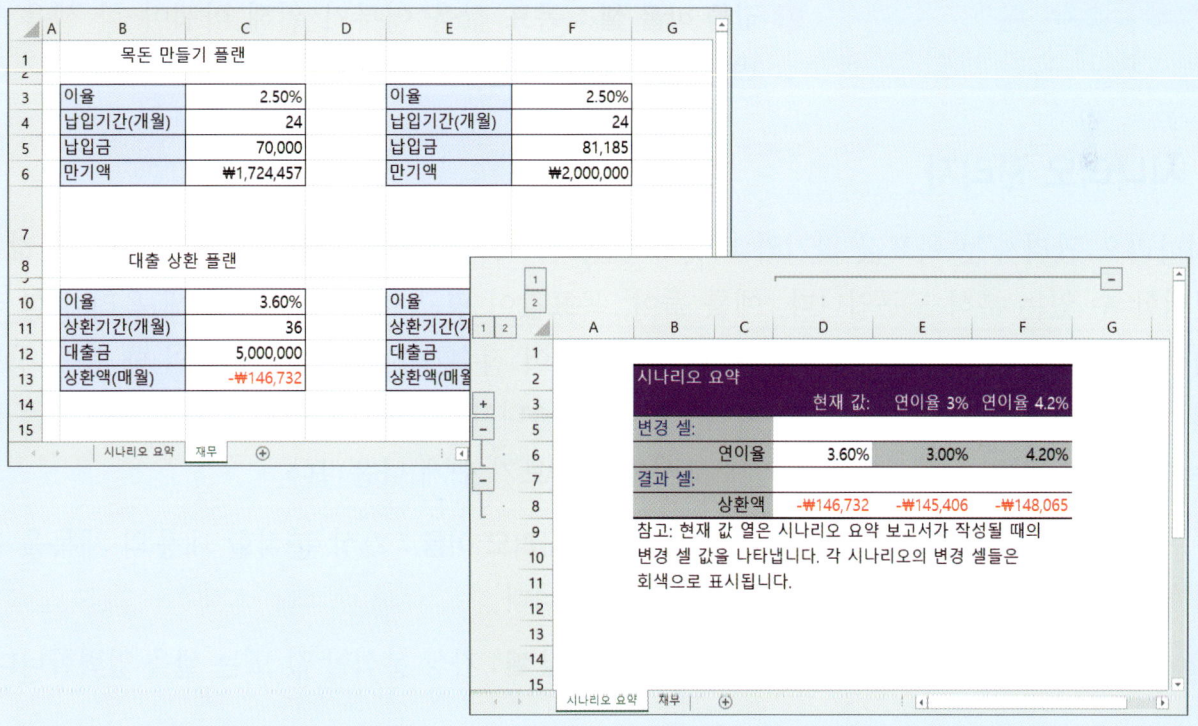

엑셀의 강력한 연산 기능을 돈을 관리하는 데 사용하면 정말 편리하고 유용합니다. 이번 장에서는 일반인들이 가장 많이 활용하는 FV와 PMT 함수를 활용해 적금 만기액과 대출금 상환액을 구하는 방법을 알아보겠습니다. 또한 '목표값 찾기'와 '시나리오 관리자' 기능을 이용해 목표액들을 설정하는 방법도 함께 알아보겠습니다.

01 목표값 찾기와 시나리오 관리자

▶ 목표값 찾기

'목표값 찾기'는 자신이 목표한 금액 또는 값이 있는데, 그것을 이루기 위해서 무엇을 어떻게 바꾸면 목표한 값을 만들 수 있는지 분석해 보는 기능입니다. 예를 들어 성적이 평균 90점이 넘으려면 국어 점수를 얼마를 올려야 하는지를 분석할 수 있습니다.

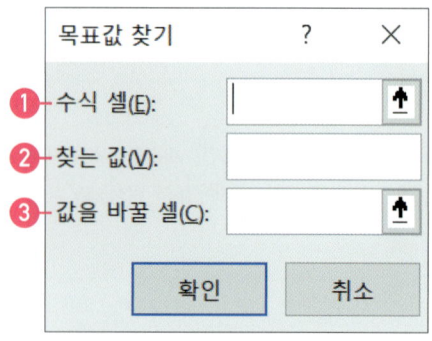

① **수식 셀** : 바꾸고자 하는 값의 현재 값이 있는 셀입니다. 반드시 수식이나 함수식이 있는 셀이어야 합니다.
예 현재의 평균 점수

② **찾는 값** : 목표하는 값을 입력합니다. 예 90점

③ **값을 바꿀 셀** : 목표 값을 이루기 위해 바꿔야 할 셀을 입력합니다. 예 국어 점수

▶ 시나리오 관리자

'시나리오 관리자'는 목표값 찾기와 비슷하지만, 좀 더 다양한 상황을 파악하고 원하는 값을 선택할 수 있는 분석 도구입니다. 예를 들어, 목표값이 평균 90점을 받기 위해 올려야 할 국어 점수를 구하는 것이라면 시나리오 관리자는 국어 점수가 80점일 때 90점일 때 등을 상정해서 그 결과 값들을 요약 보고서 형식으로 보여 줍니다. 참고로 시나리오 관리자를 만들 때는 미리 이름 정의를 해두어야 요약 보고서에 알아보기 쉽게 나옵니다.

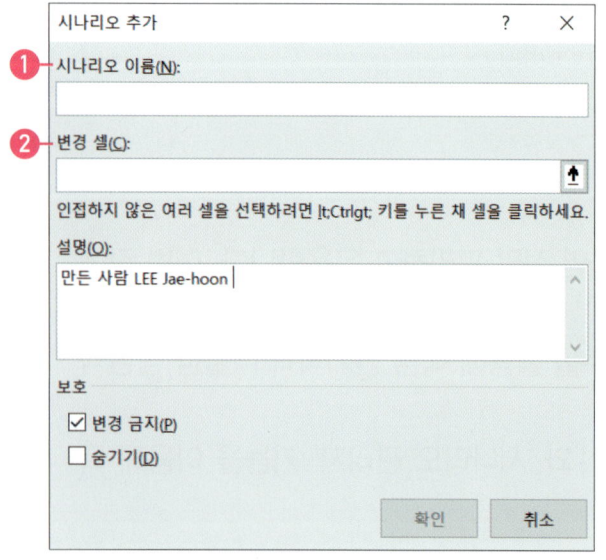

① **시나리오 이름** : 가상 분석할 내용의 제목을 정합니다.

② **변경 셀** : 가상 분석할 값 또는 셀을 입력합니다.

 ## 내게 맞는 돈 관리 계획 세우기

▶ 적금 만기 금액 구하기

이율이 2.5%인 적금을 매월 초 70,000원씩 24개월을 납입했을 때 적금 만기 금액이 얼마일지 계산해 보겠습니다.

01 '재무플랜.xlsx' 파일을 불러온 후 [C3] 셀에 '2.5%', [C4] 셀에 '24', [C5] 셀에 '70000'을 입력합니다.

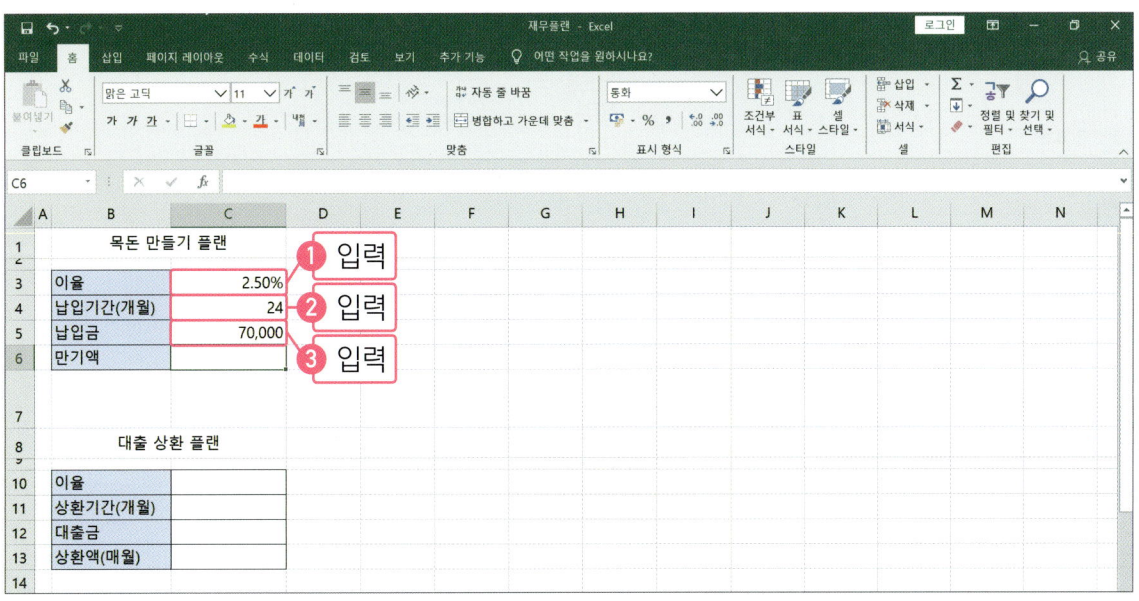

02 [C6] 셀에 '=fv'를 입력한 후 나타나는 함수 목록에서 'FV'를 선택합니다. Tab 키와 Ctrl + A 키를 순서대로 누릅니다.

03 [함수 인수] 대화상자가 나타나면 [Rate]에는 월마다 납입할 것이므로 **'C3/12'를 입력**합니다. [Nper]에는 납입개월 수가 있는 **'C4'**, [Pmt]에는 **'-C5'를 입력**합니다. [Pv]에는 적금이 0원에서 출발하기 때문에 '0'을 입력하거나 **생략**합니다. [Type]에는 월 초에 납입할 예정이므로 **'1'을 입력**한 후 [확인] 버튼을 클릭합니다.

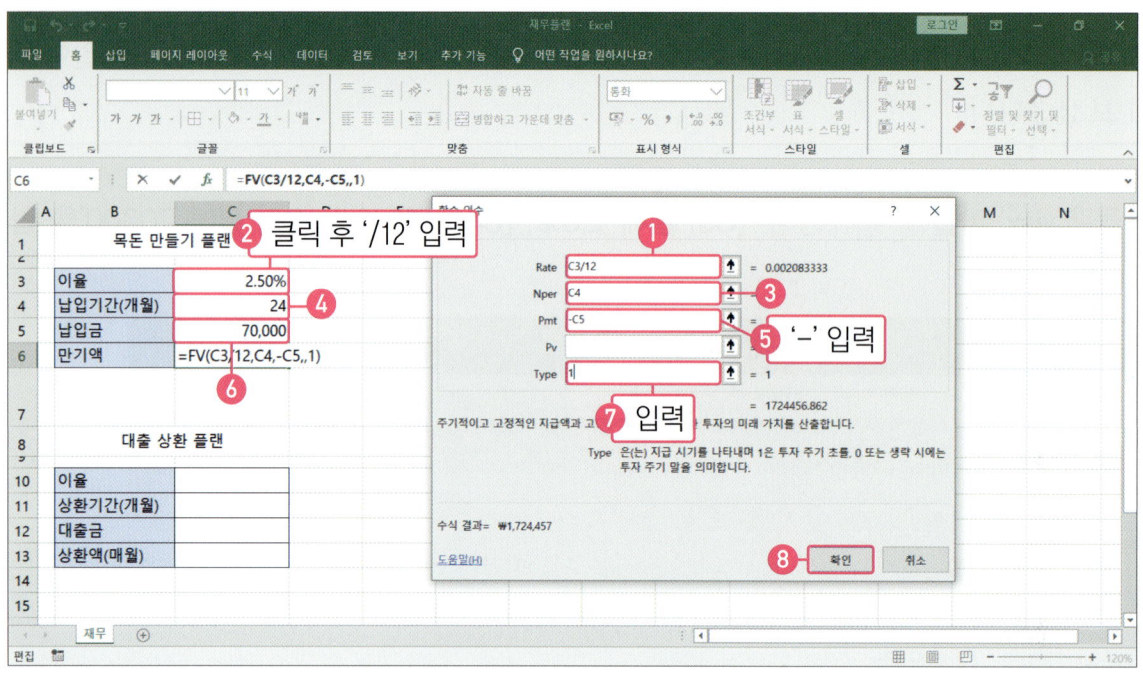

 [C5] 셀에 '-70000'을 입력하고 [함수 인수] 대화상자의 [Pmt] 입력란에 'C5'를 입력해도 됩니다.

 FV 함수

FV는 'Future Value'를 뜻합니다. 즉, 현재 어떤 조건으로 얼마를 투자하면 설정한 미래에는 얼마의 가치가 되는지 예측해 보는 함수입니다.

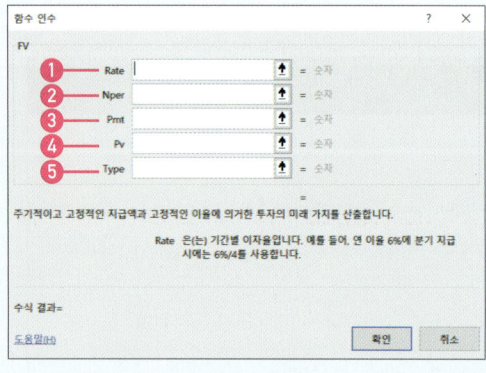

① **Rate** : 연 이율을 입력합니다. 납입액을 월 단위로 한다면 '연이율/12'로, 분기별로 납입한다면 '연이율/4'로 입력합니다.

② **Nper** : 연 단위 또는 월 단위의 총 납입기간을 입력합니다.

③ **Pmt** : 납입금을 입력합니다. 단, 투자금액이라 하더라도 현재는 지출하는 금액이기에 -(마이너스)로 입력합니다(마이너스 금액으로 입력하지 않으면 최종 계산된 만기액이 마이너스 금액으로 표시됩니다).

④ **Pv** : 현재 가치를 입력합니다. 적금을 0원에서 출발한다면 0을 입력하거나 생략합니다. 100,000원이 있는 상태에서 출발한다면 -100000을 입력합니다.

⑤ **Type** : 납입 주기를 입력합니다. 1년 또는 1개월의 시작일에 납입한다면 1을 입력, 마지막 일에 납입한다면 0 또는 생략합니다.

04 적금 만기액이 계산되어 나오는 것을 확인할 수 있습니다.

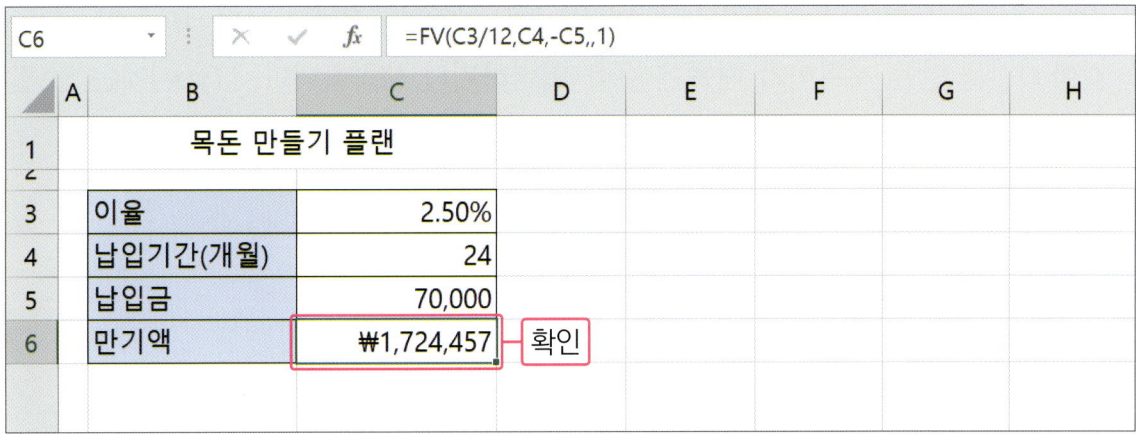

▶ 대출 상환액 구하기

이율이 3.6%인 대출금 5,000,000원을 36개월로 나눠 매월 말에 상환할 경우 매달 얼마씩 납입해야 하는지 계산해 보겠습니다.

01 [C10] 셀에 '3.6%', [C11] 셀에 '36', [C12] 셀에 '5000000'을 입력합니다. [C13] 셀에 '=pm'을 입력한 후 나타나는 함수 목록에서 'PMT'를 선택합니다. Tab 키와 Ctrl+A 키를 순서대로 누릅니다.

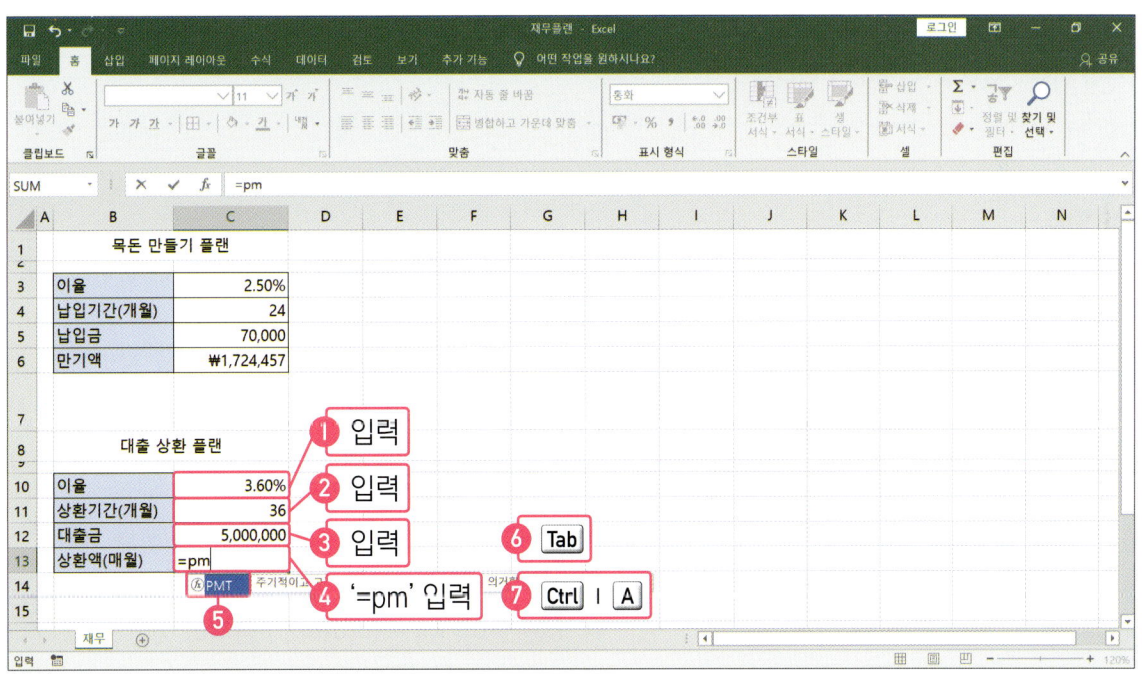

02 [함수 인수] 대화상자가 나타나면 [Rate]에는 월마다 납입할 것이므로 'C10/12'를 입력합니다. [Nper]에는 상환개월 수가 있는 'C11', [Pv]에는 'C12'를 입력합니다. [Fv]에는 대출금을 갚아 0원을 만들 계획이기 때문에 '0'을 입력하거나 생략합니다. [Type]에는 월 말에 납입할 예정이므로 '0'을 입력하거나 생략한 후 [확인] 버튼을 클릭합니다.

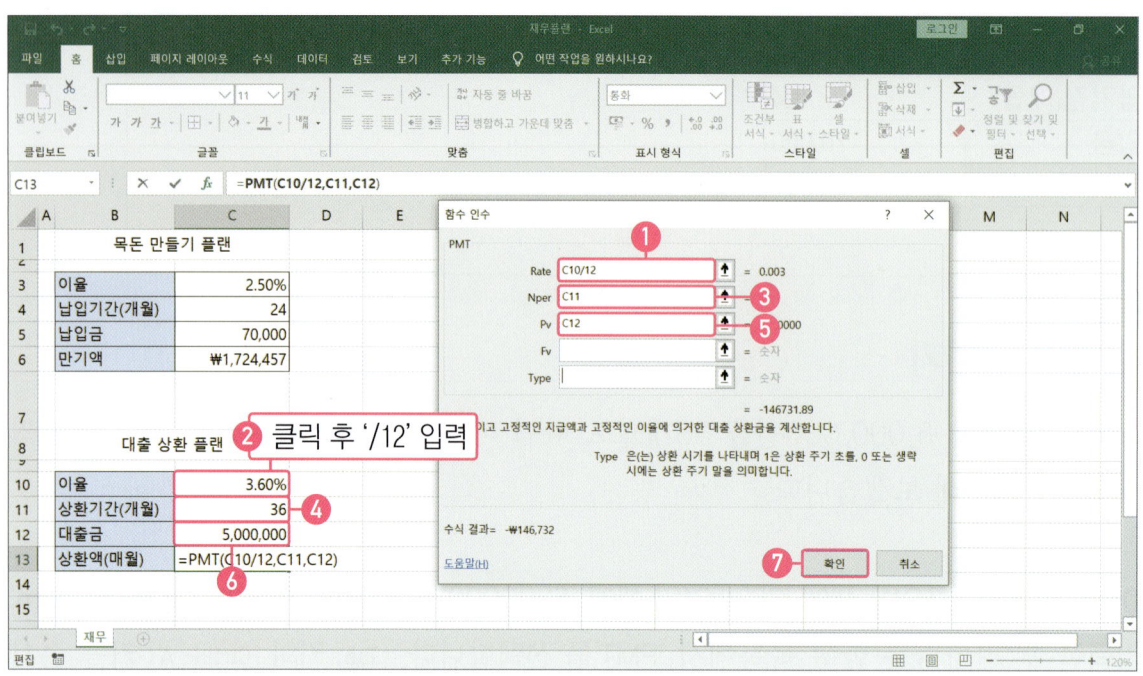

 [C13] 셀의 상환 금액을 양수로 보고 싶다면 [C12] 셀에 '-5000000'을 입력하거나 [함수 인수] 대화상자에서 [Pv]에 '-C12'를 입력하면 됩니다.

 PMT 함수

PMT는 'Payment'를 뜻합니다. 즉, 현재 어떤 조건으로 얼마의 채무를 하면 설정한 기간 동안 얼마를 상환해야 하는지 분석해 보는 함수입니다.

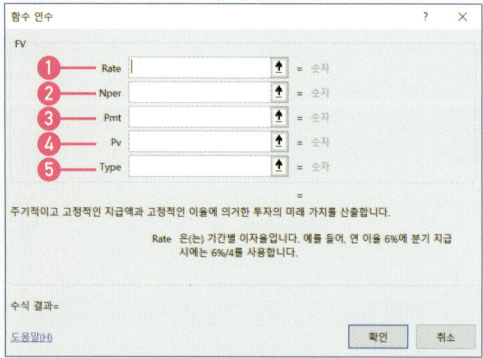

① **Rate** : 연 이율을 입력합니다. 상환액을 월 단위로 한다면 '연이율/12'로 입력합니다.

② **Nper** : 연 단위 또는 월 단위의 총 상환기간을 입력합니다.

③ **PV** : 현재 가치를 입력합니다. 여기서의 현재 가치는 총 대출금액을 뜻합니다. 빌린 돈이지만 현재는 수중에 있는 돈이기에 – (마이너스) 금액이 아닌 + (플러스) 금액으로 입력합니다.

④ **Fv** : 미래 가치를 입력합니다. 대출에서 미래 가치는 모두 갚는 것이기에 0을 입력하거나 생략합니다.

⑤ **Type** : 납입 주기를 입력합니다. 1년 또는 1개월의 시작일에 납입한다면 1을 입력, 마지막 일에 납입한다면 0을 입력하거나 생략합니다.

03 매달 갚아야 할 금액을 확인합니다.

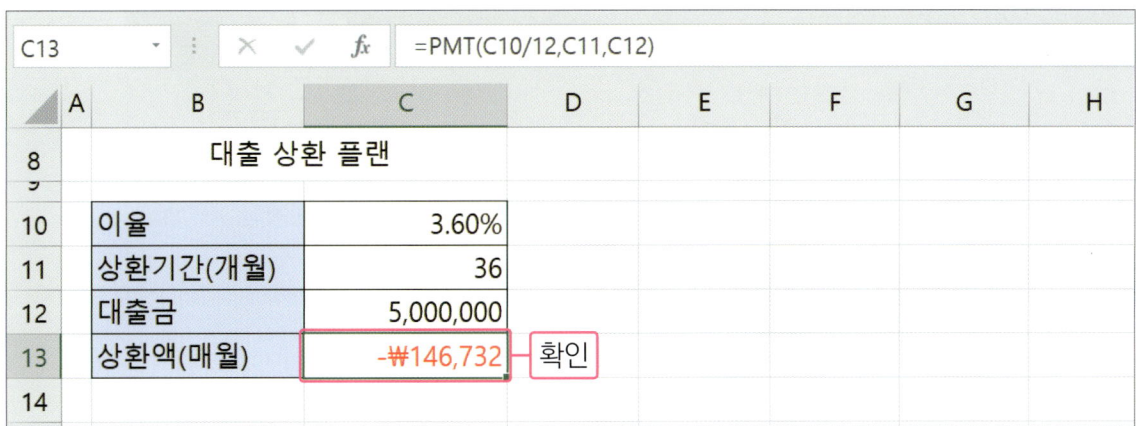

▶ 목표 금액을 위한 월 납입금 찾기

만기액 목표를 2,000,000원으로 하고 싶다면 매월 얼마씩 납입해야 하는지 구해 보겠습니다.

01 [B3:C6] 영역을 선택하고 Ctrl+C 키를 눌러 복사합니다. [E3] 셀에 Ctrl+V 키를 눌러 붙여넣기 합니다.

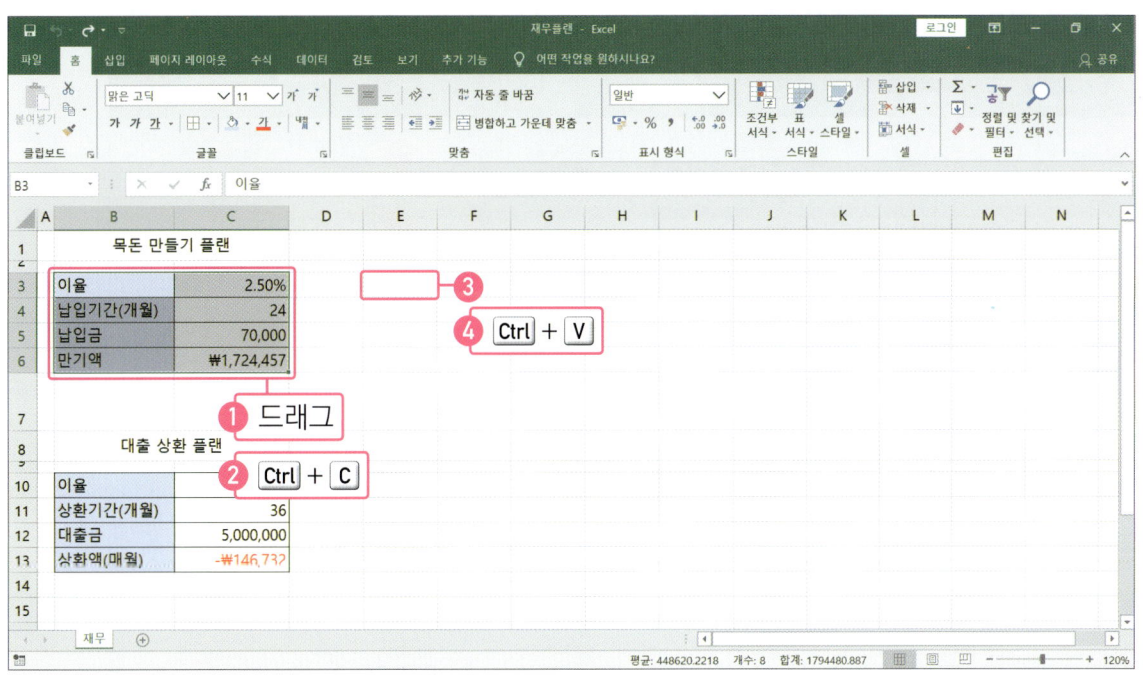

02 [Ctrl]▼(붙여넣기 옵션)에서 (원본 열 너비 유지)를 선택합니다.

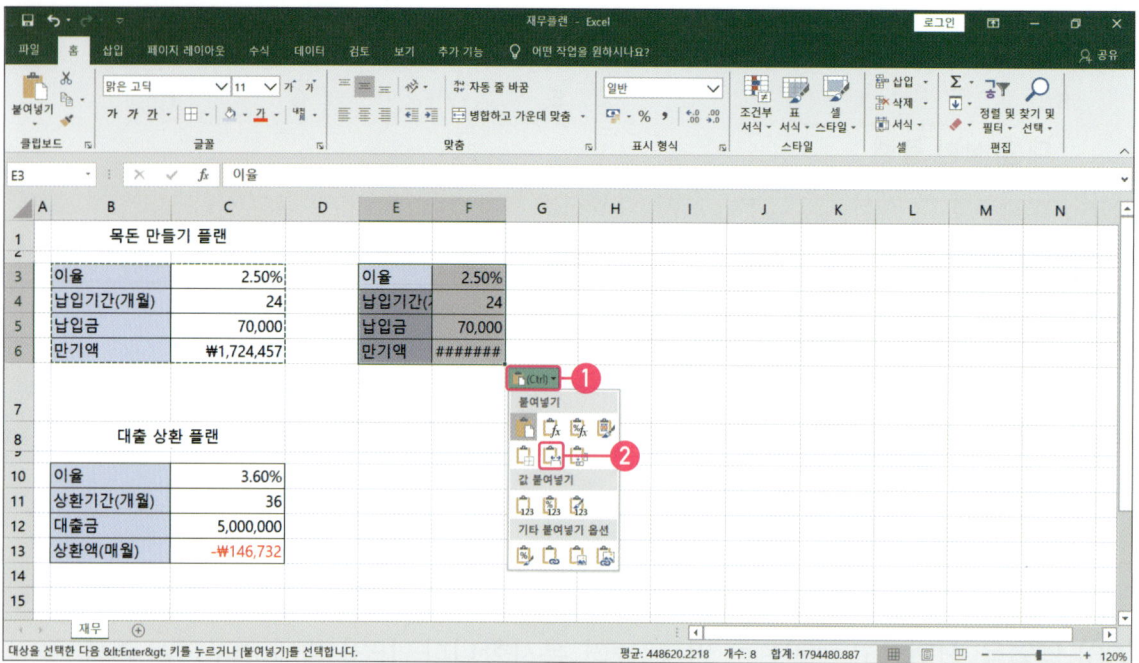

03 [F6] 셀을 클릭하고 [데이터] 탭-[예측] 그룹-[가상 분석]에서 [목표값 찾기]를 선택합니다.

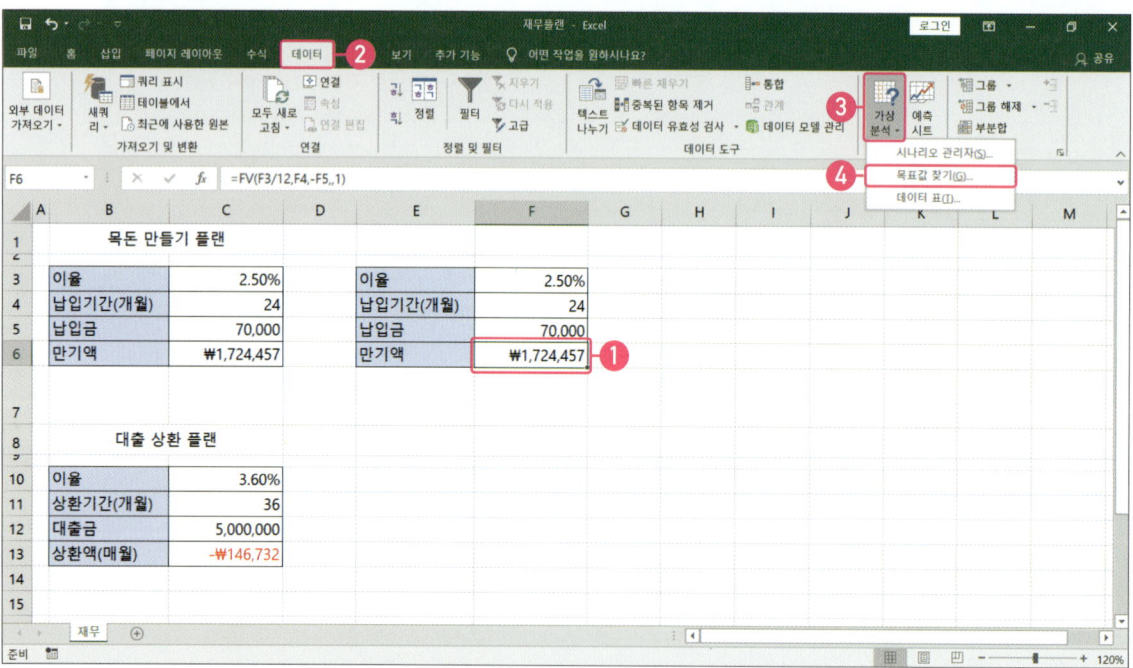

04 [목표값 찾기] 대화상자가 나타나면 **[수식 셀]**은 현재 금액이면서 수식이 있는 **[F6] 셀**이 이미 입력되어 있으므로 그대로 두고 **[찾는 값]**에는 목표액인 **'2000000'을 입력**합니다. **[값을 바꿀 셀]**은 매월 납입할 금액을 구할 예정이므로 **[F5] 셀을 클릭**하여 '$F$5'를 입력한 후 **[확인] 버튼을 클릭**합니다.

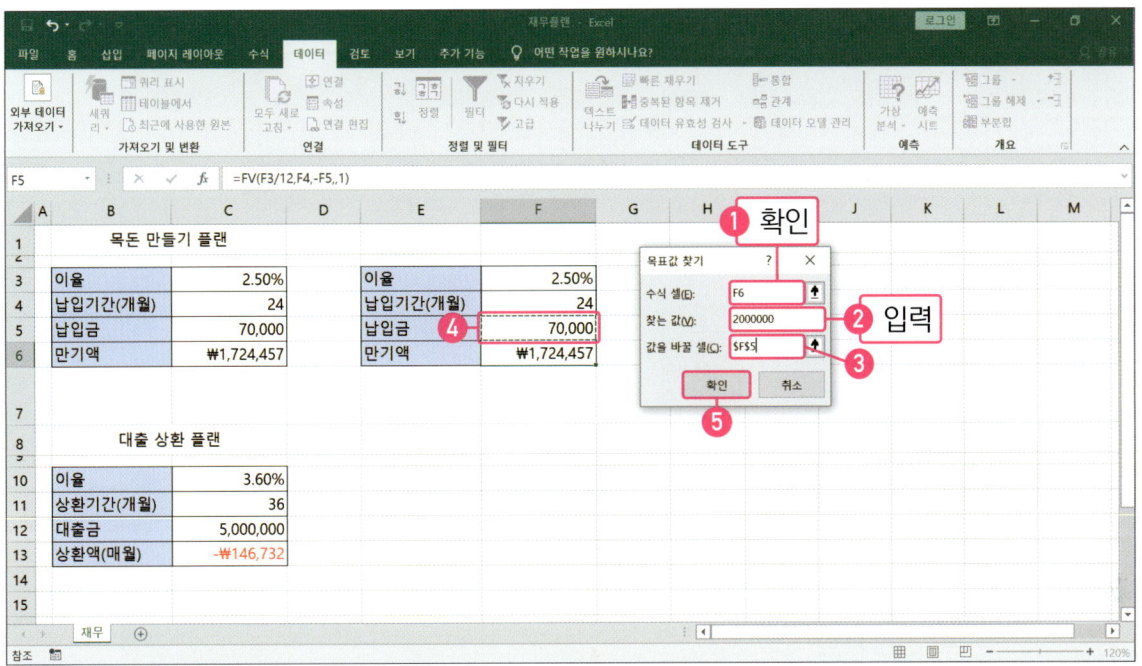

 [F5] 셀을 클릭하면 자동으로 절대 참조 형식으로 표시됩니다.

05 바뀐 매월 납입금을 확인하고 **[확인] 버튼을 클릭**합니다.

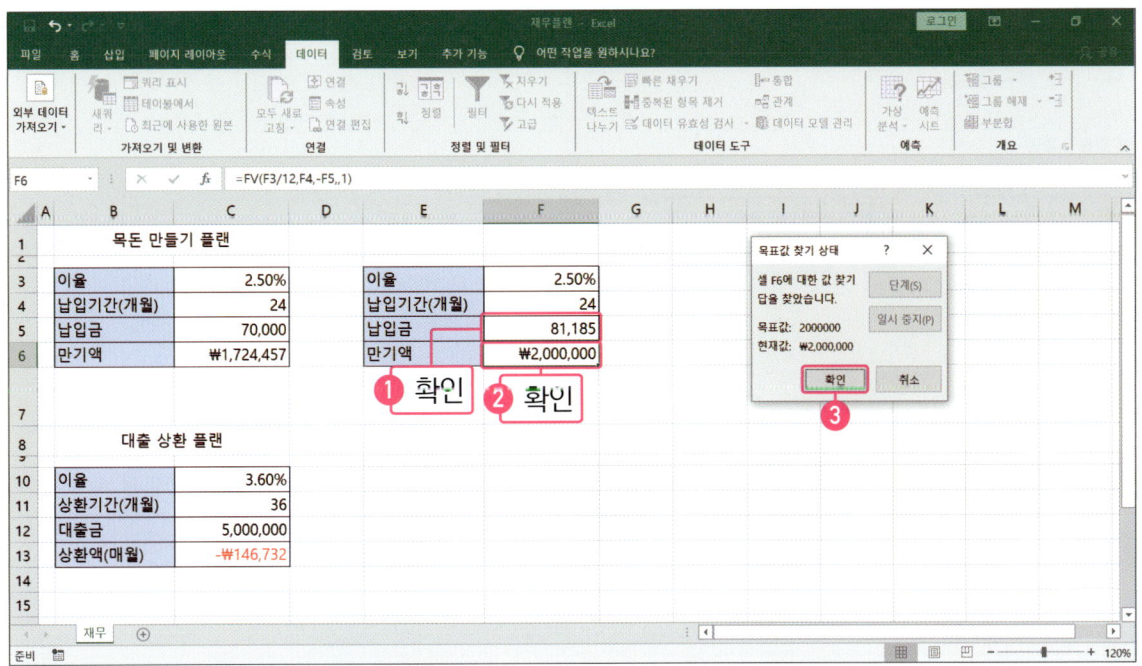

▶ 나에게 맞는 상환 개월 수 찾기

매월 100,000원씩 상환했을 때 상환기간은 얼마나 걸리는지 구해 보겠습니다.

01 [B10:C13] 영역을 선택하고 Ctrl+C 키를 눌러 복사합니다. [E10] 셀에 Ctrl+V 키를 눌러 붙여넣기 합니다.

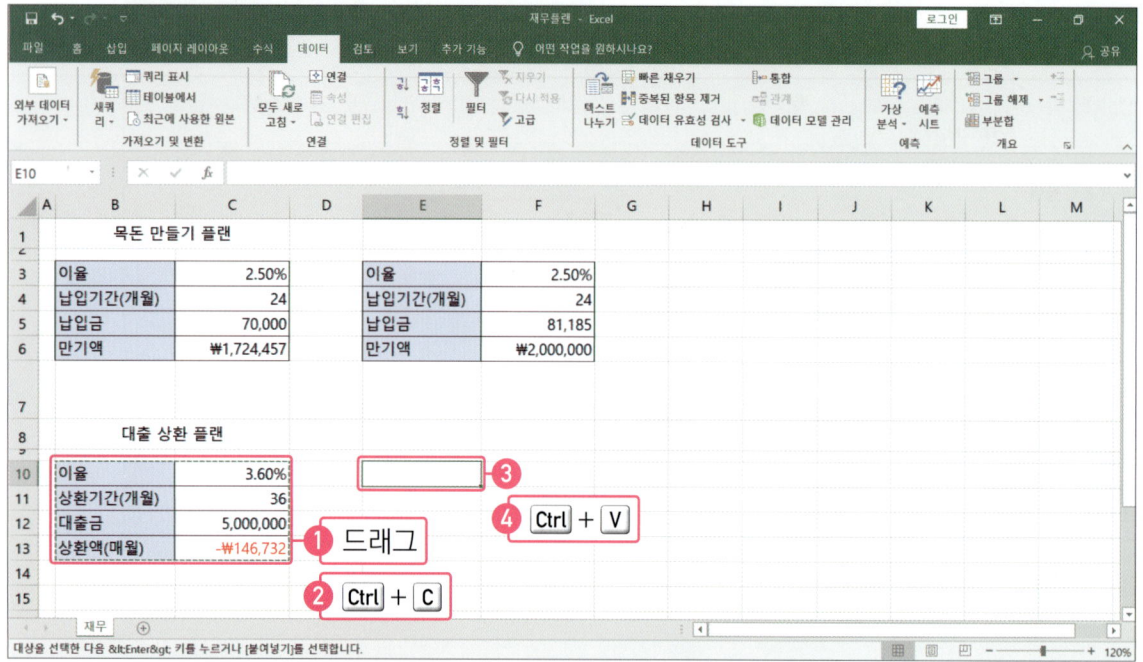

02 [F13] 셀을 클릭하고 [데이터] 탭-[예측] 그룹-[가상 분석]에서 [목표값 찾기]를 선택합니다.

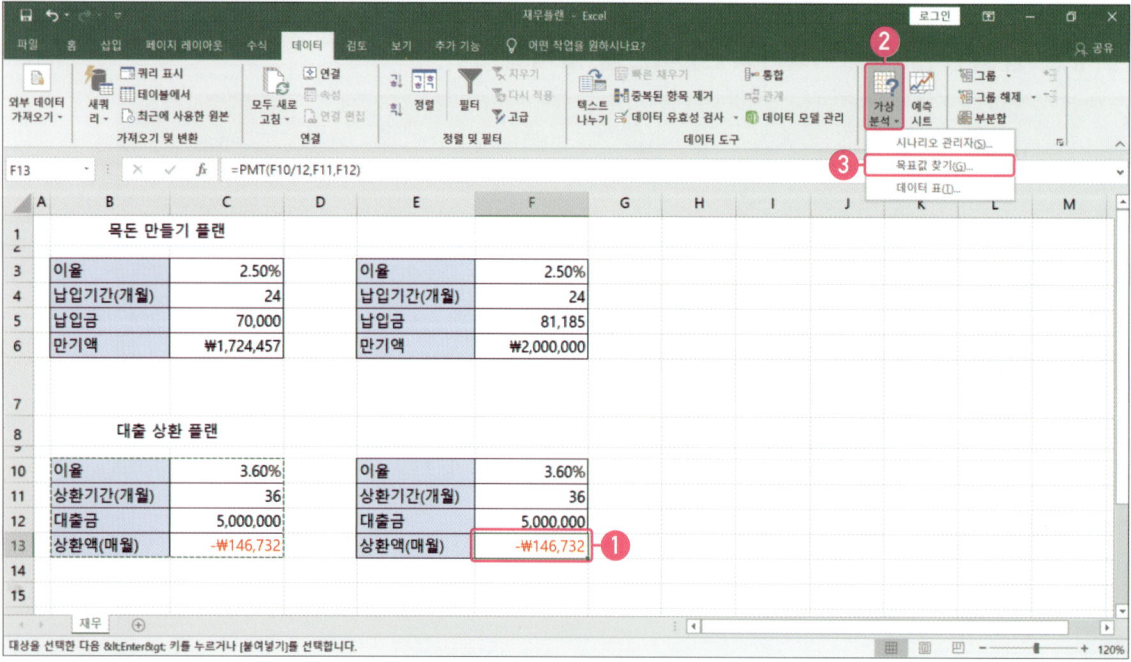

03 [목표값 찾기] 대화상자가 나타나면 [**수식 셀**]은 현재 금액이면서 수식이 있는 [**F13**] 셀이 이미 입력되어 있으므로 그대로 두고, [**찾는 값**]에는 '**-100000**'을 입력합니다. [**값을 바꿀 셀**]은 상환 기간을 알아야 하기 때문에 [**F11**] 셀을 클릭하여 '**$F$11**'을 입력한 후 [**확인**] 버튼을 클릭합니다.

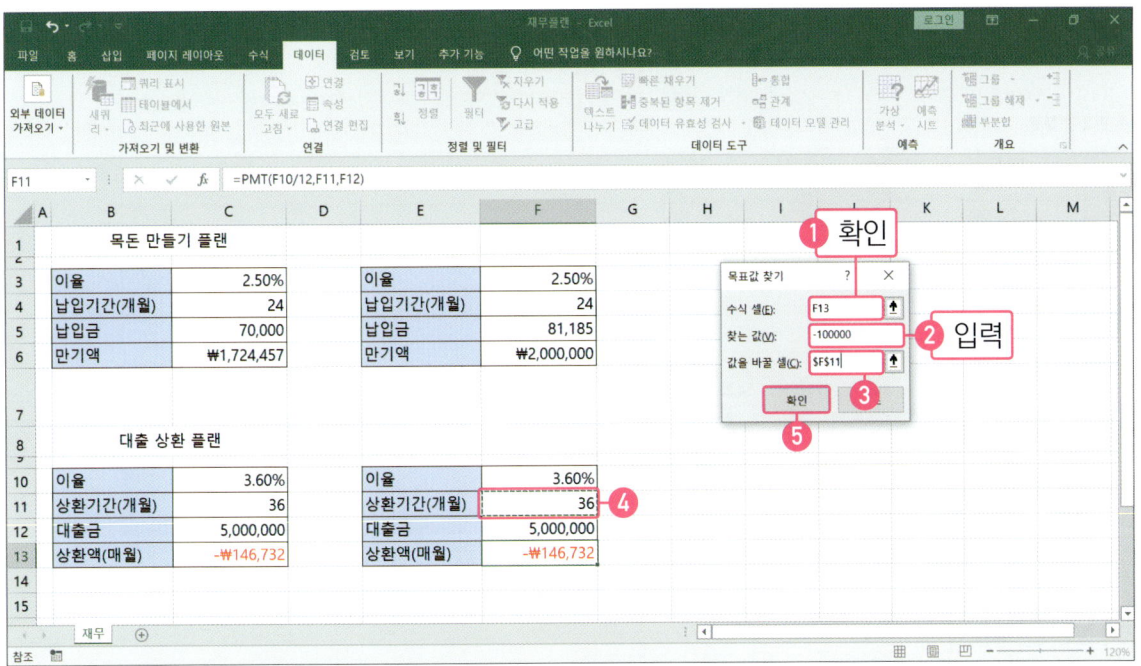

04 바뀐 상환 기간을 확인한 후 [**확인**] 버튼을 클릭합니다.

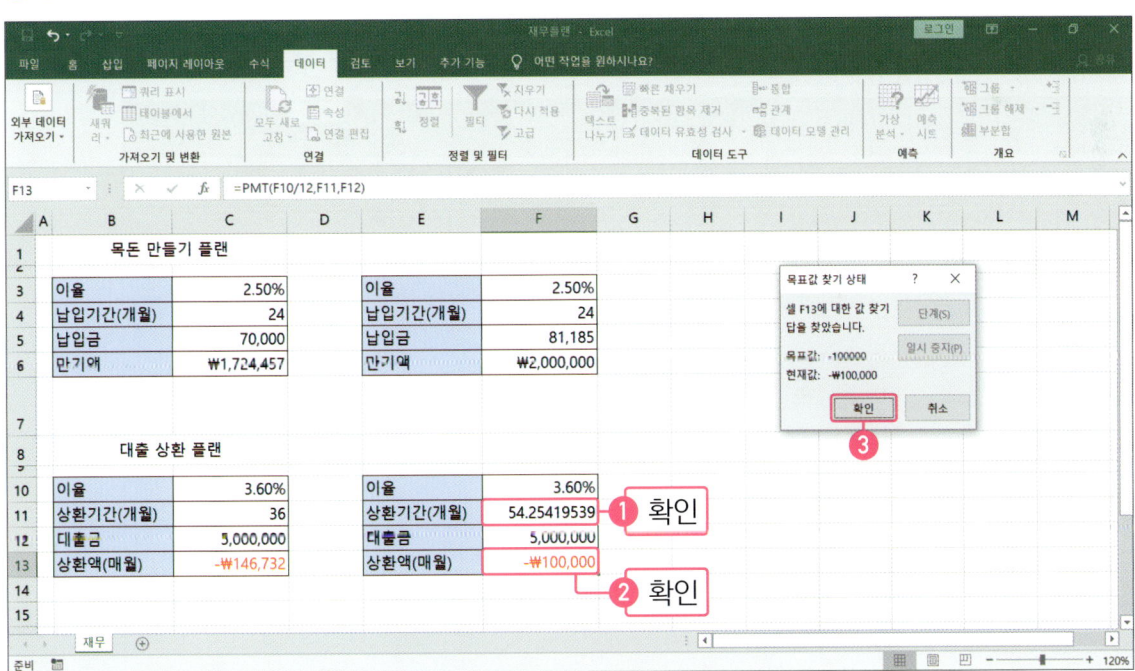

05 [F11] 셀을 클릭하고 [홈] 탭-[표시 형식] 그룹-[자릿수 줄임]을 여러 번 클릭하여 소수점 자릿수를 줄입니다.

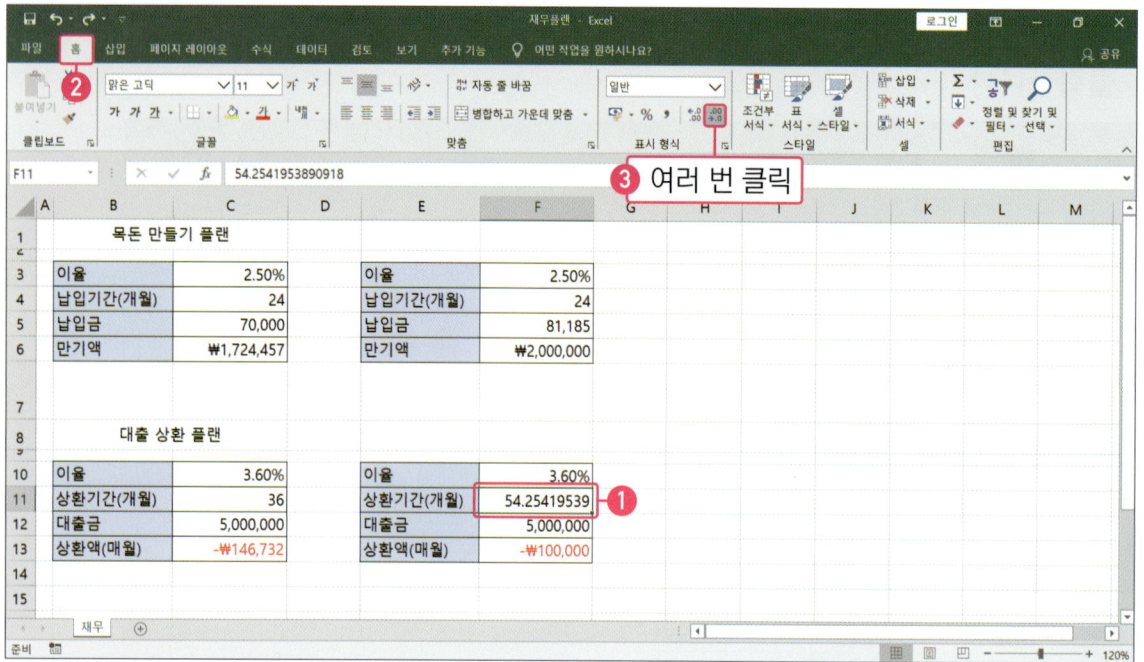

▶ 시나리오 관리자

현재 3.6% 연이율에서 3%로 줄었을 때와 4.2%로 늘어났을 때의 매월 상환액을 시뮬레이션 해보겠습니다.

01 [C10] 셀을 클릭한 후 이름 상자에 '연이율'을 입력하고 Enter 키를 누릅니다.

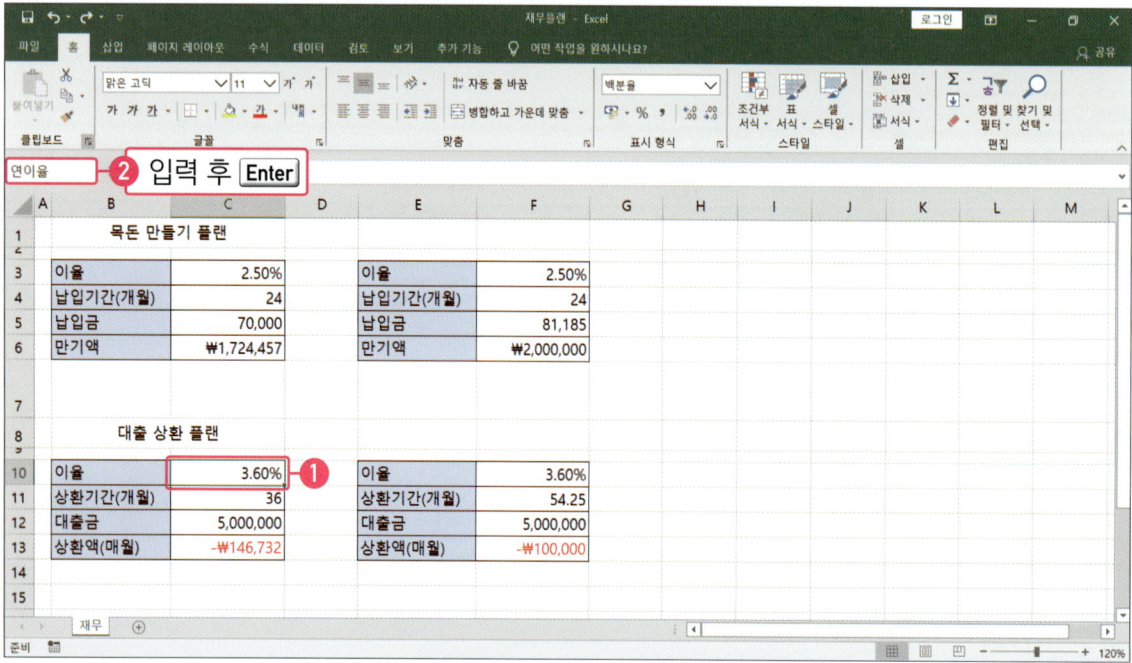

02 [C13] 셀을 클릭한 후 이름 상자에 '상환액'을 입력하고 Enter 키를 누릅니다.

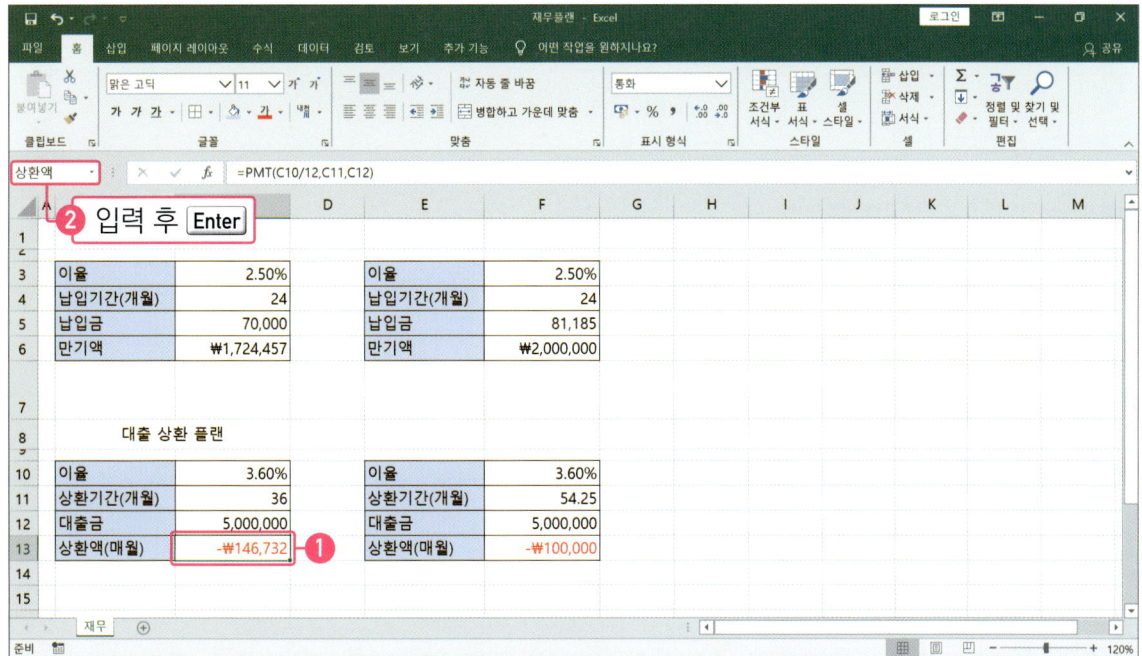

03 [C10] 셀을 클릭하고 [데이터] 탭-[예측] 그룹-[가상 분석]에서 [시나리오 관리자]를 선택합니다.

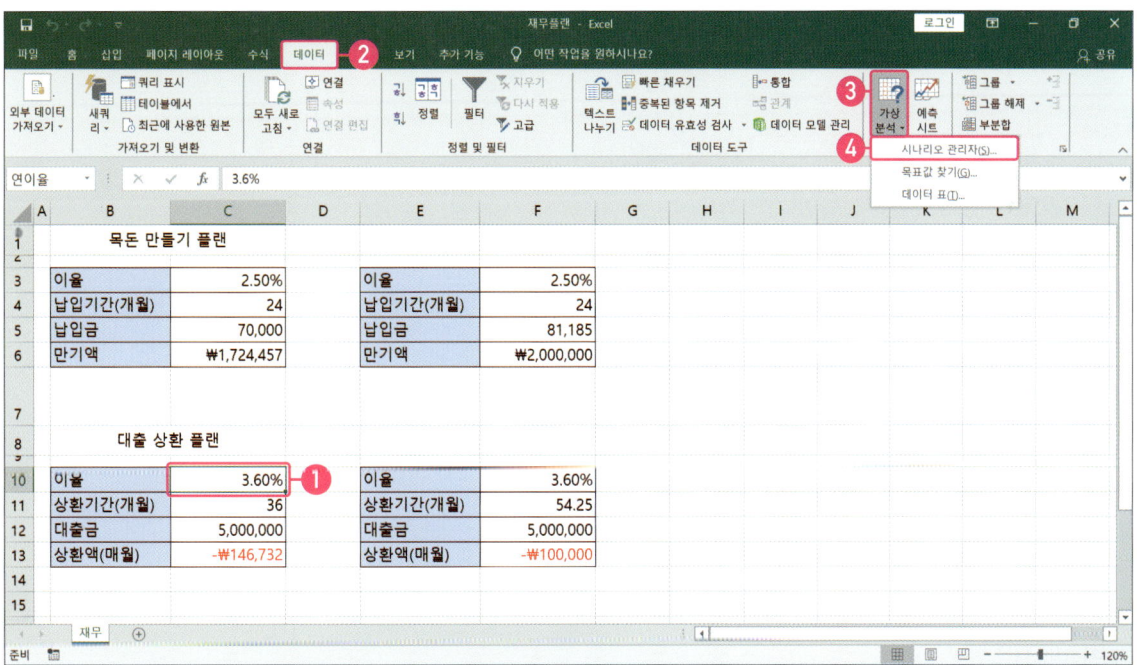

04 [시나리오 관리자] 대화상자가 나타나면 [추가] 버튼을 클릭합니다.

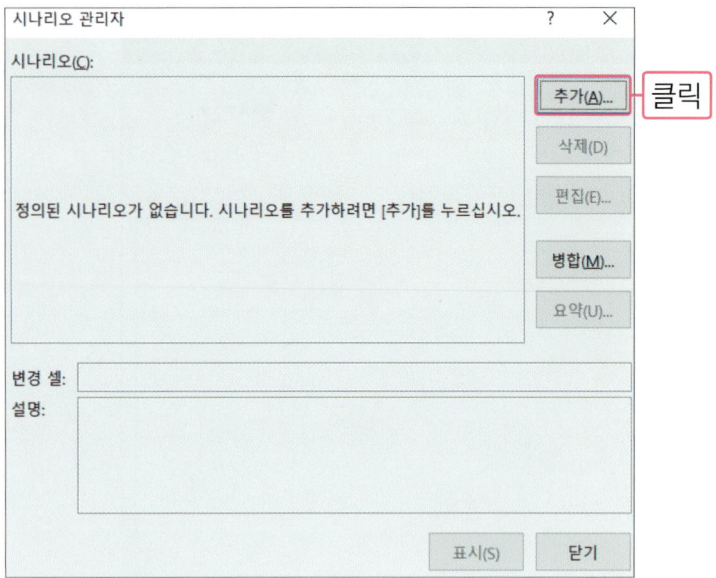

05 [시나리오 추가] 대화상자가 나타나면 [시나리오 이름]은 '연이율 3%'라고 입력합니다. [변경 셀]은 이미 선택했기 때문에 자동으로 [C10] 셀이 입력되어 있으므로 그대로 두고 [확인] 버튼을 클릭합니다.

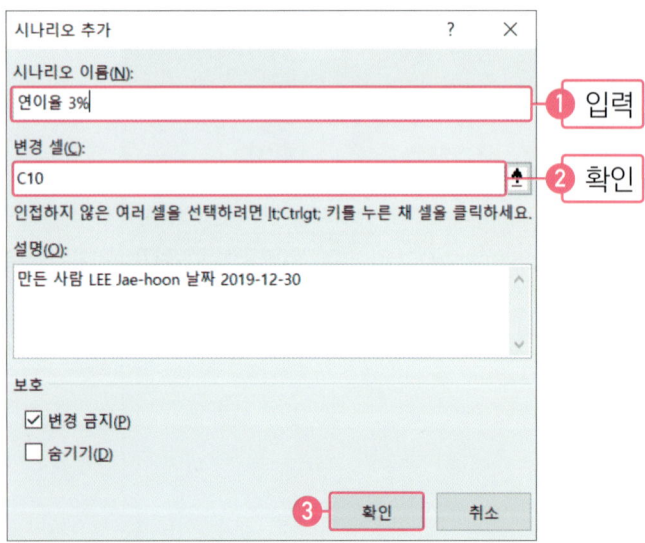

06 [시나리오 값] 대화상자가 나타나면 [연이율]은 '3%' 또는 '0.03'을 입력하고 [추가] 버튼을 클릭합니다.

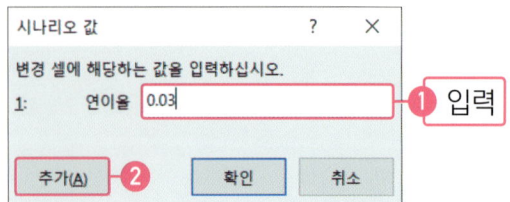

07 [시나리오 관리자] 창에서 [추가] 버튼을 클릭합니다. [시나리오 추가] 대화상자가 다시 나타나면 [시나리오 이름]은 '연이율 4.2%'를 입력하고 [확인] 버튼을 클릭합니다.

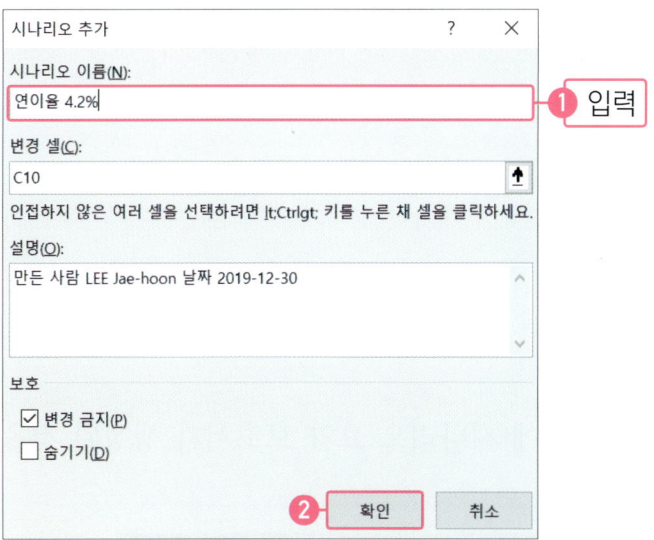

08 [시나리오 값] 대화상자가 나타나면 [연이율]은 '4.2%' 또는 '0.042'를 입력하고 [확인] 버튼을 클릭합니다.

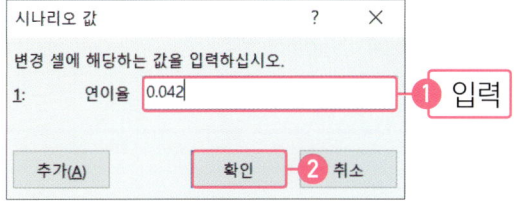

09 [시나리오 관리자] 대화상자가 나타나면 두 개의 시나리오를 확인하고 [요약] 버튼을 클릭합니다.

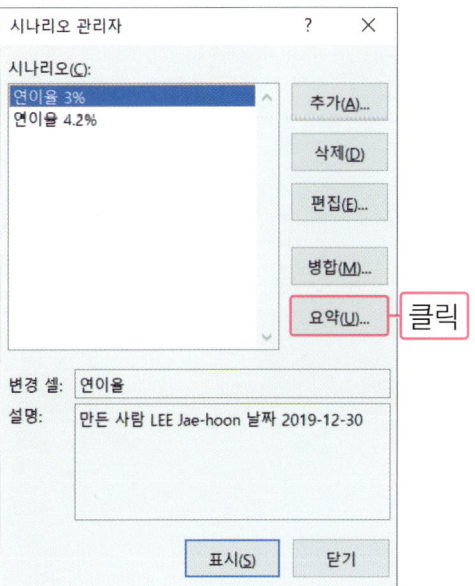

10 [시나리오 요약] 대화상자가 나타나면 [보고서 종류]는 '시나리오 요약'을 선택합니다. [결과 셀]에는 계산할 매월 상환액이 있는 'C13'이 제대로 입력됐는지 확인한 후 [확인] 버튼을 클릭합니다.

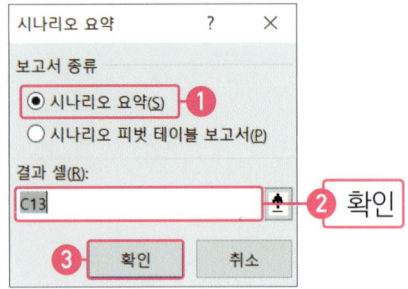

11 '재무' 시트 옆에 '시나리오 요약'이라는 새 시트에 시나리오 요약 보고서가 생성된 것을 확인할 수 있습니다.

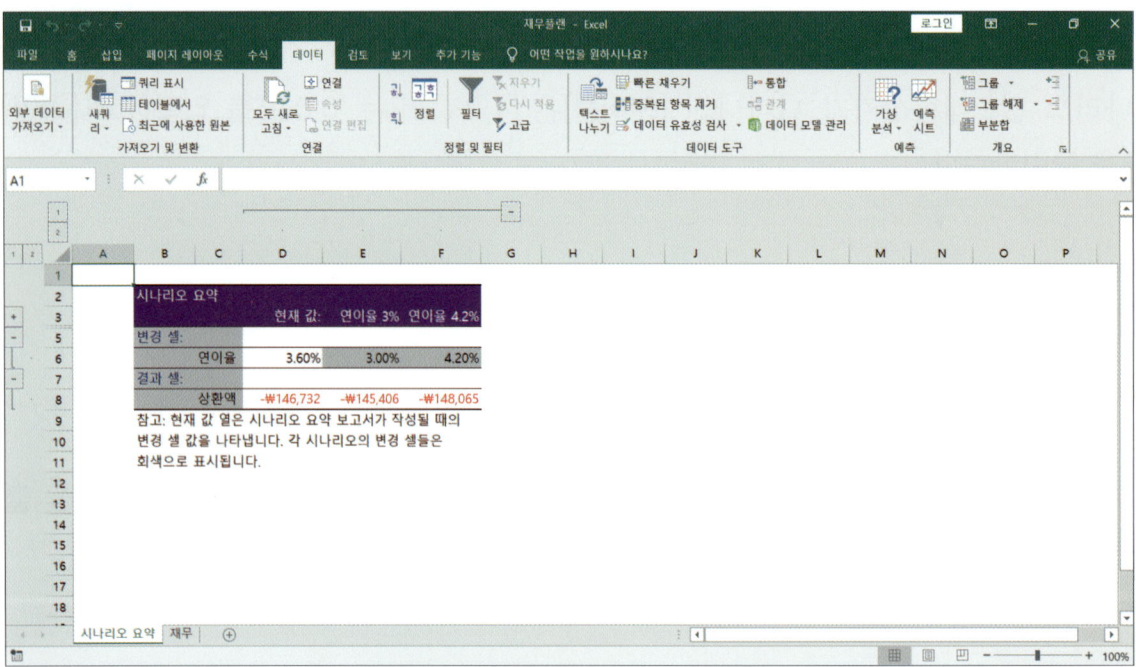

12 빠른 실행 도구 모음의 🖫(저장)을 클릭하여 저장합니다.

응용력 키우기

01 '재무플랜2.xlsx' 파일을 불러온 후 다음과 같이 작성해 봅니다. 　　준비파일 재무플랜2.xlsx

- [C3:C6] 영역 : 연이율은 2%, 예금 기간은 2년, 예금 금액은 10,000,000원일 때의 적금 만기액 구하기
- [C10:C13] 영역 : 연이율은 3%, 상환 기간은 60개월, 대출금은 100,000,000원일 때의 대출 월 상환액을 구하기
- '목돈 굴리기 플랜'을 [E3] 셀에 복사하고 만기액 목표를 11,000,000원으로 하고자 할 경우 매월 납입금은 얼마로 해야 하는지 구하기
- '만기 일시 상환 대출 플랜'을 [E10] 셀에 복사하고 매월 상환액 목표를 150,000원으로 할 경우 연이율이 몇 %여야 하는지 구하기

	A	B	C	D	E	F
1		목돈 굴리기 플랜				
3		이율	2.00%		이율	2.00%
4		납입기간(년)	2		납입기간(년)	2
5		납입금	10,000,000		납입금	10,572,857
6		만기액	₩10,404,000		만기액	₩11,000,000
8		만기 일시 상환 대출 플랜				
10		이율	3.00%		이율	1.80%
11		상환기간(개월)	60		상환기간(개월)	60
12		대출금	100,000,000		대출금	100,000,000
13		상환액(매월)	-₩250,000		상환액(매월)	-₩150,000

- 정기 예금의 만기액 구하기 : 일시불로 납입한 경우입니다. 그러므로 이율은 연이율이라 '/12'를 할 필요가 없습니다. 현재 10,000,000원을 지출한 것이므로, 현재 가치는 '-10,000,000'이 됩니다.

   > FV(연이율, 납입 기간, 납입금, 현재 가치, 납입 주기) = FV(C3,C4,,-C5)

- 대출 금액의 상환액 구하기 : 만기 일시 상환일 경우, 현재 가치가 대출을 받아 100,000,000이지만 돈을 갚지 않고 있는 것이기에 미래 가치는 0이 아닌 -100,000,000이 됩니다.

   > PMT(연이율, 납입 기간, 현재 가치, 미래 가치, 납입 주기) = PMT(C10/12,C11,C12,-C12)

02 '지점별 자동차 판매량.xlsx' 파일을 불러온 후 다음과 같이 '인천'의 자동차 판매량이 20대, 30대 증가할 때 전체 판매량의 시나리오 보고서를 작성해 봅니다.

준비파일 지점별 자동차 판매량.xlsx

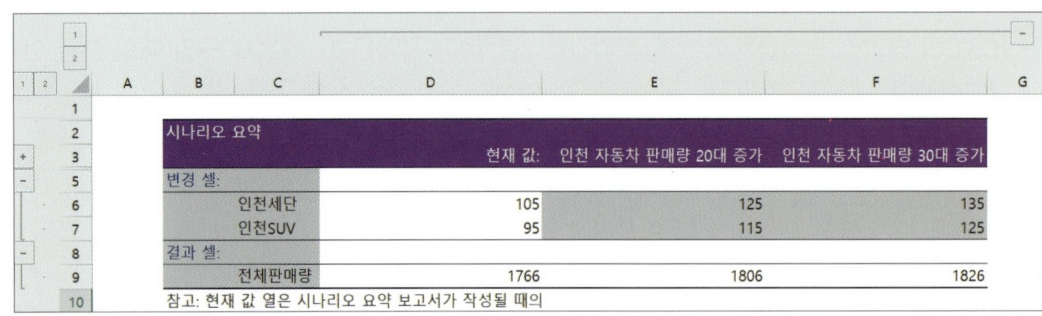

- 이름 정의 : [H6] 셀(전체판매량), [E4] 셀(인천세단), [E5] 셀(인천SUV) 설정
- 시나리오 작성 : [E4:E5] 영역 선택 → [데이터] 탭-[예측] 그룹-[가상 분석]-[시나리오 관리자] 선택 → 시나리오 추가-1 : 시나리오 이름(인천 자동차 판매량 20대 증가), 시나리오 값(125, 115) 설정 → 시나리오 추가-2 : 시나리오 이름(인천 자동차 판매량 30대 증가), 시나리오 값(135, 125) 설정 → 시나리오 요약 : 결과 셀([H6] 셀)

03 '제품 판매 현황.xlsx' 파일을 불러온 후 다음과 같이 품목 '코어i5 9600KFC'와 'B365MM'의 단가가 각각 100,000원씩 인상했을 때와 50,000원씩 하락했을 때의 '총 매출액'의 시나리오 보고서를 작성해 봅니다.

준비파일 제품 판매 현황.xlsx

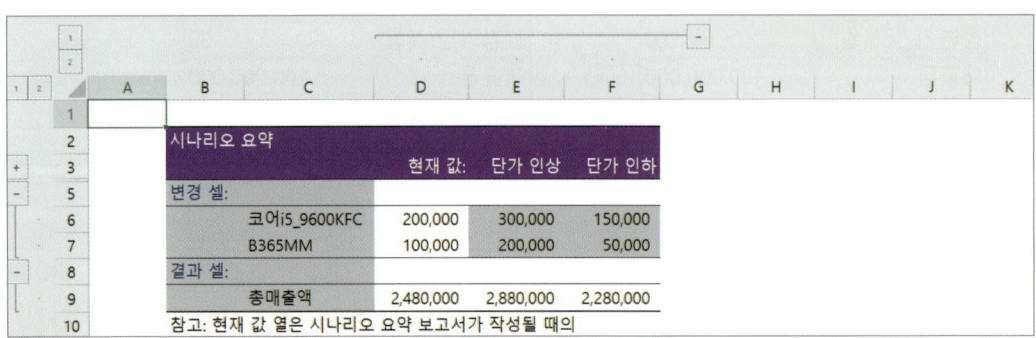

- 품목 '코어i5 9600KFC'와 'B365MM'의 단가가 입력된 [F4] 셀과 [F5] 셀은 J열에 입력된 값을 가져 오고 있음에 유의해야 합니다.
- 이름 정의-1 : [I4:J11] 영역 선택 → [수식] 탭-[정의된 이름] 그룹-[선택 영역에서 만들기] 클릭 → [선택 영역에서 이름 만들기] 대화상자 : '왼쪽 열' 체크
- 이름 정의-2 : [G12] 셀 클릭 → 이름 상자에서 '총매출액' 입력
- 시나리오 작성 : [J4:J5] 영역 선택 → [데이터] 탭-[예측] 그룹-[가상 분석]-[시나리오 관리자] 선택 → 시나리오 추가-1 : 시나리오 이름(단가 인상), 시나리오 값(300000, 200000) 설정 → 시나리오 추가-2 : 시나리오 이름(단가 인하), 시나리오 값(150000, 50000) 설정 → 시나리오 요약 : 결과 셀([G12] 셀)

엑셀 2016 활용

개정1판 2쇄 발행	2024년 11월 15일
초 판 발 행	2020년 01월 20일
발 행 인	박영일
책 임 편 집	이해욱
저　　　　자	이재훈
편 집 진 행	윤은숙
표 지 디 자 인	김도연
편 집 디 자 인	김지현
발 행 처	시대인
공 급 처	(주)시대고시기획
출 판 등 록	제 10-1521호
주　　　　소	서울시 마포구 큰우물로 75 [도화동 538 성지 B/D] 6F
전　　　　화	1600-3600
홈 페 이 지	www.sdedu.co.kr
I S B N	979-11-383-6158-3(13000)
정 가	12,000원

※이 책은 저작권법에 의해 보호를 받는 저작물이므로, 동영상 제작 및 무단전재와 복제, 상업적 이용을 금합니다.
※이 책의 전부 또는 일부 내용을 이용하려면 반드시 저작권자와 (주)시대고시기획·시대인의 동의를 받아야 합니다.
※잘못된 책은 구입하신 서점에서 바꾸어 드립니다.

시대인은 종합교육그룹 (주)시대고시기획·시대교육의 단행본 브랜드입니다.